U0926541

Gaodengji Gonglu Bangangxing Jiceng Liqing Lumian
高等级公路半刚性基层沥青路面
Jixiehua Shigong Zhiliang Kongzhi Xinjishu
机械化施工质量控制新技术

李岩军　石　鑫　主编

人民交通出版社

内 容 提 要

本书作者长期从事路面施工及科研工作，根据多年工作经验结合石家庄市环城公路工程实践，提出一系列行之有效的机械化施工质量控制措施和机械化施工新理念、新工艺和新技术，突出反映了设备保证工艺、工艺保证质量的理念。

本书可供公路施工及管理人员使用，具有较强的实用性和可操作性，也可供相关专业师生参考。

图书在版编目(CIP)数据

高等级公路半刚性基层沥青路面机械化施工质量控制新技术/李岩军，石鑫主编．—北京：人民交通出版社，2010.5

ISBN 978-7-114-08381-5

Ⅰ.①高…　Ⅱ.①李…　②石…　Ⅲ.①沥青路面—机械化施工—质量控制　Ⅳ.①U416.217.04

中国版本图书馆 CIP 数据核字(2010)第 070235 号

书　　名：高等级公路半刚性基层沥青路面机械化施工质量控制新技术
著 作 者：李岩军　石　鑫
责任编辑：高　培
出版发行：人民交通出版社
地　　址：(100011)北京市朝阳区安定门外外馆斜街 3 号
网　　址：http://www.ccpress.com.cn
销售电话：(010)59757969，59757973
总 经 销：人民交通出版社发行部
经　　销：各地新华书店
印　　刷：北京盛通印刷股份有限公司
开　　本：787×960　1/16
印　　张：18.5
字　　数：346千
版　　次：2010 年 5 月　第 1 版
印　　次：2010 年 5 月　第 1 次印刷
书　　号：ISBN 978-7-114-08381-5
定　　价：50.00 元
(如有印刷、装订质量问题的图书由本社负责调换)

《高等级公路半刚性基层沥青路面机械化施工质量控制新技术》

编　委　会

主　　编　李岩军　石　鑫

副主编　赵永祯　李利华

主　　审　李彦伟　周卫峰

编　　委　（按姓氏笔画为序）

任保国　陈新轩　李天裕　甄京山

统　　稿　陈新轩

前言 PREFACE

据统计，截至2009年底，全国公路通车总里程达383万公里，其中高速公路通车里程达6.50万公里。值得注意的是，三级以上公路，特别是高速公路，绝大部分均采用了半刚性基层沥青路面结构，可以说这类路面结构已成为我国公路路面结构的主要类型。

多年来的研究和使用，证明了半刚性基层沥青路面具有较为优良的力学性能和路用性能。在“七五”和“八五”期间，国家组织全国科研力量对半刚性基层沥青路面结构进行了攻关研究，并已取得了成套技术成果。但如今，已经建成的公路路面几乎都出现了不同程度的早期损坏，有些路段的问题甚至相当严重。从一些逐渐到达使用寿命的高速公路来看，这类路面最终都出现了结构性破坏，基层碎裂严重从而失去承载能力，并导致沥青面层的破坏。究其原因，首先是原材料选取的问题，其次是配合比的设计，再次是施工工艺和方法。随着科学技术的发展，路面新材料、新技术、新方法、新理念以及高性能施工机械的不断出现，以及在国家加大基础设施建设投入、公路建设快速发展的过程中，为实现公路建设事业的可持续发展，路面长期使用性能等系统性研究得到了充分的重视。因此，广大公路建设者应做到与时俱进，在充分汲取研究成果的基础上，紧密结合科技的发展，并不断深入，为我国的公路事业作出应有的贡献。

石家庄市环城公路设计采用半刚性基层沥青路面结构，在建设过程中，从原材料管理到混合料组成设计试验方法，从混合料制备、运输、摊铺到碾压均进行了细致的要求，充分体现了“设备保证工艺，工艺保证质量”这一理念，力求整体质量得到进一步提高。

在查阅大量国内外文献资料的前提下，本书的编写从实际出发，在总结工程经验的基础上，针对施工工艺的各环节、施工机械的结构、工作原理，尤其是机械的作业质量控制，从理论到工程实践均进行了详细地阐述，使理论与实践紧密结合。

本书共分十一章，简要介绍了半刚性基层沥青路面的材料准备；重点分析了半刚性基层和面层混合料的拌和、运输、摊铺、压实等机械的结构性能和工作原理以及质量控制等实用技术，并结合工程实践总结了大厚度、大宽度一次成型新技术、双层摊铺新技术、超大吨位压路机碾压新技术，着重提出了沥青混合料拌和实时在线动态监控新技术。本书是《高等级公路半刚性基层沥青路面实用新技术》的姊妹篇。该书前言、绪论、第一、二、三、四章由李岩军、石鑫编写，第五、六、七章由甄京山、陈新轩、任保国编写，第八、九、十、十一章由赵永祯、李利华、季天裕编写。

在编写本书过程中，长安大学和天津市市政工程研究院给予了很大的支持和指导，在此表示衷心感谢。

由于作者水平有限，书中难免有不妥及疏漏之处，望请国内外专家、同仁不吝赐教，批评指正。

编著者

2010 年 3 月 12 日

CONTENTS

绪论 …… 1

第一章　半刚性基层施工材料准备 …… 9
　第一节　半刚性基层材料概述 …… 9
　第二节　半刚性基层材料的准备 …… 17
　本章小结 …… 26

第二章　稳定土厂拌设备拌和质量控制 …… 27
　第一节　稳定土厂拌设备类型、结构和工作原理 …… 27
　第二节　稳定土厂拌设备的性能特点和改进技术 …… 30
　第三节　稳定土厂拌设备的合理选配 …… 35
　第四节　稳定土厂拌设备的生产工艺和质量调控 …… 38
　本章小结 …… 49

第三章　混合料运输及摊铺机作业质量控制 …… 50
　第一节　稳定土运输的基本要求和控制 …… 50
　第二节　稳定土摊铺的质量控制 …… 51
　第三节　大厚度、大宽度一次成型摊铺技术 …… 54
　本章小结 …… 60

第四章　半刚性基层压实机械的施工质量控制 …… 61
　第一节　半刚性基层压实机械的基本结构 …… 61
　第二节　半刚性基层压实机械的性能特点和适应范围 …… 70

第三节　压路机的合理选择 …………………………………………………… 72
第四节　稳定土压实的基本方法和质量控制 ………………………………… 76
第五节　超重吨位垂直振动压路机在基层施工中的应用 ………………… 81
本章小结 ……………………………………………………………………… 83

第五章　新型沥青路面材料 ……………………………………………… 84
第一节　新型沥青路面材料的基本要求 …………………………………… 84
第二节　沥青路面材料的准备 ……………………………………………… 100
本章小结 ……………………………………………………………………… 101

第六章　沥青混合料拌和质量控制 ……………………………………… 102
第一节　概述 ………………………………………………………………… 102
第二节　强制间歇式沥青混合料拌和设备 ………………………………… 103
第三节　连续式沥青混合料拌和设备 ……………………………………… 114
第四节　沥青混合料拌和设备的性能和改进技术 ………………………… 120
第五节　沥青混合料拌和设备的合理选配 ………………………………… 130
第六节　沥青混合料拌和工艺和质量控制 ………………………………… 131
本章小结 ……………………………………………………………………… 137

第七章　沥青混合料运输与转运的质量控制 …………………………… 138
第一节　沥青混合料运输的基本要求和控制 ……………………………… 138
第二节　沥青混合料转运车技术 …………………………………………… 140
本章小结 ……………………………………………………………………… 154

第八章　沥青混合料摊铺机作业质量控制 ……………………………… 155
第一节　概述 ………………………………………………………………… 155
第二节　摊铺机总体结构及工作原理 ……………………………………… 156
第三节　沥青混凝土摊铺机的性能分析和新技术研究 …………………… 168
第四节　摊铺机的合理选配 ………………………………………………… 177
第五节　沥青混合料摊铺的工艺和质量控制 ……………………………… 179
第六节　双层摊铺新技术 …………………………………………………… 187
本章小结 ……………………………………………………………………… 193

第九章　沥青路面压实质量控制 …… 195
第一节　压路机的类型和基本结构 …… 195
第二节　压路机的性能特点和适应范围 …… 204
第三节　压路机的合理选择 …… 206
第四节　沥青混凝土压实质量控制 …… 207
第五节　振荡压实的工艺特点和质量控制 …… 219
本章小结 …… 227

第十章　透层、黏层、防水层施工质量控制 …… 228
第一节　沥青喷洒设备的类型、结构和运用技术 …… 228
第二节　透层、黏层、防水层施工质量控制 …… 237
第三节　同步碎石封层技术 …… 245
第四节　抛丸处理混凝土桥面新技术 …… 257
本章小结 …… 261

第十一章　沥青混合料拌和实时在线动态监控新技术 …… 263
第一节　热拌沥青混合料质量实时监控系统的内容和功用 …… 263
第二节　热拌沥青混合料质量实时监控系统的构成与功能 …… 266
第三节　热拌沥青混合料质量实时监控系统的应用及测试结果 …… 270
本章小结 …… 280

附件　石家庄市环城公路路面工程主要机械配置 …… 282

参考文献 …… 283

绪　论

一、半刚性基层沥青路面概述

1. 半刚性基层沥青路面的发展

据统计，截至2009年底，全国公路通车总里程达383万公里，其中高速公路通车里程达6.50万公里，列世界第二位。值得注意的是，三级以上公路，特别是高速公路，绝大部分均采用了半刚性基层沥青路面结构，可以说这类路面结构已成为我国公路路面结构的主要类型。这类路面通常由半刚性材料底基层、半刚性材料基层和沥青面层构成，其中半刚性基层作为路面的主要承重层，半刚性底基层是路面的辅助承重层，这两个结构层可提供半刚性路面所需的全部承载能力，而沥青面层主要起抗滑、平整、防水等功能性作用。

实践证明半刚性基层沥青路面具有较为优良的力学性能和路用性能，在“七五”和“八五”期间，国家组织全国科研力量对于半刚性基层沥青路面结构进行了攻关研究，在这方面已取得了成套技术成果。但我国高等级公路的建设历史毕竟不长，还缺少高等级公路的实际使用经验，已经建成的公路路面几乎都出现了不同程度的早期损坏，有些路段的问题甚至相当严重。从一些逐渐到达使用寿命的高速公路来看，这类路面最终都出现了结构性的破坏，基层碎裂严重从而失去承载能力，并导致沥青面层的破坏。路面的大修必须要挖除面层和基层，工程量巨大，造价很高，工期较长，对车辆通行影响十分严重。随着科学技术的发展，路面新材料、新技术的不断出现，在国家加大基础设施建设投入、公路建设快速发展的过程中，为实现公路建设事业的可持续发展，路面长期使用性能等系统性研究得到了充分的重视。所以我们应当做到与时俱进，在以往研究成果的基础上紧密结合当今科学技术的发展，不断深入，以适应当今科技日新月异发展的要求。

2. 半刚性基层沥青路面的特点

沥青路面是用沥青材料作结合料黏结矿料修筑面层与各类基层和垫层所组成的路面结构。

由于沥青路面使用沥青结合料，因而增强了矿料间的黏结力，提高了混合料的强度和稳定性，使路面的使用质量和耐久性都得到提高。与水泥混凝土路面相比，沥青路面具有表面平整、无接缝、行车舒适、耐磨、振动小、噪声低、施工期短、养护维修简便、适宜于分期修建等特点，因而得到越来越广泛的应用。20世纪50年代以来，各国修建沥青路面的数量迅猛增长，所占比重很大。我国的公路和城市道路近20年来修筑了相当数量的沥青路面已经成为我国高速公路的主要路面形式。随着国民经济和现代化道路交通运输的需要，沥青路面必将有更大的发展。

沥青路面属于柔性路面，其强度与稳定性在很大程度上取决于土基和基层的特性。沥青路面的抗弯强度较低，因而要求路面的基础应具有足够的强度和稳定性，所以，在施工时必须根据路基土的特性进行充分的压实。对软弱土基或翻浆路段，必须预先加以处理。在低温时，沥青路面的抗变形能力很低，在寒冷地区为了防止土基不均匀冻胀而使沥青路面开裂，需设置防冻层。沥青面层修筑后，由于它的透水性小，从而使土基和基层内的水分难以排出，在潮湿路段易发生土基和基层变软，导致路面破坏。因此，必须提高基层的水稳性，尽可能采用结合料处治的整体性基层。对交通量较大的路段，为使沥青路面具有一定的抗弯拉和抗疲劳开裂的能力，宜在沥青面层下设置沥青混合料的联结层。采用较薄的沥青面层时，特别是在旧路面上加铺面层时，要采取措施加强面层与基层之间的黏结；以防止水平力作用而引起沥青面层的剥落、推挤、拥包等破坏。

二、半刚性基层沥青路面结构

1. 半刚性路面基层

半刚性基层材料，包括水泥稳定土、石灰稳定土和石灰工业废渣稳定土（如石灰粉煤灰类及石灰炉渣土）等。

（1）半刚性基层基本类型

①水泥稳定土

在粉碎的或原来松散的土（包括各种粗粒土、中粒土和细粒土）中，掺入足够数量的水泥和水，经拌和得到的混合料，在经过摊铺、压实及养生后，当其抗压强度和耐久性符合规定要求时，称为水泥稳定土。

用水泥稳定砂性土、粉性土和黏性土得到的混合料，简称水泥土；用水泥稳定砂得到的混合料，简称水泥砂；用水泥稳定粗粒土或中粒土得到的混合料，视所用原材料，可简称水泥碎石（级配碎石和未筛分碎石）、水泥砂砾等；在稳定各种土时，时常根据设计强度和耐久性等要求，以及地方材料的供应情况，同时用水泥和石灰、水泥和粉煤灰稳定某种土得到的混合料，简称综合稳定土。在实际应用中，也可以用水泥或水泥粉煤灰等稳定各种粒状矿渣。另外，仅使用少量水泥改善各种土的塑性指数或提高其强度（如 CBR 值）但又达不到水泥稳定土规定的强度要求，这种材料可称为水泥改善土。

②石灰工业废渣稳定土

工业废渣包括：粉煤灰、炉渣、煤渣、高炉矿渣、钢渣（已经过崩解达到稳定）、镁渣、煤矸石和其他粉状废渣。用一定比例的石灰与这些废渣中的一种或两种经加水拌和、压实和养生后,达到强度和耐久性都有很大提高并符合规范要求时,称为石灰工业废渣稳定土石灰工业废渣。

石灰工业废渣材料可分两大类:石灰粉煤灰类和石灰其他废渣类。同时用石灰和粉煤灰稳定细粒土(含砂)得到的混合料,简称二灰土;同时用石灰和粉煤灰稳定级配砂砾(砂砾中无土)和级配碎石(包括未筛分碎石)时,分别简称为二灰砂砾和二灰碎石。

这类稳定材料具有石灰稳定类的优点,同时它有效利用了工业废渣,变废为宝,所以就有较高的经济效益和社会效益。

③石灰稳定土

在粉碎的或原来松散的土(包括重粗粒土、中粒土和细粒土)中,掺入足够数量的石灰和水,经拌和得到的混合料经摊铺压实及养生后,当其抗压强度或耐久性符合规定要求时,称为石灰稳定土。

用石灰稳定细粒土得到的混合料,简称石灰土;用石灰稳定粗粒土或中粒土得到的混合料,视所用材料而定,原材料为天然砂砾土时,简称石灰砂砾土;原材料为天然碎石土时,简称为石灰碎石土;用石灰土稳定级配砂砾(砂砾中无土)或级配碎石(包括未筛分碎石)时,也分别简称石灰砂砾土和石灰碎石土;同时用石灰和水泥稳定某种土得到的混合料,简称综合稳定土。另外,仅使用少量石灰改善各种土的塑性指数或提高其强度(如 CBR 值),但又达不到石灰稳定土规定的强度要求,这种材料可称为石灰改善土。

(2)半刚性路面基层基本特点

①具有一定的抗拉强度

半刚性路面基层材料具有一定的抗拉强度。测定半刚性材料的抗拉强度共有三种方法。一种方法是利用梁式试件,用三分点加载方法,进行弯拉试验,直到试件破坏,用此法测得的试件抗拉强度称作抗弯拉强度(R_b)。第二种方法是利用圆柱体试件并沿其直径方向用接近于线压力进行试验,直到破坏,用此法得到的试件抗拉强度称间接抗拉强度或劈裂强度(R_i)。第三种方法是利用梁式试件或圆柱体试件进行直接拉伸试验,直到破坏,用此法测得的抗拉强度称作直接抗拉强度。对于同一种材料的试件,用不同方法测得的抗拉强度有明显的差别。

a. 石灰粉煤灰矿渣 90d(天)龄期的抗弯拉强度达 1.5 ~ 2.0MPa,水泥砂砾 28d 龄期的抗弯拉强度为 0.8 ~ 1.0MPa。

b. 石灰粉煤灰砂砾 90d 龄期的间接抗拉强度为 0.3 ~ 0.5MPa,略低于 6% 水泥砂砾 28d 龄期的间接抗拉强度 0.4 ~ 0.8MPa。

c. 水泥土抗拉强度明显小于同龄期水泥砂砾的抗拉强度,石灰粉煤灰土的抗拉强度大致与石灰粉煤灰砂砾的抗拉强度相当。

d. 石灰稳定土的抗拉强度最小。

②温度对混合料强度的形成有很大影响

温度越高，半刚性材料内部的化学反应就越快和越强烈，因此其强度也越高。试验证明，半刚性材料的强度在高温下形成和发展得很快，当温度低于 0 ~ 5℃时，半刚性材料的强度就难于形成和基本上没有什么增长。而当温度低于 0℃时，如半刚性材料遭受反复冻融，其强度还可能下降，在伴随有自由水侵入的情况下，半刚性材料甚至会遭受破坏。实践证明，在夏季高温季节到来之前和高温季节施工的半刚性基层具有很高的强度。北方地区凡在秋末施工的半刚性基层经常是强度不高，质量不好。在其上铺筑的沥青面层，特别是薄沥青面层到了第二年春融时期往往容易产生过早破坏。冻前施工的二灰土或石灰土结构层，由于材料强度形成和发展的不好，如其上没有覆盖层，在北方冰冻地区经过一个冬季的负温度和雪水的反复作用，其上层 5 ~ 8cm 往往容易变松。因此，半刚性基层应在夏季到来之前和夏季组织施工，并在第一次重冰冻（ -3 ~ 5℃）到来之前半个月（水泥稳定土）到一个月（石灰稳定土和石灰粉煤灰稳定土）停止施工。

③材料强度和刚性都随龄期增长

半刚性材料的化学反应要持续一个相当长的时间才能完成。即使是早期强度高的水泥稳定土，在水泥终凝后，水泥混合料的硬结过程也常延续到一至两年以上。因此，在大致相同的环境温度下，半刚性材料的强度和刚性都随龄期的延长而不断增长。尤其是具有慢凝性质的石灰粉煤灰稳定类材料和石灰稳定类材料的硬结过程相当长。

④无机结合料稳定细粒土使用的局限性

在基层施工规范中，对于无机结合料稳定土有一个共同的规定，即稳定细粒土，如石灰土、水泥土、石灰水泥土和石灰粉煤灰土，都不宜用作高速公路沥青路面的基层，而宜用作底基层，换句话说，高速公路沥青面层不宜直接铺筑在这些稳定细粒土结构层上。

作为总称的水泥稳定土和石灰粉煤灰稳定土等，可适用于各种等级道路的基层和底基层。为什么水泥土、石灰粉煤灰土和石灰土等不宜用作高等级公路沥青路面的基层，其原因主要有：稳定细粒土的干缩性和温缩性都较稳定中粒土和稳定粗粒土的干缩性和温缩性大得多，沥青面层避免不了要产生裂缝；稳定细粒土基层在施工季节较晚或施工质量较差的情况下，往往强度形成的不好或局部强度形成的不好。

为了避免沥青路面产生过多的裂缝和发生早期破坏现象，为了保证沥青路面的使用性能和使用寿命，《公路路面基层施工技术规范》规定在高等级公路沥青路面下不宜采用稳定细粒土做基层。为了避免水泥混凝土板下基层产生脱空现象，也不宜采用稳定细粒土作水泥混凝土路面的基层。实践证明在高等级公路沥青面层或水泥混凝土面层与无机结合料稳定细料土层之间，应设置无机结合料稳定粒料层。

2. 半刚性基层沥青路面面层

目前，高等级沥青路面基本上都采用半刚性基层；沥青路面可以从几个不同的角度进行分类。

(1)按强度构成原理分

可将沥青路面分为密实类和嵌挤类两大类。

①密实类沥青路面要求矿料的级配按最大密实原则设计，其强度和稳定性主要取决于混合料的黏聚力和内摩阻力。密实级配类沥青路面又分为连续级配型沥青混凝土和连续级配型特粗式、粗粒式沥青稳定碎石及间断级配型沥青玛碲脂碎石等。

②嵌挤类沥青路面要求采用颗粒尺寸较为均一的矿料，路面的强度和稳定性主要依靠骨料颗粒之间相互嵌挤所产生的内摩阻力，而黏聚力则起着次要的作用。按嵌挤原则修筑的沥青路面，其热稳定性较好，但因空隙率较大、易渗水，因而耐久性较差。嵌挤类沥青路面分为开级配、半开级配沥青路面等类型；开级配沥青路面分为间断级配排水式沥青磨耗层和排水式沥青碎石基层。

(2)按施工工艺分

沥青路面可分为层铺法、路拌法（冷拌法）和厂拌法（热拌法）三类。

①层铺法是用分层洒布沥青，分层铺撒矿料和碾压的方法修筑，其主要优点是工艺和设备简便、功效较高、施工进度快、造价较低；其缺点是路面成型期较长，需要经过炎热季节行车碾压之后路面方能成型。

②路拌法（冷拌法）是在路上用机械将矿料和沥青材料就地拌和摊铺和碾压密实而成的沥青面层。此类面层有路拌（冷拌）沥青碎（砾）石、乳化沥青碎（砾）石和路拌沥青稳定土。路拌沥青面层，通过就地拌和，沥青材料在矿料中分布比层铺法均匀，可以缩短路面的成型期。但因所用的矿料为冷料，需使用黏稠度较低的沥青材料，故混合料的强度较低。

③厂拌法（热拌法）是将规定级配的矿料和沥青材料在工厂用专用设备加热拌和，然后送到工地摊铺碾压而成的沥青路面。矿料中细颗粒含量少，不含或含少量矿粉，混合料为开级配的，若矿料中含有矿粉，混合料是按密实级配配制的。厂拌法按混合料铺筑时温度的不同，又可分为热拌热铺和热拌冷铺两种。热拌热铺是混合料在专用设备加热拌和后立即趁热运到路上摊铺压实；如果混合料加热拌和后储存一段时间再在常温下运到路上摊铺压实，即为热拌冷铺。厂拌法使用较

黏稠的沥青材料，且矿料经过精选，因而混合料质量高，使用寿命长，但修建费用也较高。

(3)按沥青路面的技术特性分

沥青面层可分为沥青混凝土、沥青玛碲脂碎石、热拌沥青碎石、乳化沥青碎石混合料、沥青贯入式路面、沥青表面处治路面等类型；这种分类方法也是目前最为常用的分类方法。

①沥青表面处治路面是指用沥青和集料按层铺法或拌和法铺筑而成的厚度不超过3cm的沥青路面。沥青表面处治的厚度一般为1.5～3.0cm。层铺法可分为单层、双层、三层。单层表处厚度为1.0～1.5cm，双层表处厚度为1.5～2.5cm，三层表处厚度为2.5～3.0cm。沥青表面处治适用于三级、四级公路的面层，旧沥青面层上加铺罩面或抗滑层、磨耗层等。

②沥青贯入式路面是指用沥青贯入碎(砾)石作面层的路面。沥青贯入式路面的厚度一般为4～8cm。当沥青贯入式的上部加铺拌和的沥青混合料时，也称为上拌下贯，此时拌和层的厚度宜为3～4cm，其总厚度为7～10cm。沥青贯入式碎石路面适用于作三级及三级以下公路的沥青面层。

③沥青碎石路面是指用沥青碎石作面层的路面，沥青碎石的配合比设计应根据实践经验和马歇尔实验的结果，并通过施工前的试拌和、试铺确定。沥青碎石有时也用作联结层。

④沥青混凝土路面是指用沥青混凝土作面层的路面，其面层可由单层或双层或三层沥青混合料组成，各层混合料的组成设计应根据其层厚和层位、气温和降雨量等气候条件、交通量和交通组成等因素确定，以满足对沥青面层使用功能的要求。沥青混凝土常用作高等级公路的面层。

⑤乳化沥青碎石混合料适用于做三级、四级公路的沥青面层，二级公路养护罩面以及各级公路的调平层。国外也用作为柔性基层。

⑥沥青玛碲脂碎石路面是指用沥青玛碲脂碎石混合料作面层或抗滑层的路面。沥青玛蹄脂碎石混合料(简称SMA)是以间断级配为骨架，用改性沥青、矿粉及木质纤维素组成的沥青玛碲脂为结合料，经拌和、摊铺、压实而形成的一种构造深度较大的抗滑面层。它具有抗滑耐磨、空隙率小、抗疲劳、高温抗车辙、低温抗开裂的优点，是一种全面提高密级配沥青混凝土使用质量的新材料，适用于高速公路、一级公路和其他重要公路的表面层。

采用不同的施工工艺和材料可以修筑成不同类型的沥青路面。因此，必须根据路面的使用要求和施工的具体条件，按照技术经济原则来综合考虑，选定最适当的路面类型。

选择沥青路面的类型，一方面要根据任务要求(道路的等级、交通量、使用年限、修建费用等）和工程特点（施工季节、施工期限、基层状况等）；另一方面还应考虑材料供应情况、施工机具、劳力和施工技术条件等因素，可参照表0-1选定。

路面类型的选择 表0-1

公路等级	面层类型	设计年限（年）	设计年限内累计标准轴次（万次/车道）
高速公路 一级公路	沥青混凝土 沥青玛碲脂碎石（SMA）	15	>400
二级公路	沥青混凝土、热拌沥青碎石	12	>200
三级公路	乳化沥青碎石混合料、沥青贯入式	6~10	100~200
四级公路	沥青表面处治	8	10~100
	泥结碎石、级配碎（砾）石、半整齐石块路面	5	≤10

从施工季节来讲，沥青类路面一般都要求在温暖干燥的气候条件下施工，所用沥青材料在施工时具有较大的流动性，便于路面摊铺和压实成型。热拌热铺类的沥青碎石或沥青混凝土面层，气候对其影响较小，仅要求在晴朗天气和气温不低于5℃时施工。若施工气温较低，则应选用热拌冷铺法施工较为适宜。沥青类路面一般不宜铺筑在纵坡大于6%的路段上。纵坡大于3%的路段，要考虑抗滑的要求，宜采用粗粒式的沥青碎石或粗粒式的沥青表面处治。

（4）沥青路面对基层的要求

①基层、底基层应具有足够的强度和稳定性，在冰冻地区还应具有一定的抗冻性。在铺装路面下的半刚性基层应具有较小的收缩（温缩及干缩）变形和较强的抗冲刷能力。半刚性材料基层、底基层的配合比设计，应根据重型击实标准制件，混合料7d龄期的无侧限抗压强度试验确定。

②基层、底基层结构设计，应贯彻就地取材的原则，认真做好当地材料的调查，根据不同公路等级，交通量对基层、底基层的技术要求，选择技术可靠、经济合理的基层、底基层结构。

③一般公路的基层宽度，每侧宜比面层宽出25cm，底基层每侧宜比基层宽15cm。在多雨地区，透水性好的粒料底基层，宜铺至路基全宽，以利于排水。高速公路、一级公路的基层宽度应按路面边缘构造的规定执行。

④新建沥青路面的基层按结构组合设计要求，选用沥青稳定碎石、沥青贯入式、级配碎石、级配砂砾等柔性基层；水泥稳定土或粒料、石灰与粉煤灰稳定土或粒料的半刚性基层；碾压式水泥混凝土、贫混凝土等刚性基层；以及上部使用柔性基层，下部使用半刚性基层的混合式基层。半刚性基层作为沥青路面的基层与沥青

层宜在同一年内施工，以减少路面开裂。

⑤旧沥青路面作基层时，应根据旧路面质量，确定对原有路面修补、铣刨、加铺罩面层。旧沥青路面的整平应按高程控制铺筑，分层整平的一层最大厚度不宜超过100mm；以旧的水泥混凝土路面作基层加铺沥青面层时，应根据旧路面质量，确定处治工艺，确认能满足基层要求后，方能加铺沥青层。旧路面处理后必须彻底清除浮灰，根据需要并作适当的铣刨处理，洒布黏层油，再铺筑新的结构层。

第一章　半刚性基层施工材料准备

第一节　半刚性基层材料概述

经过多年的实践证明,半刚性基层具有整体强度高、板体性好等优点,使沥青路面具有很高的承载能力,表现出较为优良的力学性能和路用性能,而且具有了相当完善的成套技术成果。

原材料是半刚性基层是否能实现其性能的前提,作为路面结构的承重层,对原材料的要求也更为严格,随着工程建设的不断发展,经验的不断积累,材料的组成也更为合理,混合料的制备由路拌发展到集中厂拌,总的来说,要从抓原材料入手,来保证半刚性基层的高质量和高性能。

一、半刚性基层材料的结构类型及特性

路面基层材料通常可以根据其稳定用结合料及被稳定材料的组成特征等加以分类。如按照结合料类型可以分为水泥稳定类材料、石灰粉煤灰稳定类材料、沥青稳定类材料等;按照被稳定材料可以分为稳定细粒土、稳定砂、稳定碎石等。实际使用中不同材料组成的路面基层材料其性能有明显的差异。除了具体施工条件的差异外,不同集料级配组成导致结构差异是主要的原因。这说明与其他材料一样,基层材料的性能不仅与其组成有关,更是由其结构所决定的。因此有必要进一步对路面基层材料的结构进行划分,以利于更好地把握其性能,并合理地加以应用。

二、半刚性基层材料的结构类型及适用范围

(一)半刚性基层材料的结构类型

通过对路面基层材料现场和室内性能的分析总结,根据基层材料中粗集料和细集料的分布状态,可以将基层材料的结构划分为四种类型。

1. 骨架密实结构

粗集料形成相互嵌挤的骨架,细集料以充分密实的状态填充到骨架间的空隙里,如图 1-1a)所示。

2. 骨架空隙结构

粗集料形成相互嵌挤的骨架,骨架间的空隙部分被细集料所填充,并留有一定的空隙,如图 1-1b)所示。

3. 悬浮密实结构

粗集料没有形成相互嵌挤的骨架，只是分散地分布在充分密实的细集料中，如图 1-1c）所示。

4. 均匀密实结构

没有粗集料，粒径大小相近的细集料或细粒土处于充分密实状态；如图 1-1d）所示。

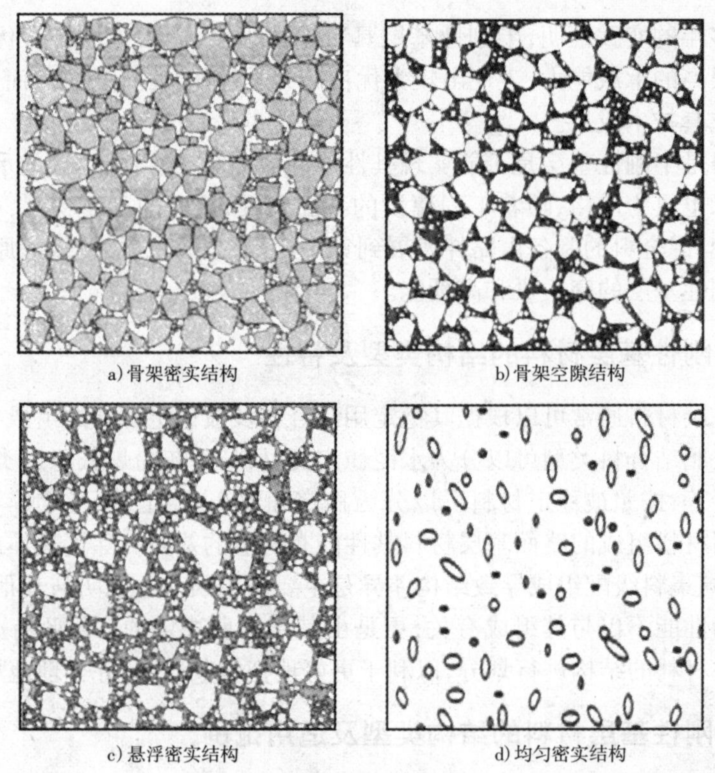

图 1-1 基层材料类型

对于基层材料来说，这里所说的粗细集料的分界线一般为 4.75mm。从物理概念上讲，骨架密实、骨架空隙以及悬浮密实三种结构的形成取决于粗集料的空隙体积与细集料压密体积的相对关系。

当基层材料的粗集料压密后的空隙体积等于细集料和结合料的压密体积时，形成骨架密实结构；当基层材料的粗集料压密后的空隙体积远大于细集料和结合料的压密体积时，粗集料骨架间的空隙部分不能完全被细集料所填充，留有空隙，形成骨架孔隙结构；当基层材料的粗集料压密后的空隙体积小于细集料和结合料的压密体积时，粗集料不能相互靠近形成嵌挤的骨架，而是分散或悬浮在连续、压密的细集料和结合料之中，形成悬浮密实结构。

（二）半刚性基层材料的适用范围

1. 水泥稳定土

由于可被水泥稳定的土的范围相当广泛，同时水泥剂量愈多，水泥稳定土混合料的强度愈高。因此，水泥稳定土的强度可以在大范围内进行调整，以适应不同等级道路以及不同路面结构层位对材料的强度要求。例如，水泥稳定土的7d龄期无侧限抗压强度可以低到小于1MPa，也可以高到10MPa以上。因此，单纯从强度而言，水泥稳定土可以适用做各等级道路路面的基层。但是，考虑不同水泥稳定土的干缩性能、温缩性能、抗冲刷性能等因素后，对于不同等级道路的路面以及不同的路面结构层位，应该选用技术经济都最合适的材料。例如：稳定细粒土，特别是稳定各种砂性土、粉性土和黏性土，不应直接用做高等级路面的基层，而只应用做底基层。

作为高速公路的基层，不但应选用稳定粒料，而且粒料的级配应符合《公路路面基层施工技术规范》中规定的集料级配范围，以改善水泥稳定粒料基层的干缩和温缩性以及提高其抗冲刷能力。对于高等级公路的路面基层，则可以选用基层施工规范中水泥稳定土基层颗粒组成范围内的任何当地材料进行稳定。

2. 石灰工业废渣稳定土

石灰工业废渣稳定土中具有普遍意义的主要材料是石灰粉煤灰稳定类，它包括石灰粉煤灰细粒土（如石灰粉煤灰、石灰粉煤灰土、石灰粉煤灰砂等）、石灰粉煤灰中粒土和粗粒土（如石灰粉煤灰砂砾或砂砾土、石灰粉煤灰碎石、石灰粉煤灰矿渣以及石灰粉煤灰其他粒料）。后两者也可简称石灰粉煤灰粒料或二灰粒料。就石灰粉煤灰土或二灰土而言，其强度随三个组成部分的配合比而变。但在原材料不变及压实度相同的情况下，其7d龄期的无侧限抗压强度 R_7 变化不大，R_7 的变化范围为0.5～0.9MPa。某些二灰细粒土的强度虽然可能明显超过二灰粒料的强度，但考虑前者的干缩和温缩系数明显大于后者，以及前者的抗冲刷能力次于后者，因此，二灰细粒土不应用做高速公路基层，而只用做底基层。使用质量好的粉煤灰时，二灰砂砾和二灰碎石的三个月龄期的强度大致相当于水泥砂砾和水泥碎石的强度。二灰矿渣三个月龄期的强度，特别是其抗拉强度甚至可超过水泥碎石的强度，因此，二灰粒料与水泥砂砾或水泥碎石一样可用做高速公路的基层。但是，作为高速公路路面的基层，宜采用粒料占80%以上的二灰粒料混合料，同时粒料应具有良好的级配，且其中0.075mm以下的颗粒含量应接近于0，以减小二灰粒料基层的收缩性并增加其抗冲刷性能。

3. 石灰稳定土

石灰稳定土的强度较水泥稳定土的强度低得多，例如，良好石灰土的7d龄期无侧限抗压强度只有0.8～1.0MPa。此外,石灰土的强度没有大的可调整范围。但是,实践证明,石灰稳定土基层有很大的刚性和荷载分布能力,它仅略次于水泥稳定土基层,因此,它仍是一种较好的路面基层和底基层材料。它虽然可用做各种路面的基层和底基层,但将它用到大交通量、重载高速公路上却要十分注意。即使是石灰土稳定良好的级配碎石,在高速公路上也不宜用做基层。其主要原因是这种材料的抗拉强度较低和抗冲刷能力较差,收缩性也较大。

石灰稳定类作为高速公路基层,不单应选用石灰稳定粒料土或石灰土稳定粒料,而且粒料的比例应该为80%～85%。同时其级配应符合基层施工规范中规定的集料级配范围。由于石灰土的冰冻稳定性较差以及在过分潮湿情况下难于成型和强度发展较慢。工程实践证明,在冰冻地区的潮湿和过分潮湿路段以及其他地区的过分潮湿路段,不宜采用石灰土做基层。在只能采用石灰土时,应该采取措施防止水分浸入石灰土层。

三、半刚性基层的材料特性

1. 强度特性

(1)强度值域

半刚性基层材料可设计的强度值域很宽。半刚性基层材料强度随所稳定对象和结合料的不同可以在很宽的值域内变化,见表1-1。水泥稳定类材料的强度规律是:在相同的水泥剂量条件下,颗粒组成较好的细粒土和级配组成较好的粗粒土能获得较高的强度;对于同一种被稳定的材料,一般是随着水泥剂量的增加,稳定类材料的强度增大。对于组成较好的材料,可以用较少的水泥剂量获得较高的强度;对于组成较差的材料,即使用很高的水泥剂量得到的强度也很低。

水泥稳定类材料的无侧限抗压强度和弯拉模量　　表1-1

材料类型	级配良好的砾石—砂—黏土,砂或砾石	粉质砂,砂质黏土	粉质—砂质黏土,级配差的砂	粉土,粉质黏土,级配很差的砂	重黏土
7d无侧限抗压强度(MPa)	2.80～10.50	1.70～3.50	0.7～1.70	0.35～1.05	≤0.70
弯拉模量(GPa)	7.0～21.0	7.0	3.5～7.0	<3.5	1.4
水泥剂量(%)	≤5	7	9	10	≥13

(2)强度组成

半刚性基层材料的强度获得不仅要靠结合料的剂量,更应靠良好的集料级配。半刚性基层材料受压破坏实际上是一种剪切破坏。由材料的剪切强度组成可以看出,剪切强度τ的大小取决于材料的内摩阻角φ和黏聚力c。剪切强度的计算式为：

$$\tau = \sigma\tan\phi + c$$

增加结合料剂量是通过增大黏聚力 c 的成分来提高强度；使用级配良好的集料和增加粗集料用量是通过增加内摩阻力 $\sigma\tan\phi$ 来提高强度。由于结合料剂量增加在增大黏聚力的同时，会增加新生矿物（水泥石等）的含量从而增加材料的收缩性，因而容易产生收缩开裂。而集料多为花岗岩、玄武岩、石灰石等岩石，其收缩系数比水泥石要小得多，见表1-2，因而在增加强度的同时，不会带来基层材料收缩性的增大。

水泥石和集料的温度收缩系数　　表1-2

成分		温度收缩系数（$\times 10^{-6}$）
水泥石		10~20
集料	花岗岩	7~9
	玄武岩	6~8
	石灰石	6
	白云石	7~10
	砂岩	11~12

（3）强度设计

半刚性基层在一定条件下可以做到高强度而又不开裂。鉴于上述对材料强度组成的分析，可以通过一定的组成设计得到强度高而收缩性低或抵抗收缩开裂性好的材料。这就需要在半刚性基层材料组成中增大粗集料的比例并形成较好的级配，加入适宜的水泥剂量。骨架密实结构的材料便是符合这种半刚性基层材料设计理念的代表。半刚性基层材料中，从均匀密实结构到悬浮密实结构，再到骨架密实结构，材料的粗集料用量逐渐增加，强度增大，收缩系数却减小，见表1-3。

水泥稳定类材料的强度和收缩系数　　表1-3

水泥稳定碎石结构类型	不同龄期(d)的抗压强度(MPa)			温度收缩系数（$\times 10^{-6}$）	干燥收缩系数（$\times 10^{-6}$）
	7	28	90		
悬浮密实结构	3.5~7.8	4.5~8.6	8.6~11.3	8.0~10.8	80~120
骨架密实结构	4.1~7.3	6.4~10.0	7.4~11.6	8.2~9.6	72~110

（4）强度界限

高强度半刚性材料应该是结构设计要求的结果，而且应该是有界限的。半刚性基层材料的强度要求，应该视所应用的公路等级和结构设计要求来定。对应所要求的强度高低和相关性能要求，同时考虑原材料的供给条件再进行具体的材料类型选择和组成设计。这样设计出的半刚性基层材料在性能和成本上都能合理。半刚性基层材料的强度值,应该在结构设计要求值相应的变化幅度范围内。过大的强度值可能不仅不经济,而且会带来其他性能的副效应。

2. 收缩特性

(1)材料属性的认识

热胀冷缩和湿涨干缩是材料的属性。无论是半刚性基层材料还是沥青面层材料的性质都不可避免地要受到环境因素的影响。一定环境条件下的面层或基层产生收缩裂缝是不可避免的。这种收缩裂缝的危害表现在两个方面:①外界水分通过裂缝渗入会引起面层的冲刷剥落或基层的冲刷唧泥;②过小的裂缝间距破坏了路面结构的整体性,改变了受力状态。也就是说,在裂缝间距较大,又能保证不让水分进入的条件下,收缩裂缝是不可怕的。

(2)干燥收缩的控制

及时的保湿养生可以避免基层的干燥收缩裂缝。虽然半刚性基层材料的收缩和膨胀是不可避免的,但是由于半刚性基层材料的热胀冷缩和湿涨干缩是有条件和过程规律的,因而是可以控制和改善的。试验得出基层材料的干燥收缩规律是材料的收缩系数随含水率的变化呈上凸形抛物线(图 1-2),即从成型含水率开始,随着含水量的丧失,材料的收缩应变开始变化不大,进入一定的含水率范围内时急剧增加,随后又减小。这一规律可以说明为什么施工现场基层成型初期,尤其在夏季高温时段的干燥收缩裂缝往往是在很短的时间内出现。由这一规律同时可以看到,由于从成型含水率到产生最大收缩应变的最不利含水率之间还有一段含水率的变化范围,如果现场能够做好及时保湿养生,完全可以避免基层材料的含水率低到最不利含水率而出现最大收缩应变。也就是说,从施工工艺控制角度可以做到避免基层成型早期的干燥收缩开裂。

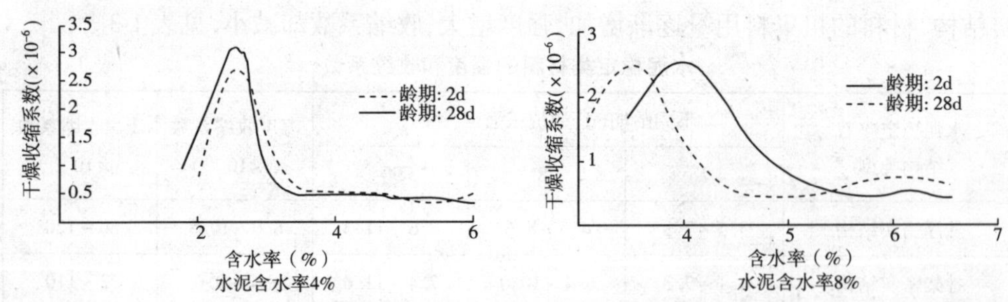

图 1-2 水泥稳定碎石干燥收缩规律

(3)温度收缩的减小

控制细料含量可以显著减小基层的温度收缩裂缝。水泥稳定碎石材料的收缩系数与组成材料的粒径大小有关。较大粒径部分多为由岩石破碎而来的碎石集料,其温度收缩系数小;随着集料粒径的减小,尤其是填料部分的细粒土成分,含有较多的次生矿物,温度收缩系数大。细料越多,所需结合料越多,结合料水泥无论是自身硬化还是与细集料的反应生成物都是次生矿物,收缩系数也大。试验表明:2.36mm、0.6mm、0.075mm 三种粒径的细料对混合料收缩系数的影响是呈明显递增的趋势(图 1-3)。因此,控制细料含量,尤其是粒径小于 0.075mm 的细料含量可以显著地减少半刚性基层材料的温度收缩裂缝。

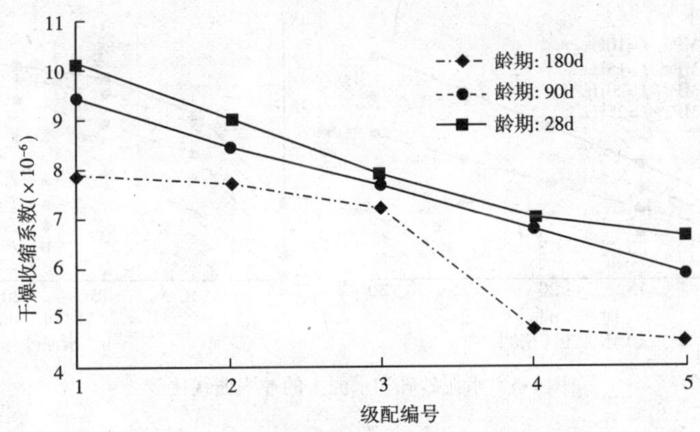

图 1-3 不同细料含量的水泥稳定碎石收缩系数

3. 冲刷特性

(1)基层冲刷机理

动水压力泵吸作用产生基层冲刷。半刚性基层表面非紧密联结的细料在动水压力泵吸作用下的脱离是形成冲刷的主要原因。半刚性基层内部由于结合料剂量所限,无法保证细集料之间全部是由结合料联结。由于沥青路面开裂或水泥混凝土路面接缝的填缝料丧失,路表水进入基层顶面。基层顶面遇水后湿软,原本非结合料联结的颗粒间联结力减弱或丧失,在高速、重载车辆的作用下产生很大的动水压力,将细料冲刷带到路表,造成路面面层脱空。脱空的路面面层更容易产生开裂,因而形成恶性循环,如图 1-4 所示。

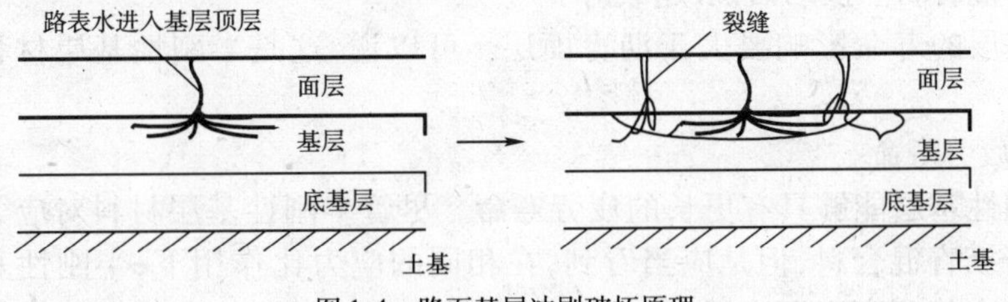

图 1-4 路面基层冲刷破坏原理

(2)减小冲刷的途径

雨水的侵入和高速、重载车辆的作用是导致半刚性基层冲刷的外部原因。合适的材料组成可以显著地提高抗冲刷性能，具体的途径是通过减少细料含量、增加结合强度以及增大空隙率来消散动水压力。试验结果表明：水泥稳定砂砾与水泥稳定土相比，具有较小的冲刷量，如图 1-5 所示，其中 P 为顶面加载压力，f 为加载频率。由图 1-5 可以看出：随着水泥剂量的增大，水泥稳定砂砾的冲刷量逐渐减小；与密实的水泥稳定砂砾相比，具有一定孔隙的水泥稳定碎石几乎不受冲刷。

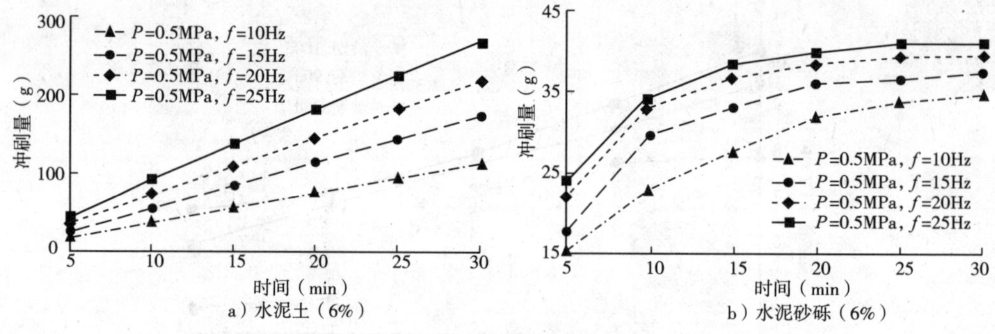

图 1-5　水泥砂砾和水泥土的冲刷曲线比较

4. 疲劳特性

(1)应力敏感性

半刚性基层材料是一种应力敏感性材料。与沥青混合料相比，半刚性基层材料的疲劳曲线较为平缓，见图 1-6，其中 N_f 为疲劳寿命，ρ 为应力比。这说明半刚性基层材料的应力敏感性要比沥青混合料高。在应力变化幅度相同的条件下，半刚性基层材料产生的寿命变化范围要大于沥青混合料。换句话说，超载对半刚性基层的寿命影响要大于沥青面层。可以说，这是半刚性基层材料不利的一面。

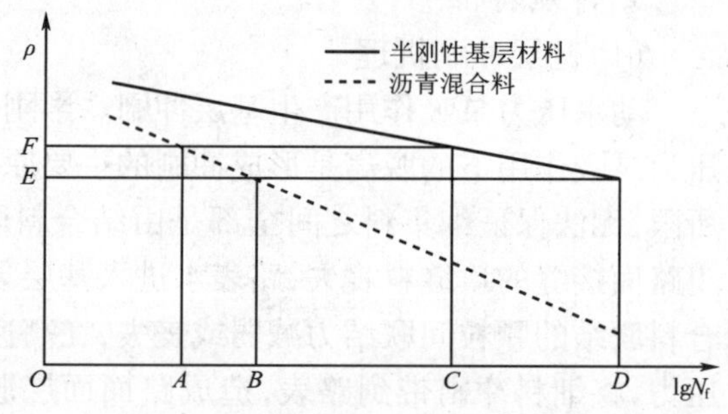

图 1-6　半刚性基层材料与沥青混合料的疲劳曲线比较

(2)疲劳寿命

半刚性基层能够具有更长的疲劳寿命。尽管半刚性基层材料对应力的敏感性要高于沥青混合料，但是应当看到，在相同的应力比作用下，半刚性基层的绝对疲劳寿命值要高于沥青混合料，见表 1-4。因此，只要将半刚性基层放在路面结构层中合适的位置，使其不承受过大的荷载，半刚性基层就会具有更长的疲劳寿命。

半刚性基层材料的疲劳寿命与应力关系 表 1-4

材料类型	应力比	应力水平(MPa)	疲劳寿命平均值(次)
单家寺70号沥青	0.10	0.412	1 203 658
	0.30	1.236	17724
	0.50	2.060	4262
单家寺90号沥青	0.30	0.768	159 564
	0.50	1.280	22843
	0.60	1.536	11304
水泥砂砾中梁	0.65	0.860	914 538
	0.85	1.054	7568
二灰砂砾中梁	0.6	0.678	786 306
	0.8	0.904	1021

第二节 半刚性基层材料的准备

半刚性基层的施工有路拌法和中心厂办法两种，相应的材料准备也有所不同。

一、水泥稳定土基层材料的准备

(一)材料要求

1. 土

主要控制最大粒径、均匀系数(土体不同通过量的筛孔尺寸之比)、液限、塑性指数、压碎值、硫酸盐和有机质量含量等。

1)适用于水泥稳定的土

级配碎石、未筛分碎石、砂砾、碎石土、砂砾土、煤矸石和各种粒状矿渣均适宜用水泥稳定，其中碎石包括岩石碎石、矿渣碎石、破碎碎石等。

硫酸盐含量超过0.25%的土，不能用水泥稳定。有机质含量超过2%的土，必须先用石灰进行处理，闷料一夜后再用水泥稳定。

2)土的粒径、塑性指数和液限

(1)二级及二级以下公路

①水泥稳定土用做底基层时，土的单个颗粒的最大粒径不应超过53mm(指方孔筛，下同)，水泥稳定土的颗粒组成应在表1-5所列范围内，土的均匀细数应大于5。细粒土的液限不应超过40%，塑性指数不应超过17。对于中粒土和粗粒土，如

土中小于0.6mm的颗粒含量在30%以下，塑性指数可稍大。实际工程中，宜选用均匀系数大于10，塑性指数小于12的土。塑性指数大于17的土，宜采用石灰稳定或水泥和石灰综合稳定。

用做底基层时水泥稳定土的颗粒组成范围　表1-5

筛孔尺寸(mm)	53	4.75	0.6	0.075	0.002
通过质量百分率(%)	100	50~100	17~100	0~50	

②水泥稳定土用做基层时，土的单个颗粒的最大粒径不应超过37.5mm，水泥稳定土的颗粒组成应在表1-6列范围内。集料中不宜含有塑性指数的土。对于二级公路宜按接近级配范围的下限配制混合料或采用表1-7中的2号级配。

做基层时水泥稳定土的颗粒组成范围　表1-6

筛孔尺寸(mm)	通过质量百分率(%)	筛孔尺寸(mm)	通过质量百分率(%)
37.5	90~100	2.36	20~70
26.5	66~100	1.18	14~57
19	54~100	0.6	8~47
9.5	39~100	0.075	0~20
4.75	28~84		

水泥稳定土的颗粒组成范围及对液限和塑性指数的要求　表1-7

编号 / 通过百分率(%) / 筛孔尺寸(mm)	1	2	3
37.5	100	100	—
31.5	—	90~100	100
26.5	—	—	90~100
19	—	67~90	72~89
9.5	—	45~68	47~67
4.75	50~100	29~50	29~49
2.36	—	18~38	17~35
0.6	17~100	8~22	8~22
0.075	0~30	0~7①	0~7①
液限(%)	—	—	<28
塑性指数	—	—	<9

注：集料中0.5mm以下细粒土有塑性指数时，小于0.075mm的颗粒含量不应超过5%，细粒土无塑性指数时，小于0.075mm的颗粒含量不应超过7%。

(2)高速、一级公路

①水泥稳定土用做底基层时,土的单个颗粒的最大粒径不超过37.5mm,水泥稳定土的颗粒组成应在表1-7所列1号级配范围内,土的均匀细数应大于5。细粒土的液限不应超过40%,塑性指数不应超过17。对于中粒土和粗粒土,如土中小于0.6mm的颗粒含量在30%以下,塑性指数可稍大。实际工程中,宜选用均匀系数大于10,塑性指数小于12的土。塑性指数大于17的土,宜采用石灰稳定或水泥和石灰综合稳定。对于中粒土和粗粒土,宜采用表1-7中2号级配,但小于0.075mm的颗粒含量和塑性指数可不受限制。

②水泥稳定土用做基层时,土的单个颗粒的最大粒径不超过31.5mm,水泥稳定土的颗粒组成应在表1-7所列3号级配范围内。对所用的碎石或砾石,应预先筛分成3~4个不同粒级,然后配合。

3)水泥稳定砂

用水泥稳定粒径较均匀的砂时,宜在砂中添加少部分塑性指数小于10的黏性土或石灰土,也可添加部分粉煤灰,加入比例可按使混合料的标准干密度接近最大值确定,一般约为20%~40%。

4)压碎值

水泥稳定土中碎石和砾石的压碎值,应满足表1-8所列的要求。

碎石或砾石的压碎值要求 表1-8

结构层	高速公路、一级公路	二级及二级以下公路
基层	≤30%	≤35%
底基层	≤30%	≤40%

2. 水泥、石灰和水

(1)水泥

普通硅酸盐水泥、矿渣硅酸盐水泥及火山灰质硅酸盐水泥均可用于稳定土,但应选用初凝时间在3h以上、终凝时间在6h以上的水泥。不得使用快硬水泥、早强水泥以及受潮变质的水泥。宜采用强度等级为32.5或42.5级的水泥。

(2)石灰

选用Ⅲ级以上消石灰粉或生石灰粉,并检验石灰的有效钙和氧化镁含量。

(3)水

凡可用于饮用的水(含牲畜饮用水)均可用于水泥稳定土施工。

(二)路拌法施工材料的准备

1. 利用老路面或土基上部材料

清除老路面上或土基表面的石块等杂物。每隔10~20m挖一小洞,使洞底标高与预定的水泥稳定土层的底面标高相同，并在洞底做一标记，以控制翻松及粉碎的深度。用犁、松土机或装有强固齿的平地机或推土机将老路面或土基的上部翻松到预定的深度，土块应粉碎到符合要求。经常用犁将土向路中心翻松，使预定处治层的边部成一个垂直面，防止处治宽度超过规定。用专用机械粉碎黏性土。在无专用机械的情况下，也可以用旋转耕作机、圆盘耙粉碎塑性指数不大的土。

2. 利用料场的土（包括细粒土、中粒土和粗粒土）

①料场选择：将沿线所有料场的土料，用肉眼鉴别，初步选定一些备用料场。从每个料场取有代表性的土料，送试验室进行原土料及混合料的物理力学性质试验。根据试验结果，选定准备开采使用的料场（同时确定水泥剂量）。采集土前，应先将树木、草皮和杂土清除干净。

②料场采集：如料层上有覆盖土、树木、草皮等杂物，则首先使用推土机将其清除干净。土中的超尺寸颗粒应予筛除。在采集集料的过程中，在预定采料深度范围内自上而下不分层开采。避免不合格的土料推入选料堆中。采集中如发现土料有明显变化，则及时将有代表性的样品送试验室进行规定的各项试验。对于塑性指数大于12的黏性土，可视土质和机械性能确定土是否需要过筛。

③计算材料用量：根据各路段水泥稳定土层的宽度、厚度及预定的干密度，计算各路段需要的干燥土的数量。根据料场土的含水率和所用运料车辆的吨位，计算每车料的堆放距离。根据水泥稳定土层的厚度和预定的干密度及水泥剂量，计算每$1m^2$水泥稳定土需要的水泥用量，并计算每袋（通常重50kg）水泥的摊铺面积，从而确定水泥摆放的纵横间距。

④集料的运输和堆放：在预定堆料的下承层上，在堆料前应先洒水，使其表面湿润，但不应过分潮湿而造成泥泞。集料用装载机或挖掘机装车，自卸汽车运输。装车时，注意每车的装载数量基本相等。根据各路段需要的集料数量按计算距离卸料。在同一料场供料的路段内，由远到近将料按上述计算距离卸置于下承层表面的中间或上侧。严格掌握卸料的距离，避免集料不够或过多。料堆每隔一定距离应留一缺口。避免集料长时间堆放，造成水分大量蒸发，或遭雨而使含水量过大，甚至造成弹簧现象。运送土只宜比摊铺土工序提前1～2d。如选料中超尺寸的石料颗粒过多，则在料场进行筛除。当路肩用料与稳定土层用料不同时，应采取培肩措施，先将两侧路肩培护好。路肩料层的压实厚度应与稳定土层的压实厚度相同。在路肩上，每隔5～10m应交错开挖临时泄水沟。

（三）厂拌法施工材料的准备

不同粒级的碎石或砾石以及细集料（如石屑和砂）应隔离，分别堆放。土块应粉碎，最大尺寸不得大于15mm。在潮湿多雨地区或其他地区的雨期施工时，应采取措施，保护集料，特别是细集料（如石屑和砂等）应有覆盖措施，防止雨淋。

二、石灰稳定土基层材料的准备

(一)材料要求

1. 土

主要控制最大粒径、塑性指数、压碎值、硫酸盐和有机质含量等。

(1)适用于石灰稳定的土

级配碎石、未筛分碎石、砂砾、碎石土、砂砾土、煤矸石和各种粒状矿渣等均适宜用做石灰稳定土的材料。石灰稳定土中碎石、砂砾或其他粒状材料的含量应在80%以上,并应具有良好的级配。硫酸盐含量超过0.8%的土和有机质含量超过10%的土,不宜用石灰稳定。

(2)土的粒径

石灰稳定土用做高速公路和一级公路的底基层时,颗粒的最大粒径不应超过37.5mm,用做其他等级公路的底基层时,颗粒的最大粒径不应超过53mm。石灰稳定土用做基层时,颗粒的最大粒径不应超过37.5mm。

(3)塑性指数

塑性指数为15~20的黏性土以及含有一定数量黏性土的中粒土和粗粒土均适宜于用石灰稳定。用石灰稳定无塑性指数的级配砂砾、级配碎石和未筛分碎石时,应添加15%左右的黏性土。塑性指数在15以上的黏性土更适宜于用石灰和水泥综合稳定。塑性指数在10以下的砂质粉土和砂土用石灰稳定时,应采取适当的措施或采用水泥稳定。塑性指数偏大的黏性土,应加强粉碎,粉碎后土块的最大尺寸不应大于15mm。可以采用两次拌和法,第一次加部分石灰拌和后,闷放1~2d,再加入其余石灰,进行第二次拌和。

(4)压碎值

石灰稳定土中碎石或砾石的压碎值应符合表1-9的要求。

碎石或砾石的压碎值要求 表1-9

结构层	高级公路、一级公路	二级公路	二级以下公路
基层	—	≤30%	≤35%
底基层	≤35%	≤40%	

2. 石灰和水

(1)石灰

①石灰技术指标应符合表1-10的规定。应尽量缩短石灰的存放时间。石灰在野外堆放时间较长时,应覆盖防潮。

石灰的技术指标　　表 1-10

类别 项目	钙质生石灰			镁质生石灰			钙质消石灰			镁质消石灰		
	等级											
	Ⅰ	Ⅱ	Ⅲ	Ⅰ	Ⅱ	Ⅲ	Ⅰ	Ⅱ	Ⅲ	Ⅰ	Ⅱ	Ⅲ
有效钙＋MgO 含量(%)，不小于	85	80	70	80	75	65	65	60	55	60	55	50
残渣含量 5mm 圆孔筛余(%)，不大于	7	11	17	10	14	20						
含水率(%)，不大于	—	—	—	—	—	—	4	4	4	4	4	4
细度 0.90mm 筛的筛余(%)，不大于	—	—	—	—	—	—	0	1	1	0	1	1
细度 0.125mm 筛的筛余(%)，不大于	—	—	—	—	—	—	13	20	—	12	20	—
钙镁石灰分类界限，氧化镁含量(%)	≤5			＞5			≤4			＞4		

注：硅、铝、镁氧化物含量之和大于 5% 的生石灰，有效氧化钙加氧化镁含量指标：Ⅰ等：≥75%，Ⅱ等：≥70%，Ⅲ等：≥60%；未消解残渣含量指标值与镁质生石灰相同。

②使用等外石灰、贝壳石灰、珊瑚石灰等，应进行试验，如混合料的强度符合规范的标准，即可使用。对于高速公路和一级公路，宜采用磨细生石灰粉。

(2)水

凡饮用水(含牲畜饮用水)均可用于石灰土施工。

(二)路拌法施工材料的准备

(1)分层采集土：当需分层采集土时，将土先分层堆放在一场地上，然后从前到后将上下层土一起装车运送到现场。

(2)塑性指数小于 15 的黏性土：机械拌和时，可视土质和机械性能确定是否需要过筛。人工拌和时，应筛除 15mm 以上的土块。

(3)石灰的堆放：选择公路两侧宽敞、临近水源且地势较高的场地集中堆放。当堆放时间较长时，应覆盖封存。石灰堆放在集中拌和场地时间较长时，也应覆盖封存。

(4)生石灰块的消解：在使用前 7～10d 进行，消解要充分，不留残渣。消解后的石灰应保持一定的湿度，不得产生扬尘，也不可过湿成团。消石灰宜过孔径 10mm 的筛，并尽快使用。

(5)人工沿路拌和法施工：当采用人工沿路拌和法施工时，将需稳定的土料按事先计算的数量运到路上分堆堆放，应每隔一定距离留一缺口。然后将消石灰按事先计算的数量运到路上，直接卸在土堆上或卸在土堆旁。

(6)其他任务应按对水泥稳定土施工备料的要求完成。

(三)中心站集中厂拌法施工材料的准备

生石灰应在使用前 7～10 天进行充分消解成熟石灰粉，并过 10mm 筛。熟石灰粉应尽快使用,不宜存放过久。进场的生石灰块应妥善保管,加棚盖或覆土储存,应尽量缩短生石灰的存放时间。

石灰土混合料的用土应按照规定试验,其塑性指数应为 12 ~ 18(100g 平衡锥法),塑性指数过高时粉碎困难。粉碎土中 10 ~ 25mm 团块的含量不得超过总重的 5%。土中硫酸盐含量应不小于 0.8%,腐殖质含量应不超过 10%。

三、石灰工业废渣稳定土材料准备

(一)材料要求

1. 土

主要控制最大粒径、均匀系数(土体不同通过量的筛孔尺寸之比)、液限、塑性指数、压碎值、硫酸盐和有机质含量等。

1)适用于石灰工业废渣稳定的土

宜采用塑性指数 12 ~ 20 的黏性土(粉质黏土)。土块的最大粒径不应大于 15mm。有机质含量超过 10% 的土不宜选用。二灰稳定的中粒土和粗粒土不宜含有塑性指数的土。

2)土的颗粒级配

(1)二级及二级以下公路

二灰稳定土用做底基层时,石料颗粒的最大粒径不应超过 53mm。二灰稳定土用做基层时,石料颗粒的最大粒径不应超过 5 ~ 37mm。碎石、砾石或其他粒状材料的质量宜占 80% 以上,并符合表 1-11 或表 1-12 的级配范围。

二灰级配砂砾中砂砾的级配要求 表 1-11

筛孔尺寸(mm) \ 通过百分率(%) \ 编号	1	2
37.5	100	
31.5	85 ~ 100	100
19.0	65 ~ 85	85 ~ 100
9.5	50 ~ 70	55 ~ 75
4.75	35 ~ 55	39 ~ 59
2.36	25 ~ 45	27 ~ 47
1.18	17 ~ 35	17 ~ 35
0.60	10 ~ 27	10 ~ 25
0.075	0 ~ 15	0 ~ 10

二灰级配碎石中碎石的级配要求　表 1-12

筛孔尺寸(mm) \ 通过百分率(%) \ 编号	1	2
37.5	100	
31.5	90 ~ 100	100
19.0	72 ~ 90	81 ~ 98
9.5	48 ~ 68	52 ~ 70
4.75	30 ~ 50	30 ~ 50
2.36	18 ~ 38	18 ~ 38
1.18	10 ~ 27	10 ~ 27
0.60	6 ~ 20	6 ~ 20
0.075	0 ~ 7	0 ~ 7

(2)高速、一级公路

①二灰稳定土用做底基层时,土中碎石、砾石颗粒的最大粒径不应超过37.5mm。各种细粒土、中粒土和粗粒土都可用二灰稳定后用做底基层。

②二灰稳定土用做基层时,二灰的质量应占15%,最多不超过20%,石料颗粒的最大粒径不应超过31.5mm,其颗粒组成宜符合表1-11或表1-12中2号级配的范围(表中所列级配的颗粒组成范围是根据强度高、干缩性小和抗冲刷能力强提出的。此颗粒组成范围可做改变,但改变后的二灰级配集料的强度,特别是干缩性和抗冲刷能力,应优于按表列颗粒组成范围配合的二灰级配集料的性质),粒径小于0.075mm的颗粒含量宜接近于0。

③对所用的砾石或碎石,应预先筛分成3 ~ 4个不同粒级,然后再配合成颗粒组成符合表1-11或表1-12所列级配范围的混合料。

3)压碎值

石灰工业废渣稳定土中碎石和砾石的压碎值需满足表1-13所列的要求。

碎石或砾石的压碎值要求　表 1-13

结构层	高速公路、一级公路	二级及二级以下公路
基层	≤30%	≤35%
底基层	≤35%	≤40%

2. 石灰、粉煤灰、煤渣和水

(1)石灰

石灰工业废渣稳定土所用石灰质量应符合表1-10规定的Ⅲ级消石灰或Ⅲ级生石灰的技术指标，应尽量缩短石灰的存放时间，如存放时间较长，应采取覆盖封存措施，妥善保管。有效钙含量在20%以上的等外石灰、贝壳石灰、珊瑚石灰、电石渣等，当其混合料的强度通过试验符合表1-10的标准时，可以应用。

(2)粉煤灰

粉煤灰中SiO_2、Al_2O_3和Fe_2O_3的总含量应大于70%，粉煤灰的烧失量不应超过20%；粉煤灰的比表面积宜大于2500cm^2/g(或90%通过0.3mm筛孔，70%通过0.075mm筛孔)。干粉煤灰和湿粉煤灰都可以应用。湿粉煤灰的含水量不宜超过35%。

(3)煤渣

煤渣的最大粒径不应大于30mm，颗粒组成宜有一定级配，且不宜含杂质。

(4)水

凡饮用水(含牲畜饮用水)均可使用。

(二)路拌法施工材料的准备

(1)粉煤灰：运到现场的粉煤灰，应含有足够的水分，防止扬尘。在干燥和多风季节，应使料堆表面保持湿润，或者覆盖。如在堆放过程中，部分粉煤灰凝结成块，使用时应将灰块打碎。场地集中堆放的粉煤灰，应予覆盖，避免雨淋过分潮湿。

(2)集料和石灰：按对石灰稳定土备料的要求完成集料和石灰的备料。

(3)计算材料用量：根据各路段石灰工业废渣稳定土层的宽度、厚度及预定的干密度，计算各路段需要的干混合料质量；根据混合料的配合比、材料的含水量以及所用运料车辆的吨位，计算各种材料每车料的堆放距离。

(4)路肩用料：如路肩用料与石灰工业废渣稳定土层用料不同，应采取培肩措施，先将两侧路肩培护好，路肩料层的压实厚度应与稳定土层的压实厚度相同。在路肩上，每隔5~10m应交错开挖临时泄水沟。

(5)堆料前洒水：在预定堆料的下承层上，在堆料前应先洒水，使其表面湿润。

(6)人工沿路拌和法施工：将细粒土或集料按事先计算的数量(或折算成体积)运到路上分堆堆放，且应每隔一定距离留一缺口。再将粉煤灰或煤渣按事先计算的数量(或折算成体积)运到路上，直接卸在细粒土堆上或集料堆旁。然后将石灰按事先计算的数量(或折算成体积)运到路上，直接卸在粉煤灰或煤渣上。

(7)其他任务：按对水泥稳定土、石灰稳定土施工备料的要求完成。

(三)中心站集中厂拌法施工材料的准备

土块最大尺寸不应大于15mm；粉煤灰块最大尺寸不应大于12mm，且9.5mm

和2.36mm筛孔的通过量应分别大于95%和75%。不同粒级的砾石或碎石以及细集料都应分开堆放。石灰、粉煤灰和细集料都采取覆盖措施,防止雨淋过湿。

本章小结

1. 半刚性基层材料的强度,随被稳定材料的级配组成和结合料的不同可以在很宽的值域内变化;半刚性基层材料的强度获得,不仅要靠一定剂量的结合料,更应靠良好级配的集料;高强度半刚性材料应该是结构设计要求的结果,而且应该是有界限的。

2. 热胀冷缩和湿涨干缩是材料的属性,半刚性基层材料的收缩开裂可以减小或避免;及时的保湿养生可以避免干燥收缩裂缝;控制细料含量,尤其是0.075mm以下细颗粒含量可以显著减小温度收缩裂缝。

3. 半刚性基层表面非紧密联结的细料在动水压力泵吸作用下的脱离是形成冲刷的主要原因。合适的材料组成可以显著提高半刚性基层的抗冲刷性能,具体的途径是减少细料含量、增加结合强度以及增大空隙率来消散动水压力。

4. 半刚性基层材料是一种应力敏感性材料,超载对半刚性基层的寿命影响要更大于沥青面层。将半刚性基层放在路面中合适的层位,使其不承受过大的荷载,可使半刚性基层具有更长的疲劳寿命。

5. 半刚性基层材料的准备要考虑半刚性基层材料的类型、每一类型所用材料的特性、配合比设计和施工方法等因素,合理科学的准备材料是半刚性基层具有规范要求性能的保证,因此要特别注意按要求进行材料的准备。

第二章　稳定土厂拌设备拌和质量控制

在我国的公路建设中，为了满足交通量和车辆负载日益增长的需要，对道路的整体强度、水稳性以及平整度等质量要求越来越高。经过多年的研究和施工实践，证明采用稳定土补强道路的基层和底基层，对提高道路的整体强度、水稳性以及延长道路的使用寿命等性能是一种非常有效的措施。因此，在我国的高等级公路建设中，规定了必须采用稳定土混合料补强道路的基层和底基层，同时还规定了高等级公路基层的稳定土混合料必须使用厂拌设备拌制。

第一节　稳定土厂拌设备类型、结构和工作原理

一、稳定土厂拌设备类型

稳定土厂拌设备根据主要结构、工艺性能、生产率、机动性及拌和方式等进行分类。

(1)根据生产率大小不同，稳定土厂拌设备可分为小型(生产率小于200t/h)、中型(生产率200～400t/h)、大型(生产率大于400～600t/h)和特大型(生产率大于600t/h)四种。

(2)根据设备拌和工艺不同可分为非强制跌落式、强制间歇式、强制连续式等3种。在强制连续式中又可分为单轴强制搅拌式和双卧轮强制搅拌式。双卧式是最常见的搅拌形式。

(3)根据设备的布局及机动性不同，稳定土拌和设备可分为移动式、分总成(模块)移动式、部分移动式、可搬式、固定式等结构形式。

移动式厂拌设备是将全部装置安装在一个专用的拖式地盘上，形成一个较大型的半挂车，可以及时地转移施工地点。设备从运输状态转到工作状态不需要吊装机具，仅靠自身液压机构就可实现部件的折叠和就位。这种厂拌设备一般是中小型生产能力的设备，多用于工程分散、频繁移动的公路施工工程。

分总成(模块)移动式厂拌设备是将各主要总成分别安装在几个专用地盘上，形成两个或多个半挂车或全挂车形式。各挂车分别被拖到施工场地，依靠吊装机具使设备组合安装成工作状态，并可根据实际施工场地的具体条件合理布置各总成。这种型式多在大、中生产率设备中采用，使用于工程量较大的公路施工工程。

部分移动式厂拌设备：在转移工地时将主要的部件安装在一个或几个特制的

底盘上,形成一组或几组半挂车或全挂车形式,依靠拖动来转移工地,而将小的部件采用可拆搬移的方式,依靠汽车运输完成工地转移。这种形式在中大生产率设备中采用,适用于城市道路和公路工程施工。

可搬式厂拌设备是将各主要总成分别安装在两个或多个底架上,各自独立运输实现工地转移,再依靠吊装机具将几个总成安装组合成工作状态。这种形式在大、中、小的生产率设备中采用,具有造价较低、维护保养方便等优点,适用于各种工程量的城市道路和公路工程施工。

固定式厂拌设备固定安装在预先选好的场地上,一般不需要搬迁,形成一个稳定的材料生产工厂。因此,一般规模较大,具有大、特大生产能力,适用于城市道路施工或工程量大且集中的施工工程。

二、稳定土厂拌设备的总体结构及工作原理

1. 结构组成

设备主要由骨料配料站、集料皮带输送机、粉料供料系统、供水系统、搅拌系统、成料输送机、成品料储料系统、操作控制系统等部件组成。如图 2-1 所示。

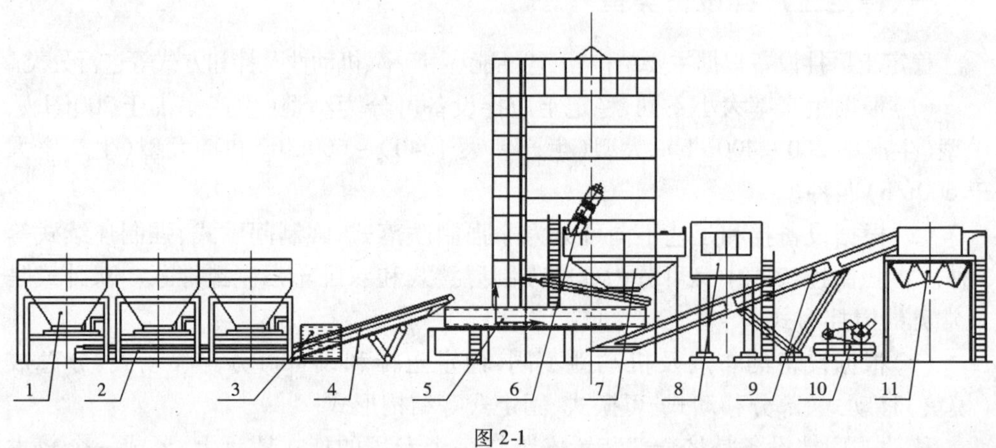

图 2-1

1-配料站;2-集料皮带机;3-供水系统;4-皮带输送机;5-搅拌机总成;6-螺旋输送机;7-粉料罐;8-控制室;9-成品料输送机;10-气控系统;11-成品料仓

(1)骨料配料站

本设备设有 3 ~ 5 个骨料仓(仓体个数根据客户订货要求制作),各仓体可根据用户需要加配破拱装置。骨料由调速皮带输送出,经连续称重计量(或容积计量)后由集料皮带送往搅拌桶。

(2)粉料供料系统

粉料供料系统由水泥仓、螺旋输送机、称量螺旋机组成。水泥从水泥粉罐由水

泥螺旋输送机或其他输送机构送过渡粉仓,过渡粉仓内的水泥由仓体下方的平螺旋输送至称量螺旋,再送往搅拌桶搅拌。水泥称量时,由电子传感器产生重量信号,信号反馈给系统控制中心,再由系统调节螺旋电机的转速,达到调整出料速度的目的,实现自动补偿功能。

(3)供水系统

供水系统由水箱、水泵、调节阀门、供水管路等组成。调节阀门可控制单位时间内的供水量,既可手动调节,也可电动调节。控制准确、操作简单方便。试运行时先将阀门调节在中间位置,适当增减阀门开启度,使其供水量达到额定要求。

(4)搅拌系统

搅拌系统的主要部件是搅拌器,由机体、机架、传动机构等组成。机体是由一个U形搅拌槽、两根搅拌轴和叶桨组成,叶桨按一定的倾角安装在搅拌桶上。经配料机计量给出的物料送到搅拌器,在搅拌叶桨的强有力搅拌下,物料一面互相渗合搅拌一面向出料口推进,搅拌均匀后从出料口排出。本机采用的是强制式搅拌无衬板技术,不仅消除更换衬板的烦恼且使搅拌叶片磨损大大减少,更加耐用。搅拌槽的底部设有排料口,当出现闷车时可通过此口迅速排除槽中物料,恢复正常生产。

(5)成料输送机

采用成品料平皮带机将搅拌好的成品料提升输送到成品料仓内。皮带机带有重锤清扫器,可将皮带上黏附的物料刮除。成品料仓为气动开门,操作方便。

(6)操作控制系统

操作控制系统是由机上控制柜、变频柜、操作台和工业控制微机组成。系统的操作过程可通过操作台面板上各个控制按钮的操作或通过工业控制微机(上位机)界面操作实现。系统采用本公司自行开发的稳定土IPC控制系统,可以形象地动态模拟整机的实际工作情况,显示机台各设备的运行状态,使操作员能及时了解整个系统的运作状态,可查询和打印各种物料的累计重量数据,并实现自动报警功能。具有操作简单、功能强大、稳定可靠等特点。

2. 工作原理

稳定土厂拌设备,一般采用连续作业式叶桨拌和器进行混合料的强制搅拌。其基本工作原理为:将各种选定的物料(如石灰、砂石、土、粉煤灰等)利用装载机分别装入配料斗,经带式给料机计量后送至带式集料机,再由集料机送至搅拌机拌和;同时,粉料仓中的稳定剂(石灰、水泥等)粉料由螺旋输送机输入计量料斗,经粉料给料机计量后送至搅拌机拌和上述材料。在搅拌机物料口处的上方设有液体喷头,根据各种物料的含水量情况,由供水系统喷洒适量的水,使之达到道路施工所需的要求。在必要的情况下,可采用相应的供给系统喷洒所需的稳定剂。搅拌后的成品料——稳定土，经带式上料机送至混合料存仓暂时储存。存仓底部的气压控制斗门开启时，混合料卸入自卸车，运往施工现场。

第二节　稳定土厂拌设备的性能特点和改进技术

一、稳定土厂拌设备的性能特点

1. 性能特点

稳定土厂拌设备作为修筑高等级公路的关键设备，其性能直接影响稳定土基层的质量。目前，国内稳定土厂拌设备的控制系统大多带有自动调节补偿、自动报警功能，功能较为完善；搅拌机大部分采用带有耐磨衬板的双卧轴强制连续搅拌方式，还有一些采用无衬板的结构；供水系统可进行手动调节或电动调节，操作较为方便；配料一般采用电子皮带秤或螺旋秤等称重计量方式，较以前容积式计量方式相比计量精度高。但是，目前稳定土厂拌设备在使用过程中仍然存在着级配不稳定、计量精度较低、混合料拌和均匀性差、拌不熟、离析较严重等缺点，另外，设备的结构方面有待进一步改进，以适应工程的要求。

2. 性能参数

部分国产稳定土厂拌设备的技术性能参数，如表 2-1 所示。

稳定土厂拌设备技术性能参数　　表 2-1

内容＼型号		三隆 WMCB400	徐工 WD500	山东路达 WCB600
额定生产率(t/h)		400	500	600
计量方式		电子计量	电子计量	电子计量
配料精度(%)	骨料	±2	≤ ±2	≤ ±2
	水泥	±1.5	≤ ±1	≤ ±1
	水	±1	≤ ±1	≤ ±1
整机功率(kW)		110	145	124
最大电机功率(kW)		—	75	—
允许骨料粒径(mm)		60	≤60	60
总重量(t)		35	46	50
占地面积(m^2)		37×7	47.5×8	43×12
结构形式		模块式	模块式	模块式
调速方式		变频调速	变频调速	变频调速

二、稳定土厂拌设备的改进技术

1. *物料级配不稳定的改进*

目前，国内稳定土厂拌设备计量控制模式要保证级配稳定的前提是：物料供给量必须是连续、稳定、均匀的，这样才能根据秤的实际称重偏差，通过调整皮带秤电机的转速达到使该物料流量得以及时调整，流量相对保持恒定。但是实际情况中，由于物料供给不顺畅，配料不均匀连续等原因，通过秤的实际称重偏差来调整秤的电机转速，并不能使该物料的供给量得到及时的调整，导致该物料的配比减少，甚至是物料供给完全堵塞的情况下，电机仍高速运转，而此时没有物料供给，导致较大级配偏差，尤其粉料计量这种情况更为严重。另一方面，每个计量单元独立地进行 PDI 自动循环，多个计量单元之间不能实现定比控制导致级配不稳定。要从根本上提高配料精度，保证级配的稳定性需从以下几方面进行改进。

(1)改变控制模式，采用计算机集散控制方式

控制系统自动化程度的高低直接影响设备的性能。稳定土厂拌设备的配料、输送、搅拌等装置较多，控制比较复杂，如何将这些控制环节统一协调起来对产品质量影响至关重要。采用计算机集—散控制模式，即采用工控机作为上位机，各物料秤的单片机作为下位机，形成网络进行通信，进行统一管理，不但能完善控制系统的自动控制功能，而且也能很好地解决了上述问题。

(2)改变配合比的设定方式

通常控制系统配合比的设定方式：每种物料为各自独立的计量单元，根据设备总的生产能力和各自配比分别进行设定，独立地实现自动循环控制。但是，当某一物料由于供给不畅等原因导致该物料供给量减少时，其他物料的供给量又不能对该物料的供给量变化及时进行跟踪，因而也不能随物料供给的变化而变化，导致配比不准确，因此在采用计算机集—散控制模式中，设定方式不仅要求每个计量单元能够实现按各自的配比进行设定独立地进行工作，而且要求如果某种物料的供给量因某原因减少，超出调整范围，计算机自动转换设定工艺参数，其他物料的供给量以此为依据，按设定配比进行相应改变。这样能很好地保证稳定土级配的稳定性。

(3)改变粉料(水泥)的计量方式

目前稳定土厂拌设备所配置的粉料(水泥)计量系统，单从结构上讲，这种计量方法并没有什么太大的缺陷，但是，在实际使用时效果却不尽如人意。从全系统看，水泥计量不只是称重问题，它还涉及到水泥的供给、料仓的结构、水泥料位高低、调速机构的组成和称重螺旋的结构形式等多方面因素，任何一个环节上出现的问题都会直接影响到水泥的计量精度。仍以传统的螺旋连续水泥计量装置为例，当粉罐底部发生水泥起拱时(几乎每个粉罐都会发生此类故障)，尽管称重螺旋已

测出缺料信号并使叶轮给料器加速运转,但仍不能保证水泥流量加大,那么此时的成品料中水泥含量必然会不足。另外,由于称重螺旋过长,自身重量较重,也会影响到水泥的计量精度;叶轮给料器叶片黏料同样会造成水泥计量的偏差;螺旋管径、螺距选取不当也使得水泥供料反馈速度不及时。针对以上问题,需从多个方面综合考虑水泥的计量精度问题。

①配套倾斜螺旋的供粉料仓

如粉料仓容积9m^3时,在上、下限位置各装有一个阻旋式料位计;采用变频调速技术螺旋电机进行无级调速以控制供给量的大小;螺旋与水平面成一定的倾角,在出口处形成一段缓冲区,可有效地防止水泥的自流,以确保水泥流量的稳定性;根据稳定土厂拌设备所需水泥的供料范围,确定螺旋机螺距和叶片直径。以上配置可保证连续稳定供料,并能对控制装置发来的信号及时响应。

②采用全浮悬挂式螺旋称重装置

为减轻螺旋自重并从美观角度考虑,螺旋管选用薄壁的不锈钢管,轴端支承选用铸铝材料。传感器选用拉式传感器,此装置可对瞬时水泥流量进行重量检测,并转换成电信号传给控制装置。

③计量控制装置

主要由一个PLC控制器、一个信号放大变送器、一个变频器、一台工业微机及相关的电路电器组成。能自动、及时地对反馈回来的电信号按所设定的程序进行运算处理,保证水泥的流量不超过所设定的偏差值,同时微机系统还具有报警显示、统计打印等功能。

(4)骨料仓的出口形式对稳定土混合料级配的影响

通常料斗底部出料口形式,如图2-2a)所示,目前被广泛使用,但在使用过程中存在以下弊端:

①装载机上料过程中容易对电子皮带秤传感器造成冲击,影响配料计量精度。同时由于皮带秤所检测的重量为皮带秤的秤重量与料斗内物料重量之和。所以料斗内的物料存量变化严重影响计量精度。

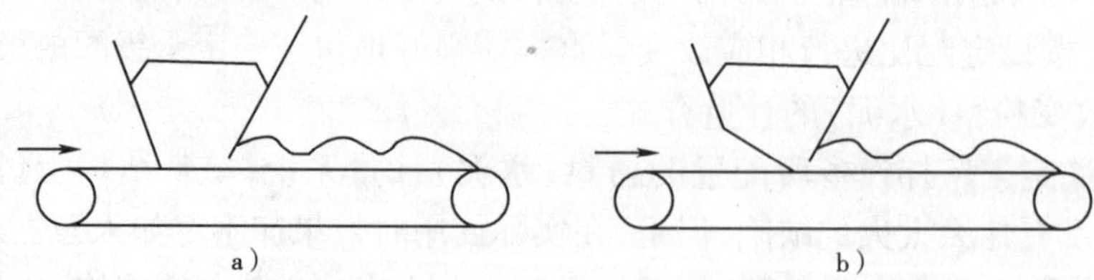

图2-2 骨料仓出口形式

②物料和计量秤环形皮带之间摩擦较大,容易对电子皮带秤环形皮带产生磨损,降低皮带使用寿命,增加维修费用。

针对以上情况，通过改变出料斗出口结构形式，如图2-2b)所示，改变料斗出口料流方向，在保证物料顺畅供给的同时，大大地减小了料斗内物料存量的变化对皮带秤计量的影响。同时，严格进行各计量单元的时序控制，在整个配料计量过程中包括配料开始或结束，必须保证各物料的瞬时所控相应流量同步进入拌缸，使稳定土混合料的级配在整个工作中始终保持稳定，即保证混合料的局部配比与整体配比的稳定。

2. 稳定土拌和均匀性的改进

稳定土厂拌设备在使用过程中经常出现稳定土混合料拌和不均匀，而且离析现象较严重，影响稳定土拌和质量，因此提高稳定土混合料拌和均匀性，减少离析现象成为稳定土厂拌设备要解决的一个重要问题。

物料在搅拌器内的翻转次数对拌和均匀性有很大影响，通常通过增加叶片数量、拌缸长度、拌缸数、增加搅拌轴的转数、改变叶片角度等方式来提高物料的翻转次数，使拌和更加均匀。同时在设计制作时充分考虑以上因素的影响，应根据不同物料的性质改变搅拌轴的转数，同时改变叶片角度及形状排列方式，使拌和效果更佳。

(1)在实际使用过程中，为了增加物料的翻转次数，增加物料在搅拌器内的停留时间。通过改变叶片角度减少物料在搅拌器内的推移速度，增加搅拌轴转数，增大物料在拌缸内的翻转次数。应根据混合料的种类、性质不同，合理选择搅拌器的转数；搅拌器的转数控制可采用以下方式来实现：

①搅拌器采用液压驱动时，根据被搅拌材料和配比不同，应采用变量泵定量马达或变量泵变量马达组成的闭式容积调速回路。通过改变变量泵的排量可以使液压马达得到各种不同转速，从而达到改变搅拌轴转速的目的。

②通过改变机械传动比改变搅拌轴转速

搅拌器搅拌轴采用双速传动，通过改变皮带轮(链轮)或变速器内设置高低速齿轮，使搅拌轴达到两种转速，在搅拌细集料时采用标准转速，搅拌中料和粗混合料时采用低转速。

③采用变频调速对搅拌轴进行无级调速。

(2)通过增加搅拌缸的数量(一般为两个)或加长搅拌缸的长度，使物料充分拌和，防止由于拌缸过短、搅拌时间不足产生混合料拌和的不均匀性和拌不熟的现象。增加搅拌缸数量时，搅拌缸的排列方式为串联式(图2-3)，此种方法较为简单，石环路面工程采用了该种方法取得了较好的效果。

(3)通过改变叶片形状及角度、排列方式来改变拌和效果，使混合料即产生纵向循环，又产生横向循环，使物料在搅拌器内处于沸腾状态，产生强烈搅拌，使拌和效果最佳。叶片的排列方式一般都排列成使物料从进料端向出料端移动，为了延长物料在搅拌器内的停留时间获得最佳的混合料均匀程度，在搅拌轴上可安装一定数量的反向搅拌叶片。

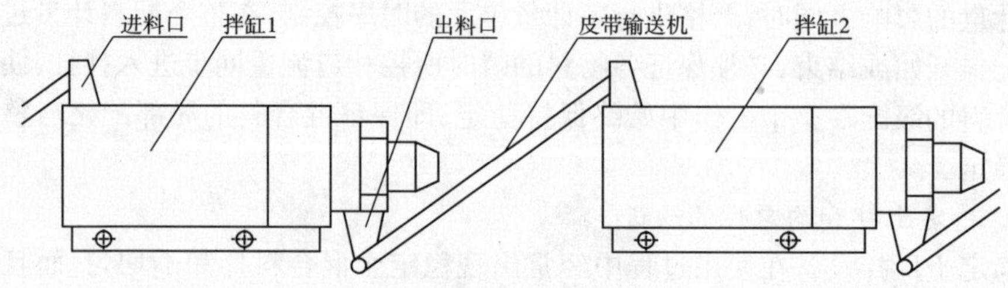

图 2-3　拌缸排列方式

(4)在使用过程中，由于叶片的磨损导致叶片形状及角度的改变，影响混合料拌和效果。减少叶片及衬板磨损的方法为：

①采用高性能耐磨镍、铬合金铸铁，浇铸叶片及衬板。

②采用无衬板搅拌器，搅拌叶片与搅拌器壁之间有较大间隙，使物料在此间隙内形成相对的静止层，以此作为柔保护层，避免搅拌器卡滞现象的发生。

3. 稳定土离析的控制

(1)在拌和机配料斗顶部，呈 15° ~ 18° 倾角配置一个 60mm 的方孔筛，用 16mm 的螺纹钢焊成，一是筛去级配料中的超标准颗粒，二是分散级配料使之均匀下落，避免在输送皮带和仓壁上堆积。

(2)成品料皮带输送机向成品料仓送料时，如果皮带机转速高达 1. 6m/s 以上时，因惯性力作用，大的粒料被抛向远处，细小粒料留在近处造成粒料离析。因此，降低皮带转速、增加皮带宽度，在卸料处，增加一套带有叶片的阻尼滚筒装置，使已离析的物料再次混合掺配，以达到减少离析的目的。

(3)由于是采用级配砾石拌料，所以根据料的实际情况可调整输送皮带的倾角在 15° ~18°之间，适当调小皮带倾角，减少粗料的滚动，同时也可减小拌和料进入成品料仓的惯性力，减少反弹离析。

(4)搅拌器在正常工作时沉埋于混合料内，搅拌器许多底部的叶片把混合料沿拌和器轴纵向和横向移动，搅拌混合料并把料向上抛掷。因此，在上部形成松散层，并达到沸腾状态，搅拌效果最佳，而此时位于拌和器底部的下层混合料则处于稳定平衡状态，当位于卸料口处时这种平衡状态被破坏，在卸料口使大的颗粒向外抛出形成离析现象。因此，应把搅拌轴在卸料口处的叶片形式改成整体螺旋式，可使卸料均匀连续，防止混合料离析。

(5)在成品料仓的前壁反弹处斜上方加一道 10 ~ 15cm 宽与成品仓等宽的分流板，在斜下方每隔 15cm 加二道同样的分流板，这样迫使大部分粗料在三道分流板的作用下，落在料仓中央，以减少离析的产生。

第三节 稳定土厂拌设备的合理选配

稳定土厂拌设备选择的目的在于挑选技术上先进、经济上合理和使用上安全可靠的最好设备,以保证工程任务按时按量完成。合理选择施工机械的依据是:工程量、施工进度计划、施工条件、现有机械的技术状况及相应的配套情况等。一般来说应注意遵循以下原则:

(1)设备应能适合工作的性质、适合施工对象的特点、场地大小和运输条件等施工状况,应能充分发挥设备的效能。所选设备的生产能力,应能满足施工强度的要求,施工质量应能满足设计要求。

(2)设备在技术上应是先进的,能满足施工中的要求。即结构先进,性能可靠,生产率稳定,且易于检修,并具有良好的安全性能和环保性能等。

(3)设备的购置和运转费用要少,能源消耗要低,并通过技术经济比较,优先选用生产率高,单位产品费用低的设备。

(4)所选用的设备技术含量要与使用、维护能力相适应,以此来充分发挥其潜在效能。

总之,由于各种设备在性能、结构及作业对象上具有不同的特点,所以在具体设备的选用上则要具体问题具体对待。同时,即使具有同样输出功能的设备,不同生产厂家的产品结构上也会略有不同。此时要从其结构的合理性、先进性等方面综合考虑,经过分析、比较后加以确任,其选型的要点如下。

一、设备生产率的确认

1. 生产率实际需求值的确定

生产率的实际需求与工程施工中对稳定上的需求总量、班次生产量、日实际需求量、施工周期的实际利用值(利用值的确认应考虑到工期中不可抗拒的自然因素和人为因素的影响,如天气的变化、原材料的供应、运输能力的大小、设备的维修保养周期等)及成品料的运输、摊铺、压实能力等,同时还应考虑到配套设备的实际运转情况等因素的制约,并以此形成对生产率实际需求值确认的依据,而后根据生产经验,予以客观评估,并以量的形式加以体现。

2. 设备的标称生产率与实际的稳定生产能力

设备的标称生产率是设备在设计过程中的客观依据,是设备综合性能的最终体现,一般以其输出的生产能力的大小表现出来。但为使设备平稳、可靠、持续的运行,设备在实际运行中的设定生产率一般为标称生产率的80% ~90%,此值也即为设备的实际稳定生产能力。此值与施工中的生产率实际需求值加以比较后,才能对设备的标称生产率进行有效确认，从而选定合适的配套设备，并充分发挥其效能。

3. 配套机械与设备生产率的关系

配套设备的运行能力应大于稳定土厂拌设备的稳定生产能力，并且二者是相辅相成，互为约束的，其中任一环节中不定因素的变更，必将对另一环节的运行产生不同程度的影响。运输、摊铺、压实能力的不足，将导致设备生产能力利用值的降低；而配套机械能力的过剩，又将导致设备的闲置和浪费，所以二者之间是相互关联、相互缠绕的。

总之，设备生产率的选取是一个复杂的过程，它不仅要求设备的实际稳定生产能力满足施工要求，而且还需有相应的配套机械与之相适应，从而确保其效能的最大发挥。当然，上述条件是互为渗透的，在选取过程中应全面综合地考虑，以使设备能更好地满足施工中各项因素的要求。

二、配给系统的组合

在稳定土厂拌设备五个组成部分的实际配置中，由于受不同级配种类、规格及物料所占比例大小的因素影响和制约，使得配给系统在整套设备的配置中具有较大的机动灵活性，主要表现为：

(1)对于不同规格、不同种类的物料，应配置独立的级配单元。对集料而言，是由多个配料斗组成的集料配给系统；对粉料而言，为各自独立的粉料供给系统。

(2)各级配单元的生产能力应能满足该种物料在实际生产中所占取的比例份额，若一个级配单元不能满足，则需设置多个级配单元去满足该种物料的级配要求。

(3)对于采取体积(容积)计量的粉料配给系统，在级配过程中，应能消除因物料堆积高度引起的物料密度变化所导致的级配误差较大的现象。因为这不仅导致原材料的浪费，而且还将破坏成品料的设定性能，以致达不到相应的施工要求。

(4)各级配单元或配给系统，应能充分满足物料种类及其特性的要求。如对黏性较大的消解石灰、粉煤灰或砂子等，其级配单元中需配有破拱装置，以达到强制下料的目的；对粉料而言，袋装粉料要选用开口的卧式料仓或拆袋输送装置；散装粉料则要选用封闭的、大容量的立式储仓，以满足散装运输车的装卸要求。

总之，配给系统的取舍和重组，应根据施工要求中的物料种类及所占份额进行合理地选定。同时，由于各功能级配单元采用积木组合式结构，可方便地满足使用中的重组要求。

三、级配精度的选取

对于体积式计量而言，其级配精度为3%～5%，而电子秤动态计量的级配精度可达1%～2%。在同等生产率和功能级配单元组合的条件下，其造价也将提高40%左右，所以级配精度的提高也将意味着工程造价的提高。级配精度太高，将造成不必要的浪费；太低，满足不了施工要求。其选取的原则主要以施工要求的级配精度限定值为依据。

四、设备的经济性

设备的经济性能指标中包括两部分内容，一是先期经济性，也叫成本经济性，主要在设备的制造过程中发生；二是使用经济性，主要在设备的使用过程中发生。但不论何时发生，都将对用户产生一定的影响。

1. 先期经济性

它主要发生在设备的设计、制造过最终将以价格的形式表现出来并直接面向用户，它的作用效果是显而易见的。影响该因素的主要原因由初期的设计费用、制造过程中的材料消耗、技术含量、管理费用等多种因素。在同等条件下，影响先期经济性的主要因素表现为设备的单位金属消耗。

单位金属消耗 G/Q(kg/m^3)，其中，G 为设备的总质量(kg 或 t)，Q 为设备的标称生产率(m^3/h 或 t/h)，它主要表征设备的制造成本。

2. 使用经济性

主要是指设备在使用过程，每完成一个单位的生产量，其自身所消耗的费用，主要表现为设备单位功率的消耗。

单位功率消耗 N/Q(kW·h/m^3)，其中，N 为设备的总功率消耗(kW)，它主要表征为设备在使用过程中发生的经济性。

五、设备的可维修性

由于稳定土厂拌设备的元器件普遍采用国产成熟产品，所以设备的可维修性主要表现为是否有符合人机工程学的可充分利用的维修空间，是否有顺畅的易损件供货渠道及同类易损件的可互换性等。如对于把搅拌系统设置在成品料贮仓上，使二者合一的厂拌设备而言，当耐磨衬板需要更换时，即有极大的不便；移动式厂拌设备虽然结构紧凑，具有良好的灵活机动性，但也导致了其可维修性差的特点。设备的可维修虽然与设备的主要性能特征没有明显的抵触，但它对设备功效的正常发挥必将有一定的扼制作用，这一点应有清醒认识。

六、设备中配套件的选取

设备中的配套件主要包括控制台中的电器元件和各功能单元中的动力源及其相应的传动系统等。由于厂拌设备的结构庞大，传动系较多，且各传动系拥有独立的动力源，并在工作过程中相辅相成，缺一不可，所以设备配套件要选用成熟、定型的名牌产品，以保证设备长期、可靠、平稳运行。

再者，各动力元件的选配是制约设备性能能否正常发挥的主要因素，各种新型动力源的涌现，便可把多个元件组合中的不稳定因素降低到最小限度，如电机、减速机一体式结构，便可有效地避免二者运用联轴节安装时因同轴度问题所带来的不利影响等。

由于稳定土厂拌设备结构庞大，同时各功能单元又是协调运行，缺一不可，所以设备性能的发挥受多种因素所制约，设备的选取是一个复杂的过程，它要求在了解设备的结构特征、性能特点的基础上，在综合施工要求、经济承受能力和技术配套水平的前提下，合理选取，以求更为经济地、合理地满足预定要求。

第四节　稳定土厂拌设备的生产工艺和质量调控

近年来随着公路建设的不断发展，对稳定土厂拌设备提出越来越高的要求；不仅仅是在设备的结构上要求严格，对施工工艺的要求也更严格、科学。

一、稳定土厂拌设备生产工艺

以水泥稳定碎石生产为例介绍稳定土厂拌设备的安装、调试及生产过程。

(一)剂量的控制

影响水稳砂砾混合料质量的因素很多，例如砂砾及料石的级配、含水率、水泥本身质量、拌和均匀度及摊铺工艺等都会对混合料的质量产生直接影响。而水泥剂量的控制是混合料生产中最容易出现问题的关键环节之一。如果剂量低于设计标准，就会生产不合格的混合料，直接影响路面基层的质量和公路的整体寿命；如果剂量高于设计标准，对施工企业来说会造成很大浪费，直接影响着企业的经济效益。因此，称重电子计量装置的安装与调试是此环节的重中之重。

1. 安装

设备的安装正常与否，将直接关系到整台设备生产过程中的完好情况；因此，装置中的皮带秤、螺旋秤、速度及称重传感器、信号放大器及仪表和控制板等都要严格按生产厂家的安装要求和连接方式去安装，并同时考虑在生产过程中的维修和调试是否方便。例如：信号放大器出厂时在皮带秤上有专用设备支座，但考虑到料斗的摆放方式，也可以挪到观察、调试比较方便且灰尘和雨水比较小的料斗侧面等，也可以说安装形式不拘一格，但要保证生产和维修方便。

2. 调试

（1）设备调试

设备安装完后，首先检查电源的配置是否适当、能否达到设备正常运行所需的电压值范围，线路布置是否合理、线路连接是否正确可靠；而后对各部件的连接可靠性、转动灵活性及润滑油脂的加注情况逐次进行详查，最后按照先单机点动、手动，再整套设备手动、自动的顺序进行运转调试。设备运转调试过程中，两名操作驾驶员及站长对设备的运行状况予以监测，若出现异常振动、噪声和无规律的摩擦声，应立即通知操作人员进行停机处理，弄清原因，并采取措施。皮带机的对中性调整，应在设备运行过程中进行。

（2）混合料组成的调试（以 WCB500 稳定土厂拌设备为例）

①集料筛分试验

选择满足规范、级配要求的原材料，不符合要求的材料坚决不能使用。

②确定混合料级配比例

由试验室通过试验确定。

③通过 PLC 计算控制集料流量

骨料计量由连续式配料控制器控制，粉料计量由减量式配料控制器控制，两种控制方法均是通过控制配料机斗门开口度和电机转速来达到控制流量的目的，电机转速又是通过调整频率进行控制的，上位计算机具有 Win98 界面，将操作人员输入的生产率和级配情况转换为相应的频率，通过局域网络与配料控制器建立联系，达到控制集料流量的目的。

厂拌设备在初次使用时需进行标定才能使用，标定方法有静态标定和动态标定两种，其中静态标定又分零点标定和满度标定：

a. 静态标定（零点标定）：不加任何物体在秤上，进入标定菜单将重量设为零。

b. 静态标定（满度标定）：打开标定菜单，取一定砝码放于秤上（砝码重量在传感器最大重量的 1/3 ~ 1 之间，在标定菜单中输入砝码实际重量，系统自动进行比较调校，重复上述过程直到显示重量与砝码实际重量在误差范围内为止，一般进行三次即可达到要求。

c. 动态标定：在一定时间（约 3 ~ 7min，时间越长越准确）以一定频率（20 ~ 30Hz）出料，算出单位频率时间生产物料重量 X 并输入标定程序中，任意取一生产率进行生产，算出所标定料的单位时间重量 Y，记下生产所标定料的实际所需频率 H，得到实际单位频率时间生产物料重量 $X_1 = Y/H$，再用 X_1 替换掉 X，第一次标定结束，重复上述过程直到 X_1 和 X 之比值在误差范围内即可。标定过程如下：以标定粗集料为例，取标定频率20Hz，标定时间3min，过磅实际重量3417.15kg，生产率400t/h，粗集料含量34%，则 $X = 3417.15/(3 \times 20) = 56.95$kg/min · Hz，$Y = 400 \times 1000 \times 34\%/60 = 2266.67$kg/min，将 X 输入标定程序，再按400t/h生产率进行生产，得到实际生产频率为39.5Hz，则 $X_1 = Y/39.5 = 57.38$kg/min · Hz，误差 $(X_1 - X)/X = 0.8\%$ 在允许范围内，将 X_1 输入标定程序，动态标定结束，如误差较大则重复上述过程直到满足要求为止。厂拌设备经过静态、动态标定后就可投入生产。

(二)试验与分析

每天上、下午各测一次原材料的含水率，调整原材料的进料数量，使混合料中含水率略大于最佳含水率2个百分点左右。

经常目测混合料拌和的均匀性，使出厂的混合料色泽均匀，无离析、成团块现象。

试验人员重点进行混合料的级配组成、灰剂量及含水量的检测。检测频率为上、下午各一次。

(三)生产工艺流程图

水泥稳定土生产工艺流程，如图2-4所示。

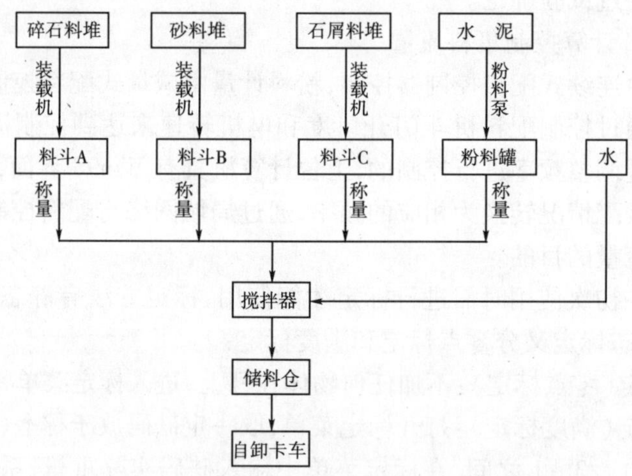

图2-4 稳定土厂拌设备生产工艺流程

二、稳定土厂拌设备施工质量调控

(一)稳定土厂拌设备控制系统

1. 电气系统

电气系统包括电源、各执行元件、电气运行显示系统、电气操纵控制系统。不同形式的电气控制系统有不同的结构组成。

稳定土厂拌设备的控制系统形式，主要有计算机集中控制和常见电器元件控制两种。在控制系统的电路中都设有过载和短路保护装置及工作机构的工作状态指示灯，用来保护电路和直接显示设备的运转情况。凡自动控制型厂拌设备的控制系统，一般都装置有自动控制和手动控制两套控制装置，操作时可自由切换。任何形式的控制系统都必须遵守工艺路线中各设备启动和停机程序。启动时，应先开搅拌器电机，当搅拌器电机完成 Y—△转换，进入全速运转后，才能启动其他电机；停止工作时，则应最后关停搅拌器电机。这主要是为了保证搅拌器拌筒内无积料，防止该电机带载启动。为了确保操作安全，有些厂拌设备在搅拌器盖板上装有位置开关，盖板打开时，整个设备不能启动工作，以确保安全生产。

对于卧式储仓的结合料供给系统，有倾斜螺旋输送器驱动电机 M_1 和水平螺旋器驱动电机 M_2。M_1 和 M_2 两台电机在线路控制上有连锁功能，即启动 M_2 时，M_1 同时启动，但 M_1 亦可单独启动、停止。在工作过程中，高、低料位器能自动控制这两个电机的启动和停止。当低料位器测出无料时，低料位指示灯亮，此时，两螺旋输送器启动加料；当高料位器检测出料已足够时，高位指示灯亮，此时两螺旋输送器停止加料。

稳定土厂拌设备的工作，通常至少需要 2 名熟练的操纵人员，一人在控制室负责整台设备的启动（停止），并在发生意外情况时及时断电停机；一人在设备工作中巡视各机构的工作情况，若发现给料机不给料、皮带跑偏、搅拌器桨叶脱落等情况时，及时排除或通知控制台停机检修。给料机的料斗上装有仓壁振动器，若发现某个给料机由于斗内物料结拱产生供料不畅或中断时，可用操纵台上的按钮手动控制相应料斗的振动器产生振动，消除料斗的结拱现象。

电气控制系统多采用 380V、50Hz 电源，自动空气开关作为过载和短路保护，电压表、电流表及指示灯显示设备的运转情况。各电动机均用熔断器与热继电器作短路和过载保护。电源控制、电压控制等均集中在控制台上操作。电气控制系统可由时间继电器控制顺序启动或停车，也可用按钮单台启动、停止各电动机的运转。

2. 物料计量控制

随着我国公路建设事业的飞速发展，公路施工尤其是高速公路施工，对稳定土厂拌设备的计量精度和生产效率要求越来越高，国内外稳定土厂拌设备多种多样，其主要差异在于计量系统。按计量系统的不同可将计量分为两种类型：一种采用体积式计量，另一种采用质量式计量。由于其计量系统的不同，导致了设备的整体性能的差异。称重式计量方式是在容积计量的基础上，用电子传感器测出物料单位时间内通过的质量信号，并根据质量信号调节皮带输送机转速。这种方式用质量作为计量和显示单位，因此，计量精度高于容积式。

(1)集料计量系统

①体积式计量

体积式计量系统主要包括储料斗、调速皮带输送机和集料皮带机。储料斗中设有破拱或破碎装置,使集料连续不断地供给调速皮带输送机,经过开启高度可调的料门后送到集料皮带输送机上,由集料皮带输送机送到搅拌机中。其输送量按式(2-1)计算:

$$Q = \gamma BHv \tag{2-1}$$

式中:Q——单位时间集料输送量,t/h;

γ——集料密度,t/m^3;

B——出料门宽度,m;

H——料门开启高度,m;

v——皮带机速度,m/h。

由式(2-1)可以看出,集料的计量是由料门的开启高度和调速皮带机的速度来确定的,是一种体积计量方式。假定集料的密度、出料口的面积是常数,调节给料皮带机的速度就可达到调节物料流量的目的。但由于物料匀质性、储料仓压及环境因素影响引起的密度改变以及供料不均、皮带打滑都易引起物料输送量的改变,偶然超差较大,严重影响配料精度,配料精度可达3%～4%。这种计量系统结构简单、操作方便,但不能直观显示瞬时流量和累计质量,出现误差不易被发现。由于其制造成本低,价格便宜,目前被应用于低等级的路面施工中,基本能够满足施工要求。

②"容积计量+总重称量"计量

各种规格的集料通过调节配料仓门的开启高度和调速皮带机速度的方法来控制各种物料的配比,即进行容积计量,各集料的料流经集料皮带汇集后再送至皮带秤进行总重称量,然后送入搅拌机进行搅拌。该系统是在容积计量的基础上增加总重称量,可监视物料流量的变化,保证物料总量与粉料、水的相对稳定,配料精度比容积计量又提高了一步,可减少水泥的浪费,计量精度可达2%～3%。在实际生产中,可能出现一种物料的变化引起物料级配的变化,或者两种物料同时发生变化,且两种变化绝对值相等,导致总量不变而实际级配发生变化的现象。由于该系统制造成本较低,结构简单,被应用于低等级路面施工和体积式计量稳定土设备的技术改造中。

③质量称量计量

集料配给系统中的每个配料斗的料口下方均装有一台由微机控制的调速定量皮带秤,当集料通过计量皮带秤的有效计量段时,其质量通过称重框架加到传感器上,由称重传感器转换为电信号,同时安装在皮带秤上的速度传感器将检测到的皮带速度转换为电信号，二者被送入微机，经计算处理后显示集料的瞬时流量值和累计质量值，并送出瞬时流量值的模拟信号。该信号与微机的设定值相比较，并输出信号送到控制器以控制调速电机，修正物料给料量，使之与设定值相等。由于该动态计量过程具有封闭的反馈、比较、运算环节，其计量精度可达1% ~2%。该系统计量精度高，操作方便，但制造成本较高，可应用于高等级路面的稳定土厂拌设备和连续式混凝土搅拌设备中。

称量式计量器形式很多，有电子皮带秤、核子秤、减量秤、冲量秤等。电子皮带秤系在皮带输送机的适当部位装一组或多组计量托辊，用以计量物料的瞬间和累计质量。该称量装置由两部分构成：一部分为机械部分（秤架和托辊）；另一部分为荷重传感器、速度传感器和二次仪表。机械部分的作用是承载和输送物料；传感器的作用是把质量信号转换成电信号；二次仪表的作用是把传感器的电信号进行处理、放大和显示，我国研制并投入使用的 GGP－50 型电子皮带秤的工作原理方框图，如图 2-5 所示。称重框架 1 采用十字簧片支承，且为对称支承结构形式，因而受胶带摩擦力和张力对计量的影响较小，同时由于称量段长度较大，胶带上的不均匀性和大颗粒物料对计量的影响减至最小，故有较高的计量精度和稳定性，能适用于大颗粒物料和高速皮带输送机计量。

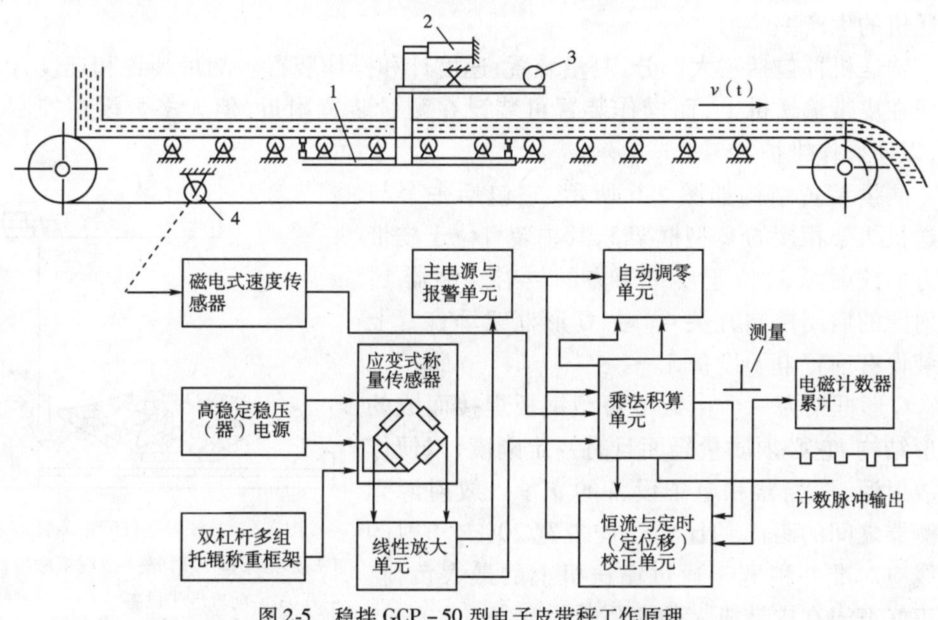

图 2-5　稳拌 GCP－50 型电子皮带秤工作原理

1-称重框架；2-传感器；3-平衡重锤；4-速度传感器

称重传感器通过称重框架感受物料质量，使传感器的弹性体发生变形，黏贴在弹性体上并组成等臂电桥的电阻应变片，发生阻值变化，在恒电压供桥的情况下，电桥输出正比于物料质量的毫伏级(10~20mV)的电信号,经线性放大单元放大后,同速度信号一起送到乘法计算单元进行乘法处理,计算成脉冲信号,推动计算器予以累计。速度信号经放大、整形、微分触发单稳态触发器产生宽度恒定的电脉冲,由它接通和关闭逻辑开关电路,控制模拟质量信号的输入量,实现频率量同模拟量的乘法运算。相乘后的信号由积分器线性地转换成频率信号,推动电磁计数器累计,计数器的读数则代表了 0~t 时间内输送机输送物料的总量。

电子皮带秤对砂、碎石、矿石、煤炭等散粒物料精确计量,其动态精度为0.5%。电子皮带秤在投入使用后必须定期进行校验,以确保使用精度。

由于影响电子皮带秤计量精度的因素较多,如皮带的刚度和张力,皮带的摩擦力,秤框上和拉簧、十字簧片支承上的污物的黏结等都会引起计量误差,即使是好的负荷传感器,长期测量误差也有 ±2%。近年来出现的核子输送机秤,由于它是非接触测量,其测量精度不受皮带张力变化和刚度大小的影响,测量精度长期稳定,且无磨损,使用寿命长,安装维护方便,不需要特殊的输送段,它具有先进的显示技术,也可和任选的计算机兼容,是一种适应性强、较有发展前途的计量装置。

核子输送机秤的基本原理是:利用 γ 射线的传播范围来测量输送机单位长度上的物料量,而速度则用来测定输送速度,这两种电信号经电子设备处理就可得到输送机的生产率。

输送机秤包括三大部分:测量装置、速度计和操作装置。测量装置和速度计均装设在皮带输送机上,而操作装置可装设在测量装置附近,但大多数设在控制室内,以便操作维护。

测量装置结构如图 2-6 所示,它包括一个与输送机机架相接的 C 型框架 3,其中装有位于皮带上方的放射源 2,位于皮带下方的放射探测器 1,放射源的启闭控制开关 4。在 C 形框架垂直臂上还装设有前置电子设备 5。

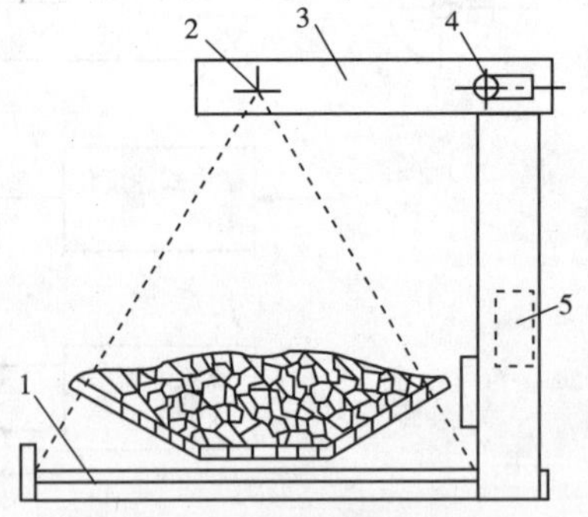

图 2-6　核子输送秤测量装置

1-C 形框架;2-放射源;3-放射探测器;4-开关;5-前置电子设备

C 形框架为一个由数节短型钢板焊接而成的箱形结构,它必须质量轻而且有一定刚度,以便作为放射源、探测器和电子设备的支承。放射源到探测器之间的距离约比输送皮带宽 20%,辐射的射线应对准并稍宽于通过输送机上的最大负荷,并正好宽于在皮带机上的探测器的宽度。

探测器采用较高效率的闪烁计数器,它用来测定 γ 射线的强度,并将脉冲射线转变为电信号。前置电子设备是由操作控制装置来的电力驱动的,它提供给探测器以高压电,接受并放大探测器的电信号,产生电压脉冲送往操作控制装置进行显示和记录。

核子秤的测量原理是:在 γ 射线穿过一定厚度的物质后,射线的辐射强度就按一定的规律减弱,物质的密度越大,厚度越厚,则辐射强度减弱得越厉害,故而设置在皮带下方的探测器处 γ 射线的强度将随皮带上输送的物料量而变化,此变化量可通过电子线路用仪表进行显示和记录,从而达到连续计量的目的。

(2)水泥计量系统

①容积计量法

采用螺旋输送机或叶轮给料机对水泥进行计量和输送,通过改变驱动电机的转速来调整水泥的输送量。由于缺少直观显示,水泥输送量的设定和调整非常麻烦,只能依靠经验和现场称量进行校定。水泥受环境因素的影响,其密度和流量经常发生变化,造成水泥偶然超差较大,且不易发现,计量精度不稳定,水泥浪费严重,但制造成本低,价格便宜。

②质量称量法

采用螺旋电子秤对水泥进行计量和输送。在螺旋输送机的计量段下面装有称重传感器,当水泥流经计量段时,传感器将质量转化为电信号输送给控制微机,微机内部进行合成运算并与设定值进行比较,并发出电信号调整电机转速以调整水泥输送量,使之与设定值相符,其计量精度可达1%。由于仓压、环境等因素容易造成水泥堵塞或瞬间流量的增大,易引起水泥的偶然超差,影响水泥的计量精度。有的厂家在水泥仓和螺旋电子秤之间增加了叶轮给料机,较好地控制了水泥流量的稳定。螺旋电子秤将检测到质量信号输送到微机,经微机处理并与设定值进行比较后,发出电信号改变叶轮给料机驱动电机的转速,调整水泥的输送量,达到控制计量精度的目的。

③减量称重法

在水泥仓出口处装有给料蝶阀,下面与水泥计量斗相连,水泥计量斗由 3 ~ 4 个传感器挂在水泥仓上,它的下面装有可调速的螺旋输送机。当微机发出给料指令,蝶阀打开,向水泥称量斗里加水泥,同时微机进行称重采样。当称量斗中的水泥达到上料位时,微机发出指令,关闭蝶阀。微机读出料斗和物料的总重,并启动螺旋输送机配料。随着水泥的流出,称重传感器的检测值不断变小,单位时间内的变化值就是水泥的流量。当水泥到了下料位时,蝶阀打开,立即开始加料。在加料的过程中,螺旋机以加料前一刻的速度继续供料,直到水泥到达上料位。在水泥输送过程中,微机将检测值与设定值进行比较,调节螺旋输送机的转速来控制水泥的计量精度,其计量精度高,且不受环境干扰。为了减少水泥加料对计量精度的影响,可在水泥仓和计量斗之间增加水泥储料斗,当水泥计量斗中的水泥达到最少量时,将储料斗中的水泥瞬间加入,大大地缩短了加料时间,提高了计量精度。

(3)水计量系统

①体积计量法

在水计量系统中,采用“水泵+可调流量阀”,通过调节流量阀来改变水的流量。由于没有显示仪表,设定和调节比较麻烦,只能根据经验和实践来确定水的流量。受到水泵转速、水压的影响,计量精度不稳定,计量误差较大,但其结构简单,制造成本低,在某些场合仍在使用。另一种方法是采用“水泵+智能涡轮流量计”,通过调节水泵转速来改变水的流量。在流量计上装有显示仪表,能够显示水的流量。虽然克服了设定和调节的麻烦,但其计量精度仍然受到水质、水压等因素的影响,计量精度较低,精度可达到1%~2.5%。因其结构简单,使用方便,基本能满足稳定土厂拌设备的要求,为大多数用户所接受。

②减量称重法

该系统计量原理与粉料减量称重法相同,主要包括储水箱、称重水箱、变频水泵、减量控制仪。储水箱平时装满水,由上、下液位器控制给水装置加水。当计量开始后,称重水箱上的传感器将质量信号不断地输入减量控制仪,经控制仪处理并与设定值进行比较后,控制水泵转速,从而控制水的计量精度。当称重箱中的水到达下限时,控制仪发出给水指令,将储水箱中的水迅速放入称重箱中。在加水过程中,无法进行减量称重,此时水泵转速采用加水前一刻的水泵转速乘以一个系数,此系数为加水对出水量的影响系数,可由试验获得。由于加水时间很短,由此引起的误差很小。该系统计量精度高,标定方便,但结构复杂,制造成本高,计量误差可控制在±0.5%以内,在连续式混凝土和稳定土两用搅拌设备中得到应用。

稳定土厂拌设备的计量方式可谓多种多样,设备的技术先进性和使用经济性存在较大差异。通过技术性分析,合理选择计量方式,有助于我们设计和选择既满足施工要求又经济实惠的稳定土厂拌设备。

(二)稳定土厂拌设备施工质量控制

1. 选择拌和场地

根据工程规模等情况适当选择好安放拌和设备的场地。主要从以下几个方面考虑:

(1)考虑地形地貌。要利用有利地形,选择地势较高处,要在场地四周挖好排水沟,保证雨天场内不积水,天晴后随时可以开机生产。

(2)要征用足够大的拌和场地,依施工季节和进度安排等情况考虑征用土地面积大小。其中应考虑原材料有适当的储存场地,以便雨后能有材料施工;还要考虑运输车辆和装卸机械进出所占场地以及厂拌设备安装所占用的土地。

(3)考虑水源、电力及运距等情况。

最后,由工程规模和地理位置、砂土及混合料运距、水源、电力等情况综合选择拌和厂位置。

2. 熟练掌握厂拌设备的性能

稳定土厂拌设备有供料系统(包括各种料斗)、拌和系统、控制系统(包括各种计量器和操作系统)、输送系统和成品储存系统。目前国产设备有拼装固定型和移动式(拖运行走型)等种类,厂拌设备安装前应对操作人员进行上述五大系统的培训,使之掌握厂拌设备各个系统的性能,把握住厂拌设备运转的每一道环节,有效地控制好生产的混合料的质量。培训时关键要掌握配料机组的性能。配料机一般由料斗、料门、配料皮带输送机及驱动装置等组成。出料闸门安装在料斗下方,调节开启高度可改变配料皮带输送机的供料量。配料皮带输送机用调速电机或液压电动机通过减速驱动,皮带输送机后部有张紧装置,用于调节皮带输送机正常张紧度和修正皮带跑偏量。配给机的作用是将物料从料斗中带出并对材料计量,其计量方式有容重式和称重式两种。容重式计量方式是调节料斗闸门的开启高度和调节皮带机转速度的方法改变配料的容积量。称重式计量方式是在容积计量的基础上,用电子传感器测出物料单位时间内通过的质量信号,并根据质量信号调节皮带输送机转速。这种方式用质量作为计量和显示单位,因此计量精度高于容积式。而目前市场上用的大多是以容积式计量,这里主要叙述容积式计量厂拌设备的质量控制。

3. 调试设备准确控制混合料级配

(1)调试前准备

正式投入生产使用前,应进行级配调试,目的是为了得到准确的、符合工地施工要求的配合比。一般情况下,砂、土、粉煤灰等比重较小的集料所在仓开门高度为15~25cm之间较为合适。开门高度确定后,不要再轻易变动,否则或使级配发生变化。

(2)调试参数R值

以上工作完成后,要在控制柜上对各分控表中的内存参数R值进行粗调。所谓R值实际上是一个转换参数。依据体积计量原理,可假定各料仓的流量Q与电机转速之间在一定调速范围内存在固定的线性函数关系,假设转换系数为R,则有$N=R\cdot Q$或$R=N/Q$(Q的单位为t/h)。各分控表内的单片机按以上关系式将值相乘来控制各料仓的电磁调速电机的转速,从而实现了高精度的自动配料控制。各分控表内置的转换系数J值必须依各料仓机械设计、物料比重等不同而现场设置以保障转换精度,因此,采用电控操作柜内设置的编程器来修正R值,具体操作步骤如下:

首先粗选R值,将此值输入到各分控制台中,为此将各分表拆开,输入R值,完成后把表装好,至此完成第一步调试。

级配调试要得到准确的配合比,要按照工地所提供的配料比,换算成百分比后输入到各仓调速表中。输入方法为:按下供料停止按钮,打开总控表开关,按产量增减开关,达到要求的产量。按下各仓启动按钮,将各仓调速表开关打开,将表上显示的各仓配合比调到要求的数字,向各仓中供料,完成后开始进行各仓单独计量。举1号仓为例,步骤如下:开动搅拌机和成料输送皮带,开启1号仓电机,松开供料停止按钮,开始进料搅拌。将计时1min的料过磅,检查并计量是否达到此配合比时质量要求,如有误差,按下式进行计算:

过磅质量(Q_1)/现在转速(N_1)=理论要求质量(Q_2)/修正后转速(N_2)

即如式(2-2)所示:

$$N_2 = N_1 \cdot Q_2 / Q_1 \tag{2-2}$$

再将计算所得值代入关系式 $R_2 = N_2/Q_2$ 中,注意此时 Q_2 单位要换算成 t/h,算出要修正的 R_2 值,依照前法将 R_2 值输入到分表中,将原 R 值除去,然后再开机放料1min过磅,检查此时流量与理论要求是否相符,不符时再按上述方法调整一次,一般2~3次即可达到准确流量。2号仓和3号仓调试方法同1号仓,此时要注意将前面仓号的调速比置于0位置,启动按钮处于开启位置。集料调好后调水泥计量,用一袋子套在水泥出料口处放料10s或20s,称出水泥流量,再按上述比例关系式调整 R 值,直到达到要求。各料仓调好后,将调速表上配比调回到要求位置。

(3)控制成品混合料质量

正确掌握控制柜内仪表和辅以人工双向控制原材料剂量。在施工中,原材料受天气气候影响,其含水率变化较大,造成生产出的成品料级配不准确。因此,要根据料场原材料情况每天进行5~6次含水率检测,依此调整加水器计量。水泥是活性结合料,准确计量至关重要。水泥受外部影响条件较多,例如在有效存储期内受潮湿气候或干燥气候以及码堆存放挤压等的影响。而此厂拌设备又不是称重法计量,控制柜内程序参数受各材料等外部条件影响而经常易变,难以制作供较长时间使用的仪表内部准确统一的电脑程序。因此,可采取定时定量用EDTA滴定法检测成品料的水泥剂量和人工过磅。将水泥包与设备的仪表控制读数对照,来保证水泥剂量的准确性。经过开始几天的摸索进行设备调试,找出各料斗的仪表控制读数与现场检测数值相比较,进行反复调试确保设计配比的实现。

4. 关注天气重视拌和场环境

雨水较多的地区,必须要储备砂和土,以防下雨时无法从河内取砂和地内取土。而且还要关注天气情况,每天均要听天气预报,如果要下雨就要用塑料布盖好砂子和石灰土,以防雨后砂和土含水率过大,无法生产混合料而影响工程进展乃至细集料过湿不能顺利地从喂料斗中流出直接影响配料的准确性而影响混合料的质量。

道路施工受大自然影响很大，而生产出的混合料要求材料级配准确和含水率最佳。材料级配和含水率与大自然密切相关，砂子和土的天然含水率随天气变化而变化。因此在材料装进拌和机料斗前，要进行各种材料天然含水率测定，进行加权平均计算得出混合料天然含水率，以便控制加水器加水剂量。生产出的混合料含水率，还要考虑受运至铺筑现场的运距、天气、温度的影响而适当大于设计最佳含水率。要经常保持厂拌设备的整洁完好和拌和场地材料堆放整齐，每次拌和结束后或下班前要派专人清理出料口，除去残留混合料，以免影响下次生产。下班前机械设备操作人员要严格检查设备各个系统部位，坚持经常维修保养，保证设备正常运转。

5. 控制好生产混合料时间

生产混合料时间和运到施工现场的时间直接关系到水泥稳定混合料的延迟时间而影响混合料的强度。交通运输部《公路路面基层施工技术规范》(JTJ 034—2000)规定从拌和到碾压之间路拌法施工延迟时间为 3 ~ 4h，如果按厂拌法施工则要求延迟时间不得超过 2h。因此，关键是保证均衡供料，合理调度和合理安排运输混合料的车辆，做到随拌随运，拌和场内不阻车和足够的车辆运出混合料。控制好拌和及出料时间，以免影响摊铺碾压而超出规定的延迟时间。

本章小结

稳定土厂拌设备作为修筑高等级公路的关键设备，其性能直接影响稳定土基层的质量。因此，不仅要对设备的结构类型及性能进行了解，同时应改进设备的不足之处，选择合适的拌和设备，规范施工工艺等。

本章重点阐述了稳定土设备的结构和性能特点，并且针对现有的厂拌设备所存在的问题进行改进，如：物料级配不稳定可通过改变控制模式、配合比的设定方式和粉料的计量方式进行调整；拌和不均匀可通过增加叶片数量、拌缸长度、拌缸数、增加搅拌轴的转数、改变叶片角度等方式来改进等。在稳定土生产工艺和质量方面是以水泥稳定土生产为例进行说明。在生产前，要对设备安装进行检查并进行调试；生产时要按照生产工艺进行，同时关注天气、控制好混合料的生产时间等。

总之，拌和厂每一个环节的失误都可能带来质量上的危害，为确保高质量，进行系统的质量控制是必要的、重要的。要保证稳定土的质量，必须从原材料、场地布置、配合比、拌和、试验室检测等关键环节抓起，对拌和厂生产过程中的每一个环节、每一道工序进行严格的质量控制。

第三章　混合料运输及摊铺机作业质量控制

第一节　稳定土运输的基本要求和控制

稳定土施工质量的控制不仅要体现在原材料的控制、拌和质量、摊铺质量和压实质量上，运输质量控制也是非常重要的环节。

稳定土的施工包括路拌法施工和集中厂拌法施工，下面分别介绍运输过程的基本要求和控制。

一、路拌法施工稳定土运输的要求

在预定堆料的下承层上，堆料前应先洒水，使其表面湿润，但不应过分潮湿而造成泥泞。集料用装载机或挖掘机装车、自卸汽车运输。装车时，注意每车的装载数量基本相等。根据各路段需要的集料数量按计算距离卸料。在同一料场供料的路段内，由远到近将料按上述计算距离卸置于下承层表面的中间或上侧。严格掌握卸料的距离，避免集料不够或过多。料堆每隔一定距离应留一缺口。避免集料长时间堆放，造成水分大量蒸发或遭雨使含水率过大，甚至造成弹簧现象。运送土只宜比摊铺土工序提前 1 ~ 2d。

二、集中厂拌法施工稳定土运输的要求

1. 运输的准备工作

(1)检查汽车各部位完好情况，加油、加水。

(2)运输队长及时同前场工班长联系卸料地点，安排运输车辆的数量、行车顺序、行车路线。

2. 装料

(1)车辆按顺序依次排队，等待装料。当听到控制室发出的响铃后方可驶入卸料斗下。

(2)驾驶员将空车开到料斗下停放，为了减小混合料的离析，分三次装料。先装车厢前部，然后汽车应向前移动装车厢后部，最后汽车向后倒装车的中部。每装一斗混合料以后，保持装料高度大致相同。

(3)料装完后，接到控制室发出的发车响铃后方可驶出。

3. 运输

(1)运输车辆出站时，应该覆盖毡布一类的覆盖物，以免水分蒸发，影响施工

质量。

(2)运输汽车进入摊铺现场时,轮胎上不得沾有泥土等可能污染路面的脏物,如有应人工将之清除。

(3)在路基上行驶要匀速行驶,不得急转弯、急刹车。

第二节　稳定土摊铺的质量控制

高等级公路对平整度的要求越来越高,路面稳定层的平整度将直接影响面层的平整度,因此在路面施工时,必须从底基层、基层的平整度进行控制,采用摊铺机摊铺已是必不可少的,只有采用先进的配套机械设备、合理的施工方法、严格的质量控制、有效的管理措施,才能有效地保证工程质量和施工进度。

随着公路标准的不断提高,对于高等级公路的基层、底基层的施工质量要求日益严格,采用常规的施工方法已难以满足施工进度及表面平整度要求。因此对于高等级公路底基层、基层采用机械化摊铺施工已势在必行。

目前,我国的高速、一级公路稳定土的施工多是采用集中厂拌法拌和、摊铺机摊铺等来进行的。下面就摊铺机摊铺稳定土的质量控制进行阐述。

一、摊铺前摊铺机的准备

1. 安装调整摊铺机的工作装置

按稳定层(底基层、基层)施工的技术要求,安装调整摊铺机的工作装置如下:

(1)按路面稳定层各层宽度要求组装摊铺机的熨平板,熨平板安装要确保平直。如果一台摊铺机摊铺宽度不够,可采用两台或三台并机摊铺,以消除稳定层纵缝。

(2)按路面稳定层各层的横坡要求,调整熨平板的拱度。调整时考虑熨平板在摊铺过程中的变形量及两端部粒料粗细,根据经验可将两端调整稍高些。试验段摊铺时,对摊铺完成的路面进行横坡测量,如有偏差,重新进行熨平板的拱度调整。

(3)根据摊铺厚度的要求,螺旋输送器及前侧挡板的位置,螺旋输送器的离地高度将直接影响摊铺机的工作负荷及摊铺速度。离地距离高,摊铺机的阻力大;离地距离太低,摊铺不能连续进行。对螺旋输送器离地距离调整,要视摊铺层厚度而定,一般情况下,螺旋输送器离地距离为摊铺厚度加5cm为宜。

2. 施工方法的选择及摊铺现场的准备工作

(1)为了保证稳定层的纵坡和横坡,根据标高设计的要求,采用双边挂基准线法进行施工。相邻支撑桩的距离一般为10m,钢丝可选用5.3mm的钢丝线作为基准线。如路幅较宽,采用并机摊铺时,为了加强接缝处横坡控制,采用前机一端用基准线控制,一端用临时加设滑道控制;后机一端用基准线控制,一端用滑靴控制,较好地控制了稳定层的纵坡和横坡。对架设的钢丝线每 100 ~ 150m 采用紧线器拉紧,一般拉力为 80 ~ 100kN。对完成架设的钢丝线,要经过测量复核。

(2)为了保证稳定层与路肩、中央分隔带结合部位的压实质量,中央分隔带填土及路肩填土应在摊铺稳定层前分层施工。施工前按每层标高挂线,采用人工堆填找平并初压,然后按设计要求稳定层宽度用人工进行切槽。

(3)为保证各层结合面有良好的结合强度,在稳定层摊铺之前,要彻底清洁结合面并使用洒水车在结合面喷洒适量的水。

(4)为保证摊铺机行驶稳定,要求在摊铺前设行驶标线。

二、摊铺机试铺及主要参数的确定

1. 整机空运转,检查各工作机构是否工作正常

2. 进行稳定层试验段摊铺,完成摊铺参数的确定

(1)摊铺速度的确定:沥青混凝土摊铺机铺筑稳定层的速度应由摊铺质量要求、稳定土拌和站的生产能力、运输车辆的运输能力的匹配、摊铺的宽度和厚度决定。ABG 沥青混凝土摊铺机进行稳定层摊铺时,最佳工作速度一般为 1.5 ~ 2m/min。

(2)摊铺机的振捣参数的确定:摊铺机的振捣参数是通过摊铺机振捣液压系统的压力表显示来调整的。为了保证稳定层摊铺的平整度,摊铺机振捣液压系统压力应调大点,但摊铺机的附件不能产生剧烈振动。对 ABG 摊铺机摊铺稳定层,根据经验,夯锤压力为 6MPa,振捣梁压力为 8MPa 较适宜。

(3)初摊铺松方系数的确定:摊铺的松方系数(压实系数),视不同的稳定材料级配而不同。同样的摊铺条件下,骨料的含量越大,选择系数越小;反之,选择系数越大。试验段摊铺时,一般初摊铺的虚铺系数选择 1.11 ~ 1.12 左右,或根据经验选定。

(4)选择初摊铺仰角:确定摊铺仰角前,需对熨平板的初始安装进行实测。即摊铺机及熨平板放在水平地面上,两边仰角刻度指示于 0 或 5 处(一般摊铺机初始仰角的出厂调整值为 5)。

(5)此时测量并调整摊铺机的熨平板为水平位置。运输车辆的确定:一般来讲,摊铺机的摊铺能力往往高于拌和站的生产能力,因此确定运输车辆数量时,参照拌和站的生产能力及运输距离而定,在摊铺机前一般应由 3 ~ 5 辆装满料的车在等待卸料。

三、试验段的摊铺

摊铺稳定层试验段时，就摊铺工序而言，主要是为了总结确定出准确的技术参数，以便指导正式施工：如初摊铺的垫板厚度、摊铺初始仰角、摊铺的松方系数、熨平板的拱度值、螺旋输送器及刮料板料位参数、摊铺机的最佳行驶速度。一般情况下，试验段摊铺 100～150m 为宜。

(1)确定初摊铺的垫板厚度：垫板厚度等于松铺厚度。垫板用 40～50cm 长硬木料制作，每台摊铺机初摊前垫 4 块垫板。

(2)摊铺初始仰角值的确定：摊铺行驶 5m 后，测量摊铺的厚度，用此时仰角值与所测厚度值进行比较，即可确定仰角值与摊铺厚度之间的计算参数。

(3)摊铺松方系数的确定：对摊铺完成的稳定层进行碾压至规定的压实度，测量实际摊铺厚度，用实际摊铺厚度与未经碾压的摊铺厚度进行比较，即得出摊铺松方系数。

(4)熨平板拱度参数的确定：用水准仪测量摊铺完成的路面拱度，如果不符合规定要求，就进行熨平板拱度调整。

(5)摊铺机最佳行驶速度的确定：一般情况下，摊铺机的行驶速度以 1.5～2m/min为宜，同时要结合试验段摊铺的实际情况进行调整。

(6)螺旋输送器及刮料板料位器的调整：在摊铺过程中，调整螺旋输送器及刮料板的料。

四、摊铺过程中的工艺要求

(1)为了保证摊铺稳定层的平整度，人工对接头处找平。

(2)自卸车应在摊铺机前 10～20cm 处对正摊铺机停车，以避免撞击摊铺机，同时卸料要连续稳定。如果卸料发生撒料时，要及时清洁摊铺机履带处的拌和料，以免影响平整度。

(3)摊铺机各执行机构的开关应放在自动状态。

(4)摊铺机要按行驶标线行驶，特别在弯道处，要保证连续稳定地转向。

(5)摊铺过程中，要经常检查熨平板前的拌和料堆积状况。如果堆积拌和料较少时，采用手动操作螺旋输送器及刮料板开关，以便及时输送拌和料。必要时使摊铺机停机，待熨平板前拌和料饱满后再进行摊铺作业。

(6)摊铺过程中，要经常检查基准线是否被碰掉，同时要保证传感器的搭脚在基准线上移动。

(7)要组织好施工过程各环节，尽量避免停机，确保摊铺机以最佳的行驶速度进行摊铺。

(8)摊铺横向接缝:已经摊铺完成并碾压完成的稳定层用3m直尺对表面进行平整度检测,切除不合格部分,以便进行接缝摊铺工作,所切的缝横向要平直、竖向垂直。

(9)摊铺纵向接缝:①采用双机并铺消除纵缝(前后相距15~20m);②接缝一侧采用滑靴找平,滑靴在未经压实的摊铺表面滑动,另一侧采用挂基准线找平;③对单机摊铺时,视天气状况确定摊铺机掉头摊铺第二幅的时间,一般情况下,摊铺完成第一幅2h后,摊铺机掉头进行第二幅摊铺;④对摊铺完成的第一幅进行碾压时,在第一幅与第二幅结合部位要留出宽度为40~50cm的摊铺层,以便进行纵向接缝摊铺工作。

(10)摊铺时,有时因集料离析,摊铺表面骨料堆积,这时应使用人工将堆积骨料挖除,换填合格集料补平。

(11)并机摊铺时,应选用相同机型摊铺机,各技术参数调整相同,这样对摊铺的稳定层平整度控制较好。

第三节　大厚度、大宽度一次成型摊铺技术

大厚度、大宽度一次成型摊铺技术是我国最近几年公路施工发展需求形成的一种新技术。大厚度、大宽度一次成型摊铺技术的优点主要体现在施工成本、施工工期上和施工质量上;一般高速公路基层设计厚度为30~40cm,虚铺厚度要达到35cm以上,现有的摊铺机最大也只能摊到30cm左右,且全宽全厚摊铺所需的输料量很大,摊铺机阻力较大;因此,在高等级公路路面基层的摊铺施工中,均采用双机并幅呈梯队方式同步分两层摊铺的工艺。从质量角度讲,分层铺筑在过程工序中如养生、层间结合处理等均很麻烦,全厚铺筑整体性好,工序简单;从成本角度讲,一般基层总量为40余万吨的4车道高速公路基层施工期约为3个月,需投入两套500型场拌设备,按0.6的生产率计算,每天应铺筑单幅单层1700m左右,需开两个工作面施工,投入4台摊铺机,至少6台压路机。大厚度、大宽度施工则只需开一个工作面投入一台摊铺机,成本自然要小;而且,减少了分层铺筑中的养生时间,施工时间更少。同时,因为相对于两次分次摊铺来说,其抗拉伸,抗冲击强度可以提高80%以上,可以有效地避免和推迟早期路面的下沉,车辙形凹陷、分裂脱落、坑洞等常见病的产生。对于提高公路路面质量,延长公路寿命有很大的意义。

一、大厚度、大宽度一次成型摊铺的关键技术

大厚度、大宽度一次成型摊铺技术,顾名思义就是通过调整摊铺机所摊铺的厚度和宽度,使摊铺机一次摊铺就能满足设计要求;其关键技术主要有三点:摊铺机

的性能、压路机的性能及料的供给能力。

1. 摊铺机的性能

摊铺机的性能是决定此项技术的关键;摊铺机要能具备以下条件:

(1)发动机的功率大、熨平板强度大和大容量的料斗等

摊铺机要实现大厚度、大宽度铺筑就必须具有大输料量,即摊铺机具有特殊设计的摊铺室,螺旋布料器的叶片尺寸大,实现物料满埋螺旋低速输料,减少高速输料引起的物料抛扬所导致的离析,并可在布料过程中实现搅拌作用,解决混合料在搅拌、运输、卸料、收料斗等过程产生的离析。

要实现上述功能,首先要配置大功率发动机作为动力基础;其次要配备大的接料斗、高强度的熨平板、大扭矩的低速液压马达实现螺旋布料器低速旋转及坚固的底盘和行走系统。

(2)有特殊的防离析设计

大型摊铺机简单加宽熨平板宽幅摊铺不能够满足大宽幅、大厚度施工中高等级公路基层和面层的质量要求,其中关键的问题在于物料在横向、高度方向产生的离析问题;因此,摊铺机要有专门的防离析设计;如加大螺旋直径、减小升角,螺旋采用变直径截面设计并在链条箱和支撑处安装反向叶片;在摊铺室加装弹性应力的挡料装置等。这样,可以有效地减少因进行大宽度、大厚度施工所带来的横向、竖向离析问题。

(3)摊铺机的低速行驶稳定性

摊铺机在进行大宽度、大厚度摊铺工作时,工作阻力非常大,在这种工况下要实现摊铺的稳定性,保证摊铺层的平整度和铺层初压密实度的均匀性,就要求摊铺机的形式驱动系统具有起步加速和低速行驶的均匀性和稳定性,另外具有大的驱动功率。

(4)熨平振捣装置激振力要求大,并且具有可以调整

摊铺机进行大宽度、大厚度摊铺工作时,由于摊铺厚度大,要保证铺层具有80%以上且均匀的初压实度,就要求摊铺机具有激振力大的强夯装置和振动熨平装置,而且激振力是可调整的。

2. 压路机的性能

压实松铺层厚度35cm以上的稳定土时,压路机要有一定的吨位和足够的激振力。而现有的18~22t振动压路机压实能量低,不能满足大厚度压实的要求。因此需要大吨位的振动压路机才能完成大厚度混合料的压实。

3. 混合料的供给

一次成型摊铺技术所需的混合料比分层摊铺每次所需的混合料要多得多;分层摊铺一般需要一台拌和设备就能保证混合料的供给,因此要保证混合料供给的

充足，则需要两台拌和设备。其次，所需自卸卡车数量也要能保证摊铺机连续摊铺。

二、施工实例

下面是某条高速公路半刚性基层进行大厚度、大宽度一次成型摊铺施工的实例，主要介绍施工工艺及施工过程的质量控制，如图3-1所示。

1. 施工工艺

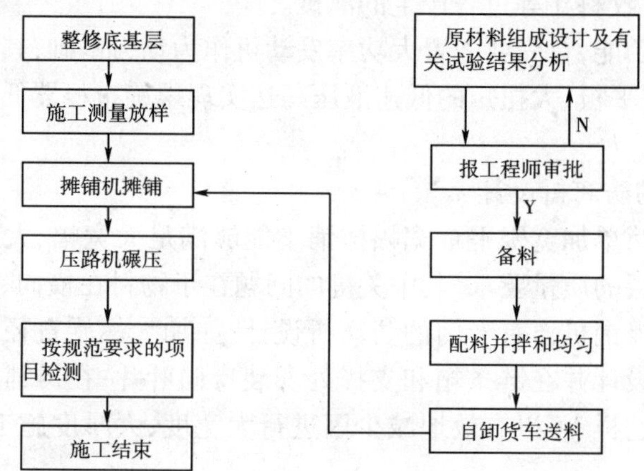

图3-1　大厚度、大宽度一次成型摊铺施工工艺流程图

2. 施工准备

1）主要施工机械配置及特性

（1）摊铺机

DT1600型多功能摊铺机1台，该机具有以下几方面特点：

①发动机功率269kW，能保证混合料全埋螺旋叶片时连续均匀缓慢送料，防止高速送料出现抛、甩、扬，而造成混合料离析。送料螺旋可根据需要调整离地高度，实现混合料在摊铺时的二次搅拌，改善因混合物料装卸和摊铺机收斗等环节造成的离析。

②采用变径螺旋设计，螺旋自内向外直径逐渐减小，整体断面包络线呈梯形，考虑到制造的方便，可以近似为几种间断的直径结构。这样在分料工作中，可以达到全部螺旋满埋物料工作且搅拌强度一致的效果，除了有效防止横向离析外，还可保证不同宽度位置上摊铺物料的密实度一致，平整度一致。

③该机螺旋输料器配置了A4VG高压变量泵、低速SAI马达和大扭矩内藏式行星齿轮减速器，主要元器件采用性能良好的进口件，整机性能稳定，使用时可靠性有保证。

(2)压路机

YZ32 振动压路机 1 台,该机自重 32t,振动频率 28 ~33Hz,振幅 1. 1 ~1. 8mm,激振力 450 ~590kN,最大总作用力达到 800kN,能保证混合料摊铺 50cm 厚时碾压密实。另配 22t 单钢轮振动压路机 2 台,26t 胶轮压路机 1 台。

(3)稳定土拌和站

产量为 500t/h 和 400t/h 的 WCB 稳定土厂拌设备各一套。

(4)其他的机械配置

自卸卡车 15 俩;洒水车 1 辆。

2)施工技术准备

(1)施工放样

首先恢复中线,每隔 10m 设一桩,并在两侧插钎挂线。进行水平测量,根据摊铺系数在两侧钢钎上挂线确定基层边缘的设计标高,松铺系数为 1. 25。确保施工放样桩位符合设计与规范要求精度,满足施工要求。

(2)准备下承层

①按《公路沥青路面施工技术规范》的要求,对下承层进行逐项检查。对检查结果不符合要求的路段,在监理工程师认可后,采取相应措施进行处理,直至达到规范要求。基层施工前应保证底基层的平整度和压实度,路拱没有任何松散的材料及软弱地点。底基层的平整度、压实度、弯沉值等技术参数符合设计及技术规范要求。

②基层施工前,清除各种杂物,用 22t 压路机碾压底基层 2 遍,碾压过程中发现过干、表层松散,应适当洒水;如过湿,测取弯沉值,符合设计及规范要求后方可施工。

3. 施工要点控制

(1)厂拌设备施工要求

①混合料采用 WCB500 型和 WCB400 型水泥稳定粒料拌和站进行水泥级配碎石的拌和,采用厂拌法集中拌和时,应符合下列要求:a. 集料必须保证最大粒径和级配符合要求;b. 料仓和拌缸前应有剔除超粒径石料的筛子;c. 配料应准确,拌和应均匀;含水率宜略大于最佳值,使混合料运到现场摊铺后碾压时的含水量不小于最佳值;d. 不同粒级的碎石以及细集料应隔离,分别堆放。

②拌和现场须有一名试验人员监测拌和时的含水率和各种集料的配比,发现异常及时调整或停止生产,含水率应按要求的频率检查并做好记录;各料斗应配备 1 ~2 名工作人员,时刻监视下料情况,并人工帮助料斗下料,不准出现卡堵现象,否则应及时停止生产。

(2)运输和摊铺要求

①运输能力：车辆数量必须满足拌和设备连续生产的要求，不因车辆少而临时停工。

②拌和机向车厢内卸料时，应从车向前部、后部、中部分三次装料，每卸一斗水泥水泥级配碎石混合料汽车移动一次为止，以减少水泥级配碎石混合料粗细集料离析现象的发生。

③连续摊铺过程中，运料车在后轴轮胎与摊铺机接触前 10 ~ 30cm 处停住，严防撞击摊铺机。此时汽车应挂空档，等候摊铺机推动前进。卸料过程中必须有专人指挥。

④水泥级配碎石基层摊铺采用中大 DT1600 型多功能摊铺机单幅、大厚度一次性摊铺。摊铺速度 V_0 根据搅拌站产量，按式(3-1)计算：

$$V_0 = Q \cdot n / (60 \cdot h \cdot B \cdot \rho) \tag{3-1}$$

式中：Q——拌和站产量，t/h；

n——拌和机台数；

h——铺层厚度，m；

B——摊铺带宽，m；

ρ——混合料密度，t/m^3。

⑤松铺系数按式(3-2)计算：

$$松铺系数 = \sum_{i=1}^{n} \frac{(H_{2i} - H_{1i})}{(H_{3i} - H_{1i})} \tag{3-2}$$

式中：n——测点数；

H_{1i}——摊铺前下承层高程；

H_{2i}——摊铺后未碾压前混合料高程；

H_{3i}——碾压成型后混合料高程。

⑥连续稳定的摊铺是提高路面平整度最主要的措施。摊铺机的摊铺速度应做到缓慢、均匀、不间断地摊铺。不得任意快速摊铺几分钟，然后再停下来等下一车料。争取做到每天收工停机一次。

⑦摊铺过程中，对摊铺机螺旋送料器两边达不到的地方，由人工配合找平。

(3)压实

①水泥级配碎石基层采用两台 22t、一台 32t 单钢轮压路机和一台 26t 胶轮压路机组合碾压。初压为 22t 压路机静压一遍，复压采用 32t 压路机振动碾压四遍、后 26t 胶轮压路碾压两遍，终压采用 22t 压路机弱振收光一遍。

②碾压过程中如发现粗细集料离析现象，特别应铲除局部粗集料“窝”，并用新拌混合料填补，然后再行碾压。发现翻浆现象应立即停止碾压，待翻松晒干，或换含水量合适的材料后再行碾压。对于碾压过程中出现的拥包，应由人工刮起平处理，再继续碾压。

③直线段由两侧向中心碾压，超高段由内侧向外侧碾压，每道碾压与上道碾压相重叠1/2轮宽，使每层整个断面完全均匀地压实到规定的密实度为止。压实后表面平整无轮迹或隆起，且断面正确，路拱符合要求。凡压路机不能作业的地方采用机夯进行压实，直到获得规定的密实度为止。压路机每次由两端折回的位置呈阶梯形随摊铺机向前推进，使折回处不在同一横断面上。

④严禁压路机在已完成的或正在碾压的路段上掉头和急刹车，保证基层表面不受损坏。压路机的碾压速度，头两遍控制在1.5~1.7km/h，以后控制在2.0~2.5km/h。

⑤碾压过程中，基层的表面应始终保持潮湿。若水分蒸发过快，应及时补洒少量的水，但严禁洒大水碾压。

(4)养生

①由于水泥级配碎石基层是水硬性材料，碾压完成后应立即进行养生，基层表面采用防水土工布覆盖，两侧坡面采用农用塑料薄膜覆盖，用编织袋装少许碎石均匀地压在防水土工布上。

②养生期间设专人和洒水车进行养生，养生时间不少7d，且必须经常保持结构层表面湿润，每天洒水不少于3次。

③养生期间除洒水车外，封闭交通。在覆盖措施的水泥级配碎石基层上，不能封闭交通时，限制重车通行，其他车辆的车速不得超过30km/h。

(5)接缝处理

①用摊铺机摊铺混合料时，不宜中断，如因故中断时间超3h，应设置横向接缝，摊铺机应驶离混合料末端。

②人工将末端含水量合适的混合料整齐，紧靠混合料放两根方木，方木的高度应与混合料的压实厚度相同；整平紧靠方木的混合料。

③方木的另一侧插打钢钎，设置斜撑。

④将混合料碾压密实，去除堵头方木，用3m直尺在混合料末端丈量平整度，经现场监理确定，用末端垂直切割法施工横向接缝。

⑤若摊铺中断后，未按上述方法处理横向接缝，而中断时间已超过2h，则应将摊铺机附近及其下面未经压实的混合料铲除，并将已碾压密实且高程和平整度符合要求的末端挖成一横向(与路中心线垂直)垂直向下的断面，然后再摊铺新的混合料。

⑥避免纵向接缝。出现纵向接缝时，纵缝必须垂直相接，不能斜接，并符合下列规定：a. 在前一幅摊铺时，在靠后一幅的一侧应用方木做支撑，方木的高度与水泥级配碎石基层的压实厚度相同；b. 养生结束后，在摊铺后一幅前，将方木除去。

本章小结

本章介绍了路拌法与集中厂拌法施工中稳定土的运输要求及常规的稳定土摊铺质量控制方法;并阐述了近年来我国特有的新技术“大厚度、大宽度一次成型摊铺技术”,它是通过调整摊铺机所摊铺的厚度和宽度,使摊铺机一次摊铺就能满足设计要求,优点主要是降低施工成本和施工工期,提高施工质量;其关键技术主要有三点:摊铺机的性能、压路机的性能及料的供给能力。

总之,稳定土的运输和摊铺是一个系统的工程,某个环节出了问题,都会直接影响到摊铺的结果,要想得到良好的路面就必须要做到面面俱到。摊铺前做好摊铺机的准备工作,确定摊铺机摊铺时的相关参数,同时要达到摊铺工艺的相关要求。

第四章　半刚性基层压实机械的施工质量控制

压路机是夯实机械的主要设备，是基础施工、堤坝、港口、铁路、公路机场、水利工程、市政建设的重要施工设备。采用压路机进行有效的压实，能够显著地改善基础填方与路面结构层强度和刚度，提高抗渗漏能力和承载能力。压路机的作业对象主要是土方和面铺装混合料，采用不同的机械和不同的施工手段，直接影响到施工质量。本章主要介绍半刚性基层施工中压路机使用的类型及其施工质量控制。

第一节　半刚性基层压实机械的基本结构

本节主要介绍几种半刚性基层施工中常用的压路机类型、结构及工作原理。在半刚性基层施工中，常用大吨位的振动压路机进行静碾和振压；有的施工单位还会使用轮胎压路机进行压实。

一、中大 YZ32 重型振动压路机的结构及工作原理

本机型主要运用于基层施工，特别是对大厚度基层的施工效果较为理想。中大 YZ32 重型振动压路机结构如图 4-1 所示。

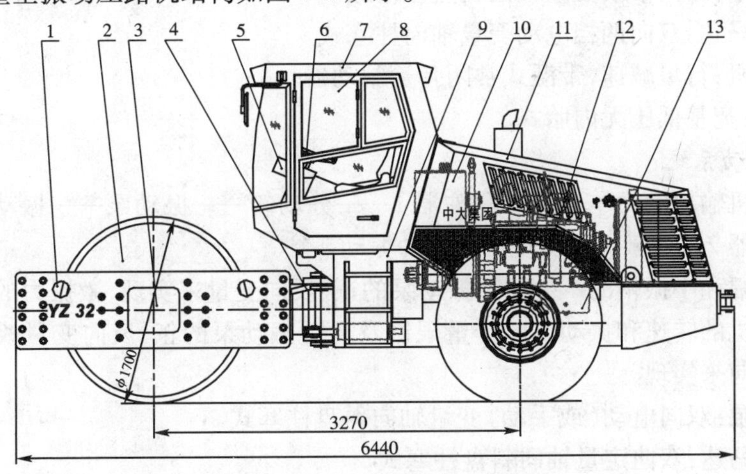

图 4-1　YZ32 振动压路机结构外形图

1-前车架；2-振动轮；3-减振系统；4-铰接架；5-操纵系统；6-转向系统；7-驾驶室；8-空调；9-后车架；10-液压系统；11-机罩；12-后轮驱动；13-发动机系统

1. 发动机系统

采用依维柯 F2BE0687B 型水冷、增压、中冷、直列 6 缸四冲程柴油机，带电喷调速器、机油压力传感器和机油压力表、水温传感器和水温表、发动机转速表，具有高可靠性，燃油经济性、噪声、排放等性能指标均达到欧洲 EUR02 标准。

发动机安装：采用四点软支承，以使发动机工作平稳。

燃油系统：柴油箱装有加油滤油器和吸油滤油器，以保证燃油的清洁度。

排气系统：消声器安装在发动机上方，排气口朝后。

冷却系统：水散热器带膨胀水箱，发动机冷却风扇为吹风式。

进气系统：空滤器带有空气堵塞报警装置，以提示更换或清理滤芯。

油门操纵及熄火：操纵控制器可实现无级调速并将发动机转速锁定，采用熄火电磁阀使发动机熄火。

2. 行走系统

发动机输出动力——弹性联轴器 1——分动箱——行走泵——行走马达——减速机——行走轮，实现压路机的行走。

压路机的正向行驶和反向行驶通过行走泵的正、反向变量来实现，行走速度则通过改变发动机的转速和无级改变行走泵的排量及有级改变行走马达的排量实现两档无级变速。

弹性联轴器 1：弹簧钢片式。

分动箱：双输出口（或三输出口），一级齿轮传动。

行走泵：双向手动变量轴向斜盘柱塞式。

行走马达：双向两档电动变量轴向柱塞式。

减速机：行星减速，带湿式常闭弹簧制动器。

轮胎：宽基低压无内胎式。

3. 振动系统

发动机输出动力——弹性联轴器 1——分动箱——振动泵——振动马达——弹性联轴器 2——激振器实现振动轮的振动。

大振幅和小振幅的产生通过振动泵的正、反向变量来实现，激振力的大小通过改变发动机的转速和振动泵的排量限制及通过振动泵的正、反向变量改变激振器的旋转方向来实现。

振动泵：双向电动（或手动）变量轴向斜盘柱塞式。

振动马达：双向定量轴向斜盘柱塞式。

弹性联轴器 2：耐高温弹性块组合式。

振动轮：振动轮体为钢板焊接筒式结构，激振器为主、副偏心块组合式，振动轴承为振动型专用轴承。

4. 转向系统

转向形式为铰接式振动轮转向。发动机输出动力(——分动箱)——转向泵——单路稳定分流阀——转向器——转向油缸——前铰接架——前车架——振动轮悬挂——振动轮,同时行走泵到各行走马达之间采用并联油路传动使各行走轮之间实现差速,从而实现压路机转向。

转向方向通过改变液压转向器的通油方向即改变液压转向缸的进、回油方向来实现。在无机动动力源时,转向系统可实现人工转向。

转向液压系统为液压油箱、回油滤油器、齿轮泵、转向器、单路稳定分流阀、转向油缸等组成的开式回路系统,系统溢流压力设定为16MPa。

转向泵:齿轮泵,旋向为左旋。

转向器:闭芯无反应型。

单路稳定分流阀:恒流型。

转向油缸:活塞式双作用油缸。

回油滤油器:自封式磁性滤油器。

5. 制动系统

制动系统设有行车制动、驻车制动和紧急制动。

行车制动为液压制动,由行走马达停转实现。

驻车制动为机械制动,由减速机上的常闭式弹簧制动器实现。

紧急制动即为液压制动的同时使用机械制动。

解除驻车制动,在有机动动力源时,由行走泵上的补油泵泵油实现。在无机动动力源时,由手动泵泵油并打开双向溢流阀上的旁通阀实现。

6. 液压系统

行走液压系统和振动液压系统为液压油箱、吸油滤油器、柱塞泵、柱塞马达、电磁换向阀等组成的闭式回路系统,系统溢流压力设定为35MPa,柱塞泵连续工作时壳腔压力不允许大于0.25MPa,液压系统原理见图4-2。

各液压系统均设有压力、污染安全装置。

液压油箱:钢板焊接式,内部经过高温磷化处理。

吸油滤油器:自封式磁性滤油器,带真空表。

电磁换向阀:两位三通常闭式。

7. 振动轮悬挂系统

振动轮通过悬挂架和减振块连接前车架,减振块的作用主要是传递行走驱动力和衰减振动轮对机身的振动。

悬挂架为可调式,可预压减振块。

8. 车架、铰接架、车架固定装置、刮泥装置

机架分为前车架和后车架,前、后车架由铰接架连接,可实现前后车架在水平

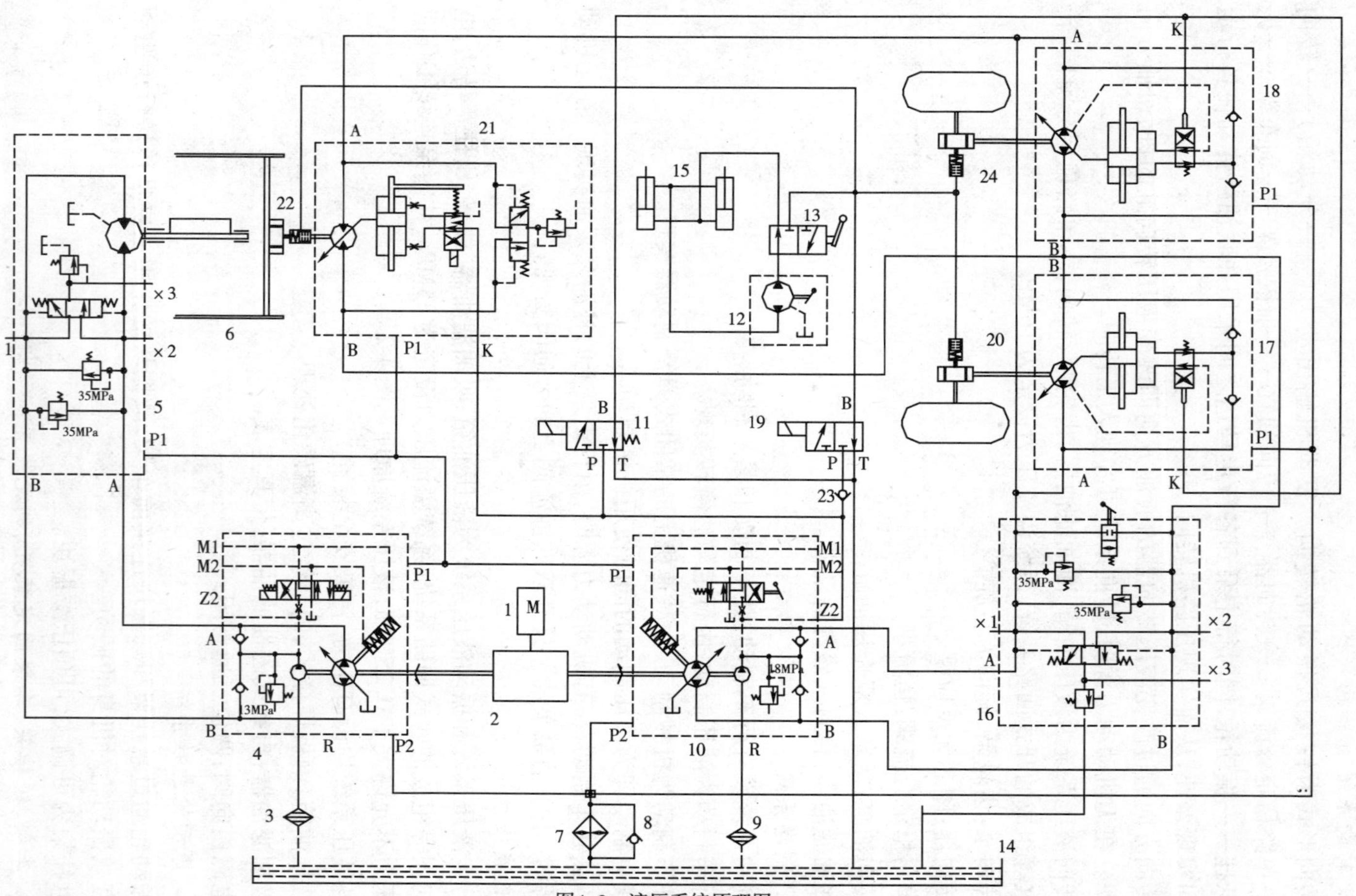

图4-2　液压系统原理图

1–发动机; 2–分动箱; 3–吸油滤油器; 4–振动泵; 5–振动马达; 6–振动轮; 7–油散热器; 8–单向阀; 9–吸油滤油器 ; 10–行走泵; 11–电磁换向阀; 12–手动泵; 13–换向阀; 14–液压油箱; 15–翻转油缸; 16–双向溢流阀; 17–行走马达; 18–行走马达; 19–电磁换向阀; 20–减速机; 21–行走马达; 22–减速机; 23–单向阀; 24–减速机

面和地垂面内的相对转动，限位装置用于限定转向角度和摆动角度。

车架固定装置用于吊装或车载运输压路机时锁定前、后车架，使其不能相对转动。

刮泥装置置于前车架的下方，用于刮除振动轮上的泥土。

前车架：由前框板、后框板、左框板、右框板、高强度螺栓组装而成。

后车架：钢板焊接框架结构。

铰接架：由前铰接架、后铰接架、回转支承、关节轴承等组成。

车架固定装置：由连接杆、插销、弹簧销等组成。

刮泥装置：开孔板式结构，位置可调；弹性结构，自动调节压紧。

9. 电气系统

电气系统为单线制，负极搭铁，直流 24V。

电气系统包括启动马达、发电机、保险盒、声光报警装置、开关、灯、仪表、蓄电池、继电器、雨刮器、线束等。

二、YZ22 型振动压路机的结构及工作原理

YZ22 型振动压路机主要结构如图 4-3 所示。

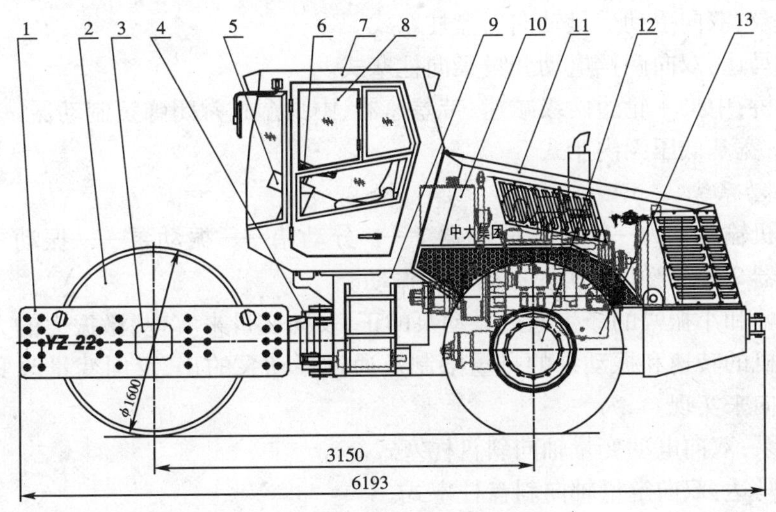

图 4-3　YZ22 振动压路机结构外形图

1-前车架；2-振动轮；3-减振系统；4-铰接架；5-操纵系统；6-转向系统；7-驾驶室；8-空调；9-后车架；10-液压系统；11-机罩；12-后轮驱动；13-发动机系统

1. 发动机

采用上柴 D6114ZG1B 型水冷、增压、直列 6 缸四冲程柴油机，带全程调速器、机油压力传感器和机油压力表、水温传感器和水温表、发动机转速表，具有高可靠

性,燃油经济性、噪声、排放等性能指标均达到欧洲EUR02标准。

发动机安装:采用四点软支承,以使发动机工作平稳。

燃油系统:柴油箱装有加油滤油器和吸油滤油器,以保证燃油的清洁度。

排气系统:消声器安装在发动机上方,排气口朝后。

冷却系统:水散热器带膨胀水箱,发动机冷却风扇为吹风式。

进气系统:空滤器带有空气堵塞报警装置,以提示更换或清理滤芯。

油门操纵及熄火:操纵控制器可实现无级调速并将发动机转速锁定,采用熄火电磁阀使发动机熄火。

2. 行走系统

发动机输出动力——弹性联轴器1——分动箱——行走泵——行走马达——驱动桥——轮胎,实现压路机的行走。

压路机的正向行驶和反向行驶通过行走泵的正、反向变量来实现,行走速度则通过改变发动机的转速和无级改变行走泵的排量及有级改变行走马达的排量实现两档无级变速。

弹性联轴器1:弹簧钢片式。

分动箱:双输出口,一级齿轮传动。

行走泵:双向手动变量轴向斜盘柱塞式。

行走马达:双向两档电动变量径向柱塞式。

驱动桥:中央+轮边两级减速,带差速器、中央湿式常闭弹簧制动器。

轮胎:宽基低压无内胎式。

3. 振动系统

发动机输出动力——弹性联轴器1——分动箱——振动泵——振动马达——弹性联轴器2——激振器实现振动轮的振动。

大振幅和小振幅的产生通过振动泵的正、反向变量来实现,激振力的大小通过改变发动机的转速和振动泵的排量限制及通过振动泵的正、反向变量改变激振器的旋转方向来实现。

振动泵:双向电动变量轴向斜盘柱塞式。

振动马达:双向定量轴向斜盘柱塞式。

弹性联轴器2:耐高温弹性块组合式。

振动轮:振动轮体为钢板焊接筒式结构,激振器为主、副偏心块组合式,振动轴承为振动型专用轴承。

4. 转向系统

转向形式为铰接式振动轮转向。发动机输出动力——转向泵——单路稳定分流阀——转向器——转向油缸——前铰接架——前车架——振动轮悬挂——振动轮,同时驱动桥内的差速器使后左行走轮和后右行走轮实现差速,从而实现压路机转向。

转向方向通过改变液压转向器的通油方向即改变液压转向缸的进、回油方向来实现。在无机动动力源时,转向系统可实现人工转向。

转向液压系统为液压油箱、回油滤油器、齿轮泵、转向器、单路稳定分流阀、转向油缸等组成的开式回路系统,系统溢流压力设定为16MPa。

转向泵:齿轮泵,旋向为左旋。

转向器:闭芯无反应型。

单路稳定分流阀:恒流型。

转向油缸:活塞式双作用油缸。

回油滤油器:自封式磁性滤油器。

5. 制动系统

制动系统设有行车制动、驻车制动和紧急制动。

行车制动为液压制动,由行走马达停转实现。

驻车制动为机械制动,由驱动桥上的常闭式弹簧制动器实现。

紧急制动即为液压制动的同时使用机械制动。

解除驻车制动,在有机动动力源时,由行走泵上的补油泵泵油实现。在无机动动力源时,由手动泵泵油并打开双向溢流阀上的旁通阀实现。

6. 液压系统

行走液压系统和振动液压系统为液压油箱、吸油滤油器、柱塞泵、柱塞马达、电磁换向阀等组成的闭式回路系统,系统溢流压力设定为35MPa,柱塞泵连续工作时壳腔压力不允许大于0.25MPa,液压系统原理见图4-4。

各液压系统均设有压力、污染安全装置。

液压油箱:钢板焊接式,内部经过高温磷化处理。

吸油滤油器:自封式磁性滤油器,带真空表。

电磁换向阀:两位三通常闭式。

7. 振动轮悬挂系统

振动轮通过悬挂架和减振块连接前车架,减振块的作用主要是传递行走驱动力和衰减振动轮对机身的振动。

悬挂架为可调式,可预压减振块。

8. 车架、铰接架、车架固定装置、刮泥装置

机架分为前车架和后车架,前、后车架由铰接架连接,可实现前后车架在水平面和地垂面内的相对转动,限位装置用于限定转向角度和摆动角度。

车架固定装置用于吊装或车载运输压路机时锁定前、后车架,使其不能相对转动。

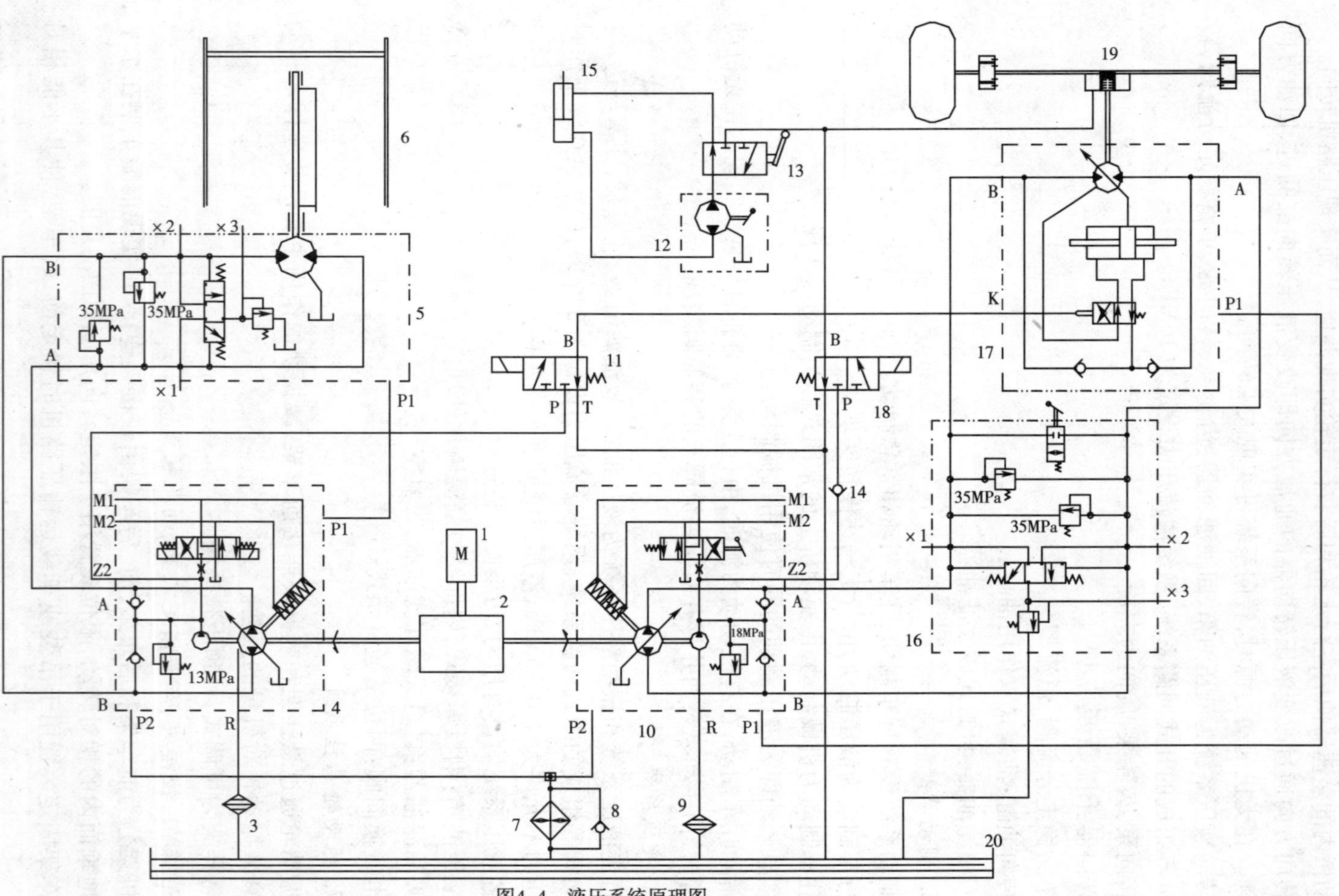

图4-4　液压系统原理图

1-发动机; 2-分动箱; 3-吸油滤油器; 4-振动泵; 5-振动马达; 6-振动轮; 7-油散热器; 8-单向阀; 9-吸油滤油器; 10-行走泵; 11-电磁换向阀; 12-手动泵; 13-换向阀; 14-单向阀; 15-翻转油缸; 16-双向溢流阀; 17-行走马达; 18-电磁换向阀; 19-驱动桥; 20-液压油箱

刮泥装置置于前车架的下方，用于刮除振动轮上的泥土。

前车架：由前框板、后框板、左框板、右框板、高强度螺栓组装而成。

后车架：钢板焊接框架结构。

铰接架：由前铰接架、后铰接架、回转支承、关节轴承等组成。

车架固定装置：由连接杆、插销、弹簧销等组成。

刮泥装置：开孔板式结构，位置可调；弹性结构，自动调节压紧。

9. 电气系统

电气系统为单线制，负极搭铁，直流 24V。

电气系统包括启动马达、发电机、保险盒、声光报警装置、开关、灯、仪表、蓄电池、继电器、雨刮器、线束等。

三、YL26 轮胎压路机的结构及工作原理

图 4-5 为 YL26 轮胎压路机。

1. 动力与传动系统

选用东风康明斯 6BT5.9 直列六缸、水冷、增压发动机其体积小、质量轻、动力足功率大、油耗小操作轻便可靠。其额定功率 105kW，转速 2000r/min。该发动机适用性强耐热耐寒可在 －12℃ 以下轻易起动；增压器装置使它在海拔 3000m 左右的高原地带运行功率不降低。

图 4-5 YL26 轮胎压路机

选用机械换挡变速箱传动具有前 3 后 3 共 6 个挡位，采用接合套换挡和锁环式同步器换挡，具有换挡柔和平稳、噪声低、可靠性高、结构紧凑、维修方便的特点。

侧传动采用链条、链轮驱动，能确保运动的往复性与平稳性，从而实现功率的最有效的传递。在主动链轮与从动链轮之间借助于特殊的链条拖动，链条与链轮能在任何中心距处相啮合；同时，链条也在一对轮之间楔紧因此传动的特征是既靠摩擦又靠啮合，不论轮子在前进或后退状态下链条都能与之楔紧、啮合、平稳过渡。

2. 压实装置

前轮采用 5 个光面充气轮胎，能全轮摇摆；后轮采用 6 个光面充气轮胎，后轮轮胎正好沿着前轮轮胎的间距往复行驶辗压，这样的结构使得被辗压表面得到全面均匀压实。而且避免了采用钢轮压路机时压轮难以使土中的低凹区得到压实的缺点。

轮胎的弹性产生揉压作用，使铺层材料在各方向产生位移形，成均匀而密实的无裂纹的表面；同时，改变充气轮胎的负荷和充气压力能提高其压实性能，从而扩大它

的使用范围。另外，前后轮均装有刮泥板，便于清除轮面黏附物，提高压实质量。

3. 操纵系统

由于轮胎压路机比一般路面压实机械宽，为看清路面、便于操纵，采用左、右操纵即双向操纵系统液压转向。

离合器操纵采用油气结合气助力系统，操纵简便、省力。制动分为脚制动和手制动保证行车制动安全可靠。

该机备有大功率水泵，可从水池中抽水贮存于机身内增加压路机重量，用来调节轮胎接地比压；另外，可用水泵吸取机身内贮存水向路面上大面积洒水起到洒水车的作用。

第二节　半刚性基层压实机械的性能特点和适应范围

一、轮胎压路机的性能特点及基层施工的适应范围

轮胎压路机是一种静作用压路机，在进行压实作业时，与光轮压路机类同。轮胎压路机结构先进，性能好，它的优点有：两个参数（气压和质量）可以改变，用以满足不同的使用要求；因此，适用于各种不同道路的基层施工。但是，对于高速公路或一级公路以下的施工，基层的构造深度等要求没有高速或一级公路的严，骨料的棱角较为锋利对轮胎压路机的胶轮有划伤可能，因此无特殊要求时，可以不适用轮胎压路机。

二、振动压路机的性能特点及基层施工的适应范围

振动压路机是一种利用静作用力和激振器诱发的振动干扰力所形成的组合压实力来压实土壤的，其振动干扰力具有冲击压力波的传播特性，影响深度大，具有良好的深层碾压特性。

相对于利用机械静作用力压实的压实机械，振动压路机的压实性能和碾压特性具有以下一些特点：

(1)在相同结构质量的前提下，振动压路机的压实效果好，压实后的密实度高，稳定性好。

(2)振动压路机的压实生产率高。当所要求的压实度相同时，压实遍数可相对减少。

(3)可压实静力压路机难以压实的大粒径块石填方，并使之相互楔紧。

(4)在达到相同压实效果的前提下，振动压路机的结构质量只需为静力压路

机的一半,其发动机功率也可降低30%左右。

(5)合理调节振动压路机的振频和振幅,既可获得良好的深层碾压特性,又可改善表层碾压特性,扩大了振动压路机的碾压范围。

但由于激振器的强烈振动作用,振动压路机振动压实作业时,也给机械、人体和周边环境带来了一些不良影响,不仅产生噪声污染,而且危及周边地面建筑和地下构筑物的安全,容易诱发机械故障,危害人体健康。这样,在人口密集的地方、危房区、装有精密仪器的建筑物和桥梁附近,则应限制振动压路机的使用。

三、YZ32型压路机的性能特点及使用范围

1. 主要技术性能参数及特点

(1)整机性能参数(表4-1)

整机性能参数　　表4-1

工作质量	kg	32000
前轮分配质量	kg	21000
后轮分配质量	kg	11000
静线载荷	N/cm	940
振动轮宽度×直径	mm	2130×1700
轴距	mm	3270
最小离地间隙	mm	500
振动频率	Hz	28/33
振幅	mm	1.8/1.1
激振力	kN	590/450
行驶速度	km/h	Ⅰ档0—6 Ⅱ档0—8
爬坡能力	%	40
最小转弯半径	mm	7000
摆动角度	°	±12
转向角度	°	±30
燃油箱容量	L	350
轮胎		23.1-26-14PR
工作电压	V	24
外形尺寸(长×宽×高)	mm	6440×2430×3087

(2)发动机主要性能参数(表4-2)

发动机主要性能参数 表4-2

发动机型号	F2BE0687B	
额定功率	kW	220
额定转速	r/min	2200
最大扭矩	N·m	1550
最大扭矩转速	r/min	1200~1660
发动机净重	kg	678
怠速	r/min	600

(3)主要性能特点

①压实效果好,工效高

超重吨位和超大激振力(最大作用力达80t),铺层厚度400mm,压实仅需4~6遍。

②使用寿命长,可靠性高

发动机、液压油泵、液压马达、减速机及振动轴承均选用国际知名品牌产品,振动轴承润滑设计独特,使用寿命长,可靠性高。

③操纵方便、驾驶舒适

行走、振动及转向三大系统均采用液压传动,操纵省力、方便。驾驶室采用人机系统工程设计及减振系统优化设计,长时间驾驶舒适、视野开阔、不易疲劳。

④行驶平稳、爬坡度大

行走系统采用液压传动,无机械冲击,驱动力大。

⑤通过性及机动性好

最小离地间隙达500mm,通过性好,转弯半径小,机动灵活。

⑥完善的安全保障系统

声光报警系统能在早期发现故障隐患,确保驾驶员和机器安全。

⑦检测、维护方便

可直接观察的检测点和可整体开启的覆盖件便于机器的检测、维护。

2. 使用范围

因使用双频双振幅振动系统,因此适应各种压实工况,特别是大厚度稳定基层的施工。

第三节 压路机的合理选择

半刚性基层材料中无机结合料和细集料只有密实地填充到骨架的粒料中,使其固结形成整体,并在合适的养生条件下养生一定时间才能形成具有一定强度的板体结构，即将松散的半刚性材料压实到合适的程度是半刚性基层材料发挥作用的前提条件。

对半刚性材料的压实，不但与压路机工作时状态、压实遍数等有关，而且与压路机型号及吨位更是紧密相连。

1. 半刚性材料的压实原理

半刚性材料在压实过程中，无论是静碾压实还是振动压实，只有在土中产生的剪切应力 τ 大于土的抗剪强度 τ_f 时，才能使土颗粒重新排列，土体压实变密。其中静碾压实是利用静荷载克服松散材料中固体颗粒间的滑动摩擦力和黏附力，排出空气，使各颗粒间相互靠紧，而振动压实使骨料之间的移动除要克服滑动摩擦外还要克服咬合摩擦，咬合摩擦是由骨料与相邻骨料脱离咬合而产生的；即：

$$\varphi = \varphi_u + \varphi_1$$

式中：φ_u——滑动摩擦角；

φ_1——咬和摩擦角。

咬合摩擦力是颗粒接触面粗糙不平形成的微细咬合力，其中颗粒间距离的微弱增长，会使微细咬合摩擦力产生很大的衰减，振动压实就是使颗粒质点间的距离产生微弱增长，从而使咬合摩擦力减小导致振动轮下的粒料随着振动而挤密，粒料间的部分细集料将随之压实，但部分细集料也将因被挤出而松散。

2. 压路机的合理选择

现代压路机的结构型式、技术性能、规格参数及其辅助功能等都具有很大的选择余地，这就给正确地选用压路机带来了一定难度。应该说，凡是压路机都可以起压实作用，但要在一定条件下选用哪一种型号的压路机更经济合理，并不是一件简单的事。选择压实基层的压路机时，应考虑下列因素：

(1)根据工程质量要求选择

若想获得均匀的压实密度，可选用轮胎式压路机。轮胎式压路机在碾压时不破坏土壤原有的黏度，各层土壤之间有良好的结合性能，加之前轮可摆动，故压实较为均匀，不会有虚假压实情况。若想使路面压实平整，可选用全驱动式压路机。对压路机压实能力要求不高的地区，可使用线压力较低而机动灵活的压路机。若要尽快达到压实效果，可选用大吨位的压路机，以缩短工期。

(2)根据铺层厚度选择

在碾压基层时，应根据混合料的厚度选择压路机的吨位、振幅及振动频率。分层铺筑时，压路机的吨位不宜太大，以免发生“过压”现象；对于“一次成型法”铺筑时，则需要大吨位的压路机进行充分的压实。通常在铺层厚度超过35cm的铺层上，最好使用大吨位的压路机。

(3)根据公路类型(等级)选择

对于一、二级国家干线公路和汽车专用路，应使用18～22t的具有较高压实能力的大型振动压路机；对于高级路面路基的底层，最好选用轮胎压路机或轮胎驱动振动压路机进行压实，以获得均匀的密实度；修补路面时可选用静力作用式光轮压路机。

（4）根据被压物料的种类选择

对于岩石填方压实，应选用大吨位压路机，以便使大型块料发生位移；对于黏土的压实，最好使用凸块捣实式压路机；对于混合料的压实，最好选择振动式压路机，以便使大小粒料掺和均匀；深层压实宜采用重型振动压路机慢速碾压，浅层则应选用静力作用式压路机。各种压路机所适用的物料种类如表4-3所示。

各种压路机所适用的物料种类 表4-3

种　类	大块岩石、圆石、砾石	砾石土	砂	砂质土	黏土、黏性土	砾石黏土、砾石黏性土	软的黏土、软的黏性土	硬的黏土、硬的黏性土
静力光轮压路机	A	A	A	A	B	B	C	C
自行式轮胎压路机	B	A	A	A	A	A	C	B
牵引式轮胎压路机	B	A	A	A	A	A	C	B
羊足压路机	C	C	B	B	B	B	C	A
振动压路机	A	A	A	A	C	B	C	C

注：A——最佳适用；B——无其他机器时可代用；C——不适用。

（5）振动式压路机的选用

①根据作业种类选择吨位型号（表4-4）

振动式压路机的吨位型号及适用作业种类 表4-4

类型	机重（t）	工作宽度（cm）	适用作业种类
小型	1.0～1.5	40～100	沟槽回填、人行道路、公园道路、道路维修
中型	4.5～6.0	160～180	城市道路、场地、基础回填、公路施工与修理
大型	7.0～18.0	190～220	公路、水坝、机场、林区公路、大面积基础回填

②根据工程类型选择压路机振幅和振动频率的大小（表4-5）。

不同的工程类型及其适用的振幅、频率 表4-5

工程类型	振幅（mm）	频率（Hz）
路基压实	1.64～2.00	25～30
粒料及稳定土基层和底基层压实	0.80～2.00	25～40

③根据被压实物料种类选择振动碾的型式(表4-6)。

振动碾型式及其适用的物料种类 表4-6

振动碾型式	机重(t)	块石	优良级配的砂和砾石	均匀粒级的砂和砾石	粉质砂、砾石或冰碛土	粉土或砂质粉土	低、中强度黏土	高强度黏土
振动平碾	<3	C	B	B	B	B	C	C
振动平碾	3~5	C	A	A	B	B	B	C
振动平碾	5~10	B	A	A	A	B	B	B
振动羊足碾	-	C	C	B	B	B	A	A

注:A——完全适用;B——可以选用;C——不适用。

(6)根据工程进度要求选择

压路机的生产效率决定了工程进度。压路机的生产率有面积与体积两种计算方法,决定压路机生产率的主要因素是压实宽度、压实速度、压实遍数和工作效率。

面积生产率是单位时间内获得压实标准的铺层面积,一般用作核算压路机的台班及根据布料能力计算所需压路机的台数。压实面积生产率 Q_A(m^2/h)由公式(4-1)计算:

$$Q_A = \frac{C \cdot W \cdot v}{n} \times 10^3 \tag{4-1}$$

式中:C——效率因数,一般取 $C=0.75$;

W——压实宽度,m;

v——压实速度,km/h;

n——压实遍数。

由此可计算的所需压路机台数 N_A:

$$N_A = A/Q_A \tag{4-2}$$

式中:A——布料设备的生产能力,m^2/h。

压路机体积生产率是单位时间内获得达到压实标准的填方体积,通常用以评价各种不同型号压路机的作业能力,计算所需压路机数量。压实体积生产率 Q(m^3/h)由式(4-3)计算:

$$Q = \frac{C \cdot W \cdot H \cdot v}{n} \times 10^3 \tag{4-3}$$

式中:H——压实后的铺层厚度,m。

按体积生产率计算的压路机台数 N:

$$N = \frac{U \cdot Q_b}{Q} \tag{4-4}$$

式中:Q_b——拌和设备或回填设备的生产能力,m^3/h;

U——压实状态与松散状态的填方材料体积比，岩石填方取 0.8，砂石取 0.75，粉土取 0.65，黏土取 0.57。

第四节 稳定土压实的基本方法和质量控制

一、稳定土压实方法

稳定土的压实方法有：静压、冲击压实和振动压实。

1. 静压

凡是依靠机械自重（如压路机）对土体进行密实的方法称为静压。开始碾压时，由于稳定土土体处于松散状态，很容易被压缩，产生较大的塑性变形，随着碾压遍数的增加，压实度不断提高，土体变得越来越密实且有弹性，此时，土颗粒之间的摩阻力阻止土颗粒发生位移。

2. 冲击压实

将一定质量的物体提升至一定高度，然后使其自由下落产生冲击力，对土体进行冲击压实。冲击荷载比静压荷载对土体产生更大的作用力，其产生的冲击波从表面传至土层内，从而使土颗粒产生运动，在土层深处也产生较大的压力。因此，冲击作用比静压作用对土体的压实效果好。

3. 振动压实

振动压路机用快速、连续的冲击力作用于土体表面，每次冲击给地表下的稳定土土体一个压力波，多次连续冲击从而形成接连不断的压力波，使稳定土颗粒处于运动状态，使颗粒间的摩擦力被消除。此时，在压路机自重和冲击压力波的作用下，颗粒相互发生位移、相互产生挤压，使密实度提高。

事实上，稳定土的颗粒间还存在一定的黏聚力，而且随着颗粒的减小而迅速提高。因此，对具有一定黏性的稳定土的压实还必须克服土体颗粒间的黏聚力。

振动压实是稳定土压实中提倡应用的方法，一般常选用振动压路机。在采用振动压实时，要达到预期的压实效果，主要取决于以下两个因素：一是要使稳定土内颗粒之间处于运动状态，颗粒间的内摩擦力被消除，为稳定土的有效压实创造条件；二是振动压路机要对稳定土产生较大的压应力和剪应力。

二、稳定土压实工艺

1. 稳定土的压实技术

目前常用的稳定土主要有水泥稳定土和石灰稳定土两类，其施工方法可采用路拌法，也可采用中心站集中拌和法（即厂拌法）。

其中,路拌施工的施工程序为:摊铺集料→洒水闷料→水泥卸料、摊铺→路面干拌→洒水和湿拌→整型→碾压→养生。

稳定土的碾压应在混合料拌和均匀并用平地机初平和整型之后进行。最初可用轮胎式压路机、拖拉机或平地机快速初压一遍。在暴露出铺筑层潜在的不平整度后,应快速进行整平,直至符合平整度要求为止。整型应达到断面和坡度的设计要求,整型后,应随即用12t以上的三轮压路机、重型压路机或振动压路机在路基全宽度范围内进行碾压。如果稳定土采用人工摊铺和整型,由于土层松散,则应先用6~8t两轮压路机预压1~2遍。

当混合料的含水量为最佳含水量(最多不超过最佳含水量的1%~2%)时,正常压实必须碾压6遍以上才能达到密实度的要求,也即基层的压实度应不小于98%,底基层应不小于96%。

基层的碾压顺序与路基相同:直线段由路肩向中心线碾压;曲线段(弯道)由内侧路肩向外侧路肩碾压。碾压时应有重叠度,稳定层的边部和路肩应多压2~3遍。碾压速度应先慢后快:前两遍为低速(1.5~1.7km/h),后为快速(2.0~2.5km/h)。在碾压过程中,应注意以下几点:

(1)压路机不能在已碾压或正在碾压的路段上掉头或紧急制动,以免损伤基层表面;

(2)如有"弹簧"、松散、起皮等现象,应及时翻开重新拌和(加适量的水泥)或用其他方法处理,使其达到质量要求;

(3)经过拌和、整形的水泥稳定土,宜在水泥初凝前并应在试验确定的延迟时间内完成碾压,并达到要求的密实度,同时没有明显的轮迹;

(4)终压时要达到表面平整度的要求。

实践证明:振动压路机对水泥和矿渣稳定土碾压具有理想的压实效果。采用静线压力为250N/m的振动压路机碾压水泥稳定土基层。通常只需碾压3~4遍就能达到密实度的要求。选用振动压路机应优先选用双轮振动压路机,其振频可在30~50Hz之间,振幅可在0.4~1.0mm之间调整。

石灰稳定土的密实度对其强度影响的程度大于水泥稳定土,密实度越高,强度增长越明显,其抗冻性与水稳性也越好,因此对石灰稳定土基层必须充分压实。石灰稳定土从拌和到压实允许有较长的时间(对其密实度和强度影响甚微),因此有充足的时间进行拌和与压实。对石灰稳定土的强度和耐久性产生影响的因素还有养生条件,养生温度高,强度也高;环境温度过低,则强度增长缓慢。

2. 级配型集料的压实技术

级配型集料包括碎石级配料、碎砾石级配料和砾石级配料。采用此类材料铺筑上基层和底基层,可获得理想的密实结构。密实度越高,其强度和稳定性也越高。

采用振动压路机碾压级配集料基层效果最佳，通常选用中型振动压路机，振动轮5t左右，静线压力为250N/cm，能将铺层厚为150～300mm的集料基层压实到规定的密实度。

级配集料基层属于自由排水基层，即使有一定的含水量，仍能进行有效压实，但为了避免产生粗细颗粒离析现象，仍然要控制混合料的含水量，使之达到最佳含水量时再行压实。有关碾压方法与稳定土基层的碾压方法相同，此处不再赘述。但应该注意的是，凡含土的级配碎石层，都应进行滚浆碾压，一直压到碎石层中无多余细土泛到表面为止。滚到表面的浆（或事后变干的薄土层）应清除干净。

三、稳定土压实质量控制

压实是稳定土施工的关键工序，若采用了较好的筑路材料、精良的拌和与摊铺设备及良好的施工技术，才能铺出较理想的基层（底基层）等。而良好的基层（底基层）质量最终要通过压实度来体现，如果碾压中出现任何质量缺陷，必将前功尽弃。因此，压实这道工序必须引起足够重视，从而保证稳定土的施工质量。

在半刚性基层压实质量控制中，石灰稳定土、水泥稳定土及石灰工业废渣稳定土的压实质量控制没有多大区别；下面以水泥稳定土的压实质量控制为例来说明稳定土的压实质量控制。

在我国公路建设中，水泥稳定土广泛应用于高等级公路的路面垫层、基层、底基层等结构层。因此，提高水泥稳定土的压实质量，必能使施工质量上一个台阶。

1. 含水量

控制水泥稳定土压实含水量是保证压实度及其均匀性的前提条件。压实含水量的控制必须在碾压前做现场抽样测定，拌和厂一般可偏大一些控制，具体施工中要根据天气、气温、季节等环境因素而定准确测算出含水量的损失，使混合料运至现场摊铺后碾压时的含水能接近最佳含水，以达到碾压时间最少，效果最佳。

压实质量与含水量有直接关系，若摊铺压实时含水量在不断变化，容易造成压实度不稳定、不均匀现象。若压实含水量偏小，表面容易出现横向裂纹和上下含水量不一致，形成两层皮现象等，不容易达到最大压实度。但含水量过多将影响最大干密度，同样不能保证碾压质，容易产生翻浆、弹簧等现象，同时产生的干缩裂缝显著，因而含水量也不能过大。因此，施工过程中应严格控制，一般偏差在最佳含水量±1%左右为宜。同时为了保证含水量上下一致，在施工前下承层表面应洒水进行湿润，避免因下承层表面过干吸收灰土层的水分而影响压实效果。

2. 拌和的均匀性

不同掺量水泥稳定土的对照试验结果表明：外参料所含比例的变化，对水泥稳定土的物理力学性能有很大的影响。施工中单位面积上的水泥用量应大致均匀，但在施工时由于水泥剂量的控制不严将影响水泥稳定土的均匀性、水稳性，另外水泥计量如果大于规范要求的上限，虽然7d、28d的抗压强度、弯拉强度高，但将会出现裂缝。因此严格控制拌和站的水泥称量精度非常重要。连续式拌和设备料仓的混料现象、断料、超大粒料的数量、流量控制不稳定等现象均影响拌和均匀性，因此在施工控制中应尽量控制拌和楼的各种料的计量精度，确保拌和料的均匀稳定。

3. 压实时间

施工中不同型号的水泥初凝时间不同，虽然一般施工中均要掺入缓凝剂、减水剂等外加剂，这些外加剂能延长水泥稳定土的初凝时间，也可减少加水量，但是外加剂的称量精度变化会使稳定土的最佳含水量发生变化，初凝时间变化。因此要严格控制外加剂的精度，确保最佳含水量。另外，一定要在水泥稳定土初凝时间内完成压实工作，否则，会导致压实度不足，强度降低。

4. 选择合理的压实速度与遍数、合理的频率和振幅

合理的压实速度，对减少碾压时间，提高作业效率有十分重要的意义。在施工中，保持适当的恒定碾压速度是非常必要的，一般速度控制在2～2.5km/h。速度过低，会使摊铺与压实工序间断，影响压实质量，从而可能需要增加压实遍数来提高压实度。碾压速度过快，会产生起皮、横向裂纹等病害。

振幅主要影响水泥稳定上层的压实深度。当碾压层厚度一定时，全段落，全宽度应保证振幅一致，碾压遍数一致以达到均匀、稳定的压实度。振频主要是影响稳定土层的表面压实质量，固有的频率可获得均匀一致的压实效果。

根据多年的施工经验，结合水泥稳定土层的自身结构特点，碾压机具选型及组合最好通过试验段来确定，从而达到最理想的压实效果。

5. 检测方法和频率对压实均匀性的影响

在压实施工过程中，承包人应按规定的频度检查每层的压实度，目前《公路路面基层施工技术规范》(JTJ 034—2000)按每一作业段或不大于2000m^2检查6次以上，实际检侧频率只能高于规范及有关规定要求，而不能低于规范规定，只有采用加大频率的方法，才能深入掌握该路段真正的压实情况。

现场可以采用传统的环刀法、灌砂法检查压实度。施工现场检查压实度时，由于施工中土质、灰质、灰剂量、含水量的不稳定等原因可能出现填料上下不均匀、压实度上下不均匀现象。若采用环刀法检侧，从以往的施工经验来看，同样剂量的水泥稳定土上部的压实度高于靠近底部的压实度。所以若采用环刀法检测，环刀的高度有限，它所测的压实度值是一定范围内的压实度，不能代表该压实层厚，因此环刀法检侧有一定的局限性，所测有效值不能真正代表该层厚的压实质量。而采用灌砂法检测是将混合料混合在一起称量，检测的是压实层厚的全部，压实度值代表了整个压实层厚，避免了上述由于上下不均匀现象对压实度带来的影响。

因此,在施工过程中,应加大自检频率,应采用灌砂法检侧压实度,从而有效控制石灰稳定土的碾压质量。

四、石环公路路面工程水稳基层施工工艺

1. 施工设备

YZ220 振动压路机 4 台、XP261 胶轮压路机 2 台。

2. 碾压工艺

XP261 胶轮压路机静压 1 遍 + YZ220 振动压路机强振 8 遍 + XP261 胶轮压路机 2 遍。

3. 质量检测

含水量控制直接影响半刚性基层的压实,含水量过大容易导致在路面压实过程中出现弹簧,而且含水量过大也会造成混合料的抗裂性能下降,若含水量过低,则给现场碾压带来困难,首先是不易压实,其次现场表面松散,最合理的含水量是使混合料在最佳含水量的情况下被压实。

水泥剂量直接影响基层的强度和抗裂性能,水泥剂量过高容易出现裂缝破坏路面的整体性,过低则导致其在混合料中分布不均匀,出现下部松散,在层与层之间出现滑动层。因此应严格控制水泥剂量。

对试验段现场含水量、压实度、水泥剂量及表面构造进行检测,试验段现场含水量、压实度及水泥剂量检测数据见表 4-7 和表 4-8,表面构造如图 4-6 所示。

试验段现场含水量 表 4-7

检 测 项 目	平均含水量(%)	最佳含水量(%)
检测结果	5.3	5.2

试验段现场压实度、水泥剂量检测数据 表 4-8

项 目	最大值	最小值	平均值
压实度	101.2	98.4	99.8
水泥剂量	4.0	3.6	3.8

由表可见,试验段水泥剂量基本控制在范围内,符合施工质量的要求。基层试验段表面构造效果很好,粗细颗粒摆布均匀,且有明显的粗糙感,这种表面不仅有助于透层油的下渗,而且可增强面层与基层的黏结,改善层间抗剪力,提高整个路面结构的路用性能。

4. 现场取芯检验

通过现场的芯样的形貌,可以感性了解基层的大致情况,其中包括芯样的完整性,骨料分布的均匀性,级配是否合理及空隙等等。图 4-7 为代表性的路面芯样,由图可以看出芯样比较完整,且大骨料分布均匀,基本形成骨架密实结构。

图 4-6　水稳试验段表面形貌

图 4-7　试验段芯样

第五节　超重吨位垂直振动压路机在基层施工中的应用

垂直振动压路机（Vertical Vibration Road Roller）是 1990 年日本酒井得工业株式会社为降低大坝建设成本和缩短工期而开发的新型碾压机械设备，首次研制开发的 SD450 型垂直振动压路机，碾压土层厚度可达 100cm，随后开发的 SD451 型垂直振动压路机，安装了输出功率更高的发动机。

2006 年 10 月，中国首次使用 SD451 型（重量 11t）垂直振动压路机，对 100cm 层厚的 RCC 大坝进行了碾压实验，实践证明，仅需碾压 8 遍即可满足密度要求。

1. 垂直振动压路机工作原理

普通振动压路机采用单轴振动机构，产生的是圆周振动，当压路机用进行振动压实作业时，会引起振动压路机在碾压轮接地点上产生左右方向的偏移，很难使压路机稳定地行走。

垂直振动压路机采用两根偏心轴的机构，使得水平方向的振动相互抵消，只产生完全垂直方向的振动。故而压路机能以非常稳定的状态低速行走，且有效地减弱了对压路机车体及振作人员的振动，使小型压路机可产生大的振动力。工作原理如图 4-8 所示。

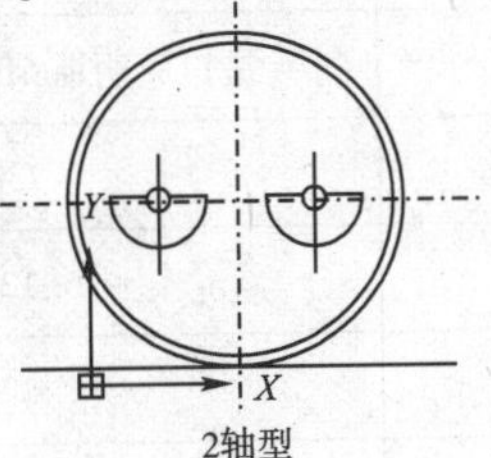

1轴型

图 4-8　工作原理

2. 垂直振动压路机在我国的推广与应用

随着振动压实技术的发展，我国也进行了相应设备的研发，目前 LSV200 垂直振动压路机已广泛应用在公路施工中。LSV200 垂直振动压路机技术参数见表 4-9。

LSV200 垂直振动压路机技术参数 表 4-9

项　目	单　位	参　数
工作质量	kg	19900
前轮分配质量	kg	12700
后轮分配质量	kg	7200
静线载荷	N/cm	596
行驶速度	km/h	0 – 12
振动幅度(低/高)	mm	1. 10/2. 00
振动频率(高/低)	Hz	35/29
激振力	kN	290/430
爬坡能力	%	50
转弯角度	°	35
摆动角度	°	12
轮胎规格		23. 1 – 26(14″)
振动轮宽度	mm	2130
振动轮直径	mm	1560
振动轮圈厚度	mm	36
轴距	mm	3100
最小离地间隙	mm	445
发动机		进口康明斯 6BTA5. 9 发动机
额定转速	rpm	2300
额定功率	kW	138
燃油箱容量	L	320
外形规格化	mm	6140 × 2392 × 3218

LSV200 垂直振动压路机从以下 6 个方面为路基路面压实提供了更高的效率和可靠性。

(1)机器的前框架和滚轮经优化平衡。这一特色保证了解在整个工作宽度内压实效果的均匀性,从而增加了压实的成效。

(2)振动轮为纯垂直压实,故振动轮体除行走外无圆周方向的运动,避免了振动轮体的压实磨损。

(3)振动特性为纯垂直振动两组偏心块同步反射转动,只产生垂直方向的激振力,能量损失最小,压实效果最佳。

(4)双频双幅的垂直振动,可根据压实工况选择反动频率和振幅,达到最佳压实效果。

(5)采用压力循环润滑,使振动轴承得到充分的润滑与冷却,从而能延长振动轴承的使用寿命。

(6)全液压驱动、无级调速、三级制动、全液压转向及四级减振,保证行车平稳、停车自如、转向灵活、操作方便;宽敞明亮、座椅舒适宜人的防滚翻驾驶室,加上空调和音响,营造一个舒适、安全的工作环境。

本章小结

压实是稳定土施工的关键工序,采用较好的筑路材料、选配精良设备及保证良好的施工技术,才能铺出较理想的稳定土基层(底基层)。而良好的基层(底基层)质量最终要通过压实度来体现,如果碾压中出现任何质量缺陷,必将前功尽弃。因此,压实这道工序必须引起足够重视,从而保证压实度真正具有"有效性"。

本章重点内容如下:(1)介绍压路机的主要类型、基本结构、性能特点和使用范围;(2)提供了压路机的选型依据;(3)给出了压路机压实的基本方法和质量控制,并进行了具体的施工;(4)介绍超重吨位振动压路机在基层施工中的应用。通过上述内容可知,影响半刚性基层压实效果的因素有含水量、拌和的均匀性、压实时间、压实速度与遍数以及压实的频率和振幅等。因此应结合相应的稳定土压实工艺进行相关因素的施工控制,以求达到最佳的施工质量,且应严格地对压实后的作业层进行必要的检测,确保基层质量达到设计及施工技术规范的要求。

第五章 新型沥青路面材料

第一节 新型沥青路面材料的基本要求

随着我国国民经济的快速发展,中央应对国际金融危机、促进经济增长一揽子计划的实施,基础设施建设明显加快,公路、水路继续平稳较快发展。由于沥青路面良好的行车舒适性及工期短、维修方便等优点,高速公路绝大部分是沥青路面,这也促使其质量及使用性能取得了长足的进步。但我国的高速公路沥青路面在投入运营后仍出现了不少早期破坏现象,主要体现在局部沉陷、开裂、水损害(坑洞、网裂、唧浆)、车辙、泛油及路面平整度变差等诸多方面。上述破坏现象的产生有的与下承层密切相关,而大多数情况下则与沥青路面本身的材料、组成设计及施工质量有密切关系。本节主要探讨如何从沥青路面本身的材料选择和准备来进一步提高沥青路面的质量。

一、新型功能性路面简介

1. 排水性路面(OGFC)

排水性路面是公路路面向多功能化发展的产物,其初期形式为用于城市人行道、停车场等特殊位置的透水路面,主要目的在于还雨水于土壤,以保持水土,减轻城市下水道负担和改善行人步行的舒适性,后来发展到公路行车道上。其主要功能有:

(1)防止溅水,满足汽车雨天高速行驶的要求;

(2)降低汽车行驶的噪声,保护居民的生活环境。

排水路面表层一般由空隙率为15%~20%的间断级配组成。要求沥青必须使用高黏度的沥青或改性沥青,以防止石料脱落和飞散。该种路面在日本、新加坡以及欧洲大多数国家均有大面积的使用,我国在西安机场高速公路成功的铺筑了该路面,经多年的使用,表观效果及路用性能良好。

2. 半柔性路面

半柔性路面是将特殊级配的水泥胶浆灌入多孔的开级配沥青混合料的空隙之中而形成的路面,它通过沥青混合料骨料之间的嵌挤作用和灌入的水泥浆共同形成强度。其具有以下优点:

(1)具有与水泥混凝土路面相似的刚性,还具有柔性,刚柔共济。

(2)与沥青路面比较起来,具有较高的耐高温流动性和耐油蚀性。

(3)路表面具有较强的耐磨性,不易起尘。

(4)胀缩量很小,不需要设伸缩缝。

(5)具有白色路面的明色性,而且可以着色。

(6)对静载有较强的承受能力。

半柔性路面最早的应用是在1954年法国科涅雅克(Cognac)航空港喷气式飞机用的跑道上,作为耐热用的路面。之后,在日本迅速发展起来。日本大林道路株式会社等多家施工企业在获得此项施工方法的专利权后,许多公司还制定了公司的设计标准并加以推广使用。1988年,提出了设计标准、施工方法及管理等一系列的研究结果,大大推进了半柔性路面在日本的发展。现阶段,在日本许多高速公路的收费站、停车场、加油站、爬坡路段以及集装箱码头和公共汽车专用线等场所,都进行了相当规模的半柔性铺装,现在日本每年都有20多万平方米的施工面积。另外,英国、西德、法国和俄罗斯等国家,也都有类似的路面,而我国对该路面的使用则很少。

长安大学郝培文教授主持的国家自然科学基金课题对半柔性路面的微观结构、配合比以及水泥胶浆的配比和胶浆流动度的测定方法,半柔性路面路用性能和施工质量控制等方面进行了系统地研究,结果表明半柔性路面具有优良的高温稳定性、耐疲劳和耐油蚀性,同时具有良好的低温稳定性和抗水害性。该课题组开发出的水泥胶浆流动度测定方法简单实用,可有效控制胶浆的稠度。针对普通水泥胶浆性能差的特点,课题组提出采用聚合物胶乳来改善其性能的方法,为该路面在我国的推广应用开辟了新的思路。该项目的研究为我国推广半柔性路面奠定了基础。

3. 抑制冻结铺装技术

对于冬季气候寒冷的地区,道路都要经受冰雪的危害,时常需要大量的人力、机械来清除冰雪,这不仅会造成交通拥挤,而且也影响人们的正常出行。

现在日本开发出一种抑制冻结的铺装技术,其目的是从本质上减缓路面的冰冻。该技术从机理上大致分为两类。一类是在沥青混合料中添加氯化钠和氯化钙等盐化物,用盐化物来降低冰点,从而达到防冻目的。其盐分的添加有4种方式:(1)以粉体形式置换混合料中的石粉,添加量约7%;(2)以颗粒形式表面裹油后置换混合料中的细集料,添加量约5%;(3)盐分以水泥固化成粒状物质,置换混合料中的粗、细集料,添加量约8%;(4)在开级配沥青混合料的空隙中填充不冻液、盐分等抑制冻结的材料。另一类是利用路面表面嵌入材料的大变形特点来使积冰雪剥离。具体做法有:(1)采用橡胶颗粒填充混合料,即将一定规格的废橡胶颗粒加入到混合料中,以增加面层的柔性;(2)在铺筑的沥青混凝土表面按一定间距开一直径50mm,深25mm的小洞,然后压入同样尺寸的橡胶小圆柱体,同时用纤维填隙料填充,路面结冰后只要行车碾压,橡胶的弹性就会使冰层自动破裂;(3)在开级配沥青混合料中,用聚氨甲基酸乙酯浸透后铺筑,通过其弹性和光滑性来避免冰雪的附着,从而提高路面抗冰冻能力。

4. 协调景观和辨识性铺装

这种铺装包括彩色路面以及荧光路面。

彩色路面技术在欧美和日本普遍应用于交通工程的安全管理,如停车场、事故多发点、自行车道等处铺筑彩色路面,可以使交通的管理科学化和直观化。此外彩色路面还广泛应用于生活区、体育设施的装饰和商业街区美化等。现在彩色路面铺筑材料已由初期的黑色沥青材料,发展到现在的浅色树脂类材料,路面的铺筑方式也由初期的涂布方法,发展到现在的薄层混凝土铺装方法。彩色沥青一般有两种生产方法,一种是采用聚合物合成得到浅色的结合料来替代沥青;另一种是经特殊工艺将沥青脱色而得到的浅色沥青,该种工艺难度较大。

近几年,国内对彩色沥青铺装做了不少研究,而且已逐渐被应用于路面,在北京、厦门、成都等地都铺筑了这种路面。

荧光路面是把发光的素材散布在路面材料中,增加驾驶员夜间行驶的识别效果,同时还可协调景观。荧光路面所用素材有以下三类:一类是荧光材料,在铺装材料中加入树脂凝固后形成的约5mm直径的粒状材料,它通过吸收紫外线能量发光;另一类是玻璃晶体材料,利用它的反射特性来提高夜间的识别性;再一类是发光二极管,其是利用半导体中电流相互冲突所产生的能量来发光。

5. 弹性铺装

弹性铺装因具有一定的弹性从而可以减轻对脚部的冲击力。混入橡胶粉的铺装多应用于运动场。木纤维和混入软木颗粒的铺装则多应用于公园及休闲区道路,以协调景观。

6. 磁性导向铺装

该铺装把磁粉混入沥青混合料中,按一定形状铺设在道路的某一部分,以此给手持感应手杖的盲人导向。

7. 保水性铺装

顾名思义此种路面是为了在炎热的夏季缓解城市的热岛效应,使落到路上雨水保存在路面内部,等天晴后通过水分的蒸发来降低城市的温度,这种路面是一种封闭多孔的路面,主要使用在交通量相对较小的城市道路。

二、沥青路面原材料的类型及特点

(一)沥青材料

1. 石油沥青

沥青路面一般采用道路石油沥青或经过乳化、稀释、调和、改性等工艺加工处理的石油沥青产品作为结合料,也可采用煤沥青,但是由于煤沥青对人体健康有害,很少使用。我国道路石油沥青以针入度指标分为7个标号。每一种标号的沥青,都分为A、B、C三个等级,分别适用于不同等级的公路和不同的结构层次,如表5-1所示。每一种标号的石油沥青技术如表5-3所示。

道路石油沥青的使用范围 表5-1

沥青等级	使用范围
A级沥青	各个等级公路,适用于任何场合和层次
B级沥青	①高速公路、一级公路沥青下面层及以下层次,二级及二级以下公路的各个层次; ②用作改性沥青、乳化沥青、改性乳化沥青、稀释沥青和基质沥青。
C级沥青	三级及三级以下公路的各个层次

石油沥青标号与等级的选择是影响沥青路面路用性能的重要因素。一般应根据公路等级、路面类型、结构层次、气候区划和施工季节等因素综合考虑。通常对于夏季温度高、高温持续时间长的地区,宜采用稠度大的沥青;对于冬季寒冷的地区,宜选用稠度低、低温延度大的沥青;对于日温差、年温差大的地区应选择针入度指数大的沥青;对于重载交通路段、山区及丘陵区上坡路段、停车场等行车速度低的路段,宜采用稠度大的沥青;对于交通量小的中低等级公路、旅游公路宜选用稠度较小的沥青等级。

不同的路面类型及施工工艺要求选择不同的沥青标号等级,同时应考虑不同气候区别的影响。如SMA结构宜选择表5-1所列A级沥青低一号的标号;沥青表面处治及沥青贯入式路面的石油沥青标号选用可按表5-3所列,根据不同气候分区来选定,当施工气温高时选用稠度大的沥青,气温低时,选用稠度小的沥青。

沥青表面处治及贯入式路面石油沥青标号选用参数表 表5-2

气候分区	1-1	1-2	1-3	1-4	2-1	2-2	2-3	2-4	2-5
沥青标号	130号	110号	90号	70号、90号	130号	110号	110号	90号	130号

当沥青标号不符合使用要求时,可采用不同标号搭配成调和沥青,可根据表5-2的要求,通过试验确定不同标号沥青的搭配比例。

2. 乳化沥青

乳化沥青,由于它能在常温条件下施工,并且具有节约能源、保护环境、简化施工等方面的优点,使用范围逐步扩大。乳化沥青的种类有阳离子乳化沥青、阴离子乳化沥青和非离子乳化沥青。按其破乳速度的快慢,又可分为快裂、中裂、慢裂。各类乳化沥青的技术要求列于表5-4。

乳化沥青适用于沥青表面处治、沥青贯入式、冷拌沥青混合料等各类路面,并且用于修补路面裂缝、透层油、黏层油和沥青封层。

选择乳化沥青的品种应考虑集料的品种与施工条件,阳离子乳化沥青适用于各种集料,阴离子乳化沥青仅适用于碱性石料,与水泥、石灰、粉煤灰共同使用时,

道路石油沥青技术要求

表 5-3

指标	单位	等级	沥青标号																	试验方法①
			160号	130号	110号			90号					70号					50号	30号	
针入度(25℃,5s,100g)	0.1mm		140~200	120~140	100~120			80~100					60~80③					40~60	20~40	T 0640
适用的气候分区			④	④	2-1	2-2	3-2	1-1	1-2	1-3	2-2	2-3	1-3	1-4	2-2	2-3	2-4	1-4	④	
针入度指数PI②		A	-1.5~+1.0																	T 0640
		B	-1.8~+1.0																	
软化点(R&B),不小于	℃	A	38	40	43			45			44		46		45			49	55	T 0660
		B	36	39	42			43			42		44		43			46	53	
		C	35	37	41			42					43					45	50	
60℃动力黏度②,不小于	Pa·s	A	—	60	120			160			140		180			160		200	260	T 0620
10℃延度②,不小于	cm	A	50	50	40			45	30	20	30	20	20	15	25	20	15	15	10	T 0605
		B	30	30	30			30	20	15	20	15	15	10	20	15	10	10	8	
15℃延度,不小于	cm	A、B	100															80	50	
		B	80	80	60			50					40					30	20	
蜡含量(蒸馏法),不大于	%	A	2.2																	T 0615
		B	3.0																	
		C	4.5																	
闪点,不小于	℃		230					245					260							T 0611

续上表

指标	单位	等级	沥青标号							试验方法
			160 号	130 号	110 号	90 号	70 号	50 号	30 号	
溶解度,不小于	%		99.5							T 0607
密度(15℃)	g/cm³		实测记录							T 0603
TFOT(或 RTFOT)后⑤										T 0610 或 T 0609
质量变化,不大于	%		±0.8							
残留针入度比,不小于	%	A	48	54	55	57	61	63	65	T 0604
		B	45	50	52	54	58	60	62	
		C	40	45	48	50	54	58	60	
残留延度(10℃),不小于	cm	A	12	12	10	8	6	4	—	T 0605
		B	10	10	8	6	4	2	—	
残留延度(15℃),不小于	cm	C	40	35	30	20	15	10	—	T 0605

注:①试验方法按照《公路工程沥青及沥青混合料试验规程》(JTJ 052—2000)规定的方法执行。用于仲裁试验求取 PI 时的 5 个温度的针入度关系的相关系数不得小于 0.997。

②经建设单位同意,表中 PI 值、60℃动力黏度、10℃延度可作为选择性指标,也可不作为质量检验指标。

③70 号沥青可根据需要要求供应商提供针入度范围为 60~70 或 70~80 的沥青,50 号沥青可要求提供针入度范围为 40~50 或 50~60 的沥青。

④30 号沥青仅适用与沥青稳定基层。130 号和 160 号沥青除寒冷地区可以在中低级公路上直接应用外,通常用作乳化沥青、稀释沥青、改性沥青的基质沥青。

⑤老化试验以 TFOT 为准,也可以 RTFOT 代替。

道路用乳化沥青技术要求

表 5-4

试验项目		单位	品种及代号										试验方法
			阳离子				阴离子				非离子		
			喷洒用			拌和用	喷洒用			拌和用	喷洒用	拌和用	
			PC-1	PC-2	PC-3	BC-1	PA-1	PA-2	PA-3	BA-1	PC-1	PC-2	
破乳速度			快裂	慢裂	破乳速度	慢裂或中裂	快裂	慢裂	破乳速度	慢裂或中裂	快裂	慢裂	T 0658
粒子电荷			阳离子(+)				阴离子(-)				粒子电荷		T 0653
筛上残留物(1.18mm 筛)不大于		%	0.1				0.1				0.1		T 0652
黏度	恩格拉黏度计 E_{25}		2~10	1~6	1~6	2~30	2~10	1~6	1~6	2~30	1~6	2~30	T 0622
黏度	道路标准黏度计 $C_{25.3}$	Pa·s	10~25	8~20	8~20	10~60	10~25	8~20	8~20	10~60	8~20	10~60	T 0621
蒸发残留物	残留分含量,不小于	%	50	50	50	55	50	50	50	55	20	55	T 0651
蒸发残留物	溶解度,不小于	%	97.5				97.5				97.5		T 0607
蒸发残留物	针入度(25℃)	0.1mm	50~200	50~300	45~150		50~200	50~300	45~150		20~300	60~300	T 0604
蒸发残留物	延度(15℃),不小于	cm	40				40				40		T 0605
与粗集料的黏附性,裹覆面积,不小于			2/3			—	2/3			—	2/3	—	T 0654
与粗、细粒式集料拌和试验			—			均匀	—			均匀	—		T 0659
水泥拌和试验的筛上剩余,不大于		%	—				—				—	3	T 0657
常温储存稳定性:1d,不大于		%	1				1				1		T 0655
常温储存稳定性:5d,不大于		%	5				5				5		T 0655

注:①P 为喷洒型,B 为拌和型,C、A、N 分别表示为阳离子、阴离子、非离子乳化沥青。

②黏度可选用恩格拉黏度计或沥青标准黏度计之一测定。

不宜使用阳离子乳化沥青。破乳速度的选择应考虑施工工艺和用途。拌和法施工的冷拌沥青混合料或稀浆封层宜选用慢裂或中裂型乳化沥青；对立即开放交通的稀浆封层，宜采用慢裂快凝型乳化沥青；对喷洒法施工的表面处治、贯入式路面宜选用喷洒型快裂乳化沥青。乳化沥青稠度的选择也应考虑施工工艺和用途，一般用于拌和法施工时，采用较大的稠度；用于喷洒法施工，采用稠度较小的乳化沥青。各种乳化沥青的适用范围列于表5-5。

乳化沥青品种及使用范围　　表5-5

分　类	品种及代号	使用范围
阳离子乳化沥青	PC－1	表处、贯入式路面及下封层用
	PC－2	透层油及基层养生用
	PC－3	黏层油用
	BC－1	稀浆封层或冷拌沥青混合料用
阴离子乳化沥青	PA－1	表处、贯入式路面及下封层用
	PA－2	透层油及基层养生用
	PA－3	黏层油用
	BA－1	稀浆封层或冷拌沥青混合料用
非离子乳化沥青	PN－2	透层油用
	BN－1	与水泥稳定集料同时使用(基层路拌或再生)

3. 煤沥青

煤沥青是由煤干馏得到的煤焦油再经蒸馏加工制成的沥青。适用于透层、黏层，也可用于三级及三级以下的公路和次路以下的城市道路铺筑沥青面层，但热拌沥青混合料路面的表面层不宜采用煤沥青。煤沥青的标号根据用途不同可按规定选用。

4. 改性沥青

对于气候条件恶劣，交通特别繁重的路段，使用普通道路石油沥青不能满足使用要求时，可以使用改性沥青。使用改性沥青通常对改善沥青路面高温及低温稳定性有明显效果。改性沥青一般采用聚合物、天然沥青或其他改性剂对基质沥青进行改性。聚合物改性剂可分为三类：

①热塑性橡胶类，如苯乙烯—丁二烯—苯乙烯嵌段共聚物(SBS)；

②橡胶类，如丁苯橡胶(SBR)；

③热塑性树脂类，如乙烯—醋酸乙烯共聚物(EVA)、聚乙烯(PE)等。

改性沥青的制作工艺可以选用预混法或直接加入法，预混法可选用机械搅拌法，高速剪切法或胶体磨混融的方法，也可以制造高剂量改性沥青，尔后再使用前混合基质沥青进行二次掺配。对聚合物改性沥青的技术要求列于表5-6。

聚合物改性沥青技术要求 表 5-6

指 标	单位	SBS类(Ⅰ类)				SBR(Ⅱ类)			EVA、PE类(Ⅲ类)				试验方法
		Ⅰ-A	Ⅰ-B	Ⅰ-C	Ⅰ-D	Ⅱ-A	Ⅱ-B	Ⅱ-C	Ⅲ-A	Ⅲ-B	Ⅲ-C	Ⅲ-D	
针入度(25℃,100g,5s)	0.1mm	>100	80~100	60~80	30~60	>100	80~100	60~80	>80	60~80	40~60	30~40	T 0604
针入度指数PI,不小于		-1.2	-0.8	-0.4	0	-1.0	-0.8	-0.6	-1.0	-0.8	-0.6	-0.4	T 0604
延度5℃,5cm/min,不小于	cm	50	40	30	20	60	50	40	—				T 0605
软化点 $T_{R\&B}$,不小于	℃	45	50	55	60	45	48	50	48	52	56	60	T 0606
运动黏度①,135℃,不大于	Pa·s	3											T 0625 T 0619
闪点,不小于	℃	230				230			230				T 0611
溶解度,不小于	%	99				99			—				T 0607
弹性恢复,25℃,不小于	%	55	60	65	75	—			—				T 0662
黏韧性,不小于	N·m	—				5			—				T 0624
韧性,不小于	N·m	—				2.5			—				T 0624
储存稳定性②													
离析,48h软化点差,不大于	℃	2.5				—			无改性剂明显析出、凝聚				T 0661
TFOT(或RTFOT)后残留物													
质量变化,不大于	%	1.0											T 0610或 T 0609
针入度比,25℃,不小于	%	50	55	60	65	50	55	60	50	55	58	60	T 0604
延度,5℃,不小于	cm	30	25	20	15	30	20	10	—				T 0605

注:①表中135℃运动黏度可采用《公路工程沥青及混合料试验规程》(JTJ 052—2000)中的"沥青布氏旋转黏度试验方法(布洛克菲尔德黏度计)"进行评定。若在不改变改性沥青物理力学性质并符合安全条件的温度下易于泵送和拌和,或经过证明适当提高泵送和拌和温度时能保证改性沥青的质量,容易施工,可不要求测定。

②储存稳定性指标适用于工厂生产的成品改性沥青。现场制作的改性沥青对储存稳定性指标可不作要求,但必须在制作后,保持不间断的搅拌或泵送循环,保证使用前没有明显的离析。

(二)粗集料

粗集料是指集料中粒径大于4.75mm(或2.36mm)的那部分材料,包括碎石、破碎砾石、筛选砾石、钢渣、矿渣等。高速公路和一级公路沥青路面的粗集料必须采用碎石或由砾石加工的碎石。粗集料应该洁净、干燥、表面粗糙、形状接近立方体,且无风化、无杂质,并具有足够的强度和耐磨耗性能。

粗集料按粒径大小分为14种规格,即表5-7所示的S1~S14。成品碎石应按规格生产和使用。粗集料的质量应符合表5-8规定。沥青路面面层或磨耗层所用粗集料应选用坚硬、耐磨、抗冲击性好的碎石。高速公路、一级公路选用的粗集料,其磨光值应符合表5-9的要求,以满足高速行车时,抗滑等表面性能的要求。

沥青混合料用粗集料规格 表5-7

规格名称	公称粒径	通过下列筛孔(mm)的质量百分率(%)												
		106	75	63	53	37.5	31.5	26.5	19.0	13.2	9.5	4.75	2.36	0.6
S1	40~75	100	90~100	—	—	0~15	—	0~5						
S2	40~60		100	90~100	—	0~15	—	0~5						
S3	30~60		100	90~100	—	—	0~15	—	0~5					
S4	25~50			100	90~100	—	—	0~15	—	0~5				
S5	20~40				100	90~100	—	—	0~15	—	0~5			
S6	15~30					100	90~100	—	—	0~15	—	0~5		
S7	10~30					100	90~100	—	—	—	0~15	0~5		
S8	10~25						100	90~100	—	0~15	—	0~5		
S9	10~20							100	90~100	—	0~15	0~5		
S10	10~15								100	90~100	0~15	0~5		
S11	5~15								100	90~100	40~70	0~15	0~5	
S12	5~10									100	90~100	0~15	0~5	
S13	3~10									100	90~100	40~70	0~20	0~5
S14	3~5										100	90~100	0~15	0~3

沥青混合料用粗集料质量技术要求 表 5-8

指　标	单位	高速公路及一级公路		其他等级公路	试验方法
		表面层	其他层次		
石料压碎值,不大于	%	26	28	30	T 0316
洛杉矶磨耗损失,不大于	%	28	30	35	T 0317
表观相对密度,不小于	t/m^3	2.60	2.50	2.45	T 0304
吸水值,不大于	%	2.0	3.0	3.0	T 0304
坚固性,不大于	%	12	12	—	T 0314
针片状颗粒含量(混合料),不大于	%	15	18	20	T 0312
其中颗粒大于 9.5mm,不大于	%	12	15	—	
其中粒径小于 9.5mm,不大于	%	18	20	—	
水洗法小于 0.075mm 颗粒含量,不大于	%	1	1	1	T 0310
软石含量,不大于	%	3	5	5	T 0320

注:①坚固性试验可根据需要进行。

②用于高速公路、一级公路时,多孔玄武岩的视密度可放宽至 2.45 t/m^3,吸水率可放宽至 3%,但必须得到业主的批准,且不得用于 SMA 路面。

③对 S14 即 3 ~ 5mm 规格的粗集料,针片状颗粒含量可不予要求,小于 0.075mm 含量可放宽到 3%。

粗集料与沥青的黏附性、磨光值的技术要求 表 5-9

雨量气候区	1(潮湿区)	2(湿润区)	3(半干区)	4(干旱区)	试验方法
年降雨量(mm)	>1000	1000 ~ 500	500 ~ 250	<250	
粗集料的磨光值 PSV,不小于高速公路、一级公路表面层	42	40	38	36	T 0321
粗集料与沥青的黏附性,不小于高速公路、一级公路表面层高速公路、一级公路的其他层次及其他等级公路的各个层次	5 4	4 4	4 3	3 3	T 0616 T 0663

沥青与粗集料之间应具有良好的黏附性。各气候区要求的黏附性等级见表 5-9所示,如黏附性达不到要求时,可通过掺加抗剥落剂的措施,提高黏附性。

目前,对沥青混合料中粗集料的划分界线存在一定的争议。我国交通运输部行业标准《公路工程集料试验规程》(JTJ 058—2004)规定沥青混合料所用集料粒径大于 2.36mm 的为粗集料,而美国的 AASHTO 建议粗集料的划分界线是随沥青混合料公称最大粒径而变化的,对于 DNMAS≥12.5mm 的情况,粗细集料的划分界线为 4.75mm,对于 DNMAS =9.56mm 的情况,其粗细集料的划分界线为 1.18mm。

不管如何划分,粗集料在沥青混合料中起骨架作用,对于有良好级配的沥青混合料而言,粗集料互相嵌挤形成粗骨料骨架(石—石嵌挤结构)。因此,对于粗集料,主要从其力学性质如压碎值、磨耗率、磨光值、与沥青之间的黏附性及集料的形状和表面特征提出了较高的要求。另外,根据需要应对粗集料的坚固性、冲击值等提出严格要求。开口空隙率、吸水率较大的集料会给沥青混合料最大理论密度的计算带来一定的难度,从而给混合料的体积指标的计算带来不便。

根据岩石的成因,可将岩石分为火成岩、沉积岩、变质岩等。一般情况下,火成岩具有优良的力学强度,是沥青面层优先使用的集料。同时根据集料矿物成分中SiO_2含量的多少将集料分为酸性、中性、碱性三种。随着SiO_2含量越高酸性越重,与沥青的黏附性越差。因此,在不得已情况下使用酸性石料时应采取有效的抗剥落措施,常见的矿料与沥青之间的抗剥落措施有掺抗剥落剂、使用消石灰或水泥替代部分填料或用石灰浆包裹矿料表面。表5-10是美国ASTM标准对几种典型岩石性能评价。

目前,在沥青路面的施工过程中,粗集料存在的主要问题有:颗粒形状不能令人满意;粗集料表面的洁净度较差,粉尘含量大;材料品质波动等。这些问题与采石场的岩层分布、破碎机械的类型及生产管理有较大的关系。

美国ASTM标准对几种典型岩石性能评价 表5-10

岩石名称	硬度、韧度	耐久性	抗剥落性	表面构造特征	破碎形状	存在不良杂质
玄武岩	良好	良好	良好	良好	良好	很少
辉绿岩	良好	良好	良好	良好	良好	很少
花岗岩	一般	良好	一般	一般	一般	可能
砂岩	一般	一般	良好	良好	良好	很少
石灰岩	不良	一般	良好	良好	良好	可能
白云岩	不良	一般	良好	良好	良好	可能

(三)细集料

沥青混合料中的细集料主要起填充粗骨料所形成骨架间隙的作用,并通过填充减少粗骨料集料间的孔隙,从而提高沥青混合料的稳定性和降低空隙率。细集料表面特征对沥青混合料稳定性有一定的影响,其颗粒分布(级配)亦对稳定性与沥青用量有一定的影响。通常情况下应优先使用人工砂(机制砂)。石屑作为碎石场的副产品存在大量的针片状颗粒,其质量与人工砂存在一定的差距。而天然砂尽管颗粒形状较好,但由于表面构造光滑对沥青混合料的高温稳定性带来不利的影响,同时天然砂属典型的酸性集料,与沥青的黏附性较差,因此在不得已情况下使用时应限制其用量，宜控制在 7 % 以内。目前在沥青路面施工中普遍采用与粗集料相同料源的细集料（作为粗集料生产过程中的副产品：石屑）。以用量最大的表面层材料玄武岩为例，若玄武岩石屑级配不良，不如采用石灰岩或其他碱性岩的细集料，以改善其黏附性，并有利于压实。同时在许多高速公路沥青路面施工过程中，存在由于所采用的石屑级配不良而采用天然砂，用量甚至超过 20 %，这是一种相当危险的倾向。对于细集料主要对其清洁度、形状、吸水率及砂当量提出技术要求。沥青混合料用细集料质量要求如表 5-11 所示。

沥青混合料用细集料质量要求　　表 5-11

项　目	单位	高速公路、一级公路	其他等级公路	试验方法
表观密度，不小于	t/m^3	2.50	2.45	T 0328
坚固性（>0.3mm 部分），不小于	%	12	—	T 0340
含泥量（小于 0.075mm 的含量），不大于	%	3	5	T 0333
砂当量，不小于	%	60	50	T 0334
亚甲蓝值，不大于	g/kg	25	—	T 0346
棱角性，不小于	s	30	—	T 0345

注：坚固性试验可根据需要进行。

采用河砂、海砂等天然砂作为细集料使用时，其规格应符合表 5-12 的规定，表中用水洗法得出的小于 0.075mm 颗粒含量对于高速公路和一级公路不得大于 3%。通常粗砂、中砂质量较好。

沥青混合料用天然砂规格　　表 5-12

筛孔尺寸（mm）	通过各筛孔的质量百分率（%）		
	粗　砂	中　砂	细　砂
9.5	100	100	100
4.75	90 ~ 100	90 ~ 100	90 ~ 100
2.36	65 ~ 95	75 ~ 90	85 ~ 100
1.18	35 ~ 65	50 ~ 90	75 ~ 100
0.6	15 ~ 30	30 ~ 60	60 ~ 84
0.3	5 ~ 20	8 ~ 30	15 ~ 45
0.15	0 ~ 10	0 ~ 10	0 ~ 10
0.075	0 ~ 5	0 ~ 5	0 ~ 5

当选用采石场破碎的通过 4.75mm 或 2.36mm 的筛下部分石屑用作为细集料时，应杜绝泥土混入，其规格应符合表 5-13 的要求。建议在高等级公路沥青路面中使用机制砂。当采用石英砂、海砂及酸性石料机制砂时，应采用抗剥离措施。

沥青混合料用机制砂或石屑规格 表5-13

规格	公称粒径（mm）	水洗法通过各筛孔的质量百分率(%)							
		9.5	4.75	2.36	1.18	0.6	0.3	0.15	0.075
S15	0~5	100	90~100	60~90	40~75	20~55	7~40	2~20	0~10
S16	0~3		100	80~100	50~80	25~60	8~45	0~25	0~15

注:当生产石屑采用喷水抑制扬尘工艺时,应特别注意含粉量不得超过表中要求。

(四)填料

沥青混合料集料中粒径小于0.075mm的部分称为填料,在我国俗称矿粉。由于填料颗粒尺寸小,因此对沥青混合料的沥青用量及沥青膜厚度有很大影响。通常沥青混合料中的填料部分由细集料提供,另外还需补加一部分,外加填料主要包括:碎石场单独生产的矿粉、硅酸盐水泥、消石灰粉、磨细石灰石粉、水泥厂飞灰及高钙粉煤灰等。填料的多少由于对沥青用量及沥青膜厚度的影响都很大,因此也直接影响沥青混合料的高温稳定性、低温抗裂性及疲劳性能。通常粉胶比(沥青混合料中小于0.075mm颗粒含量与沥青用量之比)为0.8~1.2范围内。

矿粉要求干燥、洁净,能自由地从矿粉仓流出,其质量应符合表5-14的技术要求。

沥青混合料用矿粉质量要求 表5-14

项目	单位	高速公路、一级公路	其他等级公路	试验方法
表观相对密度,不小于	t/m^3	2.50	2.45	T 0352
含水量,不大于	%	1	1	T 0103 烘干法
力度范围				T0351
<0.6mm	%	100	100	
<0.15mm	%	90~100	90~100	
<0.075mm	%	75~100	70~100	
外观		无团粒结块		
亲水系数		<1		T 0353
塑性指数		<4		T 0354
加热安定性		实测记录		T 0355

三、沥青混合料材料的选择

(一)材料的选择

(1)沥青的标号取决于当地气候条件和道路的使用性质,一般在道路设计时确定。沥青的质量取决于石油的产地和提炼方法及炼油厂的生产水平,选择生产厂家时可根据炼油厂提供的质量报告，厂家还应提供用该型号的沥青修筑的道路，以证明沥青的实际使用质量。

（2）当缺乏所需标号的沥青时，可采用不同标号掺配的调和沥青。

（3）矿料一般选用当地生产的材料，以降低运输成本。

（4）矿料的质量要满足道路设计规范的要求，选择时应考虑以下因素：

①石料硬度、物理性能和化学性能取决于石料的产地及岩石的成分。

②石料的粒径和颗粒的形状取决于破碎方法及使用的破碎机。

③采石场在生产过程中必须彻底清除覆盖层及泥土夹层，生产碎石用的原石不能含有土块、杂物，集料成品不得堆放在泥土地上。

这些差别对生产出的沥青混合料有较大的影响，因此要对当地生产的材料进行认真选择。

（5）天然砂可采用河砂或海砂，通常宜采用粗、中砂，砂的含泥量较多时应水洗后使用。

（6）要选择若干个供应商，对各家矿料的质量进行检验。还要对矿料的供应能力和价格进行综合评定，其中价格应包括将矿料运到拌和厂的费用。经过综合评定后，从众多供应商中选沥青路面机械化施工选择出既能满足设计要求，价格又最低的供应商。

（7）对各种材料供应商的判断不应单纯看提供的质量报告，必须进行实地考察。

（8）同一种材料可以是一个供应商，也可是多个供应商，供货的质量应一致，并且要保持稳定。

（9）确定供应商后，根据施工进度计划编制出材料供应计划，提供给材料供应商，使他们按照计划供应材料。

（二）材料进货质量控制

（1）购买的沥青、集料的等重要材料，供货单位必须提供该批产品的质量检验证明。

（2）材料进货时必须对材料的规格、数量、价格、进货时间和产地进行记录，建立进货材料账。

（3）同一产地的材料、同一次购入的材料运至生产现场作为"一批"进行质量检查。对沥青等重要试样，每"一批"都要留一些试样封存，以备今后发生质量问题时查对。

（4）要建立材料进货检验制度，确定质量检验方法，在整个施工过程中每次进货都要进行检验。

（5）要根据施工规范的要求检查粗集料、细集料、填料和沥青制品的质量，表5-15为施工过程中材料质量检查的项目与频次。

施工过程中材料质量检查的项目与频次 表 5-15

材料	检查项目	检查频度		试验规程规定的平行试验次数或一次试验的试样数
		高速公路、一级公路	其他等级公路	
粗集料	外观(石料品种、含泥时等)	随时	随时	—
	针片状颗粒含量	随时	随时	2~3
	颗粒组成(筛分)	随时	必要时	2
	压碎值	必要时	必要时	2
	磨光值	必要时	必要时	4
	洛杉矶磨耗值	必要时	必要时	2
	含水量	必要时	必要时	2
细集料	颗粒组成(筛分)	随时	必要时	2
	砂当量	必要时	必要时	2
	含水量	必要时	必要时	2
	松方单位重	必要时	必要时	2
矿粉	外观	随时	随时	—
	<0.075mm 含量	必要时	必要时	2
	含水量	必要时	必要时	2
石油沥青	针入度	每2~3天1次	每周1次	3
	软化点	每2~3天1次	每周1次	2
	延度	每2~3天1次	每周1次	3
	含蜡量	必要时	必要时	2~3
改性沥青	针入度	每天1次	每天1次	3
	软化点	每天1次	每天1次	2
	离析试验(对成品改性沥青)	每周1次	每周1次	2
	低温延度	必要时	必要时	3
	弹性恢复	必要时	必要时	3
	显微镜观察(对现场改性沥青)	随时	随时	—
乳化沥青	蒸发残留物含量	每2~3天1次	每周1次	2
	蒸发残留物针入度	每2~3天1次	每周1次	2
改性乳化沥青	蒸发残留物含量	每2~3天1次	每周1次	2
	蒸发残留物针入度	每2~3天1次	每周1次	3
	蒸发残留物软化点	每2~3天1次	每周1次	2
	蒸发残留物延度	必要时	必要时	3

注:①表列内容是在材料进场时已按“批”进行了全面检查的基础上,日常施工过程中质量检查的项目与要求。

②“随时”是指需要经常检查的项目,其检查频度可根据材料来源及质量波动情况由业主及监理确定;“必要时”是指施工各方任何一个部门对其质量发生怀疑,提出需要检查时,或是根据需要商定的检查频度。

第二节　沥青路面材料的准备

一、料场的准备

原材料存放场地要足够大，地面应进行硬化，因为各种矿料都堆放在地面上，生产时用装载机向料仓上料，如果地面不进行硬化，就可能将地面的土撮起来一同装到料仓内，影响沥青混合料质量。要对料场进行规划分区，各种粒径的矿料要分堆存放，各堆之间要有隔离墙，防止原材料混杂，另外对石屑和砂等细集料料堆搭盖防雨棚。

二、材料的准备

1. 粗集料

粗集料为经加工（轧碎、筛分）而成的、具有足够强度和耐磨性的、粒径大于2.36mm的碎石、破碎砾石、筛选砾石、矿渣等集料。粗集料应该洁净、干燥、无风化、无杂质，有良好的颗粒形状，应由具有生产许可证的采石场生产，破碎砾石应采用粒径大于50mm的颗粒轧制。

粗集料的粒径规格，按规定选用。单粒径集料不符合规格要求，经确认与其他材料配合后的级配合乎沥青面层的矿料使用要求时，也可使用。

路面抗滑表层粗集料，应选用坚硬、耐磨、抗冲击性好的碎石或破碎砾石，不得使用筛选砾石、矿渣及软质集料。筛选砾石仅适用于三级及三级以下公路的沥青表面处治或拌和法施工的沥青面层的下面层，不得用于贯入式路面及拌和法施工的沥青面层的中、上面层。

酸性石料，用于高速公路、一级公路和城市快速路、主干路时，宜用针入度较小的沥青。为保证与沥青的黏附性宜采用抗剥离措施，其方法如下：

①用干燥的磨细消解石灰或生石灰粉、水泥作为填料的一部分，其用量宜为矿料总量的1%～2%。

②在沥青中掺加抗剥离剂。

③将粗集料用石灰浆处理后使用。

粗集料质量应符合规定。用于高速公路、一级公路和城市快速路、主干路沥青路面表面层及各类道路抗滑表层的粗集料应符合石料磨光值的要求。

在粗集料的生产中，宜采用锤式或反击式等破碎机进行石料加工，使粗集料成为有棱角的块状立方体，减小针片状含量，增加料间的挤嵌力。

2. 细集料

细集料为天然形成或经加工而成的粒径小于2.36mm的天然砂、人工机制砂及石屑等集料，要求洁净、干燥、无风化、无杂质，并有适当的颗粒组成，其规格应符合规定要求。

细集料应与沥青有良好的黏结能力。黏结性能差的天然砂及用花岗岩、石英岩等酸性石料破碎的机制砂或石屑不宜用于高速公路、一级公路和城市快速路、主干路沥青面层，必须使用时，需采取抗剥离措施。应采用优质天然砂和人工机制砂配制沥青混合料，缺砂地区，也可采用石屑，由于石屑多为石料破碎过程中的副产品，主要为石料表面剥落层和撞击下的棱角，扁平料很多，强度很低，用于高速公路、一级公路和城市快速路、主干路沥青混凝土面层及抗滑表层时，用量不宜超过矿料总量的10%。

3. 填料

填料为在沥青混合料中起填充作用的矿物质粉末。沥青混合料的填料宜采用石灰岩或岩浆岩中的强基性岩石等憎水性石料经磨细得到，要求洁净、干燥，质量符合规定。当采用水泥、石灰、粉煤灰作填料时，用量不超过矿料总量的2%。采用袋式除尘的粉尘可作为矿粉的一部分回收使用，湿式除尘的回收粉尘使用时应经干燥粉碎处理，且不含杂质。

4. 道路石油沥青

道路石油沥青，为符合沥青路面使用技术要求的，由石油经蒸馏、吹氧、调和等工艺加工得到的。主要为可溶于二硫化碳的碳氢化合物的半固体黏稠状物质，具有耐久性、黏结性、感温性、老化等物理性质。沥青质量与原油品种和炼油工艺关系很大。

高速公路、一级公路和城市快速路、主干路铺筑沥青路面时，选用沥青应符合“重交通道路石油沥青技术要求”的规定。其他等级公路可采用符合“中、轻交通道路石油沥青技术要求”规定的沥青。

沥青面层所用的沥青标号，应根据地区气候条件、施工季节气温、路面类型、沥青种类等规定选用，面层的上层宜用较稠的沥青，下层或联结层宜采用较稀的沥青。沥青路面施工气候应符合规定要求。

本章小结

沥青路面施工材料主要包括沥青材料、粗集料、细集料、填料等。在原材料的选择上，应根据地区气候条件、施工季节气温、道路等级、路面类型、施工工艺、工程量、材料的特性和适用范围以及运输经济等合理选择，杜绝不合格原材料用于路面工程中。施工中还要加强抽检。必要时重新进行配合比设计。

总之，原材料的质量和配合比是决定沥青混凝土路面的质量关键因素，在施工过程必须严格控制，以保证沥青混凝土路面的使用性能和寿命。

第六章　沥青混合料拌和质量控制

第一节　概　　述

沥青混合料拌和设备是沥青路面施工的关键设备，其性能高低直接影响着沥青混合料的质量。随着技术的引进、消化、吸收和企业自主开发能力的提高，我国的沥青混合料拌和设备有了突飞猛进的发展，其技术水平已达到世界先进水平。

一、用途、功能

用于拌和沥青混合料的机械设备就称作沥青混合料拌和设备。

除小型移动式沥青混合料拌和设备外，沥青混合料拌和设备一般不是一台单机，而是多种设备的有机组合。由于沥青混合料拌和设备包含一个高高立起的楼状主拌和机组，而且设备的正常运作需要一个较大的固定场地，所以又称之为拌和楼或拌和站。

沥青路面修筑工程中所涉及的多种配套机械中，以沥青混合料拌和设备所占的投资比重最大，其运用技术和生产调度管理也相应较复杂。沥青混合料拌和设备是一个小型生产厂。如果把路面工程看作一个系统，则沥青混合料拌和设备相当于一个子系统。沥青混凝土路面采用热铺工艺，摊铺温度在 130 ~ 160℃之间。无论从混凝土的质量和生产经济性考虑，成品沥青混合料都不宜长时间存放，因此沥青混合料拌和设备的运作不是独立的，而是与整个路面施工密切相关，沥青混合料拌和设备技术运用的好坏，严重影响路面工程施工的质量、进度和生产效益。实践表明，沥青混合料拌和设备是控制路面施工工程的一项关键设备。

按照施工要求，沥青混合料拌和设备所应完成的基本工作如下：

(1)矿料的初步配料、加热烘干、重新筛分与计量；

(2)沥青的加热、保温、输送与计量；

(3)填料的输送与计量；

(4)将按照一定的配合比计量好的热矿料、矿粉与热沥青均匀地拌和成所需要的成品料。

二、分类

沥青混合料拌和设备一般按其生产工艺、额定生产率的大小和机动性三个方面进行分类。其中主要的是按生产工艺进行划分。

1. 按生产工艺划分为间歇式(循环式)和连续式(滚筒式)两种

(1)间歇式沥青混合料拌和设备

间歇式沥青混合料拌和设备的工艺特征是,各种成分是分批计量好后投入拌和缸进行拌和的,拌和好的成品料一批从拌和缸卸出,接着进行下一批料的拌和,形成周而复始的循环作业过程。

(2)连续式沥青混合料拌和设备

连续式拌和工艺中,各种原材料是连续地进入拌和缸中,拌好的成品料也是源源不断地从拌和缸卸出。在结构上,这种设备的集料烘干和拌和在同一个滚筒中进行,所以又叫做滚筒式沥青混合料拌和设备。

2. 按设备的额定生产率分类

(1)小型机:额定生产率小于60t/h;

(2)中型机:额定生产率在70~140t/h;

(3)大型机:额定生产率大于150t/h。

目前,用于养路工程中的小型沥青混合料拌和设备,其额定生产率可小于8t/h,而大型的沥青混合料拌和设备生产率可达450t/h。

3. 按设备的机动性划分为固定式、半固定式和移动式

(1)固定式

固定式沥青混合料拌和设备是用地脚螺栓固定在水泥混凝土地基上,一般属于大、中型设备,其安装和搬迁工程量很大。

(2)半固定式

半固定式沥青混合料拌和设备的各独立装置,可分装在几辆平板车上,由牵引车挂接运输,在工地上由挂车的支腿顶升起来,只需完成较小量的安装工程,就可以投入生产,转移工地前的拆卸也比较方便。现在的半固定式沥青混合料拌和设备,往往在设备上附带自充气的轮式行走装置,拆下后可直接由牵引车挂接运输。

(3)移动式

移动式沥青混合料拌和设备的全套装置,安装在一台牵引车底盘上,用牵引车头挂接,就可以转场运输。由于牵引车底盘的承重能力和安装位置有限,这种设备结构设计和生产工艺都比较简单,一般只适应于小型养护作业。

第二节　强制间歇式沥青混合料拌和设备

一、强制间歇式沥青混合料拌和设备总体结构与工作原理

强制间歇式沥青混合料拌和设备在我国的应用相当广泛,其优点是:能保证骨

料的级配,骨料与沥青的比例可达到相当精确的程度,另外,也易于根据需要随时变更骨料级配和油石比,所以拌制出的沥青混合料质量好,可满足各种施工要求。

强制间歇式沥青混凝土搅拌设备总体结构如图 6-1 所示。其工作原理是:当中央控制室发出开机命令后,冷料仓冷料经皮带输送机输送到干燥滚筒内,烘干后的骨料,由热料提升机输送到振动筛上进行筛分。筛分后的骨料落入各热料仓室。各骨料和粉料由各自室门落入各自的称量斗内由电子秤计量,随后放入拌缸内,经称量好后的热沥青随后喷入拌缸内。各种混合料经充分搅拌后,形成成品料,卸到送料斗车里;送料斗车经轨道卸入成品料仓,最后通过卸料闸门,将成品料放到运输汽车上。

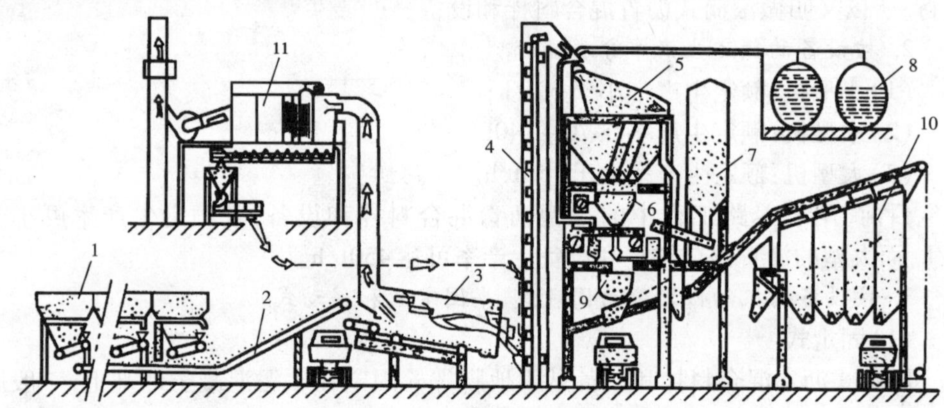

图 6-1　强制间歇式沥青混合料拌和站的基本结构组成

1-冷矿料储存及配料装置;2-冷矿料输送机;3-冷矿料烘干滚筒;4-热矿料提升机;5-热矿料筛分及储存装置;6-热矿料计量装置;7-矿粉储存仓;8-沥青供给系统;9-拌和器;10-成品料储存仓;11-除尘装置

二、强制间歇式沥青混合料拌和设备各装置的结构特点

1. 配料装置

各种规格的冷矿料,在进入烘干滚筒之前应进行初配。这在沥青混合料的生产过程中是一个很重要的工序。它直接关系到矿料加热温度的稳定,热储料仓内各种砂、石料储料量的均衡,拌和设备生产过程的连续,乃至成品料的质量。因此冷矿料配料的精确度和操作的自动化程度,已成为衡量拌和设备技术先进性的一个重要指标。

配料装置主要由配料斗、给料机、集料皮带输送机和机架组成。

(1)配料斗和机架

配料斗的数量根据工程需要来确定,一般为 4 ~ 6 个。料斗是用钢板拼焊而成的。每个料斗可以由独立的机架支撑,也可用同一机架将几个料斗连成一个整体。料斗是按内装矿料规格的大小沿运动方向依次排列的:大粒径碎石料斗在前,砂料斗在最后。通常在大粒径碎石料斗的上面放置一个隔网,以防止大于某一限定规格(一般为50mm)的石料进入斗内。料斗上口的尺寸应与上料方式相适应:如采用装载机上料,料斗的宽度要大于装载斗的宽度;料斗距地面的高度,要能满足装载机上料高度的要求。料斗下口的宽度应小于给料机的宽度,并且最好前大后小,以免材料外溢。斗的侧壁倾角要大于材料的自然坡度角;斗前壁的下部设有一个手动调节闸门,用以调节材料流量的大小。在砂料斗的后斗壁上,装有一个小振动器,用以防止砂料在出料口处结拱。破拱振动器是间歇振动的,振动时间的长短,由安装在控制室内的定时器来调节。

此外,有些拌和设备在料斗下部还装有料位指示器,当斗内料位低于设定值时能发出警报,提醒操作者及时上料,以保证设备正常连续工作。

配料装置的机架多用型钢拼焊而成。有时为减轻质量、增大刚度,也有用钢板压制成一定截面形状来取代型钢的。机架拼装时,要注意保证它的几何精度,否则容易造成皮带跑偏。

(2)给料机

目前,我国常用的给料机有两种型式:电磁振动式和皮带式。

①电磁振动式给料机

电磁振动式给料机在料斗下部弹性地悬挂着倾斜的卸料槽,卸料槽上装有电磁振动器(图6-2),依仗电磁振动器的高频振动,把在重力作用下压在卸料槽上的材料均匀卸出。供料量的多少,一般是通过改变电磁振动器的振幅和料斗闸门的开度来调节的,闸门的开度用于粗调,并且应在开机前调整好;开机后若要精确调节供料量,则是由调节振动器的振幅来实现。此外,有些设备通过变更卸料槽的倾角,也可以达到调节供料量的目的。同样,这种调整也必须在开机前调好。此外,目前技术较为先进的振动给料机,在卸料槽上装有振幅传感器,用于检测实际振幅与设定值的差距,并将信息反馈到控制室,随时予以调整,以确保供料量的稳定、均衡。这种给料机体积小,安装、维修简单,无旋转零件,不需要润滑,消耗功率小,便于集中控制,而且造价低,但是,它的调整变化曲线是非线性的,并且对潮湿的矿料供料效果较差。所以,通常电磁振动给料机只用于含水量变化较小的石料的供给,对于含水量随气候变化较大的细砂料,电磁振动给料机效果不好。

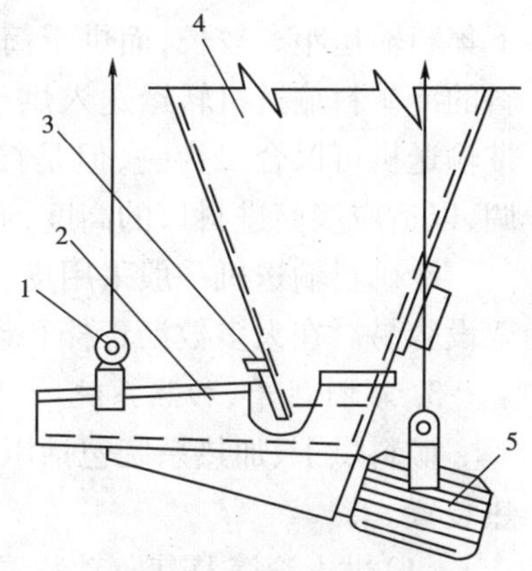

图6-2 电磁振动给料机

1-吊环;2-卸料槽;3-料斗闸门;4-料斗;5-电磁振动器

②皮带式给料机

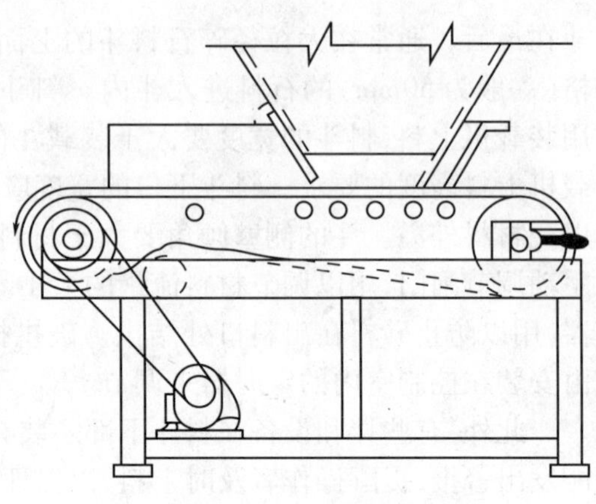
图 6-3　皮带式给料机

皮带式给料机安装在冷料仓下方兼作仓底(图 6-3)。材料在重力作用下压在料斗下的皮带给料机上,通过皮带给料机的旋转强制将材料卸出。通过调节皮带给料机的转速或料斗闸门的开度来变更供料量。料斗闸门的开度用于粗调,并在开机前调好;而开机后的精调则是通过改变皮带机的转速来实现的。皮带给料机由电机驱动,调速有两种方法:一种是直流调速,另一种是交流调速,前者动力特性好,且价格便宜,因此被广泛采用。皮带给料机的调速比一般为 1∶10、1∶20,最大为 1∶30。在给定的范围内,速度变化是无级的,因此供料量的变化是线性的。相对而言,皮带给料机较电磁振动给料机供料精确,调节范围也大,但价格较贵。

2. 冷矿料输送机

每一种矿料经给料机卸出后,便汇集在下面的集料皮带输送机上,由于料仓组下集料输送距离较长,而烘干筒入口又有一定高度。集料一般要再通过另一个倾斜的冷矿料输送机转运送入烘干筒内。在一些小型的移动式拌和设备上,两个皮带输送机可以合二为一,但是接近烘干滚筒这一边的皮带输送机,其倾角必须可调,以适应滚筒进料口的高度,通常这部分做成可折叠的。

冷矿料输送机一般采用皮带输送机。皮带输送机噪声小,不易产生卡阻现象,架设容易。在大多数沥青拌和设备上均配置这种冷集料给料装置。

3. 矿料烘干、加热系统

矿料烘干、加热系统包括以下两大部分:一是烘干滚筒及其驱动装置,二是加热装置。

(1)烘干滚筒及其驱动装置

①烘干滚筒

烘干滚筒是烘干、加热矿料的设备。合格的烘干滚筒必须具有:矿料能够在滚筒内均匀的分布,并滞留足够的时间,能充分吸收燃气的热量,并且滚筒要有足够大的空间,不能因为内部空气受热膨胀后压力过大,造成粉尘逸散。

烘干筒内部可分为三个区域。烘干筒第一区为受料区,叶片为螺旋线,其旋向与滚筒转动方向的配合便于集料快速进入到筒内。该区的长度约为筒径的 0.5 ~ 0.8 倍。第二区为烘干区。沿筒体母线方向安装有多种形状的叶片,叶片横断面形状如图 6-4 的 A—A 剖面所示。弯曲的叶片便于提升集料使之以螺旋轨迹向排料端运动。集料被提升到顶部时，由于重力作用而下落，形成料帘，如图6-5所示。料帘的形成使集料全面与火焰接触，充分地进行热交换。靠近燃烧器这一端有断面形状为T型的叶片，其小端与筒的内壁焊接，T型的两翼则使部分物料始终留存在其中，防止火焰直接烘烤滚筒，因而起到了保护筒壁的作用，也减少了筒壁热量的散失。第三区为排料区。叶片与筒体纵轴线成20°~30°安装，便于集料排向卸料口。该区的长度约为筒径的0.4~0.5倍。

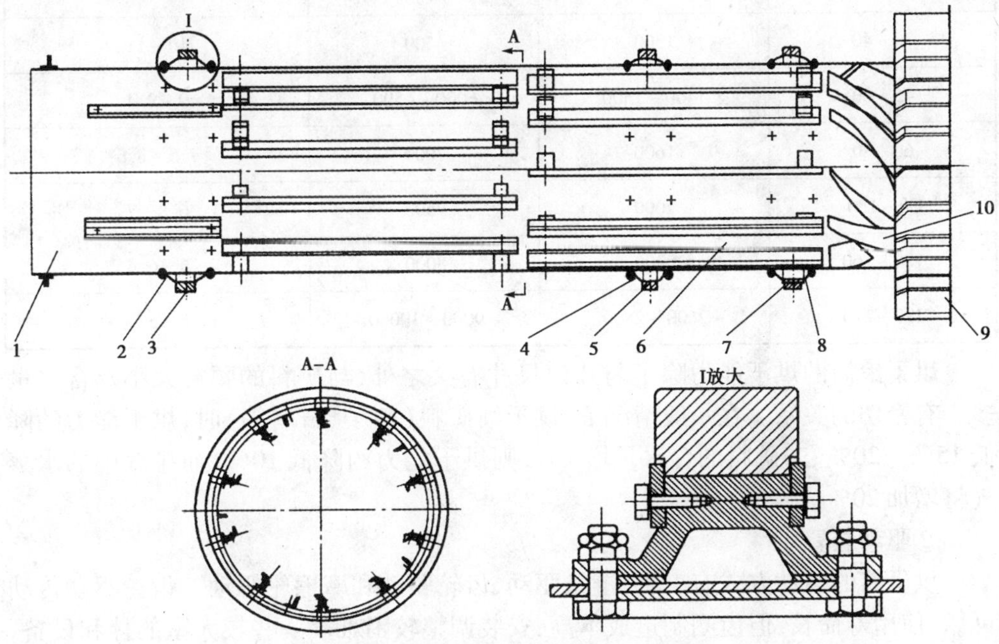

图6-4　烘干滚筒

1-筒体；2、8-滚圈架；3、7-滚圈；4-齿圈架；5-齿圈；6-升料槽板；9-进料箱；10-螺旋叶片

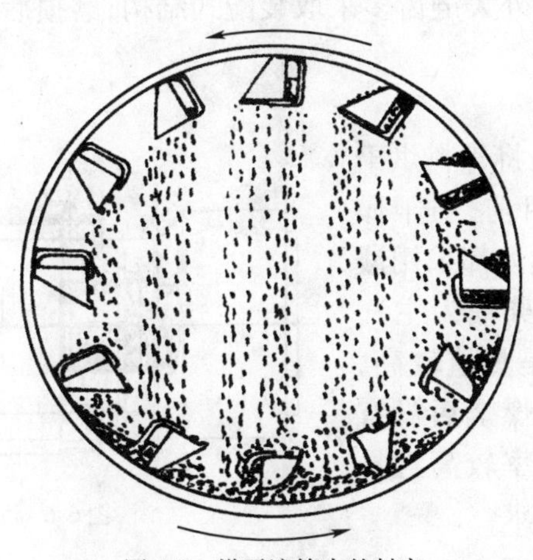

图6-5　烘干滚筒内的料帘

烘干滚筒的烘干能力与其几何尺寸(直径×长度)有很大关系,应与之相适应。若筒体过小,不仅达不到充分烘干、加热的目的,还会导致污染严重;但是几何尺寸过大,又会引起许多不必要的消耗。据日本资料,烘干滚筒的生产能力与几何尺寸及转速的关系见表6-1。

烘干滚筒的生产能力与几何尺寸及转速的关系 表6-1

生产能力(t/h)	滚筒直径(mm)	滚筒长度(mm)	滚筒的转速(r/min)
30~40	1300	4500	10~11
45~60	1400~1500	6000~6500	9~9.4
60~80	1600	7000	7.5~8.5
90~120	2000	7500	6.8~7
120~160	2200	8000	6~6.4
180~240	2600~2800	9000~10000	5~5.3

烘干滚筒的烘干能力除了与几何尺寸有关之外,与矿料的颗粒大小及含水量多少有密切的关系。在一般情况下,烘干细矿料(砂子、石屑等)时,烘干能力约降低15%~20%;若矿料的含水量增1%,则烘干能力约降低10%,而排气中的水蒸气将增加20%。

②驱动装置

烘干筒的驱动方式有三种:链条驱动,齿轮驱动和摩擦轮驱动。齿轮驱动传动可靠,使用寿命长,但齿圈制造成本高,安装调整较困难。一些较大型的拌和设备,多用链条传动取代齿轮传动,这样既避免了制造大型齿轮的复杂工艺,又减轻了质量,节约了金属材料;此外大链齿多采取装配式结构,磨损后只需单独更换链齿,且安装工艺十分简便。

(2)加热装置

加热装置的作用是将骨料烘干并加热到工作温度。目前,与干燥滚筒相匹配的加热装置大都采用液体燃料(通常以重油和柴油为主),因为液体燃料的优点是热值较高,可使燃烧室容积减小,燃烧后没有残渣,燃料燃烧的热效率较高且易于满足对不同温度的要求。

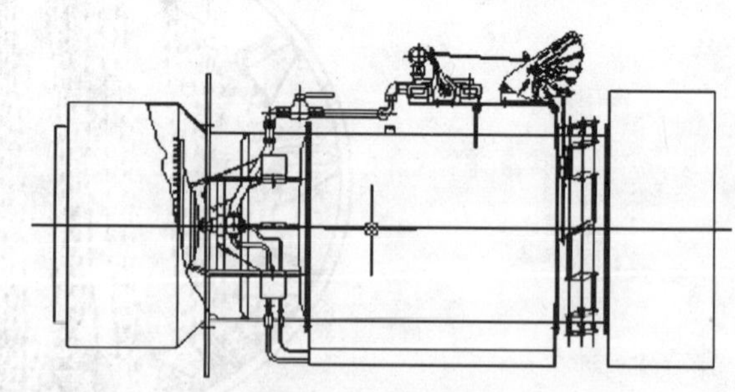

图6-6 主燃烧器

主燃烧器的外型见图6-6。

主燃烧器是一个由钢板制成且内部设置有一个轴流风机的封闭的整体。这个风机提供燃烧过程中所需要的全部空气并确保在燃烧过程中与燃油充分的混合，点火是通过电极产生一个高压电火花而点燃燃油。热量输出的大小是通过油量和空气量的改变被一个伺服电机而控制的。它主要由以下几个部分组成：

①反应室：反应室也称作一级燃烧室，它位于燃烧器的最前端，由不锈钢板制成。燃烧产生的火焰在这里形成，然后喷入干燥筒中，反应室全部伸入到干燥筒中。

②二级燃烧室：二级燃烧室通过螺栓与反应室和轴流风机连为一体；它里面装有燃烧器主要部分：喷嘴、光敏电阻、丙烷气喷嘴、火花塞及由不锈钢制成的涡旋板和固定涡旋板的可滑动的支架等；由轴流风机产生的高压空气经过涡旋板后形成旋涡形气流以利于燃油的最好雾化，从而达到最好的燃烧效果。

③燃烧器风机：燃烧器风机采用的是轴流风机；它是由驱动电机、叶轮、导向叶片、调风门及带喇叭口的进气口等组成。燃烧所需的大量的高压空气由轴流风机提供。通过轴流风机的进风量可通过改变调风门的开度大小来控制。

④油—气比率调节系统：油气比率是通过油阀和设计独特的凸轮盘实现的，两者通过一个刚性联轴器均由一个伺服电机控制。空气量通过燃烧器轴流风机进气侧的可调节的多叶片风门来控制的。

⑤燃油供给和喷射式喷嘴：燃烧器的燃油由高压齿轮泵提供。这个泵通过联轴器由电动机直接驱动。整个部件安装在一个支架上。泵组件上装有减压阀、燃油滤清器、截止阀及其连接件。

喷射式雾化喷嘴其工作原理为：压力油及空气被输送到喷嘴，在喷嘴前的瞬间两者混合成乳液。油被分成很少的颗粒，油滴颗粒表面积最大，因而使得油与气混合充分，并且提供充分燃烧的空气、可控的最短火焰和较高的油气调节比率。喷嘴雾化燃油所需的空气为：在 0.7MPa 的压力下，每雾化 1kg 燃油需要 50L 的空气。

⑥消声器；消声器单独安装在燃烧器的末端。这种特殊的结构设计可将噪声降到最低。

4. 热矿料提升机

热集料提升机是把从烘干滚筒中卸出的热集料运送至筛分设备的装置，通常采用链斗式提升机。为减少运料过程中的热量损失，以及作为安全措施，链斗提升机通常安装在封闭的壳体内。

链斗提升机一般多选用深形料斗离心卸料方式，但在大型拌和设备上，也可用导槽料斗重力卸料方式。重力卸料方式因其链条运动速度低，磨损和噪声都相对较小。

值得注意的是，提升机运转一旦停止，在链条有载边未卸出矿料的作用下，提升机有可能倒转，使得矿料积存在底部，阻碍了提升机的再起动，因此，在提升机的驱动部分应设有防倒转装置。

5. 热集料筛分装置

筛分装置的功用是将热骨料提升机输送来的骨料按粒径大小进行分级，以便在搅拌之前进行精确的计量与级配，如图 6-7 所示。

筛分装置主要有滚筒筛和振动筛两种型式。由于滚筒筛的筛分效率和生产率低，故在搅拌设备中已很少使用。振动筛按其结构和作用原理可分为单轴振动筛、双轴振动筛和共振筛几种型式。因共振筛结构复杂，使用维修不便，故搅拌设备中多用单、双轴振动筛。

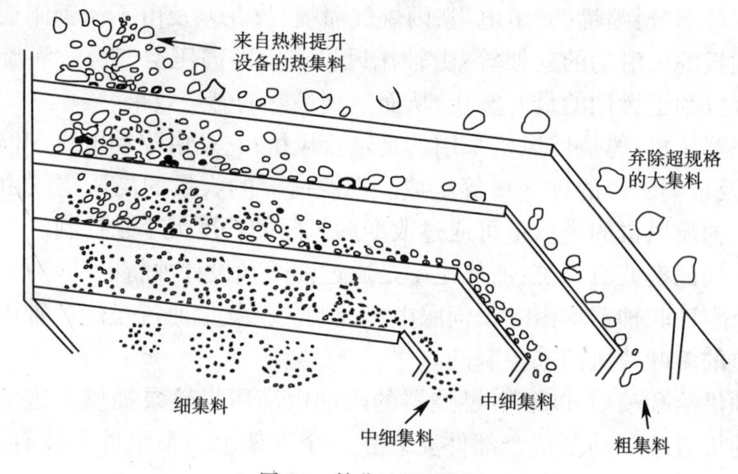

图 6-7　筛分过程示意图

6. 热集料的储存装置

筛分好的各种砂石料在计量之前分别储存在热集料储料仓的几个隔仓内，以便按一定的配合比分别计量。隔仓的数目视所需矿料的规格而定，一般为 4 个。每个料仓的上部均设有溢料口并与溢流管道相通，当热集料在仓内堆积到超过一定高度时可从这里排出。各仓的底部设有能迅速启闭的放料门，放料口尺寸的大小与配合比相适应。放料门的启闭通常是由电磁阀控制气缸来实现的，而电磁阀的信号来自计量装置的控制系统。

冷矿料的初配应使筛分后的热集料在各仓内的料位基本均衡，这样才能保证各种规格的矿料计量准确，并按设定的生产周期正常运行。但有时由于原材料颗粒含量达不到要求，或者材料混掺，或者初配不当等原因，可能会造成各个料仓的料位不均。有的仓材料过满，热集料从溢流管排出，造成浪费；而有的仓材料不足，使计量持续等待，影响设定的生产程序正常运行。因此，大多数热储料仓内都设置了上、下两个料位指示装置，或一个下料位指示装置，并将检测信号送往控制室。这样，在仓满或料不足时便发出信号，通知操作人员调整冷矿料的初配，以期维持各热储料仓材料的基本均衡。

7. 热集料计量装置

在间歇式拌和设备上材料的计量采取质量计量方式。它包括称量斗和计量秤两部分。目前,绝大多数拌和设备采用电子计量秤。

称量斗用钢板拼焊而成。它位于热储料仓的下方,并通过 4 个拉力式称量传感器悬吊在楼体的机架上。运输时需用联接螺栓将其位置固定,以防止其摇摆受力。在有的拌和设备上,矿料称量斗中用一个隔板将石料与砂料分开,以便按照设定的放料顺序先放石料,延迟几秒钟后再放砂料。称量斗斗门的启闭是由电磁阀操纵气缸来实现的,电磁阀的信号同样来自计量秤的控制系统。而称量斗的容量与拌和缸的容量应相匹配。

称量时,不同规格的热集料按预先设定的质量比依次放入称量斗中,拉力式称量传感器将检测到的信号通过屏蔽电缆送至控制台的程控器,并且一一叠加计量,操作人员可从控制台的称量数字显示器上读出计量值。达到设定值后,热储料仓的放料门自动关闭,一批集料称量完成后,称量斗的斗门开启,计量好的热集料便被卸至拌和缸内。集料秤卸空后下一个计量周期开始。

8. 矿粉的供给与计量装置

在拌制沥青混合料时需加入适量的矿粉,以减少混合料的空隙率,提高混合料强度。因此,沥青混凝土搅拌设备均设有矿粉与计量装置。

(1)矿粉的供给系统

矿粉的供给系统包括贮存仓和输送机。矿粉贮存仓一般采取筒式结构,仓的下部为倒圆锥形,用斗式提升机或压缩空气将矿粉送入仓内储存。仓顶上设有料位高度探测机构。为防止矿粉起拱,在筒仓下部设有破拱装置,有的采用振动器,有的采用压缩空气喷吹破拱。此外,在矿粉贮存仓的出口处设有调节闸门或叶轮给料器,控制矿粉的输出量。由矿粉贮存仓排出的矿粉。经螺旋给料器等送到单独的称量斗内进行称量,达到预定值后放入搅拌器内。

(2)矿粉计量装置

在沥青混合料中,矿粉的含量控制严格,要求矿粉必须单独计量不允许与砂石料累计计量。因此,拌和设备上设置了专门的矿粉计量装置;矿粉计量装置也由称量斗和电子计量秤组成。

矿粉称量斗通过 3 个拉力式称量传感器悬吊在楼体的机架上,运输时也需用联接螺栓将其位置固定。称量斗的斗门内侧附有橡胶板,以便与斗的底部很好地贴合。此外制造时要用水做密封实验,确保其不渗漏;称量斗的斗门是由矿粉计量秤的控制系统来操纵的,计量达到设定值后供料螺旋停转,称量斗斗门开启,矿粉被卸至拌和缸内。计量值可从控制台的称量数字显示器上读出。矿粉称量斗的容量通常为拌和缸容量的 20%。

9. 沥青供给系统

沥青供给系统包括保温罐、沥青泵、计量装置、喷射装置以及连接管路和阀门等。它用于储存、保温熔化后的液体沥青，并且适时、定量地供给拌和缸。

常温下的沥青呈固体状态，因此拌和设备使用的沥青应先行熔化、脱水、掺配并加热至一定温度。通常，熔化沥青是在专门的储油库内进行的，而熔化后的液体沥青用油罐车运送至拌和场，并放入保温罐内储存。有些固定式的拌和站本身设置了沥青熔化装置，这样通过沥青泵和连接管路就可以将沥青输送至保温罐内。

沥青熔化有多种加热方式，现在国内主要采取导热油或蒸汽间接加热方式。在非永久性拌和站，常用导热油加热系统加热，整个加热系统结构紧凑，便于拆装。如果采用桶装固态沥青一般采用导热油脱桶装置作为拌和站的辅助设备进行沥青熔化；在永久性拌和站，如果采用固态沥青，也有利用太阳能辅之以电加热来熔化沥青的。无论是哪一种加热方式，熔化时的温度必须严格加以控制，防止长时间高温加热或局部过热而导致沥青老化；另外，在沥青熔化、脱水过程中一定要辅之以搅动，以防止"溢锅"等意外事故发生。

10. 拌和缸

拌和缸是强制间歇式沥青搅拌设备的核心装置，其功能是：把按一定配合比称量好的砂石料、矿粉和沥青均匀地拌和成所需成品混合料。

拌和缸由壳体、衬板、拌和轴、拌和臂、拌和桨叶、卸料门、同步齿轮等组成，如图 6-8 所示。

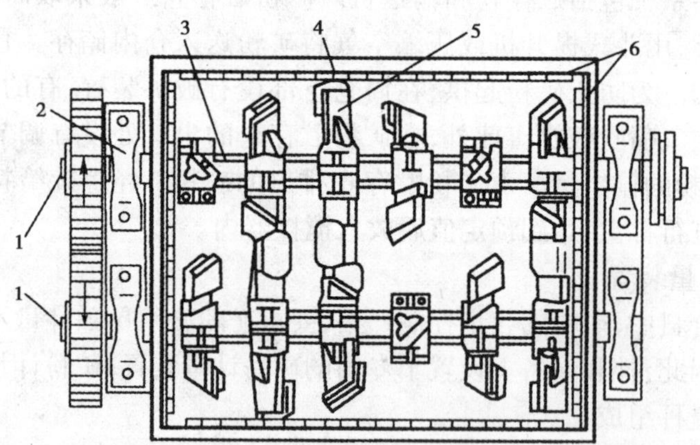

图 6-8　间歇式拌和缸结构图

1-传动齿轮；2-轴承；3-拌和轴；4-拌料板；5-拌和臂；6-前板

拌和缸内两根轴通过一对啮合齿轮带动而反向旋转（也有采用链轮驱动的，但是必须保证两轴反向旋转）。每根轴上有 6 ~ 8 对拌和臂，臂端装有用耐磨材料制成的并可更换的拌和桨叶，拌和桨叶与拌和轴中心线安装成 45°角，同一根轴上相邻的两对拌和臂相错角度为 90°或 45°（角度小有利于拌细矿料），两根轴上对应的拌和臂也相错90°或45°。物料投入到拌和缸之后，在拌和桨叶旋转运动的带动下，沿轴线做螺旋推进运动，垂直于轴线又有交叉运动，因而物料得到均匀的拌和。

拌和时投料顺序有两种：一种是先将砂石料放入拌和缸内干拌3～5s后加入沥青，待拌和几秒钟之后，再加入矿粉继续进行拌和；另一种是在放入砂石料之后先加入矿粉，待干拌几秒钟后，再加入沥青继续进行拌和。目前大多数拌和设备采用第一种投料顺序，因为这种投料顺序在大矿料得到充分裹覆的同时，沥青被均匀地分散在大矿料中间，矿粉投入后可以和沥青很好地结合，不至于成团，因而矿粉表面积能得到充分地利用，大、小料的油膜厚度比较均匀。混合料黏结性能好，稳定性提高，抗低温开裂能力增强，但这种拌和顺序，如果矿粉加入量较多，则混合料灰暗无光泽，矿料表面裹覆的沥青油膜变薄，致使沥青混合料黏结力降低，材料易松散、脱落。因此，加矿粉时矿粉量不宜超过矿粉级配含量的中值。第二种投料顺序则由于矿粉在沥青之前加入，沥青再喷入后容易被矿粉吸附结成团状，并且矿粉的比表面积通常要占到级配料的70%以上，结团后矿粉表面积不能充分利用，使得沥青相对“过量”，大矿料表面的油膜增厚，混合料中游离沥青增多，因此混合料的黏结力下降，稳定性差，碾压过程中位移增大，低温易开裂，路面使用寿命缩短，故采用第二种顺序放料，相应地，矿粉用量要大，拌和时间要长，尤其砂石料与矿粉的干拌时间应不小6s。通常各种材料全部投入后的纯拌和时间为35～45s，每一循环周期为45～60s。

11. 除尘装置

环境保护是我国的一项基本国策。除尘设备的作用是减少粉尘排放浓度，保护大气环境。沥青混凝土搅拌设备用除尘器有一级除尘器和二级除尘器。一般小型搅拌设备只配一级除尘器；大型搅拌设备为达到环保除尘要求，采用两级除尘，一级除尘一般采用重力式或离心式干式除尘器，二级除尘则常采用湿式除尘或袋式除尘。

(1)一级除尘装置

一级除尘器通常采用旋风除尘器，其结构简单，投资小，运转、维修费用低，耐高温。其集尘装置为圆筒型，气流切向进入，粉尘在离心力的作用下被分离。旋风除尘器能收集粒径5μm以上的灰尘，除尘效率一般为5%～85%，因而旋风除尘器只能作为沥青混合料拌和设备除尘器的初级集尘器。

(2)二级除尘装置

二级除尘器通常采用湿式和布袋式两种除尘器。

①湿式除尘器

湿式除尘器有水浴式、喷淋式和文丘里等几种型式等结构形式，水浴式和喷淋式除尘器效果低于文丘里式除尘器。目前沥青混凝土搅拌设备采用的湿式除尘器多为文丘里式除尘器，可捕集粒径0.5μm以上的灰尘，除尘效率可达95%以上。

②布袋式除尘器

袋式除尘器是一种高效除尘装置，利用有机纤维或无机纤维织物做成过滤袋，将烟气中的粉尘滤出，可捕集粒径 0.3μm 以上的灰尘，除尘效率可达 95% ~99%。

袋式除尘器工作时，在风机的抽吸作用下，含尘烟气进入箱体，在折流板的截挡下烟气被分散流动，含尘气体从每个滤袋外侧进入滤袋内，在滤袋的筛分、格栅、冲击、拦截、扩散和静电吸引等作用下，微尘贴附于滤布缝隙间，从而粉尘从烟气中分离出来。随着粉尘在滤袋上的积聚，形成一定厚度的粉尘层，使滤布的透气性能降低，妨碍除尘器正常工作。因此袋式除尘器在工作过程中必须经常及时清除滤袋上的积尘。清除积尘有机械振打和喷吹等方式，喷吹方式又有脉冲高压喷吹和大气反吹等不同方式。

12. *成品料储存仓*

成品料仓主要用来调节搅拌设备与运输车辆间的生产不协调，提高搅拌设备的生产率，满足小批量用户需要，减少频繁开机、停机。对于滚筒式搅拌设备，由于成品为出口高度低，必须通过储料仓来解决成品的装车问题。在有较好的保温与防氧化的措施等条件下，大型储仓也可用于成品料的较长时间(最多可达半个月)的储备。

成品料仓的上部多为圆筒形，下部为锥形，以利于卸料。对于储存期少于 24 h 的储仓，一般只在仓体的外侧附设玻璃纤维或岩棉保温层。若用于较长时间储存成品料时，除了设保温层外，还应采用导热油加热，并向仓内通入惰性气体，以防止沥青氧化变质。

成品料进入储仓时，会产生离析现象，即混合料自空中落入仓里时，会出现大粒径石料流到仓的边缘处，细小砂料落在中间堆积起来，仓内容积越大，料仓越高时，此种现象越严重。故可在仓顶附设带有闸门的受料斗，待积聚一定数量的成品后再一起卸入仓内；或在仓内设置一个圆锥台，以减少成品料下落中的离析现象。

在储仓内通常设有高位指示料位器，当成品料储仓满仓时，料位器及时给控制室发出信号，禁止进料。

第三节　连续式沥青混合料拌和设备

一、连续式沥青混合料拌和设备总体结构与工作原理

连续式沥青混合料拌和设备的拌和工艺是各种原材料连续地进入拌和缸中，拌好的成品料也是源源不断地从拌缸中卸出。在结构上，这种设备的集料烘干和

拌和在一个滚筒中进行,所以又叫做滚筒式沥青混合料拌和设备。

连续式拌和设备的结构图,如图6-9所示。

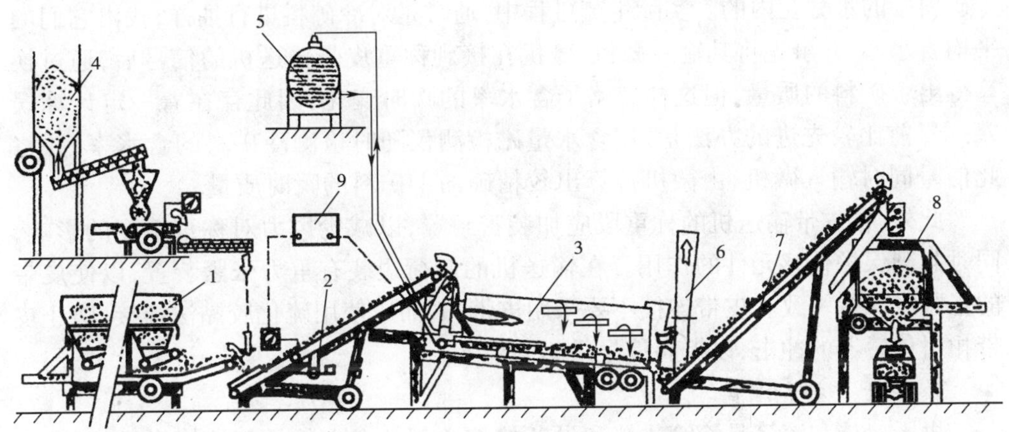

图6-9　连续式沥青混合料拌和设备

1-料储存和配料装置;2-冷矿料输送机;3-干燥拌和筒;4-矿粉供给系统;5-沥青供给系统;6-除尘装置;7-成品料输送系统;8-成品料储存仓;9-控制系统

工作原理:各种规格的冷矿料经过配料装置的计量、矿粉经计量后,由皮带输送机运至烘干—拌和滚筒进行烘干;同时沥青通过计量后输入到烘干—拌和滚筒;在滚桶内与矿料混合搅拌均匀,形成成品料,再由皮带机将成品料送到成品仓中。

二、连续式沥青混合料拌和设备各装置的结构特点

1. 冷矿料配料装置

滚筒式拌和设备的冷矿料配料装置同样包括配料斗、给料机、集料皮带机和机架。所不同的是:由于设备中不再设矿料的二次筛分与计量装置,因此矿料的级配精度取决于冷矿料配料装置的给料精度,所以作为调节供料量的给料机多选用皮带式给料机,甚至有的采用电子皮带秤,变体积计量方式为质量计量方式,以提高配料精度。

2. 冷矿料称重皮带输送机

各种规格的冷矿料经配料装置配料后,由称重皮带输送机运送至烘干—拌和滚筒。因此,称重皮带输送机不仅是运输装置,而且是各种级配料质量总和的称重装置。在称重皮带输送机的进料端设有一个备用振动筛,用以去除大于某一限定规格的石料(常为40mm)进入烘干—拌和滚筒。在该机的中部承载边装有质量传感器和速度传感器,当物料通过时,传感器将检测到的质量和速度信号输入控制室的微机,同时在操作台的面板上可连续、自动地显示出冷矿料的瞬时生产量(t/h)

和累计生产量(t)。有的拌和设备将质量传感器设在驱动滚筒处,同时检测驱动滚筒的转速,同样也可以测得皮带输送机的生产量。不过,这样检测到的质量是包含冷矿料中的水分在内的。实际生产过程中,通常是对冷矿料进行抽样,找出它们的平均含水率,并事先将其输入微机,微机在接到称重皮带输送机的信号后,通过换算得出干矿料的质量,但这样忽略了含水率的瞬时变化,因此存在着一定计算误差。目前比较先进的办法是,用含水量磁检测仪随时检测冷矿料的含水率,并将此信号同时输入微机,由微机换算出较精确的干矿料的瞬时质量。

此外,在皮带输送机的称重段应加装密封罩,以减少风力对称重精度的影响,同时起到保护传感元件的作用。在输送机的卸荷边装有重力张紧装置,以使皮带的张紧度保持一致。皮带连接不要采用皮带扣,而应使用硫化胶黏法连接,防止皮带扣对传感器的冲击,以提高信号采集的精度。

3. 烘干—拌和滚筒

烘干—拌和滚筒是滚筒式拌和设备的核心部分。它的外部结构形式、驱动方式、支撑方式等与强制间歇式拌和设备的烘干滚筒基本一致。最大的区别是它的加热装置设在滚筒的进料端,集尘装置设在滚筒的出料端,物料与热气流同向流动,即采用顺流加热的方式;此外,滚筒内部的结构和叶片的排列方式也有所不同。通常沥青经管路从滚筒的出料端进入滚筒,沥青的出口距出料端为筒长的1/3 ~ 2/5,矿料就是在这一区段内实现被沥青裹覆拌和成沥青混合料的。由于沥青和燃烧器的火焰处在同一滚筒内,为防止沥青老化,在滚筒内部的结构和叶片的布置上采取了一些措施。这些措施的目的是使矿料在滚筒的烘干区与拌和区之间形成一个密布的料帘,一方面将火焰与沥青隔开,防止沥青老化;另一方面有利于矿料与热气流之间的热交换,使矿料迅速烘干和加热。例如,有的拌和设备在靠近燃烧器一侧,滚筒内壁焊了两个有一定间距的环板,环板之间被隔成了沿筒壁分布的小料斗。当矿料通过时被料斗提起,又随滚筒旋转而落下,形成了较为密布的料帘。此外,滚筒式拌和设备的加热装置应选用短火焰的燃烧器,火焰长度不要超过筒长的1/3。

此外,烘干—拌和滚筒的方式对回收旧沥青混合料的再生极为有利,因此大多数的滚筒式拌和设备开发了这一功能。

通常在滚筒的中部(料帘之后)增设一个旧沥青混合料的喂料环,环上开了一些投料口,料口用活门密封。回收材料通过皮带输送机从上部的喂料口投入,每个投料口转到顶部时,活门靠自重向内开启,旧料进入筒内。当料口转到下部时,活门又靠自重关闭,材料不会漏出;此后,旧沥青混合料在筒内被热气流加热,沥青逐渐软化并与旧矿料脱离,同时与新矿料和其后加入的新鲜沥青重新一起拌和而成为新的沥青混合料。

4. 矿粉的供给与计量

矿粉加入烘干—拌和滚筒常见的有两种方法:一种是单独计量后,用螺旋输送机将矿粉送至冷矿料的称重皮带输送机上,随冷矿料一起进入烘干—拌和滚筒;另一种是计量后,采用气力输送的方式经管道从出料端进入滚筒,它的出口设在沥青管路的出口之下。采用前种方法,简单易实现,但是如果滚筒内风速过大,则容易使矿粉流失,成品料因填料的减少而品质恶化;采用后一种加入方式,由于矿粉从管内排出后即被上面喷洒的沥青黏附,因此不易被吹走,但是极易结团,难于拌和均匀。故保证矿粉的加入量和均匀的拌和效果,是滚筒式拌和设备的一个技术关键。

另外,对于滚筒式拌和设备需要解决一个矿粉连续计量的问题。目前有两种计量方法:第一种是采用电子皮带秤进行计量,即在矿粉仓底部的叶轮给料器之后设一电子皮带秤,该皮带秤将连续采集的信号输入到控制室的微机里,由微机进行数值比较,若与设定的数值有差异时,系统将自动变更叶轮给料器的转速,调整供料量;第二种计量方法称为减重计量法。这种计量装置由加料阀、称重给料仓、减重给料秤和微机四部分组成,并与调速电机驱动的螺旋给料机联机运行。当系统调整好开始给料时,首先将设定的矿粉给料量输入微机并发出给料指令,则加料阀打开,矿粉从储料仓进入称重给料仓;与此同时称重系统进行称重采样,当称重给料仓中的矿粉螺旋给料机开始转动,减重给料秤进入计量状态,此时,单位时间内减少的矿粉质量即为瞬时给料量。随着给料时间的延续,称重给料仓内的矿粉量不断减少,当矿粉量减少到控制下限时,称为一个质量计量周期;这时加料阀再一次打开,向称重给料仓加料,而螺旋给料机和称重显示器仍按加料阀打开前一刻的状态运行,直到称重给料仓内的矿粉达到控制上限时为止,加料阀关闭,称为容积计量周期;随着加料阀的关闭,测重系统进行采样和计算,又进入了质量计量周期,减重给料秤就是这样循环连续工作的。如果检测出的瞬时给料量与设定的数值有偏差时,微机会自动输出一个电信号,改变螺旋给料机调速电机的转速,以调整瞬时给料量,使之与设定的给料量始终保持在标准偏差之内。

5. 沥青的供给与计量

为适合混合料连续拌和的特点,作为结合料的沥青需要稳定、连续地送入烘干—拌和滚筒,同时准确地计量出它的送入量,此外还必须能适时地调节送入量的大小。因此系统中除了必备的沥青保温罐和一些阀门、管路之外,主要是通过下述装置来实现的:由调速电动机驱动的沥青泵、沥青流量计、三通阀、压力表、过滤器和连接管路等,这些装置均为双层结构,内通导热油加以保温。

工作时,通过流量计检测出沥青喷入量的多少,并将此信号输入控制室的微机。微机将根据同时输入的冷矿料和矿粉的称重信号加以运算、比较。若与设定的配合比有差异时,会发出指令自动改变沥青泵驱动电机的转速,从而调整供应量，通常都以矿料的质量作为参照系，并适时、适量地调节沥青的供给量。此外，通过改变三通阀的通流方向，可满足系统调试、流量计标定、沥青回送、沥青计量供给等不同工况的需求。

6. 成品料的输送与储存

由烘干—拌和滚筒卸出的成品料，经刮板输送机送至成品料仓储存。刮板输送机是封闭的，在曳引链的牵引下，刮板推动成品料沿机身槽连续不断地向上提升，直至储料仓的进料口。由于沥青混合料的特殊性质，所以工作结束时一定要将刮板输送机内的成品料排空，防止沥青黏结其上，加大再起动时的阻力。每次开工之前，也应先空运转 5min，检查各运动部件有无异常，同时在刮板和曳引链条上涂敷一些轻质油，以避免沥青黏附。为防止在突然断电的情况下，刮板输送机在物料质量作用下产生倒转，通常在驱动轮处设有防倒转机构（如棘轮、棘爪）。

成品料储存仓是滚筒式拌和设备的必备装置。对于连续式卸料，为减少成品料的离析，在仓的顶部接料槽下增设了一个小料仓，当此仓内的料堆集到一定程度，仓底的滑移料门自动打开，集中将料卸入大的筒仓内（这种防止成品料离析的小料仓，也可设在刮板输送机的出料口处，作为它的附属装置）。筒仓里设有高、低料位检测器，其信号在控制室的操作台上显示，当仓内成品料达到设定最高位时，蜂鸣器会自动发出信号报警，通知操作者尽快排料，否则延迟 20s 后（由人设定），接料槽的旁门自动打开，成品料从废料槽排出。筒仓上部这种排料设施，也可作为系统排出废料之用，例如，由于某种原因产生了不合格的花白料，就可以从这里排出，而不必卸入储存仓内。

对于较大型的成品料储存仓，在筒仓外包有保温材料和蒙皮，锥体部分和底部放料门采取导热油加热或电加热措施等等。若用于较长时间的储存（如超过 72h），仓内还必须通入惰性气体，以防沥青氧化。

7. 滚筒式拌和设备的除尘设施

滚筒式拌和设备产生的初期，引起人们最大兴趣的是以其特有的生产方式，在降低粉尘污染方面表现出巨大的优越性。由于粉尘处理量的减少，可以降低档次来选配集尘装置。对于小型的滚筒式拌和设备，有时配一个简单的干式集尘装置即可满足环保要求。但是近年来，由于滚筒式拌和设备的生产能力向大型化发展，而且各国的环保标准要求也愈来愈高，因此，除尘问题也不容忽视。在许多大型的滚筒式拌和设备上，仍选配除尘效果最好的布袋式集尘装置。

8. 其他连续式拌和设备

目前，连续式拌和设备除了单滚筒式沥青混合料拌和设备外，还有双滚筒式沥青混合料拌和设备。

所谓双滚筒，即烘干—拌和滚筒采用了双层结构（图 6-10）。内筒相当于一个大的旋转主轴,其内部结构、支撑和驱动方式与间歇式拌和设备的烘干滚筒相类似;筒内仍作为冷矿料的加热空间,但采取了逆流加热的方式。冷矿料在这里被烘

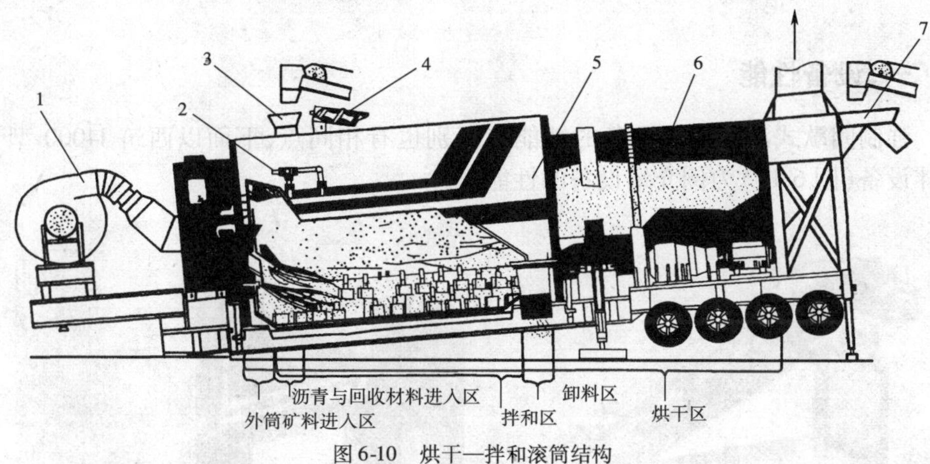

图 6-10 烘干—拌和滚筒结构

1-燃烧器;2-新沥青入口;3-回收材料入口;4-矿粉入口;5-外筒;6-内滚筒;7-新矿料入口

干、加热后,从燃烧器这一端的内筒筒壁的缝隙中流入到外筒的内腔中。在内筒的外壁上装有许多可更换的拌和叶桨,当内筒旋转时,叶桨就拨动外筒内腔中的各种混合料向与燃烧器相反的方向作螺旋推进运动,变自落式拌和为强制式拌和,并且沿滚筒经历了较长的运动轨迹(即较长的拌和时间),从而得到了均质的成品料。外筒与机架固定是不旋转的,筒壁外侧包有绝热材料和密封薄铁板,筒壁内侧装有耐磨衬板。外筒的内腔提供了一个大的裹覆空间:收回材料从燃烧器这一端进入外筒;首先与从内筒流入的已加热的新鲜砂石料混合,吸收新鲜砂石料所携带的热量,使旧沥青得以软化、升温;再生料中的水蒸气和轻油气则从新鲜砂石料流出的缝隙中被吸入燃烧器而焚化,因而大大降低了因采用回收材料所造成的污染,并使回收料的比例可高达 50%;回收材料的热量 90% 来自新鲜的热砂石料,10% 来自内筒壁和拌和叶桨的热传导,因此即便提高砂石料的加热温度,也不致造成筒壁的热损失,相反可节约 10% 的燃料;随后,矿粉等添加剂也从外筒加入到这一裹覆空间,由于避开了热气流,所以解决了单滚筒拌和设备难以避免的矿粉失散问题,并且在叶桨的强制搅动下,可以均匀地分散在混合料中;最后,在外筒壁适当的位置,喷入新鲜的沥青,实现对上述各种集料的裹覆,在这里沥青也因避开了燃烧器的烈焰,而防止了可能出现的老化,其分裂出来的轻质油,同样被吸入燃烧火焰中而焚化。优质成品料从外筒远离燃烧器一端卸出,充分燃烧后不再有烟雾的气体从内筒进料端一侧经集尘装置排入大气。由于回收材料和新鲜沥青中的轻质油已被充分燃烧,布袋式集尘装置的过滤袋不再被油污侵蚀,因而大大提高了使用寿命;另外外筒底侧开有一个液压操纵的大的活门,可供操作人员进入腔内检查、维修之用。

第四节　沥青混合料拌和设备的性能和改进技术

一、设备性能

强制间歇式沥青搅拌设备的性能有区别也有相同点，下面以西筑 J4000 型青搅拌设备(图 6-11)为例介绍设备的性能。

图 6-11　西筑 J4000 型青搅拌设备

1. 性能特点

该产品与现有的搅拌设备相比，具有以下特点：

(1)模块式结构

该设备的主要装配完全采用模块式组装，结构紧凑，安装、拆卸方便。

(2)准确的初级配

该配料系统有六个冷料仓，每个料仓的皮带给料器均配有带变频调速的减速机，统一由中心控制室的计算机进行闭环控制。它可根据设备的生产量和级配自动调整配料器的给料量。

(3)全新设计的干燥筒

干燥筒的四个驱动轮由四台直连式减速电机通过传动轴直接驱动，结构紧凑，调整方便；干燥筒内部的叶片布置特殊，干燥筒外部有 50mm 厚的保温层，使热量能更多地传给骨料，热效率高。

(4)可用多种燃料的燃烧器

配置的边宁荷夫公司的燃烧器是目前国际上最先进的，它不但可燃柴油、重油、渣油，还可燃气体、煤粉等燃料，具有良好的经济性。

(5)振动筛

该振动筛为双电机驱动的六层式线性振动筛，振动轴在筛体的顶部，振动轴维护保养方便；六种筛分料可实现任何路面的级配要求。

(6)大型保温式热料仓

存贮量高达145t的六仓式热料仓，外部有150mm厚的保温层，并且每仓均配有连续式料位器，可保证设备的生产率和减少热量损失。

(7)精确的石料称量控制系统

骨料称量斗门为气缸电控两次关门，骨料粗精两次称量，称量精度高。

(8)双电机驱动的搅拌锅

该搅拌锅配备的两台55kW电机分别直接驱动搅拌锅的两根轴，驱动效率高，搅拌效果好，能保证45s内完成一个拌和周期。搅拌锅外部也附有50mm厚的保温层，以减少热量损失，节约能源。

(9)结构紧凑的粉料系统

$40m^3$的新粉罐和$40m^3$的回收粉罐安装在楼体的模块式框架内，拆装特别方便，每仓均配有连续式料位指示器。

(10)热效率高和保温效果好的沥青系统

该系统配有热效率特别高的最新式热油加热器和每个沥青罐存贮量为5.45万升、50t共三个卧式沥青罐的沥青系统，既能满足设备的工作要求，又节省能源。

(11)特殊设计的布袋除尘系统

由于布袋除尘系统采用了特殊的结构设计，而干燥筒的排气温度也较低，使布袋通常在120℃以下工作，延长了布袋的使用寿命，并且除尘效率高，排放浓度达到欧洲标准。

(12)计量准确的SMA(混合料)添加系统(可选项)

采用重力计量、气力输送方式，使SMA材料的添加更加准确，自动化程度高。

(13)最先进的大屏幕计算机控制系统：设备的整个生产过程，从冷骨料的供给到热骨料、沥青、粉料、添加剂的称量、搅拌，均由计算机自动控制，并且所有的操作均是由鼠标点击计算机屏幕上的画面即可，即方便又直观；设备的控制系统下位采用可编程控制器，上位采用计算机控制系统，可将设备上所有电机的工作状态、燃烧器工作情况、各总成的参数、各点的温度及控制一一显示到屏幕上。只要将骨料、沥青、粉料、添加剂的配合比输入到计算机上，系统将自动给定并调整冷骨料，其称量、搅拌等均可实现自动。采用全中文菜单，整个画面简捷、直观，Window NT4.0作为平台，操作简单、方便；所有的电缆均有快速插头与中心控制室连接，使安装快速、安全、可靠。

2. 技术参数

我国部分典型拌和设备的技术参数如表 6-2 所示。

技　术　参　数　　表 6-2

型号 内容	LB2000	LB3000	H4000	AMP5000 - C
额定生产率(t/h)	120 ~ 160	180 ~ 240	320	360 ~ 400
搅拌缸容量(kg)	2000	3000	4000	5000
总装机容量(kW)	480	650	—	(不含成品仓)1052
总占地面积(m^2)	52 × 39	55 × 40	—	67.5 × 36.5
燃料消耗(kg/t)	6 ~ 7		≤6.5	≤6.5
成品料温度(℃)	140 ~ 160		可控 ±5	可控 ±5
骨料计量准确度(%)	0.5		0.3	0.25
粉料计量精度(%)	0.3		0.3	0.25
沥青计量精度(%)	0.3		0.1	0.1
操作者耳边噪声(dB(A))	≤80		70	≤70
粉尘排放浓度($mg/N \cdot m^{-3}$)	湿式文丘里≤400 高压脉冲袋式≤200		≤15(欧洲骨料标准) ≤25(未达到欧洲骨料标准)	分室、高压脉冲袋式 ≤80

二、沥青混合料拌和设备的改进技术

1. 称量系统的改进技术

2005 年 1 月 1 日开始实施的《公路沥青路面施工技术规范》(JTG F40—2004,下称新规范)规定间歇式沥青拌和设备矿料级配的允许偏差要求提高,从目前国内使用的沥青拌和机来看,由于新规范要求的提高,一些沥青搅拌设备在集料称量方面不能适应新的要求。所以,对沥青搅拌设备的集料称量系统进行改进以适应新规范要求。下面以 LB3000 型为例介绍称量系统的改进技术。

(1)LB3000 型系列沥青搅拌设备存在的问题

LB3000 型系列沥青搅拌设备集料称量系统基本结构如图 6-12 所示,在这种结构下,由于气缸关门过程和集料落到称量斗上都存在一定的延时,所以必须在未称到设定值之前提前一定的量关闭热料仓门,延时一定时间后再取称量结果值。早期 3000 型系列沥青拌和机的关仓提前值一般采用冲量自动修正法,根据上一次称量的关仓提前值和称量误差值调整下一次称量的关仓提前值,调整算式如下:

下一次称量关仓提前值 = 上一次称量提前值 + 上一次称量误差值 (6-1)

应用实践表明，一般间歇式沥青拌和机必须在大约 30s 时间内完成集料称量，为了在一定的时间内完成称量任务，热料仓门必须开得足够大。但是热料仓门开得越大，适应热料仓储料变化等不稳因素的能力就越差，特别是出现缺料等待、进料快慢变化较大等生产工况时，根据上一次称量误差调整的关仓提前值到下一次称量时工况已经变化很大而根本不能适用，系统稳定性很差，误差很大。

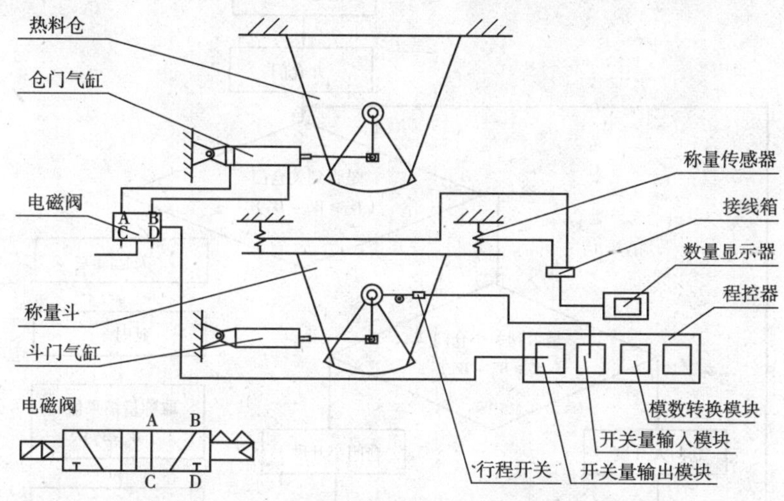

图 6-12　LB3000 型沥青搅拌设备称量机构示意图

(2)改进技术

将原来的称量系统改为双气缸双电磁阀的双开度集料称量系统，机构示意图如图 6-13 所示，两个相同直径的气缸组成一组控制一个料仓门，气缸行程根据料仓和集料的特性选择，均由单独的二位五通电磁阀控制。两个气缸全部打开时为大开度，一个气缸打开一个气缸关闭时为小开度，两个气缸全部关闭时料仓门关闭，称量流程如图 6-14 所示。这种系统先以大开度保证称量速度，再转为小开度保证称量精度和系统稳定，同时兼顾了称量速度、称量精度和系统稳定性的要求，系统对元器件要求不高，结构简单，维护容易。

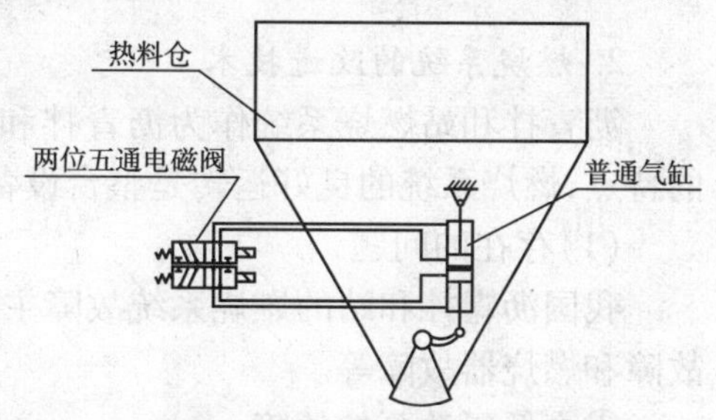

图 6-13　双气缸双电磁阀的双开度集料称量系统机构示意图

单开度称量机构不能适应复杂多变的工况造成系统稳定性差是误差大的根本原因，双气缸双电磁阀的双开度集料称量系统从执行机构的结构和控制过程的算法两个方面提出了简单可行的改进方法，为解决困扰沥青搅拌设备称量配料系统的这一设计问题提供了新的思路。改进后设备大小开度的转换值选择比较关键，开度转换值太大会影响称量速度，太小则可能没有大开度转小开度的过程变成了原来的单开度称量结构，改进后系统的开度转换值还是根据现场过程手动设定，进一步改进可考虑设计一定的算法自动修正。

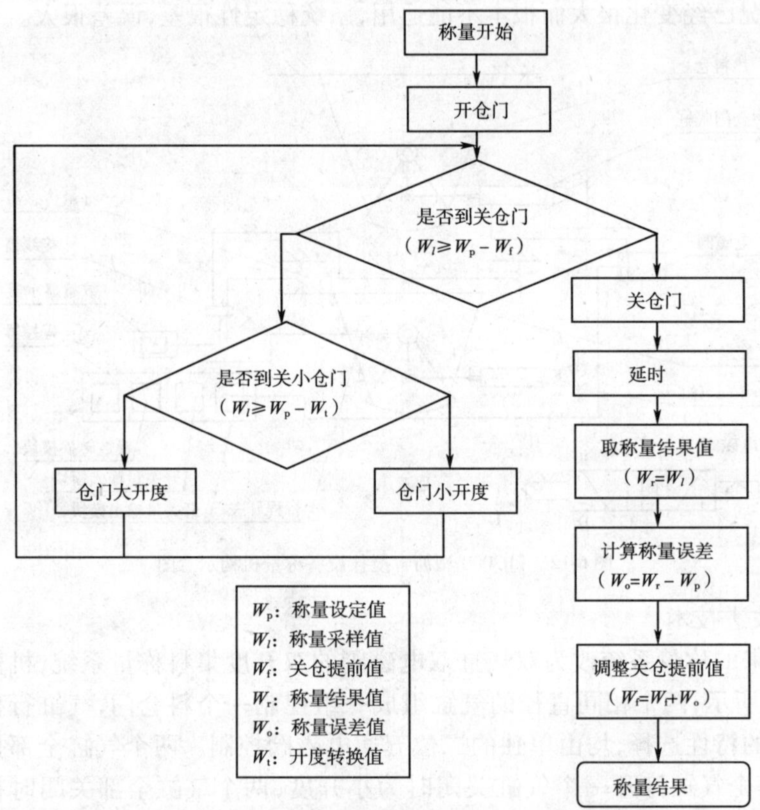

图 6-14　双气缸双电磁阀的双开度称量系统流程图

2. 燃烧系统的改进技术

沥青拌和站燃烧系统作为沥青拌和站重要组成部分具有系统复杂、故障点多的特点，燃烧系统的良好运转是整台设备良好运转的重要保证。

(1)存在的问题

我国沥青拌和站的燃烧系统故障主要可以分为：高低压油泵的故障、供风系统故障和燃烧器故障等。

①高低压油泵的故障

高低压油泵也是故障点发生最多的地方，特别是高压泵，经常发生密封泄露、传动轴断裂、齿轮之间，以及齿轮与端面之间磨损等故障，造成压力降低，流量不足。为查找原因彻底解决问题，对燃油泵进行了分析。沥青站燃料供应采用两级泵送来保证燃油供应的压力和流量。低压泵负责燃油供应，高压泵负责燃油达到额定的压力和流量。进口沥青站配备的燃油泵对燃料的要求非常高，如果用柴油做燃料可保证正常使用，如果用国产的重油做燃料，因为国产的重油中残炭，机械杂质和含硫量较大，特别是催化裂化的循环油和重油后硅，铝催化剂等造成泵体和阀体磨损加速。尤其是高压油泵，其齿轮的齿尖部位受到磨损，配合间隙逐渐增大，润滑油膜也遭到破坏，工作几百小时后便故障不断造成压力下降，影响雾化效果和火焰形状，燃烧时难以达到白炽状态，骨料加热慢，从而使生产率降低。

因此生产中要及时维修或更换高压泵。但是进口的燃油泵国内没有配件和总成供应，从国外进货周期长，一般要 2 个月左右；价格昂贵，总成的价格一般是 10 万元左右。

②供风系统的故障

供风系统由一次引风机和二次引风机组成。一次引风机也叫雾化鼓风机，它与燃烧器相连，在燃烧火焰的后方。二次引风机也叫主引风机，它通过除尘箱与干燥滚筒相连，在燃烧火焰的前方。供风系统通过风量的调剂达到调节燃烧温度的目的，常发生的故障形式包括：风机实际运转与电脑控制的参数不一致；风门调节与电脑显示不一致；引风机引风效果变差。

③燃烧器故障

燃烧器是整个燃烧系统的执行部件，其使用情况直接关系到能否保持良好的燃烧。燃烧器的结构形式多种多样，按雾化方式分为压力式雾化、介质雾化、转杯雾化。燃烧器的故障形式主要表现为：不能点火或断火；雾化不良；火焰形状分散加热效果差。

(2)改进技术

①燃油泵的改造

采用国产泵进行替换燃油泵。国产泵优点众多：压力、流量大，完全可以保证压力流量的要求；配合间隙大，微小的杂质不会对齿轮造成损伤；并且价格低廉，供应充足，每台泵的寿命基本可以保证 5 ~ 8 万吨的产量。在完成改造后，可将燃油泵当做易损件，出现故障直接更换总成，降低维修难度、节约维修时间，如果只是压力下降还可作为低压泵使用。按一个项目 20 万吨成品料计算，基本上有 5 台泵就可满足生产，成本 1 万元左右。整个改造过程也相对比较简单：首先，选择适合的齿轮泵。要求能满足的使用条件是：耐 120° 以上的高温；出口压力高于 2.0 ~ 2.2MPa（燃油管路上有压力调节阀，压力高可以调低；但压力低不能调高）；流量大于 70L/min；齿面为耐磨硬齿面；泵的输出输入端密封必须耐高温耐腐蚀的机械密封。经过多方联系最终我们选定了2CY - 7.5型齿轮泵，压力 15MPa，流量80L/min，转速 1450r/min。其次，要进行适当的改造。由于所选用的 2CY－7.5 型齿轮泵与原来的燃油泵的结构、几何尺寸不同，无法安装在燃烧器原来的位置上，故需要加工底座安装板，以适应齿轮泵的安装要求；同时，为了方便加工，将供油管路进行了改进。泵进油口采用 ϕ50mm 的无缝钢管，通过法兰与原供油管路连接。为了减少齿轮泵的振动，泵的出口采用 ϕ35mm 高压软管通过法兰与燃烧器的燃油管连接。齿轮泵主动轴用十字联轴器与电动机连接，大大降低了底座的加工精度要求，同时提高了齿轮泵的寿命。电动机的转速没有变，只是将位置沿轴向稍微移动了一点，因此电机不需要更换。并且保留了原有油量表、压力表和安全阀等元器件。改进后的实用证明，燃油供应完全满足施工要求，沥青站的产量达到设计产量 320t/h，温度误差控制在 ±5℃左右。

②供风系统的使用技术

a. 检查一、二风机上的入口保护装置是否正确安装，风机外壳是否无损坏及泄漏；观察叶片的运转情况，噪声太大或振动时，可调节叶片以消除；定期给轴承润滑并绷紧皮带；清洗并润滑空气阀门联接处，看运转是否平滑，运转有障碍时要更换配件；测定雾化鼓风机风压是否达到工作要求，风压太低会造成回火，导致滚筒前端的导板和燃烧区拨料板过热，风压太高会使电流过大，布袋温度过高甚至烤焦。观察主引风机风门控制电机是否运转灵活，风门控制正常。

b. 观察除尘箱负压表温度表读数，及时调整主引风机风门；除尘布袋保持良好的透气性才能保证燃烧充分，温度调剂灵敏。在设备运转状态下，必须保证除尘箱的温度大于 90℃；在正常状态时，除尘箱真空度表的指示不大于 120，若大于 120，说明布袋已黏结，必须进行强制清洗，若采用此法效果不好，则必须用人工的办法进行清洗；在天气晴朗气温较高的时候，也可在热机的情况下经常对除尘箱进行强制清洗以保持除尘布袋良好维护。熄火、燃烧不充分、污染除尘布袋，查找原因一般是加热温度不够，使黏度过大雾化不良，或水分、杂质太多，造成了燃烧不充分或不能燃烧。

③燃烧器的改进及正确使用

针对故障发生形式采取如下措施：

a. 定期检查燃油调压阀或减压阀，确定可调节螺栓上的锁紧螺母表面是否清洁并可拆卸。如螺钉或螺母表面过脏或生锈，则需修理或更换调节阀。检查喷枪的位置，发现角度和位置发生变化要及时调整。

b. 燃烧器上的“Y”型过滤器要经常清洗，防止喷油嘴和阀门堵塞。工作时，检查燃烧器上的压力表，看是否在正常范围以内。

c. 要定期检查喷油嘴、雾化盘，看喷油嘴有无划痕、缺损、堵塞，发现后要及时更换喷油嘴；看雾化盘有无变形或裂痕，发现后要及时焊接修整或更换；为防止积炭过多要定期清洗喷油嘴和雾化盘。

d. 检查点火电极火花间隙(3mm 左右)。检查点火电极绝缘情况,看绝缘套有无缺失,如有缺失要及时补足。

e. 常清洁火焰探测器(电眼),确定位置是否安装正确,温度是否合适,位置不正及温度过高都会造成光电信号不稳定,甚至断火。

f. 一般情况下重油在气温 20℃ 以下时点火不容易。这是因为多数重油在气温下降时含蜡量增大,黏度也随之增大,重油变的黏稠,雾化效果更不理想,燃烧时迅速点火较为困难。为此可在点火时适当调小初始风门,点火时风量较小不至于把燃烧不好的火焰吹灭,着火后再把风门调回自动位置。

g. 建议对喷枪和热交换器用电加热丝保温,因为如果气温较低,喷枪和热交换器都是冷的,高温的重油在经过这些部位时会因为温度下降而黏度增大,不利于点火。在使用重油前,要先用柴油助燃,等火焰稳定后再转化为加热的重油;在工作结束前,也要使用一段时间的柴油,防止管路、燃烧泵以及喷枪中残留重油不利于下次启动。

3. 其他改进技术

(1)除尘装置的改进技术

传统的沥青拌和设备中,粉尘灰经过一、二级除尘后积于布袋除尘器底部,对粉尘没有再进一步的解决办法。因此,可以增加了一套循环水粉尘处理系统即用循环水将粉尘经搅拌后进入预定的粉尘沉淀池,沉淀后水与灰分离,水可重复使用。其工作流程如图 6-15 所示。

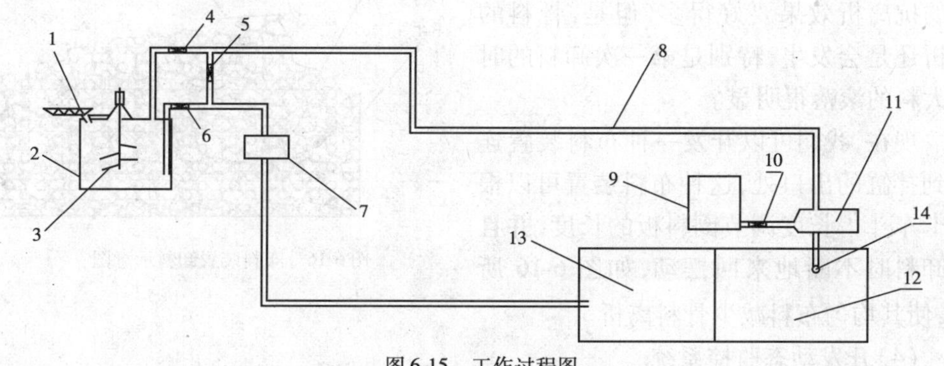

图 6-15 工作过程图

1-螺旋机;2-地槽罐 3-搅拌机;4、5、6、10-球阀;7-污水泵;8-水管;9-容器;11-清水泵;12-清水池;13-污水池;14-井底阀

在拌和设备启动前,该系统要先进行运转。首先应关闭球阀 5,打开球阀 4、6 及 10 使容器 9 内的水通过阀 10(注:当清水泵开始泵水前,首先关闭阀 10 并注满容器 9 以便下次使用时有水可用)注入清水泵 11 进行排气,同时保证井底阀 12 处

于关闭状态,再启动清水泵,由清水池通过水管8经阀4向地槽罐2注水,当水面高至可以使污水泵7抽出水时打开污水泵,同时打开搅拌机3和螺旋机1进行排灰处理,经搅拌处理形成的泥浆由污水泵泵至污水池13。在运转中需根据地槽罐内水的高度适当调节球阀4、5、6,以保证系统的正常运转。

经此改进后,可以有效地改善施工现场灰尘大、环境差的局面,减少环境污染,降低施工劳动强度。由于该系统要求水量充足,故对于水资源较紧张的地方不适用。

(2)监控系统的改进

对于沥青搅拌设备还在使用原监控系统(用编程软件开发),主要有三个功能:生产数据显示、配方修改、生产数据采集和报表打印。原监控系统主要缺点是:无法动态监控设备的运行状态;生产数据采集是生成文本文件,不利于数据共享。

近年来,组态软件在监控系统开发的应用已经比较成熟,组态软件的突出优点是不需要复杂的编程就可以实现各种常用的监控功能。所以,可采用组态软件来对监控系统进行改进;改进中可以保持原有的硬件组合。对需要进行远程监控沥青搅拌设备的,可采用基于GPRS技术的监控系统。

(3)成品料卸料装置的改进

目前,国内的沥青搅拌设备的卸料过程大多数都是从拌缸内直接卸到自卸卡车上;卸料分为三次,卸料顺序为:中—前—后;这种方法相对于一次卸料来说,它的抗离析效果要好得多,但是,骨料的离析还是会发生,特别是第一次卸料的时候大料的滚落很明显。

现在,我们可以开发一种布料装置连接到拌缸的出口处,这种布料装置可以根据卡车斗得长度调节倒料板的长度,并且在卸料时不断地来回摆动,如图6-16所示,使其均匀布料减少骨料离析。

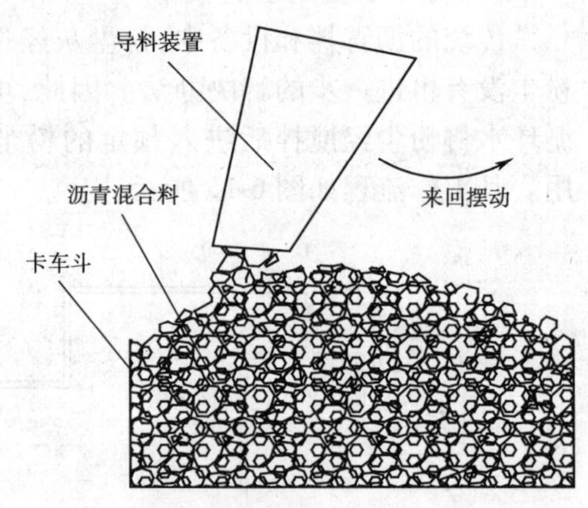

图6-16 布料装置卸料示意图

(4)开发动态监控系统

目前,沥青混合料生产过程中存在目标配合比与生产配合比相差较大的现象,并且生产配合比在生产过程中不稳定发生动态变化,严重影响了路面质量,严重时会导致路面出现早期病害。造成配合比不稳定的因素很多,其中原材料、冷集料的初级配流量控制、热集料机量的控制、人为随意调整等都将严重影响混合料的配合比。开发一套动态计量监控系统,及时检测每种热集料的动态变化以自动微调整冷集料的流量,保证混合料的配合比。另外,该系统还具有事实记录功能和无线传输功能,可以将拌和设备控制系统的数据真实传输给管理层,是管理层及时了解拌和设备的实际生产情况。

(5)温拌沥青混合料拌和设备的改造

Evotherm 技术采用的是乳化沥青添加模式,采用直投式添加模式,添加系统的简图如图 6-17 所示。直接用配制添加剂活性水溶液,在沥青和集料拌和过程中喷入该溶液(添加剂通过简易的独立系统送入拌和锅),经充分搅拌后生产温拌混合料。

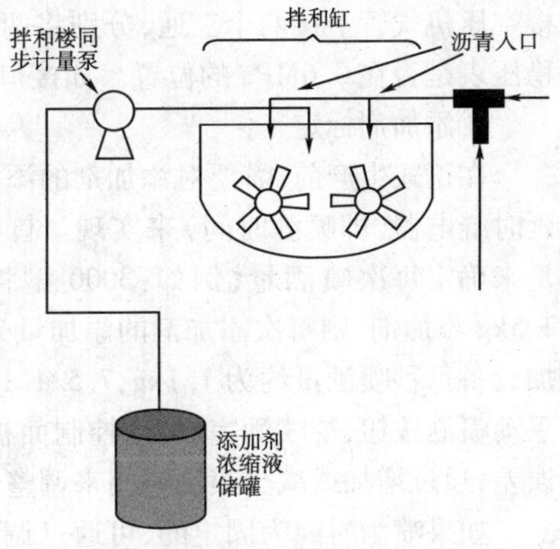

图 6-17 Evotherm 添加系统

直投式添加模式的采用为添加剂本身的技术升级带来了技术空间。乳化沥青模式的添加剂要求乳化能力强,需要调强酸强碱,无法很好兼顾添加剂水溶液的稳定性、沥青对石料裹覆以及沥青对石料的黏结等工程特性。直投式添加方式采用后不久,添加剂即升级为稳定的中性水溶性型,完全解决了添加剂的稳定性问题。

①喷洒杆安装

为了保证分散剂顺利地喷洒在沥青上,避免与石料的直接接触,喷头位置的选择非常重要。分散剂喷头方向必须和沥青喷头方向相匹配,以保证分散剂喷洒区域和沥青喷洒点区域重合,另外,喷头安装高度应该不低于沥青喷头的高度,以避免沥青喷洒在分散剂喷洒杆上面,喷洒杆实际的安装图片如图 6-18 所示。

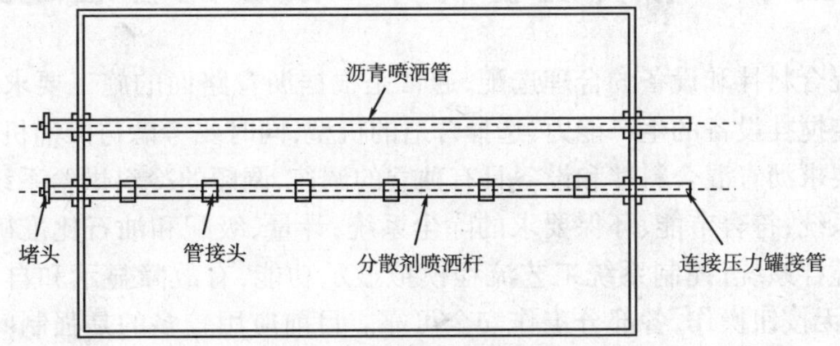

图 6-18 喷洒杆安装示意图

②电路安装

要求由专业电工安装:a. 接一个 220V 交流电插线板到设备前,供设备内部信号控制系统使用,需要用电笔测量插线板电路的火线位置,以保证与设备插头上的火线标记相匹配。b. 从拌和楼中央控制室接一根沥青喷洒信号线(火线,220V),

与喷洒设备预留的信号接口相连接。

③气路安装

喷洒设备有两个气路接口，分别为气动隔膜泵和压力罐提供动力。需从拌和楼空压机气管上接两个三通，分别将两根气管接上，打开气源，查看压力罐接头处稳压表是否在0.6MPa的位置。如接口需要变径，需提前准备好变径接头。

④添加剂标定

在正式生产前，需要对添加剂的添加量进行标定，主要通过调整控制面板上的延时继电器（即喷洒时间）来实现。首先根据混合料的类型与拌缸每次出料的数量来确定每次喷洒量；例如：3000型拌和楼每次出料3t，每吨混合料要求添加2.5kg添加剂，则每次添加剂的添加量为2.5×3=7.5kg；然后估算出添加时间，添加设备每秒喷洒量约为1.1kg，7.5/1.1=6.8s，将延时继电器时间调到6.8s，按下手动喷洒按钮，待喷洒完成，读控制面板上流量计上的读数，如与要求的喷洒量有误差，通过增加或减少喷洒时间来调整，直至达到要求喷洒量。

如果喷洒时间为固定的，可通过调整压力罐出口处的手动阀门增加或减少添加剂的流量来达到要求的喷洒量。

⑤排气口的设置

考虑气体的反冲力会影响到矿料的计量，需要在拌和缸中设置排气口，以消散气体，排气口直径为50~60cm，外接排气管，排气管的长度为1.5m，排气口的设置高度稍大于混合料拌和区高度，以便气体顺利排出。一般情况下，可使用拌和缸的观察孔作为排气口。

第五节　沥青混合料拌和设备的合理选配

沥青混合料拌和设备的合理选配，通常是根据沥青路面的施工要求、工程量、工期来确定搅拌设备的生产能力，选择合适的机型，同时要考虑与摊铺机作业能力相匹配。要求沥青混合料拌和设备具有独立的调速、调频的冷料供给系统；热效率高的烘干系统；符合节能、环保要求的除尘系统；计量、级配和油石比准确、拌和均匀的计量搅拌系统；控制系统工艺流程模拟显示功能，有故障显示和自动报警功能，最好能无按钮操作，各部分工作安全可靠。目前应用较多的是强制间歇式、生产率在320t/h以下的搅拌设备。应优先选择性价比高、故障率小的设备和售后服务好的企业（最好在全国各地都有办事处）。

一、沥青搅拌设备应满足的要求

（1）能够生产各种工程需求的沥青混合料或者在升级改制后能够满足特殊沥

青混合料用户的需求(要求所选设备必须要预留以后升级的接口)。

(2)具有足够的安全等级,能够在合理的管理维护情况下,确保设备的安全运行;具有足够的可行性。满足 GB/T 178008—1999 和 JT/T 270—2002 标准的要求,负荷率应该达到 85% 以上。

(3)节能、环保:设备在功率匹配、燃烧效率、烟尘排放、噪声控制等方面达到或超过国家标准要求(除尘面积并不是越大越好,关键是合理匹配)。

(4)计量系统精确性和稳定性好,JT/T 270—2003 标准的规定具有切合实际的意义。计量精度有了明确的定义,静态精度为采用砝码实验的结果;动态的精度标准为一个切合实际的指标。

(5)具有先进性、扩展能力、友好人性化的控制操作界面。先进性的设备是因为采用了合适的技术和最好的组合带来的结果。

(6)设备能够为使用者创造效益。虽然能否产生经济效益并不完全和设备有关系,但是设备生产过程中产生的人力物力,包括需要的操作维修人员数量、加热设备的保温情况、燃料和骨料的质量、生产过程中意外等情况的出现(如花料、废料),甚至燃烧器工作的稳定性、计量系统的精确程度、设备工作是否处于稳定合理的状态等都对最后的经济效益会产生很大的影响。

二、沥青混合料搅拌设备选型

沥青混合料拌和设备选型的主要依据——生产率 Q;由式(6-2)确定:

$$Q = SHR/NKT \tag{6-2}$$

式中:S——铺筑面积,m^2;

H——铺筑厚度,m;

N——计划施工工期,天;

R——压实密度(一般取 2.35),t/m^3;

T——每天实际运转时间(一般取 10h);

K——施工日系数(不考虑节假日只考虑下雨和设备维修)。

K = 工期中可能工作天数/计划日历天数;一般取 $K = 0.8$。

由上式计算出来的生产率 Q,是沥青搅拌设备所需达到的生产能力。实际选择的设备必须达到和超过这一生产率,才能满足正常的施工要求。

第六节　沥青混合料拌和工艺和质量控制

目前,我国沥青混合料拌制的设备主要使用的是强制间歇式沥青混合料拌和设备,下面就具体介绍强制间歇式沥青混合料拌和设备拌制的工艺及其质量控制。

一、沥青混合料拌和工艺过程

强制间歇式沥青混合料拌和设备特点是冷矿料的烘干、加热以及与热沥青、矿粉的拌和，是先后在不同装置中进行的。即初步级配后的各种冷砂、石料，在烘干滚筒内烘干、加热后，经过二次筛分、储存，每种矿料分别累计计量后，与单独计量的矿粉和单独计量的热沥青，按照预先设定的程序和配合比，分批投入到拌和器内进行强制拌和，成品料分批卸出。这种拌和设备多为楼体式，其工艺流程如图 6-19 所示。

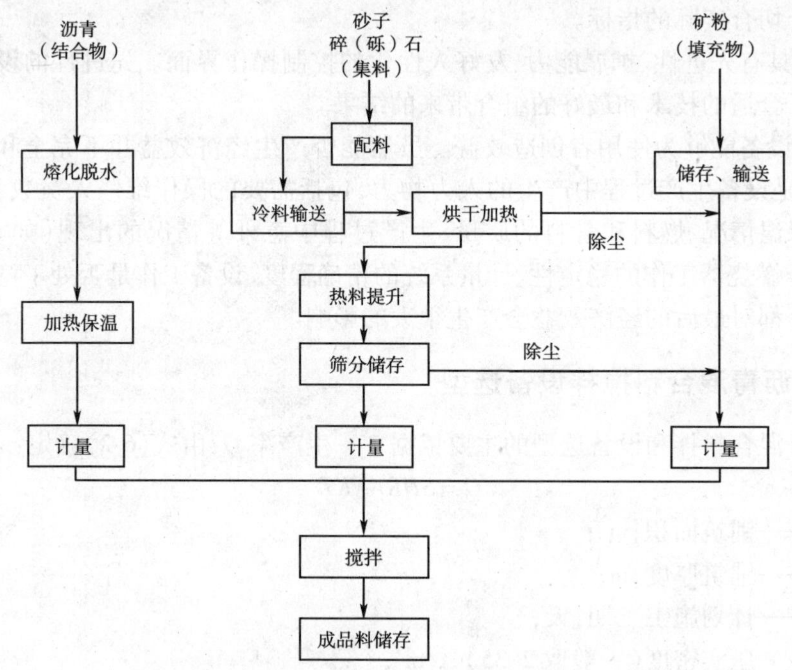

图 6-19　强制间歇式沥青混合料拌和设备工艺流程图

二、沥青混合料拌和的质量控制

沥青混合料的生产是沥青混凝土路面施工的第一个环节，也是非常重要的一环。在沥青混合料生产前，由道路专业设计人员，根据该道路所处的地理位置、气候条件、交通荷载、交通量、路面结构和沥青混合料的原材料特性等综合因素，设计出沥青混合料的目标级配、油石比和粉胶比等关键参数，施工将按此设计进行。但沥青混合料的生产是由沥青拌和设备完成的，沥青拌和设备是由输送、烘干、计量、搅拌及控制等系统构成的联合机组，搅拌站的工作性能不仅取决于每个系统、每台组成设备的工作状态和性能，而且也取决于他们各机组或系统之间的合理匹配。

此外,还与原材料的稳定性密切相关。不同料场供应的同一规格的集料,其关键筛孔的通过率有可能不同,如:同是13料(粒径在10~30mm之间),其关键筛孔13.2mm、19.0mm、26.5mm的通过率有可能相差较大,所以必须注意控制原材料的稳定性。对混合料组成质量产生直接影响的首先是拌和站的计量控制系统。同时,由于沥青混合料的生产是典型的大规模、流水作业的连续生产过程,在动态连续工作状态下,各称量系统的实际控制精度还受设备本身控制精度、操作手操作水平和原材料稳定性的共同影响,所以混合料的级配较易产生大范围的波动,导致其严重偏离目标级配。尤其在大规模批量生产、追求较高生产率时,这一问题越发突出。那么,这样生产出来的混合料,其路用性能也一定大大偏离了设计阶段实验室设计并验证的各项路用性能指标。由这样的混合料成型出来的沥青混凝土路面的质量必然大幅度下降,路面早期破坏和使用寿命急剧下降是必然的结果。所以,沥青混凝土路面施工质量得以保证的关键性的第一步,就是首先保证沥青混合料的生产质量,即保证大规模生产出的沥青混合料的实际级配、油石比与目标级配、油石比相吻合,才能保证混合料的组成质量,进而提高成型沥青混凝土路面的质量。

(一)冷料的控制

1. 原材料质量控制

要想提高沥青混合料的生产质量,第一步就是控制原材料的质量。沥青混凝土的原材料主要包括:沥青、矿粉、粗集料、细集料等。

沥青到货时,要附有炼油厂的沥青质量检验单。试验人员要对每一车沥青进行检验,各项指标如针入度、延度、软化点等必须符合《公路沥青路面施工技术规范》(JTG F40—2004)要求,方准许卸油入罐。沥青贮存时,不同来源及标号的沥青要分开存放,不得混杂。

矿粉,是形成沥青胶浆的重要组成物质,它的质量直接影响着沥青混凝土的质量,所以必须严格控制。其材质应为石灰岩,外观质量以洁净、干燥、无团料结块为原则,细度要控制到小于0.075mm的颗粒不少于75%。

粗集料是指粒径大于2.36mm(或4.75mm)的碎石。各级碎石在外观上应洁净、干燥、无风化、无杂质,有良好的颗粒形状,级配组成要符合规范要求。细集料指粒径小于2.36mm(或4.75mm)的砂、石屑等。在外观上应洁净、干燥、无风化、无杂质,并有适当的颗粒组成。

2. 冷料仓级配控制

(1)冷料仓各仓电机转速确定。根据实验人员提供的目标配合比中的各种材料用量比例,依照公式确定各仓电机的转速以及料门高度,这样可保证骨料输送基本上满足配合比要求。

(2)在生产中的调整。在实际施工中,常会出现某一热料仓不够使用的情况或某种料从溢料口大量溢出，这说明冷料的原始颗粒组成发生变化或在进行目标配合比设计时筛分取样的代表性不强。此时不得随意调整冷料仓配料电机的转速，而必须及时通知试验员重新进行筛分试验，并设计出与原目标配合比相符的配合比，然后根据试验室提供的数据调整配料电机的转速及料门高度。从而确保冷料仓落料级配符合目标配合比要求，进而为控制生产配合比创造条件。

3. 冷料控制相关参数的确定

为了使烘干前原材料达到目标配合比要求，冷料控制系统参数的确定非常重要。冷料仓的参数确定主要是要做好各个冷料仓的集料流量测定工作，绘制每个冷料仓集料电机分速度—集料流量曲线。其步骤如下：

(1)各冷料仓小皮带的转速测定。用秒表实测各个冷料仓在相同分速度(集料电机转速表转速)V_i(最大分速度的100%，90%，80%，70%和60%)下转一周长度L所耗用的时间t通过公式(6-3)得出单位时间(h)各小皮带的运转长度L_i(m/h)。

$$L_i = L/t \tag{6-3}$$

(2)开启并固定各冷料仓门，测量冷料仓集料料流断面面积A_i。在实测中发现集料料流断面面积A_i的大小与冷料仓的开启程度有关外还与集料的粒径及含水量有关。这是由于集料料径的不同压缩冷料仓仓门的开启程度不同。所以应分别测定不同集料的料流断面面积A_i。含水量对料流的影响也较大，当含水量增大，A_i相应的减少这种关系在细集料中更明显在实际操作中应注意。

(3)测量计算各种集料的松方容重R_i。至此，可以通过如公式(6-4)得到单位时间各集料的流量Q_i：

$$Q_i = L_i \cdot A_i \cdot R_i \tag{6-4}$$

根据冷料仓在不同的集料分速度下得到的不同的集料流量值绘制集料分速度—集料流曲线，如图6-20所示。

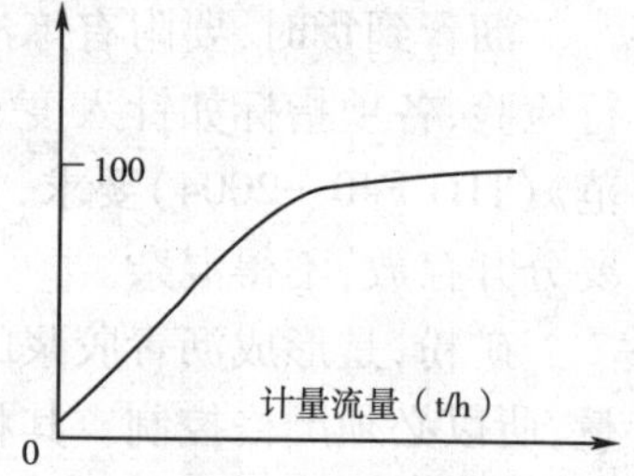

图6-20　集料分速度—集料流曲线

(4)对应生产中实际使用的目标配合比，通过集料分速度—集料流量曲线，反算得到满足目标配合比的冷料仓集料分速度(0%～100%)。这样得到的分速度可以较严格的和目标配合比吻合，满足施工要求。

由于原材料不可避免的会产生变异，在原材料变异较大时应重新筛分原材料。再根据筛分结果和级配线反算出各种集料的比例，同时再重新做各集料的料流流量实验，得到新的冷料参数。

应特别注意的是，在实际施工过程中，须在各冷料仓之间设置硬隔挡，且高度不低于50cm，而且上料设备需根据冷料仓上口的宽度进行配置，防止出现冷料串仓和供料不足的现象。

(二)热料的控制

1. 热料仓级配控制

施工中实际存在的轧石机振动筛与拌和站振动筛之间筛分效应不同。因而《公路沥青路面施工技术规范》(JTG F40—2004)中规定:对间歇式拌和机,必须对二次筛分后的料进行筛分,以确定各热料仓的材料比例。在热料仓筛分试验中要求冷料仓供料稳定后再取样筛分。热料仓筛分所得生产配合比级配曲线应与目标配合比级配曲线相近,否则,将会出现过多的溢料或等料现象。

骨料的称量是通过电子秤累计称量控制的,因而必须控制好每一种骨料,才能使实际生产中各骨料基本与设计值一样,主要是控制好各骨料的设定值及误差。

在混合料由四种骨料构成时要防止跳料,即当某一种骨料实测值大于下一种骨料设定值时,下一种骨料将跳过不称,这样就造成合成级配不准。要控制好热料仓合成级配,必须避免此现象出现。出现"跳料现象",主要是因为秤的设定太高或此料仓用量太少,已经小于基本落差。如果是设定的原因,通过调整设定值即可解决;如果是因为此料量太少而造成"跳料",则需调振动筛孔孔径,使四个料仓用料量大致相等。总之,在生产过程中要严格控制热料仓合成级配,即生产配合比合成级配,控制得好才能保证成品料质量好。

2. 温度的控制

在《公路沥青路面施工技术规范》(JTG F40—2004)中规定,对于间歇式沥青混凝土拌和机,沥青加热温度控制在150~170℃,矿料温度比沥青温度高10~20℃,混合料出厂温度140~165℃。沥青混合料成品料出厂温度,直接影响着摊铺质量和碾压质量,所以必须控制好成品料出厂温度。在生产中除要随时监控石料温度和沥青温度外,还要随时检测成品料温度,并及时反馈操作室,以及时控制温度。

(1)沥青加热是靠导热油循环加热的。在加热过程中,导热油温要缓慢上升,温度上限控制在不超过180℃,以避免沥青老化。

(2)设备开始运行时,因机组各部位都是冷的,会吸收一部分热量,因而在开始生产阶段,骨料温度要求控制高些,这样可避免出现花白料。

(3)骨料温度也受环境温度的影响。在实际生产中,早晚用骨料温度上限,中午前后用骨料温度下限。

(4)在生产中,骨料温度因冷料仓冷料的不稳定(缺料或含水率不一样)而出现上下波动。操作员应及时的调整燃烧器火焰或冷料料量,使温度保持正常。

3. 二次筛分筛网分级控制

二次筛分筛网的孔径和分级选择,也是一个易被忽视的环节。往往把筛网分级看成了一般的装配问题。机上有什么筛,就用什么筛,很少能与配合比的控制需要联系起来加以选择和配置。

在密级配沥青混凝土的矿料级配中，4.75mm 以下的颗粒成分要占到矿料总量的 1/3 ~1/2，细粒式混凝土，则要占 2/3 左右，细、粉料含量相当大。尤其是粉料，是沥青混合料中比表面积、粉胶比、力学强度改善的主要成分所在。为了控制好沥青混合料的矿料成分和比例，筛孔、仓位的分级应该是分得越多越好，分级过于简单、档次太少了，很难起到应有的控制作用。例如沥青表面层 AC－20，有 10 ~20mm、5 ~10mm 碎石、3 ~5mm 石屑、3mm 以下机制砂四种集料，如果二次筛分是 4 个仓位，4 种筛网，依次是 23mm、15mm、10mm、5mm，最后一个 5mm 仓位包容了石屑、机制砂等细集料。施工过程中，如天气变化，或进料规格有变，石屑中含粉量的变化，就会使质量难以控制。如果采用 5 个筛网、仓位的话，将最细一级改为 3mm，多了一个档仓，就可以将 3 ~5mm 石屑、3mm 以下机制砂分别计量控制，质量控制就变得简单得多。

（三）其他控制

1. 沥青用量的控制

沥青用量即沥青混合料中沥青质量与沥青混合料总质量的比例。它是沥青混凝土合格的一个重要指标，最佳沥青用量是通过试验来确定的。

在生产中，重要是提高沥青电子秤的称量精度，比如用 27C 电子秤，称量精度可控制在 0.1kg 内。另外应注意控制矿料、矿粉的称量，只有这两者都控制好才能控制好沥青用量，而沥青用量控制得好是沥青混凝土合格的关键所在。

2. 填料的控制

填料的作用是与沥青形成沥青胶浆，以增加沥青混合料的黏结力。填料参配的准确与否，直接关系到沥青混合料中的游离沥青。如有游离沥青存在，将降低沥青混合料黏结力，容易出现泛油现象。只有完全按照配合比设计参配，使沥青混合料中无游离沥青，才能有效地保证沥青混合料的质量，所以在生产中必须严格控制其称量精度。

3. 成品料的监控

（1）成品料质检员应随时检查成品料质量，从外观看来，混合料应均匀一致，无花白料，无结团成块及严重的粗细料分离现象。

（2）试验人员对每天进行不少于 1 次的抽查，通过试验来检验成品料的质量，发现问题及时调整。

（3）每车混合料都要进行出厂检查，由磅房人员检测其温度，检测时应采取不同点位测试，发现问题及时反馈操作室进行调整解决。

4. 除尘系统的控制

除尘系统也是影响生产出来混合料的质量和成本的重要因素。中性或酸性回收粉不但使用油量增加,而且生产出来的混合料的色泽暗淡,降低了沥青的胶浆作用,导致沥青路面稳定度偏低;原材料的洁净程度很重要,不洁净的原材料不但使燃油成本加大,而且由于回收粉不可能完全吸附干净,影响了混合料的质量,同时,由于粉尘太多,吸尘的风门开得太大,把部分小于0.3mm的细集料吸附走,影响了混合料的级配组成。

5. 搅拌控制

沥青料按照级配要求配好后,要按照一定的顺序进入搅拌锅,搅拌至成品料,运输到施工现场。成品料的均匀与否主要受以下两个因素的影响:

(1)各材料进入搅拌锅的顺序

由于按照施工规范的要求,石料进入搅拌锅后要进行干拌,使石料得到充分的搅拌。所以下料的顺序为石料—沥青—填料(粉料)。

(2)搅拌时间的选择

搅拌时间的长短直接关系到沥青混合料搅拌的均匀与否。一般来讲,搅拌时间越长,则搅拌出来的混合料的均匀性越好,但是搅拌时间过长,温度的散失越严重,生产率低,过长的搅拌时间还会让混合料出现过拌和离析现象,并且导致搅拌锅的损伤也越大。所以在施工的实际过程中,一般选择3~6s作为石料的干拌时间,总搅拌时间控制在35~45s为佳。

(3)定期检查搅拌锅内机械元件的磨损情况

当搅拌臂和搅拌刀片磨损后,搅拌直径就减小,从而对搅拌锅的性能造成影响,影响搅拌混合料的热料称量控制系统。因此,要及时更换磨损的刀片或刀臂。

总之,沥青拌和设备的调试要根据设备的性能、原材料和级配要求等综合进行,另外不同的改性沥青要根据材料和配合比设计的具体要求进行调试,只有把设备按工程设计的具体要求调整到最佳状态,才能获得高质量的混合料。

本章小结

沥青路面的质量与沥青混合料的质量直接相关,而沥青混合料质量与沥青混合料拌和设备的质量控制是紧密相连的,本章重点阐述了沥青拌和设备的结构和性能特点,并且针对现有的拌和设备所存在的问题,提出了改进措施,结合具体工程从结构上对拌和设备进行了改进,并且在强制间歇式沥青拌和楼的生产中,通常从冷料的控制、热料的控制、沥青用量的控制、搅拌时间、成品料的监控及除尘系统的控制等多个方面进行了严格质量控制和调试,提高了沥青混合料的拌和质量。

总之,沥青拌和质量控制是一个系统性的工程,需要从各个环节综合考虑,只有把设备按工程设计的具体要求调整到最佳状态,才能获得高质量的混合料。

第七章　沥青混合料运输与转运的质量控制

第一节　沥青混合料运输的基本要求和控制

沥青混合料生产出来后使用自卸卡车运到施工现场，应注意以下几点：

一、沥青混合料运输准备

(1)施工前应查看运输路线，选择出最佳的运输路线，估测运输里程，估算沥青混合料运输车来回所用的时间。

(2)估算沥青混合料运输车在拌和站等待装料所用的时间，以及摊铺现场等待时间。

(3)按照选定的车型和数量配备沥青混合料运输车。

(4)沥青混合料运输车使用前应进行检查，保证车况良好，使运输顺利进行。

(5)运输沥青混合料的车辆应清扫干净。为了防止沥青混合料与车厢板的黏结，车厢内壁的侧板和底板可薄薄涂一层油水混合液，但不得有余液积聚在车厢底部。

(6)沥青混合料运输车要配备苫布(保温布)。

二、沥青混合料的运输车的选配与组织

沥青混合料成品应及时运往工地。施工前应查明具体位置、施工条件、摊铺能力、运输路线、运距和运输时间，以及所需混合料的种类和数量等。拌和设备时开时停会造成燃料的浪费，并影响混合料的质量。因此车辆数量必须满足拌和设备连续生产的要求，不能因车辆少而临时停工。在生产中所用运输车辆数量要视拌和设备生产能力 G(t/h)、车辆的载重能力 G_0(t)及运输时间等因素而定，可按式(7-1)计算：

$$n = a\frac{t_1 + t_2 + t_3}{T} \tag{7-1}$$

式中：t_1——重载运程时间，min；

t_2——空载运程时间，min；

t_3——在工地卸料和等待的总时间，min；

T——拌制一车混合料所需的时间，min，$T = \frac{60G_0}{G}$；

a——储备系数,视交通情况而定,一般取 $a = 1.1 \sim 1.2$。

要组织好车辆在拌和设备处装料和工地卸料的顺序,尤其要计划好车辆在工地卸料时的停置地点。装料时必须按其载重量装足,安全检查后再启运。

为了精确控制材料,载料车出厂时应进行称量,常用磅秤或使用拌和站的自动称量系统(全自动拌和站)。有些拌和站还随机称量每辆料车的空车自重,且要求磅房保存这种空重的永久性记录。电子自动打印重量卡已在许多地方采用,卡片一般记有毛重、空重和净重。

三、沥青混合料的运输及控制

(1)热拌沥青混合料宜采用较大吨位的运料车运输,运料车每次使用之前必须清扫干净,在车厢板上涂一薄层防止沥青黏结的润滑剂,但不得有余液积聚在车厢底部。由于施工坡道和料车内混合料的锥坡以及运输车急剧起步和刹车致使运料车内的大集料向四周散落较严重,造成集料离析。应要求驾驶员在运输过程中保持运料车平稳行驶。

(2)运料车应在不同位置装料,如一次装完,由于混合料的自然堆积造成离析现象。正确的装料方法为:分三个不同的位置往料车中装料如图 7-1 所示,第 1 次装料靠近车厢的前部,第 2 次装料靠近后部车厢门,第 3 次装料在中间,这样可以减轻料车中混合料的离析现象。

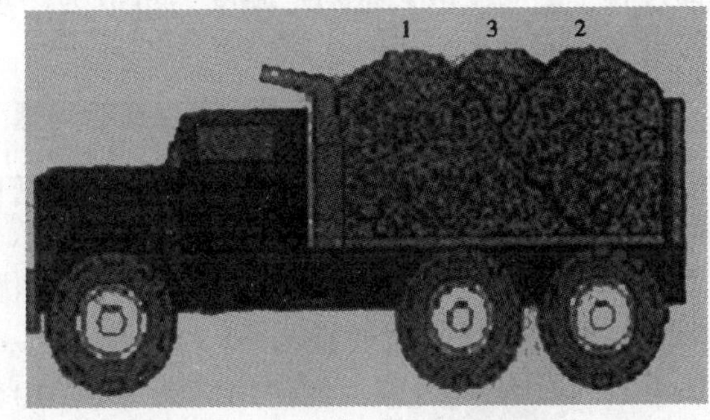

图 7-1 运料车中料的分布情况

(3)运料车向摊铺机卸料时,应缓慢倒向摊铺机,车轮距摊铺机推辊 10 ~ 20cm 时停车,挂空档,摊铺机向前运行,推辊推向车轮推着运输车辆前行,这样可以避免车辆对摊铺机的冲击,造成摊铺平整度降低的现象。

(4)沥青混合料装入运料车后,沿运料车周边立即产生热量损失。由于沥青和集料的导热系数较小,热量从混合料中心部分向边部缓慢传导,在运料车的周边混合料与中心混合料之间产生温度差别,从而产生沥青混合料温度离析。因此在环境温度相对较低时应在车厢周围套保温被,在上部覆盖帆布,起到保温、防雨、防污染的作用。

(5)运料车向摊铺机卸料时,要尽量使混合料整体卸落,而不是逐渐将混合料卸入受料斗。为此,车厢底板需要处于良好启闭状态,使全部混合料同时向后滑移。为了进一步保证混合料整体卸落,车厢应升高到较大而安全的角度。快速卸料可预防粗料集中在摊铺机受料斗两侧的外边部。

第二节　沥青混合料转运车技术

一、沥青混合料转运车概述

沥青混合料转运车技术起源于美国20世纪80年代末，当初是为了适应美国快速摊铺、连续作业施工工艺需求。早期的转运车是在运料卡车和摊铺机之间所添加的一种能给摊铺机连续不断供料的设备，它能保证摊铺机与运料卡车在受料时不直接接触，使摊铺机不受运料卡车的对接冲击，保证摊铺机无干扰、连续而匀速地摊铺作业，从而提高路面的平整度和作业效率。后来美国公路和运输系统的专家通过研究发现沥青混合料的温度离析和材料离析是造成路面早期损坏的主要原因，随着新的改性沥青混合料、沥青玛蹄脂碎石（SMA）混合料和抗车辙级配料等对温度有更高要求的路面材料的推广应用，解决沥青混合料在长途运输、卸料和摊铺过程中的温度散失特别是温度离析成为一项技术课题，于是带搅拌功能的新型转运车应运而生。

（一）目前沥青混凝土路面施工存在的问题

在高速公路的建设中，我国的绝大部分高速公路都采用沥青混凝土路面。沥青混凝土路面由于具有表面平整、无接缝、行车舒适、耐磨、振动小、噪声低、施工期短、养护维修简便、适宜于分期修建等优点，因此得到越来越广泛的应用。沥青路面的设计寿命通常为15～20年，在一些发达国家，由于交通量增加和其他因素的影响，部分路面的使用寿命为5～10年，在我国，路面早期损坏的现象更为严重，很多公路在通车1～3年后就开始出现损坏，使公路的通车量和行车安全性、舒适性、经济性大大降低，使公路的养护费用和对环境的污染、资源的浪费大大增加。

1. 路面早期损坏

我国道路交通量大，车辆大型化且超载严重，使公路面临严峻的考验。现有高速公路的有效服务时间普遍未能达到其设计使用年限，常常在通车2～3年，甚至1年左右便出现了较为严重的早期破损现象。我国沥青路面早期破损的类型有以下几种：

（1）裂缝

路面裂缝是路面早期破损最常见的病害之一，它的危害在于从裂缝中不断进入水分使基层甚至路基软化，导致路面承载能力下降，加速路面破坏。

（2）龟裂

龟裂又称网裂，通常是由于路面整体强度不足，基层软化，稳定性不良等原因引起的,沥青路面老化变脆,也会发展成网状裂缝。

(3)车辙变形

车辙是在行车载荷重复作用下,路面产生累积永久性的带状凹槽。

(4)坑槽

沥青路面的坑槽往往都有一个形成过程,起初局部龟裂松散,在行车载荷和雨水等自然因素作用下逐步形成坑槽。

(5)水损害破坏

水损害破坏是沥青混凝土路面在水或冻融循环的条件下,由于汽车轮动态荷载的作用,进入路面空隙中的水不断产生动水压力或真空负压抽吸的反复循环作用,水分逐渐渗入沥青与集料的界面上,使沥青黏附性降低并逐渐丧失黏结力,沥青膜从集料表面脱落(剥离),沥青混合料出现掉粒、松散,继而形成沥青混凝土路面水损性坑槽。

(6)沉陷

沉陷一般是由基层局部成形不足,强度不够,在行车载荷和自然因素等作用下形成的。对于大面积沉陷往往是由于路基(高填方地段)不均匀沉降或局部滑移面引起的。

(7)沥青路面的表面功能衰减

沥青路面的表面功能是指沥青路面的平整、抗滑、噪声、溅水和水雾等。这里主要说明路面抗滑性能的衰减。

2. *沥青路面早期破损的原因分析*

随着路面力学理论研究的不断深入,并借助于计算机分析研究路面内部结构的应力、应变与位移,同时通过公路施工现场监测,人们逐渐对沥青路面早期破损的原因有了比较深入的认识,逐渐认识到热铺沥青混凝土路面材料(HMA)的不均匀,即通常所说的摊铺混合料级配离析和温度离析是造成沥青路面早期破损的其中一个重要原因,是降低路面使用性能的顽症。

级配离析的危害:粗骨料较为集中的地方沥青路面的空隙率较大、沥青含量低,导致沥青路面产生水损害及耐久性降低,从而产生疲劳裂缝、坑洞以及剥落等其他病害;细集料较为集中的区域沥青路面的空隙率小、沥青含量大、承载能力差,容易产生车辙、泛油、推移等病害。

温度离析的危害:沥青是一种物理性状随温度而发生重大变化的黏结剂,它在高温时是一种润滑剂,在低温时是一种黏结剂,它对混合料可压实性和热稳定性的影响主要表现为沥青的高温黏度和沥青的温度敏感性。摊铺面的冷点将导致压实度达不到要求,碾压温度越低,空气间隙越大,沥青混合料的抗疲劳性能和抗车辙性能越低,碾压温度对其性能的影响。摊铺面的温度不均匀将导致路面密实度和平整度不均匀。空气间隙大的区域水容易渗透进出造成水损坏，在冬天结冰后会使沥青混凝土破裂，使路面形成松散、网裂、唧浆和坑洞。

沥青混合料在生产和施工过程中产生的级配离析和温度离析，使高速公路路面所必须具备的坚实、平整、抗滑、耐久和高温抗车辙、低温抗开裂、抗水损害以及防止水渗入基层的特性大大降低，从而影响路面的使用寿命。

3. 传统的沥青面层施工工艺存在的问题

传统的沥青路面铺筑施工工艺是将沥青混合料设备生产的沥青混合料由自卸卡车运输到施工现场，并卸至沥青摊铺机的料斗中，经摊铺机进行摊铺后，由压路机对路面进行最终压实（其工艺流程如图 7-2 所示）。

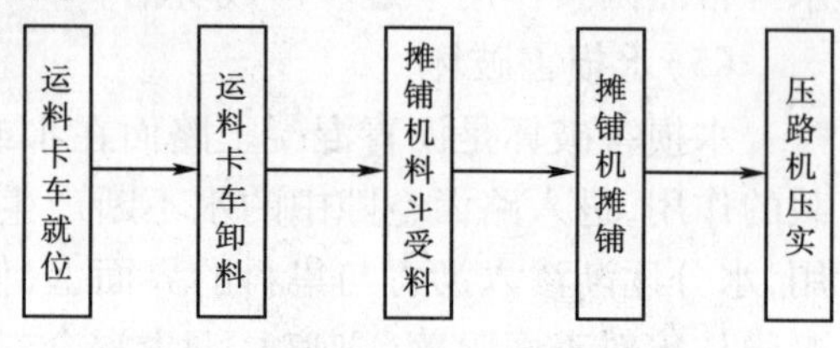

图 7-2 工艺流程图

国内外的施工实践证明，用这种传统工艺铺筑成的路面早期破损现象比较严重，致使道路的维修费用大大增加，寿命缩短，使用率降低。造成路面早期损坏的主要原因有如下三个方面：

（1）材料离析得不到有效解决

在沥青混合料生产和施工过程中，石料堆料方式及运输、混合料拌和、储存、料车装卸料及摊铺的任一环节中均有可能产生离析，导致沥青混合料不均匀。在石料堆料方式及运输、混合料拌和、储存过程中产生的离析，目前已通过加强集料的质量控制和过程控制以及采用先进的搅拌设备得以极大改善，但沥青混合料在装料、运输、卸料和摊铺过程中产生的温度离析和材料离析问题，在现行的施工工艺条件下，虽然通过缩短运距、采用先进的摊铺机、给料车增加保温措施、加强施工过程控制等措施能使温度离析和材料离析有所改善，但收效甚微，因为这些措施不能从根本上解决温度离析和材料离析以及不连续摊铺问题，料车在拌和站装料、运输、在摊铺现场卸料、摊铺机收斗这些过程中产生的温度离析和材料离析依然大量存在，料车对摊铺机冲撞和摊铺机待料仍然无法避免。

（2）摊铺机频繁收斗导致周期性的离析出现

料车在向摊铺机料斗卸料的过程中，由于大料向料斗两侧滚动，造成料斗两侧大料分布较多，料车上温度低的混合料也容易流到料斗两侧，且这一区域的混合料不能及时输送，停留时间较长，温度下降较大，这一区域的混合料不但大料多而且温度较低，等到料斗里面的混合料快输送完需要收斗时，这一区域的混合料才一起进入输料带然后进入分料槽，经熨平板整平后，出现一片窝状离析区域，这一片区域料粗温度低，不易压实，密实度低，空隙率大，纹理粗糙。这种现象一般一车料出现一次，周期性比较明显，危害较大。

(3)供料不及时连续

在摊铺过程中,由于摊铺机料斗储料能力不足,摊铺机和料车驾驶员操作不熟练配合不默契导致摊铺机供料不足,造成摊铺机经常停顿,分料速度忽快忽慢,使摊铺平整度受到影响,离析也随之发生。

(4)料车对摊铺机频繁冲击顶撞和挤压无法避免

料车在卸料的过程中,不可避免地发生料车对摊铺机的冲击和顶撞,车厢尾部也有可能对摊铺机产生很大的下压作用力,使摊铺机的载荷突然增大,行驶速度也随着降低,由于摊铺平整度与速度直接有关,所以平整度必然受到影响。

(二)应用转运车的优势和施工工艺

沥青混凝土转运车是一种主要用于高等级公路沥青混凝土面层施工的新型配套设备,工作时它放置在运料卡车和摊铺机之间,能够接受、储存和输送来自运料卡车的沥青混合料,且具有二次搅拌、预热、加温功能,消除沥青混合料的温度离析和颗粒离析,使混合料的温度均匀一致,实现摊铺机无干扰的连续施工作业,从而提高路面的施工质量和效率。

采用转运车的新型沥青混凝土面层施工工艺后,通过转运车将运到摊铺现场的已经发生离析的沥青混合料再次搅拌均匀,并进行温度补偿,无干扰不间断地直接送给摊铺机的输料系统,使温度离析、材料离析、摊铺机频繁收斗导致周期性离析和供料不及时连续等问题得到最有效解决。其工艺流程见图7-3,施工场景见图7-4。

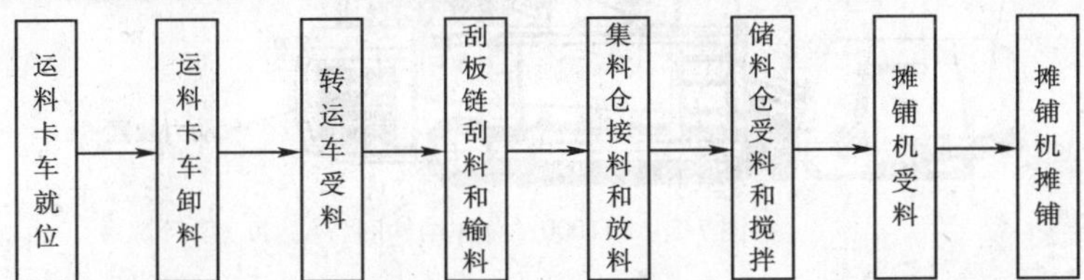

图7-3　工艺流程图

图7-4　施工场景

二、总体结构布置概述及工作原理

下面以 AT1000A 为例说明沥青混合料转运车的结构与工作原理。

1. 总体结构

转运车在宽度方向沿中心线成左右对称布置,机身两侧下部为两履带行走支承装置;机身前部是推辊和料斗,料斗后部设有搅拌输送螺旋,构成转运车的受料部分;机身中部从前到后布置整个刮板输送装置;机身中部左右两侧分别布置有液压油箱、燃油箱、操纵台等部件,机身后部布置有柴油机与分动箱、柴油机飞轮朝左侧布置,动力通过分动箱传递到各液压泵,其中液压油箱、燃油箱分别位于柴油机左前方和右前方,操纵台位于机身上平面,左右侧均可操作,可旋转到任何一个操作位置上,便于窄路施工;外罩设计有驾驶棚。总体结构布置见图 7-5。

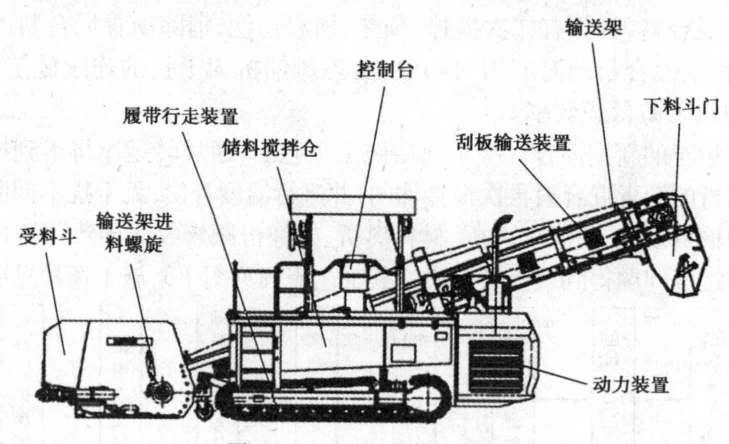

图 7-5　AT1000A 总体结构图

2. 工作原理

运料车将运输的混合料倒入转运车进料斗中,转运车进料斗中左右两侧的防离析螺旋布料器在旋转的过程中,由于螺旋叶片的推拨作用,使混合料沿圆周方向运动和轴向移动;由于叶片挤入混合料时对混合料剪切作用、混合料受离心力的抛离作用、流层间的剪切作用以及上下层之间混合料的双向交叉流动产生的拌和作用,使混合料在中间移动集料的同时获得充分拌和;如果混合料的温度不足,转运车上的加热系统将对混合料进行加热,然后通过皮带输送机把混合料输送到摊铺机的接料斗中。

三、各系统的结构组成与功用

1. 动力与传动系统

动力系统主要包括:柴油机、分动箱、比例柱塞泵和齿轮泵等。

柴油机置于机架后侧的动力仓内，通过弹性减震器固定在机架上。分动箱连接于柴油机的飞轮壳上，其输入轴通过弹性联轴器与发动机飞轮相连接，分动箱输出口安装各种液压泵，包括左右行走电液比例柱塞泵、输料电液比例柱塞泵、储料搅拌电液比例柱塞泵，另外还有安装于柴油机取力口上的油缸工作齿轮泵、受料斗振动齿轮泵等。

2. 行驶驱动系统

行驶驱动系统主要包括下面两大部分。

(1)履带行走装置

左右行走履带各自有独立的行走驱动系统，由行走驱动马达、大速比轮边行星减速器、履带行走装置组成，通过微电脑控制，可实现工作速度恒速自动控制、自动跟踪调速控制和直线行驶及弯道行走等操作；通过操纵转向电位器可引起履带左右驱动端速度的变化，以此实现转运车的转向。在两个轮边行星减速器内各安装了液压常闭式制动器，用于停车制动，提高整机的安全性。

履带式行走系统由履带链轨、橡胶式履带板、导向张紧轮、支重轮、带停车制动的行星减速器、行走驱动马达、履带张紧装置、支承梁、托链轮等组成。履带链轨和橡胶式履带板通过高强度螺栓连接。

履带行走装置通过高强度螺栓连接到机架上。导向张紧轮用于张紧履带链轨，以保证左右履带最合适的张紧度，从而保证橡胶履带板的有效使用寿命，减少机器行走跑偏。导向张紧装置由填充润滑脂的油缸进行张紧，润滑脂的填充口带有单向阀，紧邻填充口的油缸体上带有放油螺塞，张紧度由张紧装置后部的垫片进行观测，其前后游隙为 1 ~ 5mm，张紧装置位于履带梁内部，与前端导向张紧轮相连。

(2)车距自动跟踪仪

超声波车距自动跟踪仪为非接触式距离传感控制器，控制精度高、操作方便。安装在转运车的发动机后部，依据不同的摊铺工况，设定超声波传感器与放置在摊铺机上的储料仓的距离作为检测值，当摊铺作业运行过程中料仓上的超声波反射面和超声波料位传感器距离大于或小于检测值时，超声波料位传感器立即发出电信号，相应地减缓或加快行走履带的转速，以均匀、稳定地调节转运车的行走速度，使转运车和摊铺机始终保持在设定的检测距离范围内，保证摊铺机均匀连续地进行摊铺作业。

3. 机架

机架为钢板和型钢焊接在一起的整体式刚性框架，是转运车承重的构件。

4. 受料系统

受料系统(图 7-6)位于机器的前端，用于接受运料自卸卡车的卸料。受料系统包括步进式推轮、掀翻式料斗、料斗振动器、变距式进料螺旋搅拌器、圆弧形进料料门。

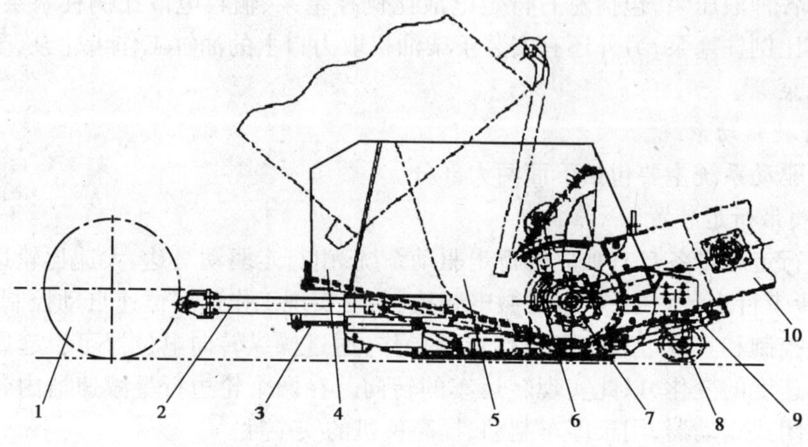

图7-6 受料系统

1-运料自卸卡车后轮;2-液压控制延伸的伸缩式推轮;3-控制推轮伸缩的液压油缸;4-带振动器的料斗前翻板;5-料斗左右侧挡板;6-液压油缸控制开启的圆弧型料门;7-输送架进料螺旋;8-对输送架和料斗辅助支撑的万向轮;9-液压控制的清洗料门;10-输送架

(1)推轮

步进式推轮由液压油缸控制推进行程,两级变距,可调整运料卡车和转运车的卸料车距。

对于不同型号的运料卡车,推轮的伸出长度不同,需要进行调整。否则,有引起洒料和难以输送料的可能。

(2)料斗

料斗位于转运车的前部,用来接受自卸车卸下的混合料。料斗后部为输料系统。掀翻式料斗由液压油缸控制掀翻角度,使料斗中的混合料完全排空。

料斗下部带有振动器。其振动可减小沥青混合料的散落角,有利于自卸车顺利卸料和输送料。

(3)料门

料斗内部有一个圆弧形料门,由左右料门液压油缸控制开启高度,以控制混合料进入输料系统的多少。

(4)螺旋搅拌器

变距式螺旋搅拌进料器,由搅拌轴、螺旋叶片、链轮和轴承等组成。位于输料架后部的输料减速器驱动输料链条,带动搅拌轴上的链轮旋转,从而使螺旋叶片将料斗中的混合料逐渐刮削并推向输料架的送料槽中,在此过程中同时实现初步拌和。

(5)振动器

掀翻式料斗下部安装有振动器，由液压马达驱动，用于减小混合料散落角，将黏附在料斗底板上的混合料振落、排空。

(6)清理料门

清理料门位于料斗下部，与输送架前下部相连，由清理油缸控制开合，用于将料斗内残存的余料清理放出，正常工作时通过圆销和输送架铰接。

5. 输料系统

输料系统将料斗中的沥青混凝土材料沿送料槽逐渐提升并传输到转运车后部的搅拌储料仓中。输料系统包括输料驱动装置、输料架、输料链、输料底板、输送架张紧器、输送架举升装置、输送架盖板等。

(1)输料驱动装置

输料驱动装置(图7-7)位于输送架后部，由左右同步运转的液压马达、左右行星减速器、链轮驱动轴和保持张紧架等组成，为输料系统和料斗螺旋搅拌系统提供动力。

输料链的张紧度通过张紧左右保持架的调节螺杆来实现。

输料驱动装置由操纵台上的控制旋钮手动控制旋转速度，也可由位于储料仓上部的超声波料位控制器自动控制。

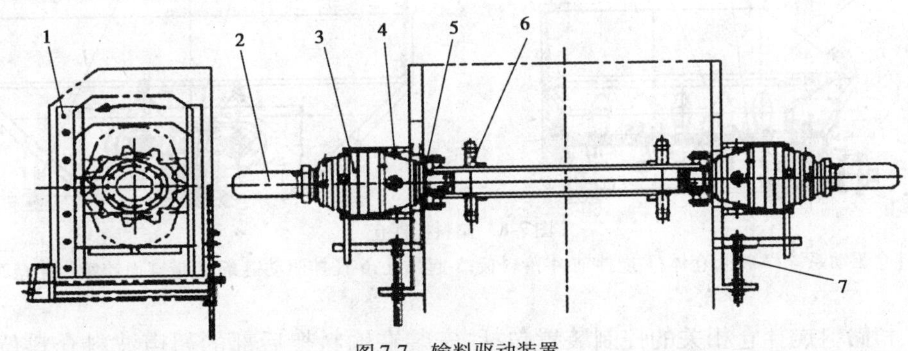

图7-7　输料驱动装置

1-左右固定板(用于固定左右输料减速器的支架)；2-左右驱动马达；3-左右行星减速器；4-左右减速器支架(通过螺钉固定减速器)；5-减速器的输出法兰；6-输送料驱动链轮；7-保持张紧架

(2)输送链

输料链为刮板式，由等距多个刮板焊接在左右滚子链条上。输送链的从动边位于上部，由数只托辊和支撑管承托，防止链条下垂量过大。打开输送架后部的窥视孔可检查链条的张紧度。窥视孔位于驱动张紧螺杆的前端。

(3)输送底板

输料底板为多块进口耐磨钢板通过螺钉连接而成。应经常检查其平整度和沉头螺钉的头部磨损情况。

(4)输送架张紧器

输送架为重载设备,其钢丝绳张紧器位于上部,用于维持和控制输送架在工作过程中的变形量,应经常检查其钢丝绳的张紧度,防止输送架因重载而变形。

(5)输送架举升装置

输送架(料架)举升装置位于料斗后部、输送架前下部,由举升油缸、保持架(油缸护罩)组成。由位于操纵台上的控制开关操纵举升油缸的伸缩来调整料斗的升降。在机器工作的上坡过程中,为保证较大的接近角,应对输送架进行举升。转运车短距离行驶转移工地时或转运车托运时,为保证通过高度不超限,也均应将其举升并予以固定。

(6)托辊

用于承托输料链条,防止其过度下垂,每只托辊由两侧的带座轴承支承。

6. 储料搅拌仓

储料搅拌仓(图7-8)为相对独立的系统,在摊铺机作业前,将其安放在摊铺机打开的料斗中,并调整其四只定位球铰式底脚螺杆,保证拌仓平衡并使其高度适宜。摊铺工作前,使用快换接头连接其驱动液压胶管。

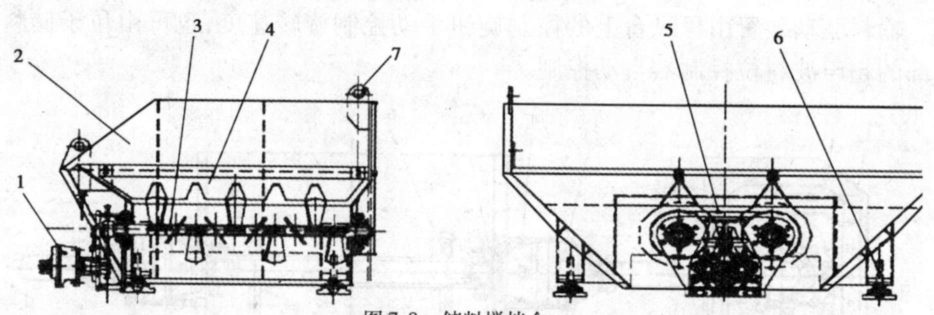

图7-8　储料搅拌仓

1-搅拌仓驱动系统;2-拌仓仓体;3-搅拌轴;4-落料板;5-起吊孔;6-搅拌驱动链条;7-带球面铰座的拌仓调高装置

和储料搅拌仓相关的控制装置包括:安装在输料架后部的超声波料仓料位自动控制仪、安装在柴油机后部的超声波车距自动跟踪控制仪。

储料搅拌仓由储料仓、带叶片的搅拌器、搅拌器驱动系统等组成。搅拌器的叶片直径设置有两种不同规格,可以根据需要选择其中的一种或多种进行组合安装,用于对料仓中的混合料进行二次搅拌。

(1)拌仓驱动装置

拌仓以液压驱动,可无级调节运行速度。其驱动装置由液压马达、行星减速机、链条传动构成,位于拌仓的前部。

(2)拌仓搅拌装置

拌仓为双轴式搅拌器,搅拌装置包括搅拌轴、搅拌叶片和搅拌轴轴承。搅拌轴轴承通过拌仓外部的管路进行手工润滑，每天应经常加注油脂润滑。

(3)拌仓高度调节

拌仓的高度可以根据不同摊铺机的料斗结构形式进行调节，通过四个支脚上的球面螺杆进行。

初次使用时，建议将拌仓高度先行调整到最低位置。当四个底脚不平时，可使用千斤顶或吊具进行起升后再行调整。

(4)料位控制仪

拌仓的料位可采用手工控制，也可以采用超声波自动料位控制仪进行控制。

7. 操纵机构

AT1000A 型转运车主要以电控操作为主，采用机械操纵的主要有举升油缸的固定等。

8. 电器系统

AT1000A 型转运车的电气系统电压为 24V，单线制负极搭铁。

9. 液压系统

液压系统包括行走驱动系统（含停车制动保护）、输料驱动系统、料斗和输料架油缸控制系统（含输料架举升卸载控制系统）、发动机油门油缸控制系统、料仓搅拌系统和料斗振动系统等。包括各类变量柱塞泵、齿轮泵、方向控制阀、压力控制阀、柱塞马达、摆线马达、液压油缸及各类管路附件等。

10. 柴油清洗系统

柴油清洗系统位于机架右前方的扶梯内部，由供油马达、管路、绕管器、喷头组成，用于转运车工作前和工作后对和沥青材料接触部位的喷雾保护，防止部件黏料凝固损坏机件。清洗系统采用柴油箱中的柴油进行清洗作业。

11. 集中润滑系统

步进式的电控自动中央集中润滑系统可对输送系统的所有高温轴承进行自动润滑。集中润滑泵位于机架左前方的扶梯内部，应经常检查润滑泵的润滑脂存量，必要时随时用专用的工具（注油器）进行添加。

搅拌仓和机器的其他部位应定时进行人工润滑。

12. 远红外预热系统

远红外预热系统由两套独立的远红外加热箱、点火及温度控制箱、管路、调压气阀、温度传感器等构成。远红外加热箱安装在输料器的上部。远红外预热系统带有自动点火、熄火自动保护、温度设置和温度自动控制等功能。

远红外预热系统用于机器工作前的预热，开始预热前应将输送系统运转使预热均匀。在正常工作时，该系统还可用于输送过程中对沥青混合料的加温补偿。

四、沥青混合料转运车的技术性能特点

以 AT1000A 为例简单介绍转运车的性能特点。

AT1000A 型沥青混凝土转运车是一种用于高速公路沥青混凝土面层施工作业的新型配套设备，它能快速接受储存和运输来自运输卡车的沥青混合料，且具有二次搅拌、自动加热和保温功能，可消除沥青混合料的温度离析和骨料离析，使混合料的温度和级配均匀一致，实现摊铺机无干扰的连续施工作业，从而保证摊铺出高质量的路面，为提高高等级公路施工质量和效率，延长高等级公路的使用寿命，节约道路养护、大修费用，减少环境污染和资源浪费，提供一套有效的解决方案。

AT1000A 型沥青混凝土转运车的主要性能特点包括：

(1)履带式行走装置微电脑控制、两侧独立全液压驱动，机器运行平稳，转向灵活，附着力大，驱动力强。

(2)受料斗、储料仓和输料器的最大容量达 30t，输出能力高达 1000t/h，储料量大，供料充足，保证摊铺机连续摊铺。

(3)受料斗具有足够的长度和宽度且能自动调整，以适应多种大吨位的运料车，可保证运料车快速就位、卸料。受料斗前部带有可摇摆的推辊，可减轻运料车的冲击，改善机器的受力状况。

(4)受料斗带有螺旋集料和搅拌功能，放置在摊铺机料斗上的大容量储料仓采用双轴螺旋搅拌，使混合料通过两次充分搅拌后自由滑落到摊铺机的刮板输料器上，从而大大减少了材料的温度离析和骨料离析。

(5)配置智能远红外热系统，在保持材料温度不会下降的同时，还可适当提高混合料温度。它还可以在转运车工作之前对输送机构进行预热，防止黏附沥青。

(6)转运车和摊铺机采用超声波自动跟踪技术，自动化程度高，可避免自卸车直接碰撞摊铺机，提高路面质量。

五、转运车施工注意事项

(1)严格控制转运车刮板输送器的运行速度，在保证能达到混合料输送量要求的前提下，适当地控制刮板输送器的运行速度，防止因速度过快而形成二次离析，不仅没能减少骨料离析的程度，反而加重了混合料的骨料离析。

(2)要保证转运车与摊铺机的速度同步。

(3)施工时，转运车要注意储存适量的沥青混合料，保证摊铺机连续不间断摊铺。

(4)施工前，应对转运的工作部位进行检查，看其是否能正常工作，如加热系统工作是否正常等。

六、沥青混合料转运车的技术现状与发展趋势

(一)沥青混合料转运车的国内外技术水平分析

1. 沥青混合料转运车起源和发展历程

沥青混合料转运车技术起源于美国 20 世纪 80 年代末,当初是为了适应美国快速摊铺、连续作业施工工艺需求。早期的转运车是在运料卡车和摊铺机之间所添加的一种能给摊铺机连续不断供料的设备,它能保证摊铺机与运料卡车在受料时不直接接触,使摊铺机不受运料卡车的对接冲击,保证摊铺机无干扰、连续而匀速的摊铺作业,从而提高路面的平整度和作业效率。后来美国公路和运输系统的专家通过研究发现沥青混合料的温度离析和材料离析是造成路面早期损坏的主要原因,随着新的改性沥青混合料、超级级配料、马蹄脂(SMA)级配料和抗车辙级配料等对温度有更高要求的路面材料的推广应用,解决沥青混合料在长途运输、卸料和摊铺过程中的温度散失特别是温度离析成为一项技术课题,于是带搅拌功能的新型转运车应运而生。

沥青混合料转运车在国际上已有近 20 年的发展历史,其产品及技术已日趋成熟,目前在欧美发达国家应用非常普遍,美国联邦大多数州运输署已把沥青混凝土转运车纳入公路施工工艺规范,欧洲大部分国家也已开始推广应用,中国、俄罗斯和日本等国家最近几年也开始逐渐认识到沥青混合料转运车对提高路面施工质量有明显效果,正在着手推广应用。国内有些具有超前眼光的高速公路业主和施工单位已充分认识到使用转运车是路面施工工艺发展趋势而率先应用,并取得了满意的施工效果。

2. 沥青混合料转运车的国内外技术分析

国内外沥青混合料转运车产品结构和性能差异较大,采用的技术也千差万别,国外产品有路泰克(ROADTEC)SB2500 型、布鲁克斯(BLAW-KNOX)MC330 型、特雷克斯(TEREX)MS-4 型、福格勒(VOGELE)MT1000-1 型和戴纳派克(DYNAPAC)MF250 型,国内产品有三一重工的 LHZ25 型,但其技术大体可分为两大类,一类是以路泰克(ROADTEC)为代表的解决温度离析和材料离析技术,另一类是以布鲁克斯(BLAW-KNOX)为代表的保证摊铺机无干扰连续摊铺技术。

美国 Roadtec 公司的 SB2500C 沥青混合料转运车是一种美国专利产品。该转运车用于运料卡车与摊铺机之间,其目的是使运料卡车与摊铺机分离。在摊铺过程中采用迂回往返不间断地给摊铺机送料,使摊铺机连续摊铺,同时可使卡车及时卸料,不用等待卸料返回。转运车装有可转动涌浪式搅拌仓,可使混合料有规律地流动并连续供料。所有混合料经过变节距硬镍螺旋搅拌器重新搅拌后再输送给摊铺机,它可消除热铺混合料经过长途运输造成的级配及温度的离析问题,并可将级

配及温度均匀的混合料输送给摊铺机，以提高摊铺路面的平整度。该转运车可加快小工程的施工，特别方便于死巷、窄路、相邻路段、桥梁、十字路口及停车场的摊铺施工。Roadtec 公司的沥青混合料转运车采用轮胎式行走，结构复杂，销售价位较高，一般在 400 万元以上。

美国 Blaw-Knox MC-330 沥青混合料转运车是轮式驱动并带有 27.2t 流动贮藏容量的物料处理和传输设备。用于沥青混凝土材料、骨料或混凝土材料直线或侧道摊铺、道路加宽及路面铣刨等操作作业中。使用该设备能有效改进现有施工工艺方法和提高设备利用的经济性。MC-330 作为热沥青混合料摊铺作业的转料车，能全面提高沥青摊铺的质量和平整度，有效减少材料的运输费用和提高摊铺机的生产率。其标准作业过程是：自卸车将材料倾倒至其受料斗中，这些材料被一大容量、底部开口的皮带输料器向后无扰动、无滑移地传送到摊铺机料斗，来满足摊铺机作业所要求的平稳、连续和无干扰的要求。物料可直接从尾部或从带有附加可选尾部旋转输料器卸下，旋转输料器可在机器两侧最大成 90°角卸料。

三一重工于 2002 年研制了我国第一台沥青混合料转运车样机，并参加 2002 年北京第六届国际公路水运交通技术与设备展览会及 2002 BAUMA 国际工程机械展览会。LHZ25A 沥青混合料转运车运行于摊铺机前端，是对沥青混合料进行转运、储存、二次搅拌、均匀供料的大型路面施工专用机械。整机采用全液压驱动、PLC 精确控制系统；大功率进口柴油机，动力强劲，适应各种工况；混合料中水蒸气、废气强制集中排放。变径变节距螺旋搅拌技术，解决沥青混合料温度离析，有效改善材料离析；出料回转臂长，回转角度大；超声波同步行走和出料口自动对中控制技术，保证与摊铺机协同作业，但在设计上还存在缺陷，结构复杂，实用性不强，造价太高。

国内外沥青混合料转运车产品结构和性能特点见表 7-1。

国内外同类产品技术性能结构特点 表 7-1

对比项目	三一重工 LHZ25A	路泰克 SB2500C	福格勒 MT1000-1	英格索兰 MC－330
发动机功率(kW)	186	206	106	137
工作速度(m/min)	0~45	0~80	0~16	不详
行驶速度(km/h)	0~10.7	0~14.5	0~2.4	0~23.8
行走驱动	轮胎	轮胎	履带	轮胎
行走方式	自行	自行	自行	自行
转运能力(t/h)	600	1000	900	1900

续上表

对比项目	三一重工 LHZ25A	路泰克 SB2500C	福格勒 MT1000-1	英格索兰 MC－330
主料斗形式	两侧折翻	前侧折翻	前侧折翻	两侧折翻
料斗容量(t)	8	15～20	12～15	20
整体储料能力(t)	30	40	20	50
料位控制方式	无	无	超声波	选配
输料方式	刮板、封闭	刮板、封闭	皮带、封闭	皮带、开放
二次搅拌	有	有	有	有
加热系统	无	无	远红外加热系统	无
车距跟踪	有	无	有	无
整机重量(t)	36	34	16	19

(二)沥青混合料转运车的应用现状和在应用中存在的问题

美国路泰克(ROADTEC)公司开发的转运车正是适应了美国公路施工的快速摊铺和混合料温度均匀性的工艺要求,但在解决温度散失和材料离析以及适应中国公路施工工艺等方面力不从心或者说有欠缺。德国福格勒(VOGELE)和瑞典戴纳派克(DYNAPAC)等欧洲公司的产品虽然满足了保证摊铺机无干扰连续作业的欧洲公路工艺要求,但在解决温度离析和材料离析方面有些无能为力。

有的转运车适应了美国公路施工的快速摊铺的工艺要求,但在解决温度散失和材料离析以及适应中国公路施工工艺等方面力不从心或者说有欠缺。有的产品虽然满足了保证摊铺机无干扰连续作业的欧洲公路工艺要求,但没有二次搅拌功能,在解决温度离析和材料离析方面有些无能为力;有的产品采用皮带式输送器,皮带容易黏料,受热拉长、老化,寿命短,工作不可靠;有的产品为非自行式,不能克服运料车对摊铺机的冲撞;有的产品没有防止或减轻混合料从输料架下落时产生因落料高差而引起的堆料离析的装置;有的产品没有加热和温度补偿功能。其中最突出的共性问题是不适应中国公路施工工艺条件和配套设备,有水土不服的毛病。

(三)沥青混合料转运车技术的发展趋势

转运车技术未来应向集约化、自动化和多功能方向发展,要不断运用先进技术,提高输料、储料和搅拌控制精度,提高操作舒适性、维修方便性和使用可靠性与经济性,还要满足环保和节能的要求。未来转运车有可能与摊铺机结合在一起,作为一个成套设备，给用户提供一个完整的高质量的沥青路面施工方案，像积木一样可以组合使用也可以拆开使用。一次可以摊铺两层的摊铺机就是转运车和摊铺机的组合，这样的产品很有可能被推广应用。

国内企业要想沥青混合料转运车市场竞争抢先占领市场份额，必须针对国内施工工艺和现状，找出国外产品的不足之处，利用我们本土企业的优势，识别国内市场的真实需求和意愿，开发出国内市场急需的、能给顾客创造价值的、价位能够接受的满意产品；必须不断提高产品技术核心竞争力，以高性能高可靠性提高产品的知名度、美誉度和满意度；还必须瞄准国际市场，以富有竞争力且具有性价比优势的产品打入国际市场。

中国沥青混合料转运车产品技术虽然发展历史不长，但国内制造企业在充分借鉴和吸收国外先进技术基础上，结合中国公路的施工工艺和国情，加大研发投入，以加快国产沥青混合料转运车产品和技术发展。

本章小结

沥青混合料运输与转运的质量控制最终目的是为了减少沥青混合料的温度和颗粒离析。本章主要介绍了：(1)沥青混合料运输车的选配与组织和沥青混合料运输的质量控制；(2)沥青混合料转运车的结构和原理、施工工艺及施工控制技术。

由于运输车在接料、运输途中的颠簸、卸料、环境温度和风等多因素的影响会导致沥青混合料发生温度离析和颗粒离析。转运车能将有运输车运到摊铺现场的沥青混合料再次搅拌均匀，并进行温度补偿，无干扰不间断地直接送给摊铺机的输料系统，使温度离析、材料离析、摊铺机频繁收斗导致周期性离析和供料不及时连续等问题得到最有效解决。

总之，作为一项新技术，转运车—摊铺机联合施工作业方式必然有其自身的施工工艺特点和技术规范要求，需要在推广应用中不断研究、积累经验，使之尽快不断成熟起来。

第八章　沥青混合料摊铺机作业质量控制

沥青混合料摊铺机是用来铺筑沥青混合料和其他级配材料的专用机械，它将拌和好的混合料按照一定的技术要求（截面形状和厚度）均匀地摊铺在下承层上，并给以初步捣实和整平，既可以大大提高铺筑路面的速度和节省成本，又可以提高路面的质量，是路面施工的重要设备。

第一节　概　　述

一、用途

沥青混合料摊铺机可以用来摊铺各种沥青混合料、稳定土材料、级配集料、砂、石、铁路道渣等筑路材料。

沥青混合料摊铺机被广泛应用于高速公路、等级公路、机场道面、城市道路、修补道路、铁路路基、水利工程的沥青面层施工。

二、摊铺机的分类

沥青混合料摊铺机发展至今已有很多品种，性能相当完善，可以适应各种施工情况的需求。摊铺机的分类方法有很多种：

1. 按施工摊铺能力分类

沥青混合料摊铺机按施工摊铺能力分为：

（1）大型摊铺机，最大摊铺宽度在9m以上，有些摊铺机的摊铺宽度可达16m。

（2）中型摊铺机，中型摊铺机摊铺宽度可达5～8m。

（3）小型摊铺机，小型摊铺机摊铺宽度为2～4m，有些超小型摊铺机的宽度只有1.5m，可以在狭窄的社区街道进行铺筑。

2. 按行驶系统分类

沥青混合料摊铺机按行驶系统的结构分为：

（1）履带式摊铺机（图8-1a）。

（2）轮胎式摊铺机（图8-1b）。

3. 按熨平板的结构形式分类

沥青混合料摊铺机按熨平板横向展宽方法可分为：

a)轮胎摊铺机

b)履带摊铺机

图 8-1　沥青摊铺机

(1)机械拼装式熨平板。

(2)液压伸缩式熨平板。

4. 按熨平板碾压密实分类

沥青混合料摊铺机按熨平板对混合料的初压实能力分为：

(1)普通熨平板。

(2)高强度夯实熨平板

第二节　摊铺机总体结构及工作原理

一、摊铺机总体结构

沥青混合料摊铺机的总体构造由发动机、底盘和工作装置三部分组成。另外用于高等级公路路面施工的还需要配有自动找平系统。图 8-2 所示为履带式沥青混合料沥青混合料摊铺机的结构示意图,本节以 ABG423 为例介绍沥青混合料摊铺机的构造和工作原理。

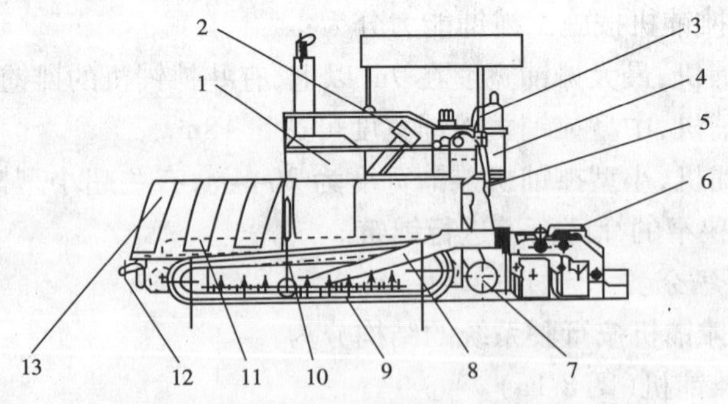

图 8-2　沥青混合料摊铺机基本结构示意图

1-柴油机及其传动系统;2-驾驶控制台;3-座椅;4-加热丙烷气罐;5-大臂液压油缸;6-熨平装置;7-螺旋摊铺器;8-大臂;9-行走机构;10-调平系统液压油缸;11-刮板输送器;12-顶推辊;13-料斗

1. 发动机

ABG423 沥青混合料摊铺机发动机采用道依兹水冷柴油发动机。发动机带有增压器,使发动机功率增加。

发动机飞轮端通过分动箱分别驱动 4 个用于行走和布料器的轴向变量泵、风扇端输出驱动振捣梁变量泵。这些液压泵都装有压力切断装置,防止系统超载和过热。另外还有两个刮板输送机液压泵,一个定量齿轮泵控制熨平板提升油缸和料斗收缩油缸,以及一个变量液压泵驱动熨平板振荡。

2. 底盘

ABG423 沥青混合料摊铺机底盘由机架、传动系统和履带式行驶装置等组成。在机架上装有发动机、传动系统、工作装置、转向机构、供料装置及电液控制系统等。

ABG423 沥青混合料摊铺机传动方案如图 8-3 所示。传动系统为两个变量液压泵,两个变量液压马达和轮边减速器组成。两个变量液压泵和两个变量液压马达组成闭式液压回路,分别驱动两侧的履带。液压驱动系统和电子控制的两个履带可独立驱动,在负载改变的条件下可产生最大与之相适应的牵引力,在弯道上亦可产生最大的牵引力。计算机同步控制系统,精确保持预选速度和转弯半径,准确的直线行走和恒速平滑的弯道转向。传感器测定每侧履带的行驶速度,将这些被测值与控制电位器中的预选值进行比较,通过电控系统纠正预置与实际值之间的偏差。即使在遇到极大冲击的情况下,也能保证按预定的速度和转角行驶。两侧履带反向旋转驱动用于就地转向,极大减小了摊铺机的转向半径。变量泵上装有压力切断装置,防止牵引系统超载和过热。全液压驱动系统,无级变速,调速范围宽。

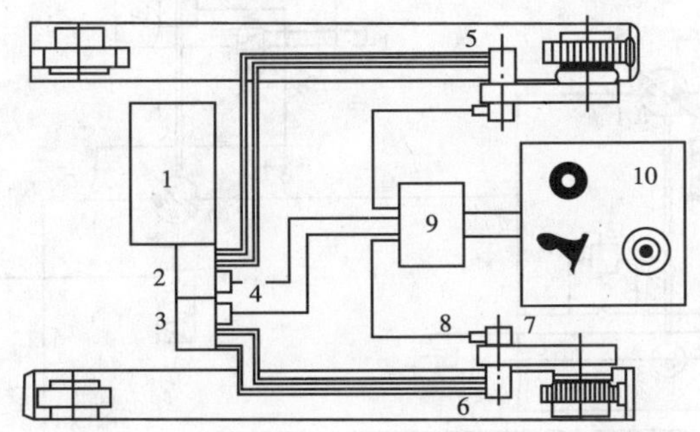

图 8-3 ABG423 型沥青混合料摊铺机传动方案

1-发动机;2-右行走变量泵;3-左行走变量泵;4-比例调节装置;5-右行走变量马达;6-左行走变量马达;7-弹簧储能式制动器;8-转速传感器;9-电子控制装置计算机;10-控制台

履带式行驶装置由驱动轮、支重轮、托轮和张紧轮等组成。履带式行驶装置的张紧采用液压油缸张紧，缩回依靠弹簧自身的弹力使液压油压出，放松张紧轮。液压油缸中装有蓄能器，在行驶过程中可以吸收地面带来的冲击，保护行驶装置。专用坚固的履带驱动系统具有强大的牵引力，履带由锻造加淬火的链轨以及密封铰接销轴制成。履带系统具有接地较长的履带，坚固耐用，牢固的焊接支架。享受"免润滑"的履带承重轮轴承。可更换的橡胶履带板。橡胶履带板的强大静摩擦力和主机较大的自重，使履带具有很强的牵引力。由于履带的接地面积很大，而且具有最优的质量分配，即使在稳定性较差的基础上也可以确保摊铺作业的顺利进行。

左右履带行走系统采用2个电子控制的闭式液压回路驱动，每个回路包括一个变量液压泵和一个变量液压马达。

3. 行走装置液压系统

行走装置液压系统如图8-4所示。

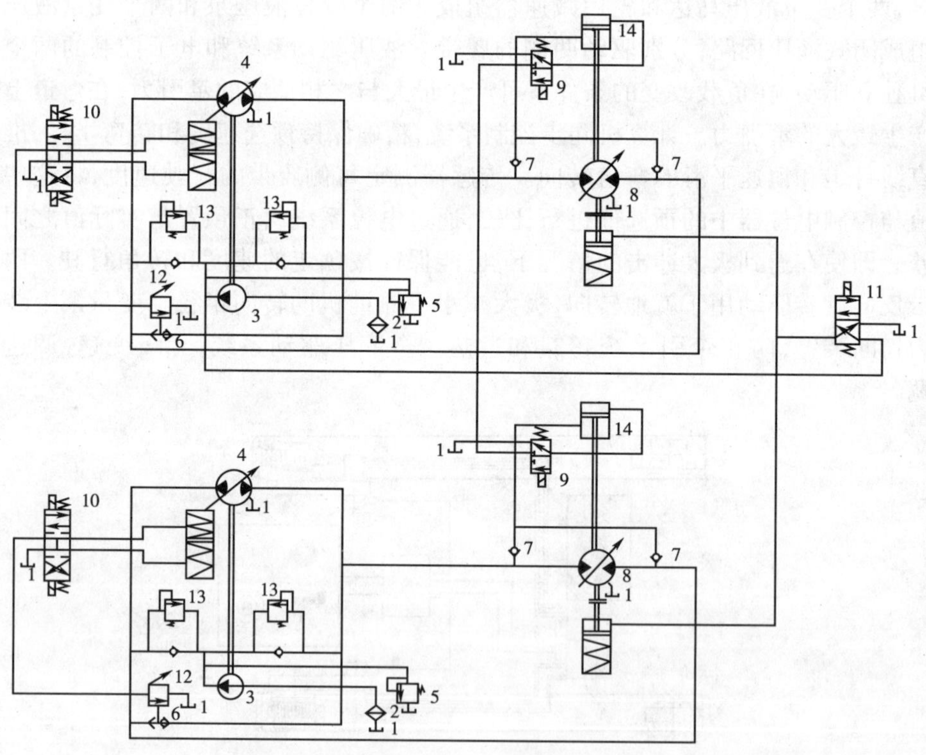

图8-4　行走装置液压系统原理图

1-油箱；2-滤清器；3-补油泵；4-双向变量泵；5-溢流阀；6-液控梭阀；7-单向阀；8-双向变量马达；9-二位三通电磁换向阀；10-伺服比例三位NN电磁换向阀；11-二位四通电磁阀；12-卸荷阀；13-过载补油阀；14-控制油缸

该系统是闭式液压回路，其主要由双向变量泵4、双向变量马达8、补油泵3、伺服三位四通换向阀10、二位三通换向阀9、控制油缸14、过载补油阀13、液控梭阀6、卸荷阀12、溢流阀5等组成。双向变量泵4、双向变量马达8为柱塞式，泵的压力油直接驱动马达旋转，从而驱动摊铺机行走。泵的排量的大小取决于变量系统中伺服比例三位四通电磁换向阀10输入的电信号的大小。当伺服比例三位四通电磁换向阀10通过装在控制台上的速度电位器接受一个连续的、线形变化的电信号时，就按比例输出一个连续地变化的压力油，这个压力油再通过控制油缸14的位移大小作用于变量泵4，变量泵4的斜盘夹角也就相应地有一个连续地变化，因而变量泵的排量也就连续地变化。过载补油阀13使回路高压侧油压维持在35MPa之内，过载的压力油可向低压侧补油，起到对液压回路安全和真空补油防气蚀的作用，因而变量马达两侧都可能成为高压，故液控梭阀6也是可双向控制卸放低压侧热油的作用。卸荷阀使低压侧压力维持在1.6MPa之内，当低压侧油压高于1.6MPa时，液压油便通过液控梭阀6和卸荷阀12卸荷回油箱。补油泵3主要由闭式回路低压侧补油及双向变量泵4提供控制油，当向低压侧补油时，是通过过载补油阀13的单向阀完成。当提供控制油时，通过节流阀伺服比例三位四通换向阀等进入控制油缸，从而以较小的压力油控制变量泵的斜盘倾角，使摊铺机换向平稳，微动性好。

双向变量马达8通过单向阀伺服二位三通换向阀9控制油缸14控制其斜盘倾角，从而对行走系统进行二次调节。当伺服二位三通换向阀9没有输入信号时，由于其弹簧作用，阀处于下位工作。当有信号输入时，阀处于上位工作。

4. 工作装置

沥青混合料摊铺机的工作装置包括：推辊、料斗、刮板输送机及供料闸门、螺旋布料器、振捣梁和熨平装置六部分以及相关的液压操纵回路。

(1)推辊

推辊位于摊铺机的最前端的凸出部分，有两个左右对称的推辊。推辊的作用是配合自卸车倒车卸料，如图8-5所示。当装满混合材料的自卸车倒退至摊铺机的正前方位置时，汽车后轮顶住摊铺机的两个推辊为止，自卸车的变速杆置于空挡位置，让自卸车在摊铺机的推动下前进。升起自卸车车厢向摊铺机料斗卸料。摊铺机一边推着自卸车前进，一边完成摊铺作业，直至自卸车车厢的混合料卸完为止。空载自卸车驶离，下一台自卸车重复同样的作业配合。

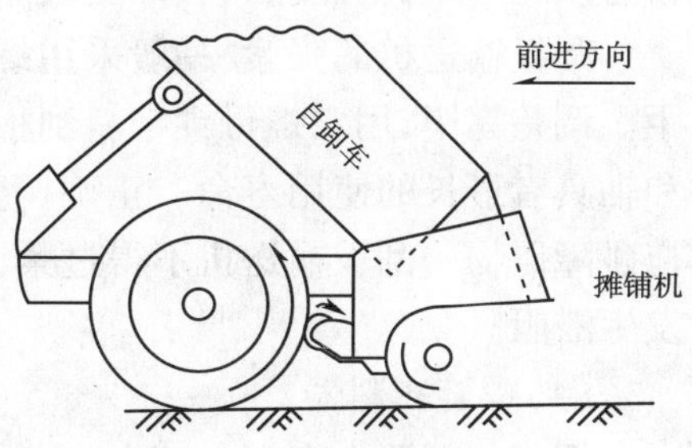

图8-5 推辊工作示意图

(2)料斗

料斗位于摊铺机的前端,用来接收自卸车卸下的混合料。料斗由左右两扇活动的斗壁组成,斗壁的下端铰接在机体上,用两个油缸控制其翻转。两扇活动斗壁放下时可以接收自卸车卸下的物料,上翻时可以将料斗内的混合料全部卸至刮板输送机。料斗靠近发动机侧有一个手动的销子,当料斗收起时可以将料斗固定在收起位置。摊铺机运输过程中,收起料斗并固定,可以减小摊铺机的运输宽度,保证安全。

(3)刮板输送机

刮板输送机装在料斗底部,可在料斗的底板上滑移。刮板输送机的作用是,将自卸车倒入摊铺机料斗内的混合料,输送至尾部摊铺室。

刮板输送机有单个和两个之分,较大型的摊铺机都并排设两个。每个刮板输送机有左右两根同步运转的传动链,每隔数个链节用一条刮料板将左右链条连接。当链条运转时,刮板就将料斗中料运向摊铺室。采用液压传动系的摊铺机,两个刮板输链分别由两个变量马达和减速装置驱动。可以实现刮板输送机的无级调速,控制刮板输送机的速度,进一步控制混合料。ABG423 摊铺机在刮板输送机的末端上方机架上装有两个控制开关,控制开关常态时,处于闭合状态,当混合料输送量较大时,顶起控制开关摇臂,控制开关断开,刮板输送机停止工作,达到减小供料量的目的。

在许多摊铺机上,料斗的后方安装有供料闸门,一般以液压油缸控制。改变闸门的开度,可以调节刮板输送机上料带的厚度,从而改变刮板输送机的生产率。刮板输送机在工作时,由于经常与混合料和刮板输送机底板摩擦,容易磨损,所以刮板输送机和底板均选用耐磨的材料,高锰钢制成。每侧刮板输送机底板由一块圆弧板和两块平板构成。平板焊接在机架上,而圆弧板用螺栓联接在机架上。当底板磨损到一定的程度后,可以更换。

刮板输送机的张紧,一般采用螺栓螺杆调节从动轴支座,改变主、从动轴的轴距。调整完毕,用双螺母锁定。刮板输送机的正确调整,可保证刮板输送机、链轮和轴具有最长的使用寿命。正确调整的刮板输送机离地面有一定的高度,可防止拖碰障碍物。刮板输送机不得过紧,刮板输送机应有足够的垂度,使通过链轮时不发生滞阻。

(4)螺旋布料器

螺旋布料器也有左右两个,安装在摊铺室,其作用是将刮板输送机送来的混合料,均匀地横向摊铺开来。左右螺旋的旋向相反,左侧螺旋布料器为左旋,右侧螺旋布料器为右旋。如图 8-6 所示。工作时,两个螺旋布料器的转向相同,使混合料向摊铺机的两侧输送。在左右螺旋布料器内侧的端头,装有中间反向叶片,用以向中间填料，保证摊铺机后部中间具有同样均匀的物料供应，从而获得具有同样密实度的摊铺层。

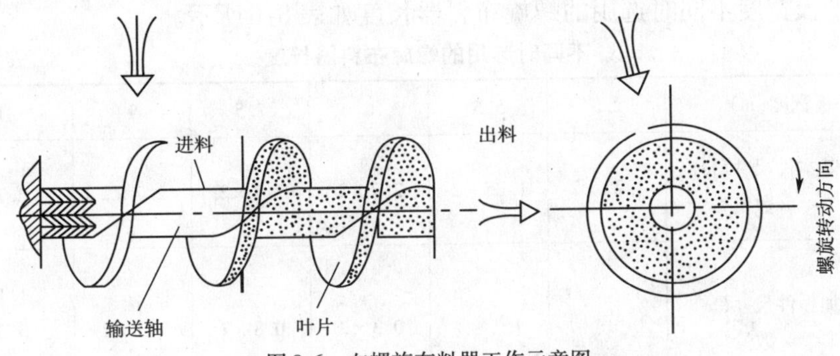

图 8-6 左螺旋布料器工作示意图

ABG423 沥青混合料摊铺机的左右螺旋布料器分别有两个定量液压马达和链传动机构驱动。采用超声波料位自动控制技术，可以确保作业连续，减少停机待料。

ABG423 沥青混合料摊铺机的螺旋布料器的高度可以调节，螺旋布料器中心线的离地高度有 300cm、400cm、500cm 三种位置。根据所铺筑的混合料种类和铺筑厚度的不同，分别对螺旋布料器的高度进行调节。当铺筑沥青混合料时，因为沥青混合料层的厚度较小，一般小于 10cm，所以螺旋布料器的高度应调到最低，即螺旋布料器中心线离地 300cm。当铺筑混合料厚度为 10 ~ 25cm 时，螺旋布料器应调到中间位置，即螺旋布料器中心线离地 400cm。当铺筑材料厚度大于 25cm 时，螺旋布料器的高度应调到最高位置，即螺旋布料器中心线离地 500cm。

螺旋布料器的螺旋叶片由于经常与各种铺筑材料接触摩擦，容易磨损，所以采用高锰合金铸钢铸造而成，叶片通过高强度螺栓连接到螺旋布料器的轴上。叶片有三种不同的大小，直径分别为 300cm、400cm、500cm。根据具体施工时的要求，选用不同的叶片。螺旋布料器宽度较大时，应选用大直径叶片。

螺旋布料器轴由于驱动的要求，其连接采用轴套结构，并用高强度螺栓连接。螺旋布料器轴外侧为轴，内侧为套。如果螺旋布料器轴外侧不加装布料器，要装保护套，防止磨损。

沥青混合料摊铺机螺旋布料器为适应不同的摊铺宽度的要求，采用几种基本件和加长件进行加长。基本件为与主机有连接的螺旋布料器。基本件有 1. 25m、2. 7m 两种左、右旋各一根，加长件有 0. 3m、0. 8m、1. 1m、1. 5m 的带连接四种，每种均有左、右旋各一根。螺旋布料器的组合长度根据熨平板的宽度选择。螺旋布料器的长度一般应小于熨平板的宽度 0. 5 ~ 0. 6m 左右，因为螺旋布料器可以将混合料输送至布料器外。当摊铺宽度等于螺旋布料器的宽度时，应将最外端的一片螺旋叶片拆除。这样可以避免过多的冷料积存在熨平板两端,影响摊铺层的结构均匀性和平整度,同时还可以减轻螺旋叶片的磨损。

熨平板宽度不同时选用的螺旋布料器长度如表 8-1 所示。

不同时选用的螺旋布料器长度　　表 8-1

熨平板宽度(m)		2.5	5.5	6	7.5	9	12
选用的螺旋布料器	基本件尺寸(m)×数量	1.25×2	1.25×2	2.7×2	2.7×2	2.7×2	2.7×2
	加强件尺寸(m)×数量	—	1.1×2	0.3×2	0.8×2	1.1×2	1.1×2 0.3×2 1.5 带连接×2

(5)振捣装置

振捣装置布置在螺旋布料器之后、熨平板之前。由偏心轴和铰接在偏心轴上的振捣梁组成。通常将整套振捣装置简称振捣梁。与螺旋布料器一样,机上有两套并排布置结构相同的振捣装置。振捣梁的作用是将横向铺开的料带进行初步捣实,将大集料压入铺层内部。振捣装置有单振捣梁式和双振捣梁式,如图 8-7 和图 8-8所示。

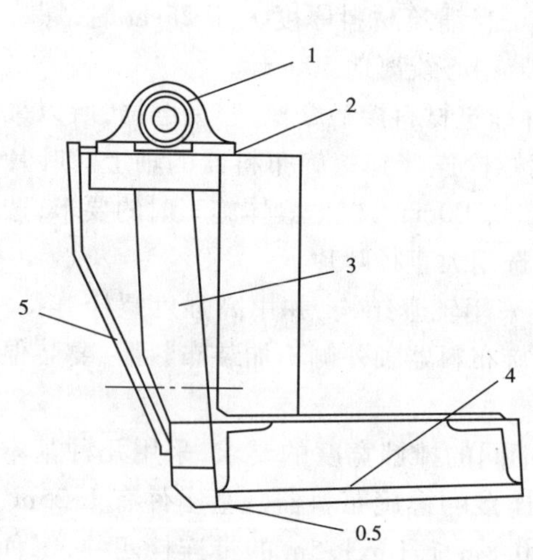

图 8-7　单振捣梁

1-偏心轴轴承座;2-调整垫片;3-振捣梁;4-熨平板;5-护板

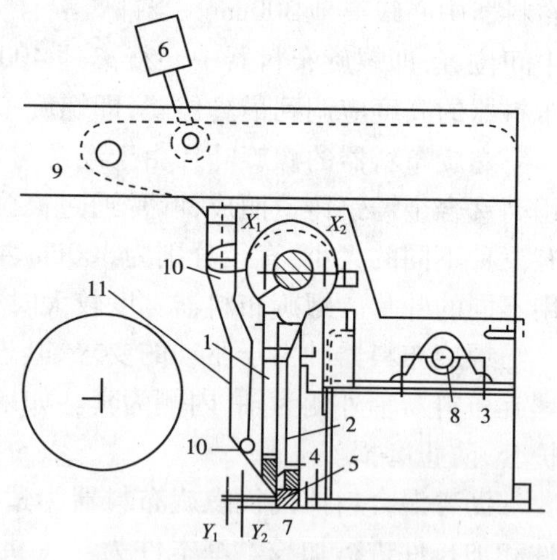

图 8-8　双振捣梁

1-偏心轴;2-主振梁;3-预振捣梁;4、5-刀条;6-液压油缸;7-熨平板;8-振动器;9-主架;10-挡料板;11-螺旋布料器振捣装置以熨平装置为机架，以液压马达驱动偏心轴，梁被夹在熨平板前端板和挡料板之间。当偏心机构转动时，振捣梁只作上下往复运动。

振捣梁的底部前沿切有斜面，当机器作业时，振捣梁对松散混合料的击实作用逐渐增强。为了保证铺层顺利进入熨平板下，机构设计时应保证振捣梁的下止点位置低于熨平板底面约 3 ~ 4mm。

单振捣梁结构比较简单，但振捣的密实度较低。为了提高铺层密实度，有的摊铺机配备双振捣梁。

双振捣梁式振捣装置，前后有两套振捣装置，前面的是预捣实梁，后面为主振捣梁。两根振捣梁的偏心相位配置相差 180°。

ABG423 沥青混合料摊铺机的振捣梁频率可以进行调整。振捣梁的偏心轴由一台液压变量马达驱动，振捣梁的振捣频率可以在其范围内任意调节。根据铺筑路面的材料和厚度，选择振捣频率。

振捣梁的往复行程，可进行无级调整，视摊铺厚度、摊铺温度和密实度来选择行程的大小。通常来说，薄层小粒径宜选用短行程。反之，摊铺层厚度大，集料粒径大、摊铺温度低时宜选用长行程。摊铺面层时只能选用短行程。

根据不同的摊铺层厚度通过调整偏心量 X_1 和 X_2，即可调整振捣梁冲击行程 Y_1 和 Y_2，X_1 和 X_2 的相位差为 180°，有利于振捣梁的质量平衡而使熨平板平稳工作。前后振捣梁的振动幅度分别为 0 ~ 12mm 和 0 ~ 9mm，振动频率和激振力均可调节。前振捣梁的迎料坡角为 45°，后振捣梁的迎料坡角为 30°。振捣梁振动可带动熨平板振动，使摊铺后的混合料更加密实。

振捣梁行程调整后，需满足下列技术要求：

①熨平板宽度方向，振捣梁下横梁在熨平板全宽范围内必须等高，即横梁底边应与熨平板底面平行。

②振捣梁横梁底边与熨平板平面的相对位置符合规定。摊铺薄层选择短行程时，横梁底边在下止点时应与熨平板底面等高。

(6)熨平装置

熨平装置布置在振捣装置之后，它的主要作用是将前面螺旋布料器送来的松散、堆积的混合料，按照一定的宽度、拱度和厚度，均匀地摊铺在路基上，同时，熨平装置对铺层的作用力也有预压实作用。

熨平装置构造如图 8-9 所示。它主要由熨平板、拱度调节机构、加热装置组成。它通过两侧大臂前端的连接销与机架铰接。熨平板的升降，由机架后端板上的两个油缸控制。

ABG423 沥青混合料摊铺机的熨平板为机械有级加长型，即摊铺机有多个不同长度的熨平板。工作时需要根据路基的宽度，选择不同的熨平板进行组装。

ABG423 沥青混合料摊铺机有一节主机熨平板宽度为 2. 5m，其他附加熨平板均分左右，宽度和数量分别为 0. 25m 左右各一块、0. 5m 左右各一块、1m 左右各二块、1. 5m 左右各两块。由这些熨平板可以组成 2. 5 ~ 12m 之间的间隔为 0. 25m 长的任意长度的熨平板。

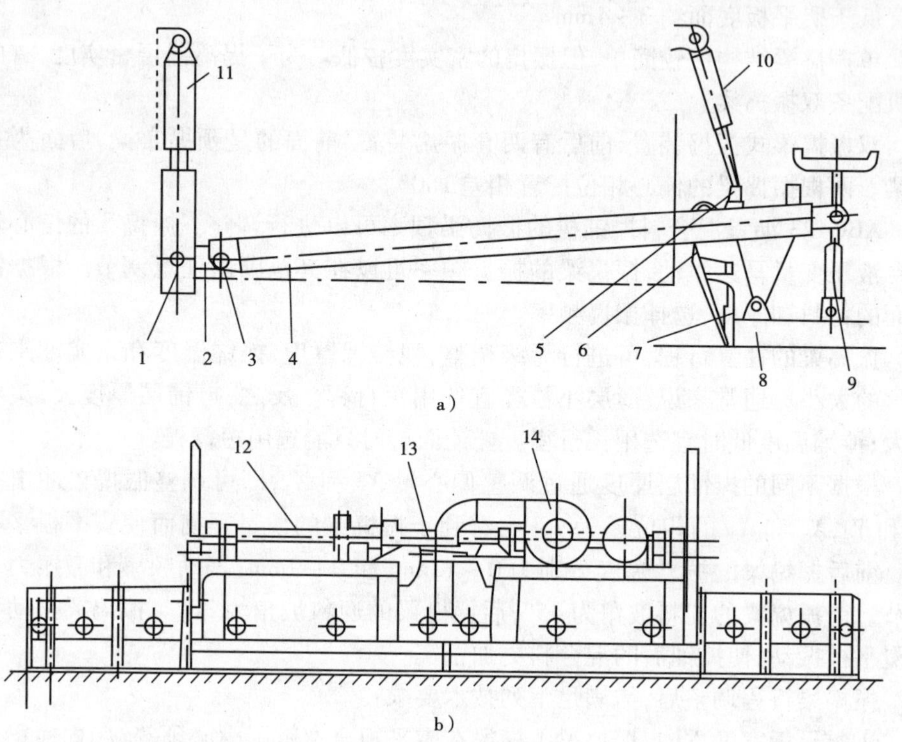

图 8-9 熨平装置

a）侧视；b）后视

1、3-销子；2-连接块；4-牵引臂；5-固定架；6-护板；7-振捣器；8-熨平板；9-厚度调节机构；10-油缸；11-液压执行机构；12-偏心轴；13-调拱螺栓；14-加热系统

组装 2. 5m 熨平板即主机宽度时，不用附加熨平板。而组装 12m 熨平板时，要用所有的附加熨平板。熨平板常用宽度的组装方式见表 8-2。

熨平板常用宽度组装 表 8-2

熨平板宽度（m）	5. 5	6	7	7. 5	9	11
附加熨平板（m）×数量	1. 5 ×2	1. 5 ×2 0. 25 ×2	1. 5 ×2 0. 5 ×2 0. 25 ×2	1. 5 ×2 1 ×2	1. 5 ×4 0. 25 ×2	1. 5 ×4 1 ×2 0. 25 ×2

熨平板宽度是依据施工现场的路面摊铺层宽度、作业方式(单机作业还是多机作业、预定通过次数等)进行调整的,同时还要考虑有无路拱和两机作业以及两次通过的重叠量的大小等因素,尽量减少拆装摊铺机熨平板的次数。当拆装次数不能减少时,应减少拆装的工作量。

当摊铺层有路拱时,应在第一次通过时将路拱铺出,然后根据两侧的剩余宽度来调整熨平板的组合宽度,统筹兼顾,合理安排。如果摊铺层外侧有路缘石或者其他构筑物,且又无法一次组合宽度铺完时,应将最外侧先行摊铺好,然后调整熨平板宽度,将最后一次通过放在接近中心处,否则机械无法通过。

无论是液压无级调整或是机械分段接长调整,熨平板必须左右对称,否则由于牵引负荷不平衡,影响摊铺机的直线行驶(特别在有横坡时),加剧行走机构的磨损和不必要的转向操作,而且由于频繁转向,会导致摊铺层平整度降低。在不得已的情况下,可允许熨平板不对称,但宽度不大于该机器的一个最小接件宽度尺寸。

二、自动调平系统的使用

摊铺机中自动调平系统的控制精度反映到路面即是该摊铺机的摊铺平整度。摊铺机自动调平控制系统如图 8-10 所示。

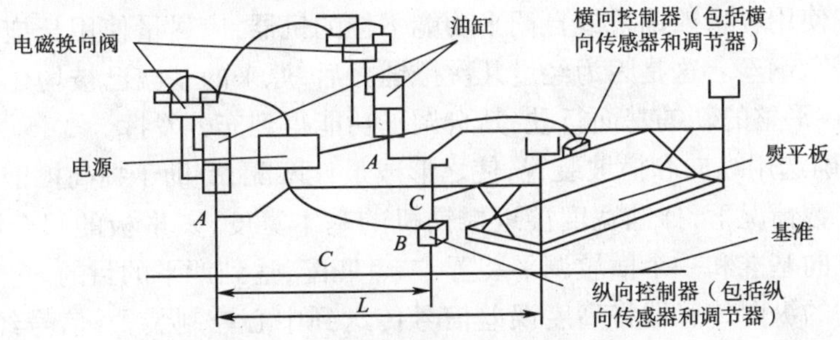

图 8-10　摊铺机自动调平控制系统简图

自动调平系统包括纵向调节和横向调节两个子系统。每一子系统都包括误差信号传感装置、信号处理及控制指令装置和终端执行装置三大部分。全液压伺服机构可以随机械误差信号的大小,通过液压传动对熨平板进行比例调平。绝大多数摊铺机采用电—液控制调平装置,即用传感器将机械信号变成电信号,经过处理放大后,由控制指令装置传给终端执行机构。

1. 自动调平系统的合理运用

(1)应正确选择和安装参照基准和传感跟踪元件

常用的纵向参照基准有浮动拖梁、张紧钢丝或钢绳、已完工的摊铺层或旧构筑物等。

①浮动拖梁随摊铺机同步在基面上滑动或滚动,是一种相对基准件。随着梁

的结构不同,可将基波均化、分解或部分消除。长度稍大于路基波长的滑动拖梁,可将波长拉大。但不能减小波幅高度,只能达到"均化"目的,故称"平均梁"。两点或多点支承(支承轮或弹性支承垫)的拖梁,不仅能将基波分解,而且能降低波幅,效果比滑动拖梁好得多;但结构复杂,质量大,不便于安装和运输。

②张紧钢丝或钢绳是以地球为参照系的绝对基准,从理论上讲是绝对精确的,但也存在人为的误差、测量误差和器材的变形。所以在使用时要严格遵守张拉长度、张拉载荷、支柱间距等方面的规定,并严格检测,细心保护和管理,在摊铺时不得碰撞基准线。如果张紧钢丝还兼作摊铺机行进导向基准时,钢丝本身的走向必须与路面设计中心线保持平行。

③用已完工的摊铺层或旧构筑物作基准,只有在具备条件时才能使用。如旧构筑物本身的精度和摊铺机传感装置的可及性,而且要使用特殊的跟踪件(如滑靴)。

如果路基平整度不好,或摊铺机两侧地带不适于拖梁滑行,应选用张紧钢丝绳作基准。

经验证明,多层摊铺时,最上面的一层摊铺,不应使用调平装置,只靠摊铺机本身的自调平功能去工作,其平整度往往比使用调平装置好得多,摊铺机愈大,效果愈明显。如使用轻型摊铺机或自调平功能不佳的机器,应尽量使用长拖梁作基准,切勿使用张紧钢丝。这是因为经过几次摊铺之后,原来的基波已被均化、分解或消除,摊铺机在平整的新铺基面行驶,其自调平功能得到充分发挥。

(2)正确选用纵向和横坡装置,使之形成最佳匹配,有助于提高摊铺质量

在大多数情况下,摊铺宽度接近摊铺机的基本宽度,熨平板的组合刚度大,应使用一侧纵向基准和一个横坡调平装置,二者匹配,达到调平的目的。

当一侧的纵向传感器将高度误差信号传送到中心控制装置,信号经过处理和放大,指示该侧执行脉冲电磁阀,开启液压油路,油缸则执行一侧的调整动作。由于一侧油缸动作,改变了机器原来的横向位置,产生一个附加的横坡信号。这一信号被安装在机器中部的横向传感器收集,传送到另一个中心控制装置,在这里与原来输入的设计横坡值进行比较,得出偏差信号值,经过处理放大,再传送到安装在机器另一侧的执行脉冲电磁阀,使得该侧的液压油缸动作,直到机器回复到原来横向位置,调平动作结束。

摊铺宽度大,熨平板接长后,结构刚度下降,在复杂的受力状态下,容易发生变形。如采用纵向~横向组合调平,纵向动作油缸不可能将熨平板一侧抬高或放下,容易产生振荡使横坡传感器所传输的信号严重失真,从而产生误调,调平系统不能正常工作。

这时不应使用横坡系统,而改用双侧纵向调平系统。其过程如下:在摊铺层两

侧各设一条基准线,用两纵向基准线的标高差来控制横坡。在机器两侧各安装一个纵向高度传感器分别跟踪,达到调平目的。

在弯道上摊铺时。横坡随着道路曲率半径的变化而变化。如果使用纵向横向调平组合,则在曲率半径发生变化处,摊铺厚度会产生增值。这一现象在整个弯道内,每当横坡发生变化时都会发生,从而使平整度恶化。

2. 自动调平装置使用前的安装、调整和校正

在实验室里,传感器能将极小的偏差信号用电量形式反映出来,但在实际现场摊铺作业中,传感器处于各种复杂干扰条件下工作,如机械振动、温度变化等。因此,它必须具有识别真伪偏差信号的能力,把真正的路基偏差信号和其他由于振动、冲击而产生的输入信号区别。严重振荡会使仪器精度降低,由此而产生误调动作(误调或调整不足),因此,安装传感器时要使其振动影响保持在最低程度。

在横坡传感器中,为了防止机械振荡而产生误信号传入调平系统,通常都装有黏滞阻尼装置,用以消除元件的机械振荡和由此而产生的电振荡。因此,横坡传感器的反应时间从理论上讲略有延迟,同时,由此而向调平系统输入一滞后信号,也会使熨平板的校正特性曲线偏移理论位置。

自动调平装置各元件的安装,应严格按规定执行。一般地说,不论熨平板处于何种角度,纵横坡传感器都应安装在熨平板前方。纵坡传感器的跟踪点至少距熨平板前缘0.5m。如果摊铺厚度不大(6cm或更小),熨平板工作角变化很小,这一距离还可增大。这样,厚度的校正将及时而准确,大大减弱机器振动的影响。

在可能的情况下,参照线应尽可能距熨平板侧面近一些,但不得超过制造厂规定的距离。拖梁各铰接点应能灵活转动,牵引件尽可能安装得平一些,防止将拖梁抬离地面。

横坡传感器安装在熨平板中部,安装接触面应加清理,同时注意传感器前后方向是否正确。如果方向弄错,在仪表上将显示反向横坡值,从而产生误调。安装误差以不超过0.1%为宜。

纵坡传感器的跟踪件应妥善保管,防止变形。跟踪件与基准线的接触范围应与熨平板底板平行,否则也会产生误调。

安装好的自动调平装置,在使用之前要进行校正。校正之前,摊铺机停放在水平平坦的地面上,将熨平板放下。调好摊铺厚度和初始工作角。用手动开关将左右仰角油缸的活塞杆调到等高位置;接好全部控制电路,然后启动发动机,向调平系统供电,同时检查调平系统液压供油压力是否达到规定值。上述各项检查完毕,开始检查纵向高度和横向坡度仪表指针和灯光显示情况。

当纵向传感器相对于基准调到规定位置时(某些摊铺机用跟踪件与基准件的夹角来衡量),显示纵向高度误差的仪表指针必须指在零位上(中间位置)。因摊

铺机停放在水平地面,横坡指针也应在零位置上,否则也必须予以校正。

横坡控制系统的校正程序如下:将摊铺机停放在水平平坦地面上,放下熨平板,转动遥控坡度给定器上的旋钮,这时中心控制装置和坡度给定器上的两个横坡指示仪表的指针将同时移动,直到双双指在中间零位置上为止。然后使用遥控坡度给定器上的转换开关,将电位计电路切断,再转动旋钮,将机械计数器上的数字调到设计横坡值,再将电位计电路恢复。这样完成设计横坡值的输入工作。熨平板放在水平地面上,将机械计数器上的数字调到零,横坡控制系统就可开始工作。如果摊铺机停放在已有横坡值的基面上(例如做好横坡的基层),机械计数器上的数值不得转回零位,而应调到已知的基面横坡值处。

校正后的自动调平系统,在开始工作阶段要加强对摊铺厚度和横坡值的检测,如发现问题,应及时修正。

当用改变熨平板牵引点垂直高度来调整摊铺厚度时,调整必须3m行进距离的范围内进行,切勿急剧升降。每调整一次,需要行驶一段距离后方可再进行检测,此距离不得小于该摊铺机的全长。

使用按比例—脉冲原理工作的自动调平装置,首层摊铺之前要检测一下基面不平度,从而决定系统工作区域。

自动调平装置由精密的机械、电子和液压元件组成,价值昂贵,在使用中应避免意外碰撞,严防潮湿,保持清洁。工作结束后要妥善保管,冬季应放在干燥洁净的环境中保存,并进行必要的检测和维护,以利延长其使用寿命,确保其精度。

检测传感器测出基层面实际高度并与标准高度进行比较,当偏差值达到一定的程度时,认为需要加以调整,这时由控制器发出指令,通过液压泵驱动找平液压缸使牵引大臂产生一定量的位移,牵引点位置改变引起熨平板相应垂直运动,从而使铺层产生变化,弥补路面波动,使铺后表面均匀一致,实现所要求的路面平整度。沥青混凝土摊铺机由于其作业环境十分恶劣,环境温度高,温度变化大,灰尘多,故检测路面高度传感器的选取非常重要。

第三节 沥青混凝土摊铺机的性能分析和新技术研究

一、传统摊铺机的性能特点

国内沥青摊铺机通过对国外技术的引进、消化、吸收和创新,在技术上已经成熟。但是,经过对现有机型的调查和用户的反馈,发现在总体性能上国内沥青摊铺机与国外仍有一定的差距对这种差距。表8-3列出部分摊铺机的性能参数。

摊铺机的性能参数 表 8-3

主要参数＼系列		福格勒			三一重工	鼎盛天工	华晨华通	
		超级系列	超级系列/特殊设备	幻影系列	WTL	LTU	LTL	EPC
型号个数		13 个	3 个	2 个	5 个	3 个	6 个	2 个
主要性能参数	最大摊铺宽度(mm)	2700 ~ 16000	5000 ~ 6000	7800 ~ 8500	4500 ~ 12500	9000 ~ 12000	4500 ~ 7000	12500
	最大摊铺厚度(mm)	150 ~ 400	300	300	200 ~ 300	300	250 ~ 300	320
	最大摊铺速度(m/min)	18 ~ 60	24 ~ 25	76	12 ~ 16.5	12	6.07 ~ 9.16	16
	最大理论生产率(t/h)	200 ~ 1500	700 ~ 1100	1200	150 ~ 800	500 ~ 800		
行走装置		轮胎式/履带式	履带式	履带式/轮胎式	小型采用轮胎式，其他采用履带式	履带式	小型采用轮胎式，其他采用履带式	履带式
熨平板延伸方式		液压伸缩/机械加长式（用户可配置多种熨平板）	液压伸缩	液压伸缩	机械加长式 液压伸缩	机械加长式	液压 液压加机械	机械
找平系统		采用 NIVELTRONIC SC 自动纵横坡控制系统			采用德国 MOBA 公司的原装进口件	采用德国 MOBA 公司产品	先进的超声波数字式多探头自动找平系统	
控制系统		控制面板为模块化设计，并引入“人机工程学”的设计理			微电脑控制系统	采用先进的 RC 专用控制器	使用先进的集成控制系统	

从表 8-3 可以看出，与国外厂家产品相比，国内厂家产品综合性能与之有一定的差距，表现在以下几个方面：①福格勒的产品有三个系列十八种型号，而国内厂

家中产品系列最多的是华晨华通,有两个系列八种机型,可以看出国内厂家产品系列及其规格比较单一,可供用户选择的余地不多;②在行走机构上,国外在不同的型号上均可给用户提供轮胎式和履带式两种选择,而国内各个厂家是履带式占有绝对的优势,可供用户的选择有限;③国外产品在熨平板延伸方式的配备上非常合理,在中小型摊铺机上配备液压伸缩式熨平板,在大型摊铺机上可为用户配置多种熨平板,而国内整体摊铺机熨平板配置较为单一;④国外摊铺机的控制系统越来越走向人性化,并融入生态学设计的理念,国内在这些方面有较大的差距。

由表 8-4 和图 8-11 可知,国内履带式沥青摊铺机的综合技术性能与国外产品相比有一定的差距。特别是在作业性能与作业质量和工作可靠性方面与国外厂家水平有较大差距,但就同型号摊铺机的价格而言,国内厂家有较大的优势。摊铺机的作业性能与作业质量的好坏,主要取决于摊铺机熨平板技术的好坏,国内各厂家必须提高熨平板振幅的横向均匀性和纵向均匀性。在摊铺机工作可靠性方面,可以采用集散型体系结构、模块化、积木化结构和一些减振、加固措施,这样可以在一定程度上增强国内产品的可靠性。

产品的技术参数 表 8-4

履带式沥青摊铺机(机械拼接式)(12.5m)					
厂家型号		福格勒 超级 2100-2	鼎盛天工 YT12500	三一重工 LTU120Ⅱ	华晨华通 EPC125A
作业性能与作业质量	最大摊铺速度(m/min)	25	16.5	12	16
	最大理论生产力(t/h)	1100	800	800	800
	摊铺密实度(%)	≥92	≥85	≥90	≥90
	密室不匀率(%)	≤4	≤5	≤5	≤5
	平整度(%)	≤1m/3mm	≤2m/3mm	≤2m/3mm	≤1.2m/3mm
工作可靠性	首次无故障工作时间(h)	150	120	120	100
	平均无故障时间(h)	150	120	120	100
	可靠度(%)	≥90	≥87	≥85	≥85
维修性	大修期(h)	5500	5000	5000	5000
	平均修复时间(h)	8	11	11	10
	易损件更换时间(h)	6	8	8	6
	维修可达性	高	中	中	中

续上表

履带式沥青摊铺机(机械拼接式)(12.5m)					
厂家型号		福格勒 超级 2100-2	鼎盛天工 YT12500	三一重工 LTU120Ⅱ	华晨华通 EPC125A
适应性	最大行驶速度(km/h)	4.5	4	2.4	3.2
	最小转弯半径(m)	4.2	4.6	5.2	4.8
	气候适应性	好	好	一般	好
	与现有机械的配套	好	好	一般	好
经济性	单位重量价格(元/kg)	588.24	107.27	92.14	94.64
	油耗率(g/kW·h)	≤190	≤206	≤195	≤218
	单位能耗生产力(t/h·kW)	6.04	4.44	4.97	4.73
操作性	安全舒适性	好	好	好	好
	操作灵活性	好	一般	一般	一般
	操作员耳边噪声(dB(A))	80	90	90	90
结构工艺性	尾气排放(g/km)	≤4	≤5	≤5	≤5
	结构先行进性	好	一般	一般	一般
	选材合理性	好	好	好	好
	制造工艺性	好	一般	一般	一般
	维修保养性	好	好	好	好

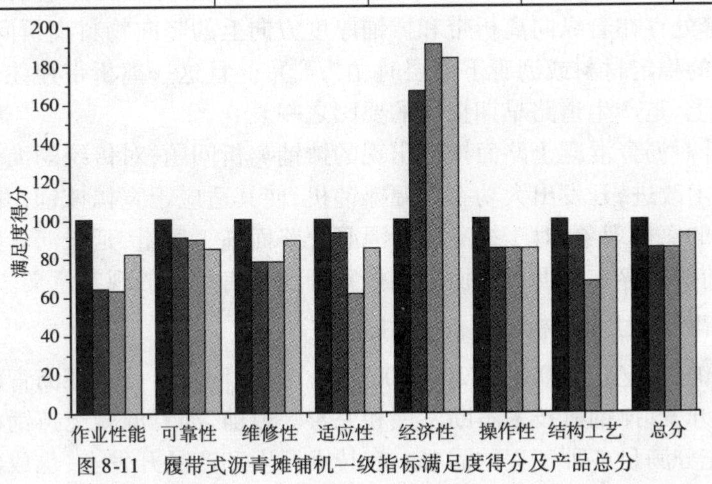

图 8-11　履带式沥青摊铺机一级指标满足度得分及产品总分

二、沥青混凝土摊铺机抗离析技术分析

（一）解决沥青混凝土路面摊铺离析的意义

造成沥青混合料离析的原因是多方面的，从混合料的设计，原材料进场与管理，混合料的生产、运输到摊铺碾压，各个环节控制的好坏都会直接影响到最终路面的离析程度。从离析的表现形式与根源上可以将其归为三类：一是材料离析，表现形式是沥青混合料中粗集料与细集料的分离、沥青含量的波动和空隙率的变化。其中的原因是粗集料比细集料有更大的运动能量，可以到达更远的距离有关。二是温度离析，其表现形式是混合料不同部位产生温度差异，在施加相同压实功时，产生不同的压实度和不同的空隙率。三是碾压离析，其表现形式是在压实过程中施加的压实功不同，会造成路面压实度的差异和空隙率的变化。

在上述混合料离析的各个环节中，摊铺离析往往没有引起足够的重视。即使搅拌设备生产出优质均匀的混合料，在卸料和运输中不存在离析现象，但在摊铺过程中仍可能产生严重的材料离析。在进行混合料摊铺的过程中，由于摊铺机械各个方面的原因，容易造成沥青路面的纵向带状离析、横向离析和竖向离析等。其中又以带状离析，特别是摊铺机接缝处的带状离析较为严重，在通车以后某些高速公路出现的明显的纵向带状接缝或者纵向带状的坑槽可以充分反映出来。

在材料生产与控制过程相同的情况下，摊铺工艺对沥青路面离析具有十分重要的影响。根据多年来对施工过程和建设路段路况变化的观测，当前沥青路面在使用过程中频频出现质量问题，与施工工艺及其控制技术是否科学合理有密切关系，归根到底是施工机械和施工工序的优化问题，其中摊铺机械的性能是关键问题。

根据多个摊铺施工现场所观察到的实际情况，采用传统的摊铺机并机摊铺施工，两机接缝处存在着纵向离析带和摊铺厚度方向上的竖向物料离析问题，当摊铺含有大粒料的稳定材料或沥青下面层时尤为严重。且这一离析带往往处于道路中部的行车道上，是产生道路早期损害的要因之一。

因此，针对沥青混凝土路面摊铺出现的摊铺离析问题，对传统的沥青混合料摊铺机进行技术改进，开发出大功率宽幅摊铺机，使其适应于宽幅摊铺，并减少纵向、横向和竖向的离析现象，对于提高沥青混凝土路面施工质量，延长沥青路面使用寿命，解决目前普遍存在的沥青路面早期损害问题具有重要的现实意义。

（二）沥青混凝土摊铺机抗离析技术措施

沥青摊铺机诞生于20世纪20～30年代。发达国家十分重视沥青混凝土摊铺机的研究与开发，摊铺机技术不断发展和完善。目前，沥青混凝土摊铺机已形成系列产品，能充分满足各种工程的需要。在技术开发和产品开发上，也成熟地应用了

机、电、液一体化技术，使沥青混凝土摊铺机具有结构合理、功能完善、性能稳定、安全可靠、易于维修等优点，并且仍在不断地采用新理论、新技术、新工艺、新材料，改进结构和性能，使产品不断更新换代。

我国从20世纪70年代开始研制沥青混凝土摊铺机，80年代摊铺宽度4500mm的沥青混凝土摊铺机逐渐形成一定的生产批量，80年代后期开始引进国外的先进技术。目前，我国生产一些产品如DT1600等机型与国外最新技术发展同步，甚至在一些性能方面有所突破。

目前，我国摊铺机产品开发的主要目标是：产品系列规格逐步完善，以适应不同工程的需要；不断提高国产摊铺机的技术性能、工作可靠性和使用寿命。如陕西中大机械集团研制的大宽度、大厚度、抗离析的超大型摊铺机，针对高速公路施工最易出现的离析问题，解决这一施工难题，并提高作业质量和生产率。

到目前为止，国内外对沥青路面离析的控制措施主要是从原材料、施工工艺等方面进行改进和研究，而关于摊铺机械方面的改进研究还没有突出的成果。为了改进沥青路面的使用性能，延长使用寿命，提高经济效益，世界各国的公路建设者进行了大量的探索和研究，开发了一些新型沥青路面结构。为减少沥青路面的材料离析和温度离析，美国国家沥青技术中心NCAT开发了快速检测沥青含量的燃烧炉，ASTEC公司开发了转运车，随后欧洲部分厂家也开发了同类设备，大大地降低了沥青混合料的温度离析和材料离析。虽然转运车可以有效减少沥青混合料离析，但是由于几方面的原因没有得到推广应用。一是价格昂贵，一台转运车都在160万元以上；二是由于多一个中转环节，降低了沥青混合料的温度，为避免温度损失，在沥青混合料拌和时必须提高拌和料出料的温度，有的转运车又配备了加热装置，增加了施工成本；三是转运车不能避免摊铺过程中的沥青混合料离析；四是转运车将混合料输送到摊铺机料斗时又易造成混合料堆尖滚落离析。

为解决离析难题，陕西中大机械集团工程技术人员多年来潜心研究，相继开发出DT系列抗离析摊铺机，获得了多项国家专利，并在全国许多施工现场试验和使用，经多次改进和提高，抗离析摊铺技术已日趋成熟。

陕西中大DT系列摊铺机抗离析技术所采取的主要措施是：①采用螺旋叶片全埋输料方法，大小粒料能被均匀输送，使摊铺层宽度方向上粒料均匀，以避免横向离析。②螺旋前面导料板的离地间隙应可调整，能减少粒料向基层表面滚落，使摊铺层厚度方向上粒料均匀，以避免竖向离析。③螺旋高度应多级调整，可对摊铺层表层的粒料起到再次连续搅拌作用，使摊铺层厚度方向上粒料均匀，以避免竖向离析。④合理设计反向叶片、料槽宽度、螺旋支撑，改善输料阻滞现象，以避免纵向带状离析。⑤合理设计输送刮板宽度和受料斗形状，减少受料斗收合时的集料量，减少大粒料滚落成堆，以避免窝状离析。⑥增大摊铺机料斗，减少收斗造成大粒径物料集中产生的局部片状离析。⑦单机大宽幅摊铺,避免并机摊铺接缝出的带状离析。

1. 摊铺机螺旋布料器结构及布料离析控制

(1)螺旋布料器对离析影响研究

摊铺机产生离析的主要环节在螺旋布料过程,在作业中功率消耗最大的环节也在螺旋布料过程。摊铺机在设计过程中,主要考虑功率因素,使螺旋布料器中的物料表面位于螺旋直径的1/2~2/3处。按照这种情况,当用于大宽度、大厚度摊铺时,由于输料量加大,而螺旋只有位于物料内部的部分才有输料能力,因此为满足作业要求,只能将转速提高。这样,高速旋转且暴露在空中的螺旋布料器顶端就会向物料层上部的空间抛送物料,把这一现象叫做"抛扬",这是布料过程中形成离析的主要原因。通过在施工现场的观察,可以十分清楚地看到这点。基于以上分析,为避免沥青混合料产生离析,在摊铺中应采取如下措施:尽量采用具有大直径、低转速螺旋布料器(低速大扭矩马达)的摊铺机;降低螺旋布料器的高度,并使混合料的高度超过螺旋布料器(即满埋螺旋叶片)。这样可以提高螺旋布料器的输送率,降低转速,减少不同物料颗粒之间的惯性差异。同时,因为布料器埋于混合料内,可以对物料实现二次搅拌,降低前期离析程度。位于混合料中的布料器向两侧沿整个断面挤出物料,而不是向上或向下倾推物料,这样可以减少不同宽度位置上的横向离析和物料上下滚动产生的纵向离析,螺旋布料器上部不暴露空间,也不会由于上抛而产生面层离析。

(2)工作参数及结构设计的改进

螺旋布料器是沥青混合料摊铺机必不可少的重要组成部分。它最重要的性能指标是输送效率、生产率、防离析等,这些指标主要取决于螺旋转速、螺距、螺旋直径、扭矩等参数。它的结构形状及参数选择是否合理将直接影响螺旋布料器的生产能力和路面的施工质量。因此,沥青混合料摊铺机的螺旋布料器设计是整机设计的关键环节。合理的摊铺机螺旋布料器应具有良好搅拌物料的能力,使前期工序产生的材料离析得到有效改善,同时满足摊铺宽度上不同部位所需物料量,使平整度得到保证的综合功能。

①工作参数及转速的控制

目前,多数摊铺机的实际情况是,物料的内、外摩擦力作用造成大粒料容易被送往螺旋两外侧,摊铺宽度越大则离析越重。其主要原因是螺旋工作参数设定存在缺陷。螺旋布料器工作时,物料输料高度一定要位于螺旋中心上方叶片直径2/3处以上。如果螺旋料位较低,则需要较高的工作转速才能满足输料量(高达100r/min左右,甚至更高)要求,而在高速抛撒、快速推移运动中,不同粒径的物料很容易产生离析。传统的螺旋分料器设计理论,螺旋分料器的主要功能是均匀输料和布料,而未能赋予螺旋二次搅拌以改善前期工序产生的材料和温度离析的功能。在对高等级公路路基路面质量要求提高、以适应现代重载大流量运输要求的今天,摊铺机螺旋布料器这后一功能甚至更加重要。针对上述螺旋布料器产生的离析,根据国内外摊铺实践经验,可以采取增加整机功率匹配、物料满埋螺旋、增大螺旋输料能力、降低螺旋转速的措施。物料满埋螺旋,降低转速到 80 ~ 90r/min 以下,使料槽中物料量变化减小,摊铺密实均匀平整,可以保证碾压后的平整度;另外还有效防止了大颗粒物料随输送距离增大而运动加剧的横向离析,同时由于螺旋埋于物料底部而增加了二次搅拌效果,也改善了前期工序产生的温度与材料离析;物料满埋螺旋工作也相对减小了支撑处的阻滞影响。摊铺机在摊铺作业中,主要的功率消耗于螺旋驱动,特别是当物料满埋螺旋、摊铺基础材料时,物料摩擦阻力增加,驱动螺旋会消耗整机功率的50% ~60%,故应增加整机功率匹配。增加整机功率匹配、物料满埋螺旋工作、增大输料能力、降低螺旋转速、增强二次搅拌作用,这是避免横向离析的关键,也是一种新的设计理念。

②螺旋布料器结构的改进

摊铺机的螺旋布料器是一种半开放式的结构,与通常的封闭式螺旋输料器将物料全部输送情况不同的是,它在分、输料过程中一边卸料一边输料,最终将物料均匀地布送于熨平板的整个幅宽上。因此,不同位置的螺旋应有不同的输料能力,其输料能力可由螺旋布料器的生产率来衡量,生产率是以每小时所摊铺的混合料吨数或立方米来计算的,螺旋布料器生产率由式(8-1)表示:

$$Q = 3600 \cdot \frac{\pi D^2}{4} \cdot tn\rho K_1 K_2 \tag{8-1}$$

式中:Q——螺旋布料器的生产率,t/h;

D——螺旋布料器叶片直径,取 0.2 ~ 0.5m;

t——螺距,m;

n——螺旋布料器的转速,r/min;

ρ——松散混合料的密度,一般取 1.8 ~ 2.0t/m^3;

K_1——截面填充系数,取 0.6 ~ 0.75;

K_2——由于混合料溜走和挤压对生产率降低的系数,取 0.9。

从上面螺旋布料器生产率计算公式(8-1)中可以看出,螺旋布料器为满足"不同位置有不同的输料能力"这一性能要求必须有不同的螺距或叶片直径。又因变螺距设计有制造困难、互换性差,且搅拌不均的缺陷,所以螺旋可以采用变径递减式连接,整体断面呈包络线梯形,螺旋布置可分为三段,第一支撑以内为大外径叶片,第一支撑到第二支撑为中等外径叶片,第二支撑以外为内径叶片,以适应均匀输料。考虑到制造、装卸及修理方便,螺旋叶片采用分段装配式。每一个螺距分为两节,通过螺栓对开连接在传动轴上。这样在布料工作中,可以达到全部螺旋满埋物料工作且搅拌强度一致的效果,除了有效防止横向离析外,还可保证不同宽度位置上摊铺物料的密实度一致,平整度一致。

③加装反向螺旋叶片

由于螺旋驱动链轮箱的空间干涉,使左右螺旋在中缝处断开一定距离,这一断开处的物料得不到螺旋的强制挤压和搅拌,而仅依靠物料的自然流动来充填,摊铺后密实度很低且级配不匀,形成一明显的条形离析带。国内外许多摊铺机螺旋布料器没有装反向叶片,这样造成中缝处输料量不足,易产生疏松和纵向离析。如果在螺旋中缝处加装一组角度可调的反向螺旋叶片,而且将其固定牢靠,保证输料时不会转动,这样,反向叶片对摊铺层中缝处填料充足,改善了中缝处的离析现象。根据摊铺厚度和材料的变化来调节反向叶片数量和角度,可使大小粒料能均匀向螺旋链轮箱下方填充,保持摊铺层中缝处混合料均匀、充足、密实,避免了纵向带状离析。

④改变螺旋支撑横截面形状

螺旋支撑处的离析带,主要由于支撑杆与轴承座在料流运动方向上的阻挡作用,另外在该处螺旋不连续等使该处输料不畅,破坏了物料沿螺旋在宽度方向上输送的均匀连续性,并且在该处会形成混合料的涡流,使混合料离析,影响了该处的密实度和级配。所以在保证强度的基础上,改变螺旋支撑(螺旋吊杆)横截面形状尺寸或改变轴承座外形形状,使支撑结构和轴承座外形呈圆弧过渡面;在支撑处的螺旋上加装圆周角100°以上的过渡叶片,可以有效减少集料在螺旋输送过程中形成的阻滞、堆尖。

综上所述,通过对螺旋分料器满埋物料工作、采用变径螺旋设计、加装反向叶片、改变螺旋支撑横截面和支撑轴承座外形结构形状等几方面的改进,在布料工作中,除了可以有效防止横向离析、温度离析、纵向带离析外,还可使不同宽度位置上摊铺物料的密实度、平整度一致。

2. 前挡板的优化设计

竖向离析指摊铺横断面上,下部大粒料多而上部大粒料少的上下离析现象。竖向离析的原因是螺旋料槽上部大粒料沿开口处向下滚落,这一现象通常发生在螺旋前挡板离地间隙调节偏大且料槽中缺料的工况下,以及螺旋外端料槽前方的卸荷口处,由于大粒料沿着螺旋前挡板的间隙和卸荷口处向下滚落,而造成大粒料沉落于铺层下面位置。

在前挡板下方加装了上下高度可调的前挡板,根据摊铺厚度和材料不同适当调节离地间隙,同时前导板下部采用弹性橡胶板结构,可以将离地间隙调为最小,且利用弹性板的外张效果减小螺旋的输料阻力(图8-12)。

对螺旋外端处的卸荷口,同样采用弹性橡胶板的悬臂式自适应式结构,既防止大粒料向下滚落,又起到防止螺旋卡死而卸荷的作用,也避免了因螺旋卸料不畅顶起熨平板影响平整度的现象(图 8-13)。

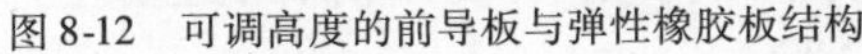

图 8-12　可调高度的前导板与弹性橡胶板结构

图 8-13　卸荷口处的弹性自适应式结构

通过上述两种方法的改进可以有效地防止因前挡板高度过高而引起的大料滚落形成的竖向离析。

第四节　摊铺机的合理选配

一、选型的总体思路

在对沥青混凝土摊铺机进行选型时,应结合所铺筑沥青混凝土面层的宽度、厚度及技术要求进行考虑。在确定摊铺作业方式(全幅式摊铺或梯队式作业)后,应选择各项性能指标好、摊铺精度高、故障率低的沥青混凝土摊铺机,所确定摊铺机的型号、台数应与沥青混凝土搅拌设备的生产能力相适应。履带式沥青混凝土摊铺机的牵引力及接地面积都较大,可减少对下层的作用,对下层的平整度不太敏感,故高等级公路沥青混凝土面层的铺筑,应优先考虑选择履带式沥青混凝土摊铺机。

沥青混合料摊铺机生产率由式(8-2)计算:

$$Q = hBv_0\rho K_B \tag{8-2}$$

式中:h——铺层厚,m;

B——摊铺带宽,m;

v_0——摊铺机摊铺速度,m/h;

ρ——沥青混合料密度,$\rho = 1.8 \sim 2.0\text{t/m}^3$;

K_B——时间利用系数,$K_B = 0.75 \sim 0.95$。

二、选型的注意事项

1. 不可盲目追求摊铺机的多功能摊铺

(1)摊铺质量要求:良好的沥青面层对摊铺机的熨平板、自动找平系统要求较高，元件精密，而一旦摊铺基层稳定材料，熨平板、供料系统会产生非常大的磨损，这将严重影响面层的施工质量。

(2)不同材料要求摊铺机的地面附着力不一样：如德国 ABG 摊铺机采用 CATD23 技术加工的特制履带、德国 DEMAG 摊铺机采用高架链轮技术增加与地面附着力，而没有对行走机构特殊处理的摊铺机在宽度 9m 以上大厚度基层稳定材料摊铺时有出现牵引力不足的可能。

(3)不同材料摊铺作业，摊铺机负荷差异大：摊铺基层材料比沥青材料时负荷一般要大 30% ~40%，单位时间内机械各方面磨损要严重得多，对发动机、熨平板、输料机构等机械重要部件造成较大损伤，降低机械的有效使用寿命，经济上不合算。

综上所述，沥青混合料摊铺对摊铺机的选择应在满足高摊铺精度、使用的灵活性、经济性等情况下，不要过于追求摊铺机的多功能作业。

2. 摊铺宽度和摊铺厚度的科学设置

沥青摊铺机宽度和厚度的选择应权衡多方面因素，综合确定，包括：工程的实际需要、沥青站的生产能力、摊铺的质量要求。

摊铺机的摊铺厚度一般都在 0 ~300mm 之间，完全可以满足施工要求，配置趋于一致。厚度越大，预压实度越小，施工平整度、压实度无法保证。

(1)在选择摊铺宽度时首先要根据摊铺机所具有的技术性能，不能教条地遵守《公路沥青路面施工技术规范》。

对于传统的摊铺机，由于：①摊铺宽度大，螺旋分料器运送混合料距离长，不可避免粗细料的离析，影响路面质量，造成早期损坏。②在摊铺机重量和功率一定的情况下，宽度越大，平均到料层上的振捣力越小，预压实密度越小，增大了压路机的碾压工作量；由于初压密实度小，在重型压路机不能紧密跟进碾压情况下，严重影响平整度，物料降温后，影响压实度；而小型压路机容易产生推拥，影响平整度。③宽幅摊铺，表面看上去平整，但中间和边缘的密实度不一样，在压路机碾压后横向平整度不能保证。建议选择 9m 以下机型摊铺机。

对于具有抗离析功能的大功率新型摊铺机，由于具有抗离析性能，全幅大宽度摊铺，没有纵向接缝，没有竖向离析和纵向离析带，摊铺均匀度和平整度高，生产效率高，节约成本，因此建议选择可全幅摊铺的抗离析摊铺机。

(2)摊铺机与沥青混凝土搅拌站生产能力应大致匹配。

摊铺机理论生产能力，如式(8-2)所示。以 ABG-325 为例：摊铺宽度为 9m，摊铺层厚度为 0.1m，摊铺速度为 5m/min，其理论生产率为 550t/h，目前拌和设备生产能力无法满足摊铺机的连续作业需要，增大了停机待料的次数，必将严重影响路面平整度，应在摊铺机的摊铺宽度、厚度和摊铺速度上作出调整。

综上所述,应根据实际工况确定摊铺机的宽度。而高速公路摊铺,由于质量要求严格,选择高性能大功率的摊铺机。

3. 熨平机构的合理选择

熨平板的选择主要从以下三方面考虑:①机械加宽熨平板和液压伸缩熨平板的选择:机械加宽熨平板由于整体刚度好,抗形变能力强,在宽幅摊铺和基层大负荷摊铺时经常选用。目前德国 ABG 摊铺机大多采用液压快速连接和拆开机构,拆装麻烦的缺陷有所改善;②振捣方式的选择:单夯锤由于其击振力有限,难以达到90%以上的初压实度,对路面的平整度有影响,很少单独使用;双夯锤设计和单夯加液压振动压力梁设计都可满足预压实度的要求,在选择时不必过分追求双夯,振动梁可以大大加快熨平板下混料的流动性,减小熨平板的磨损,实现物料均匀性和平整度。③加热方式的选择:福格勒专利的电加热以加热便捷、均匀著称,但增加发动机负荷,相对易出故障;德国 ABG、DEMAG 等摊铺机多采用液化气加热,快速但不够均匀,熨平板易变形。两种形式熨平板都各有利弊。

4. 自动找平系统的选择

找平系统应根据施工路况综合选择:在狭窄区域、小范围施工,滑靴因不会出现碰撞,是一种适合市政道路施工的理想选择;而对于大范围长距离的摊铺,如高速公路等地的施工,采用多探头超声波数字找平仪和长距离激光纵坡传感器则可以保证较长路段整体的平整度。

总之,要求摊铺机多功能摊铺是不现实的,专业摊铺稳定基层和专业摊铺沥青混合料,无论从机械的维护和保养,还是运营成本来说,都是经济的、科学的;不必盲目追求摊铺机技术上的先进性、配置上的高端要求,生产能力、摊铺宽度和技术性能只要达到使用要求,不必作太高要求;供料机构和熨平机构功能的完善是保证摊铺性能的关键,找平系统的选择应因地制宜。

第五节　沥青混合料摊铺的工艺和质量控制

一、沥青混合料的摊铺工艺

国内沥青混合料摊铺工艺分为两种:(1)混合料经过沥青转运车输送的摊铺工艺;(2)混合料直接卸到摊铺机上的摊铺工艺。第一种摊铺工艺是我国借鉴国外的施工工艺,最近几年来才开始大力推广的,它的优点在于能解决混合料在拌和、运输各环节混合料的温度离析和颗粒离析;第二种摊铺工艺是传统的施工工艺。

沥青混合料的摊铺工艺流程,如图 8-14 所示。

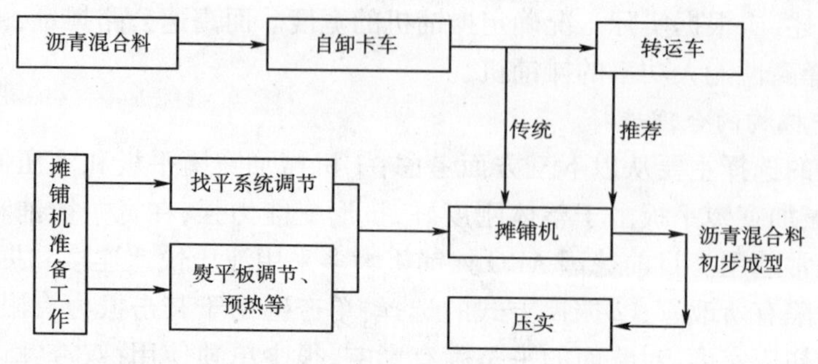

图 8-14　沥青混合料的摊铺工艺流程图

二、沥青混合料摊铺质量控制

沥青混合料的摊铺过程控制非常重要，调整摊铺机的各项性能参数和匹配，减少沥青混合料的离析，提高松铺密实度，保证最终为成型的沥青混合料的压实度、压实的均匀度、空隙率和平整度，使沥青路面具有高使用性能、长寿命和行车舒适性。

1. 混合料离析的控制

混合料的离析是沥青路面施工中的顽疾，会最终影响路面的使用寿命。混合料的离析一般分为集料离析、温度离析、摊铺离析和压实离析。

(1)全路幅一次摊铺时，能够节约人工和机械，而且铺筑成型的路面表面均匀一致，平整度好，无纵向施工缝。缺点易造成离析和压实度不足，因此应该合理调整并控制摊铺机的性能参数，如摊铺行驶速度的匀速控制、螺旋布料器的转速控制(保证布料的均匀连续，不抛扬离析)、振捣器的振幅和频率调控(根据铺层厚度、混合料的配合比等)。分幅多次摊铺，纵向接缝施工难度大，接缝处两侧大料较多，造成纵向离析带，密实度差，并且平整度也难以掌握。所以，当采用分幅多次摊铺时，采用多台摊铺机梯队作业的方式，并严格控制各台摊铺机的性能参数一致，处理好纵向接缝。

(2)正确操作受料斗翼板，严禁受料斗内死料过多和翻转过速。尽可能保持摊铺机料斗内的余料均匀，保证连续均匀供料。严禁供料速度忽快忽慢、机械猛烈起步和紧急制动、摊铺速度快慢不均。摊铺速度确定后，应尽可能保持稳定和连续，速度以 2 ~ 2.5m/min 为宜。

(3)螺旋布料器悬挂处的两侧出现的离析，可通过改变一侧的螺旋方向来解决，即把正向螺旋叶片 2 改为反向螺旋叶片 3，如图 8-15 所示。

(4)调节料位传感器，使螺旋布料器的转速尽可能均匀，保持熨平板前料位均匀一致。确保螺旋布料器通道内的混合料左右流动通畅，摊铺过程中混合料处于螺旋布料器直径 2/3 的高度以上，建议采用具有大直径、低转速螺旋布料器的摊铺机，降低螺旋布料器的高度，并使混合料的高度超过螺旋布料器，这样可以提高螺旋布料器的输送率，降低转速（图 8-16），减小不同粒径颗粒之间的惯性差异。同时布料器埋于混合料中可以对混合料实现二次搅拌，从而减少离析。螺旋布料器的高度应根据摊铺层厚度的变化进行调节。摊铺层厚，螺旋布料器的高度要增大，反之减少。螺旋布料器太高，则供料慢，两端供料不足。螺旋布料器太低，则阻力过大，供料不足。一般情况下，布料器下沿调至高出松铺层 10 ~ 12cm 为宜。

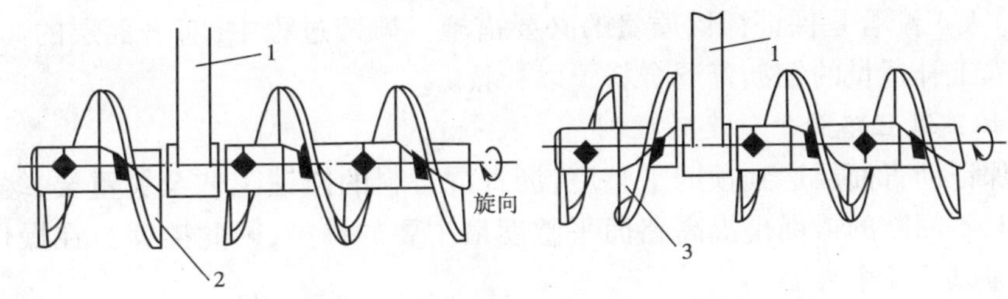

图 8-15　螺旋布料器的正反叶片布置

1-螺旋支杆；2-正向螺旋叶片；3-反向螺旋叶片

（5）对于有前后幅调拱机构的摊铺机，其前拱拱度应调节的比后拱略大为宜。经验表明，一般人工接长调宽的熨平板，其前后拱之差为 3 ~ 4mm，液压伸缩调宽的熨平板，差值以 2mm 为宜。前拱过大，中间部分混合料较多，于是出现中间紧密并刮出亮痕和纵向撕裂状条纹。反之，前拱过小，甚至小于后拱，中间部分的混合料偏少，于是就会出现中间疏松，两侧紧密并被刮出亮痕和纵向撕裂状条纹。

（6）选择振动系统的最佳振幅和振频，可控制混合料的离析。振幅过大、振频过高，会造成集料压碎、细料上浮和泛油现象。振幅过小、振频过低，则初密实度低，不利于压实作业，如图 8-17 所示为振捣器调整不合理引起的离析离析现象。ABG423 摊铺机振动夯选择振幅 5mm、振频 20 ~ 22Hz，熨平板振动器振动频率选择 35 ~ 40Hz。这样沥青混合料能够获得较理想的初压实度和平整度。

图 8-16　平稳的料位

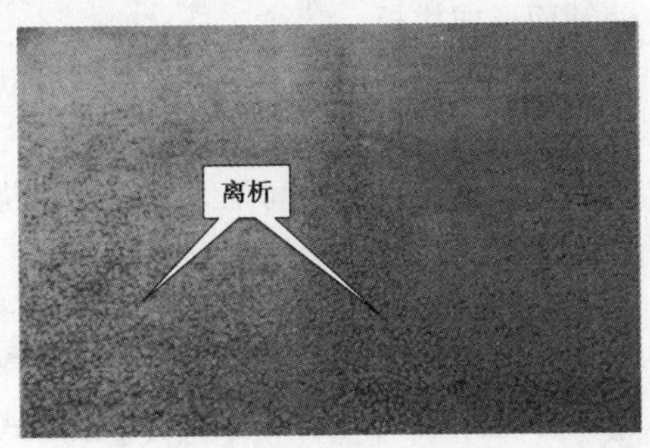

图 8-17　振捣器不合理引起的离析

(7)螺旋布料器的端部距熨平板边缘以15～20cm为宜,距离过大时,容易在熨平板前堆积死料,温度降低后会成团块状脱落,进入摊铺层后形成密实度不均,不易压实。距离过小时,会造成供料不足,大粒径骨料不易进入熨平板下,也会损坏下承层。一般情况下,摊铺厚度小于10cm的中粒式或粗粒式混合料时,应将熨平板与布料螺旋之间的距离调至中间位置。摊铺厚度较薄,粒径较小的混合料时,宜将距离调小。摊铺厚度较大,集料粒径也较大,混合料温度偏低,或发现摊铺层表面出现波纹时,宜将距离调大。

(8)人工配合是保证摊铺质量的必要措施。摊铺过程中,对表面层的离析,应该及时人工补适量的细沥青混合料予以补救。

2. 摊铺过程路面平整度的控制

要保证沥青面层达到预期平整度,沥青混合料的摊铺工艺至关重要,缓慢、连续、均匀、不间断的摊铺是提高路面平整度最主要的措施,因此摊铺机在操作过程中应注意以下几个方面:

(1)摊铺过程应保持连续匀速,否则停顿处就会出现不平。供料跟不上往往造成摊铺中断,因此拌和能力应与摊铺能力相匹配,尽量做到摊铺过程不停机,如发生短暂断料时,摊铺机应停止振捣,并在环境温度相对较低时接通熨平板加热器,保证熨平板温度符合摊铺要求。

(2)摊铺机速度的变化一方面会导致熨平板受力平衡破坏,引起熨平板的上下浮动,造成路面平整度降低,另一方面单位面积的混合料受到的振捣次数也会变化,势必导致混合料的初始密实度不同,压实后的路面平整度受到影响。

(3)摊铺机性能不稳定,行走装置打滑,摊铺速度快慢不均,猛烈起步或紧急制动,供料系统速度变化都会造成路面不平整。

(4)摊铺机熨平板底面磨损或严重变形,摊铺时面层容易产生裂纹和拉沟。轮胎摊铺机车轮气压超限,摊铺机容易打滑,气压过低,机体会因受料质量变化而变化,使铺层出现波浪。履带式摊铺机履带的松紧超限将导致摊铺速度发生脉冲,使铺面形成搓板。

(5)目前使用的摊铺机大多有自动找平装置,摊铺是按照预先设定的基准来控制,但施工单位往往不够重视或由于高程的操作误差,形成基准控制不好,基准线因张力不足或支承间距太大而产生挠度,使面层出现波浪。挂线高程测量不准,量线失误或桩位移动,都会通过架设在钢丝线上的传感器反映在相应的摊铺路段上,造成路面高低起伏。运用自动找平装置,需要有一个准确的基准面(线),通常有基准线钢丝法、滑撬法、平均梁法和声纳法。一般高速公路下面层采用基准线钢丝法控制摊铺,中、上面层采用非接触式控制方式,如激光法、声纳法等。基准线钢丝法可在大范围内相对准确的控制设计标高、纵横坡、厚度和平整度。非接触式自动找平方式在参照基准面(线)条件好的情况下,摊铺的平整度也能取得良好效果。为了有效减小基准线钢丝法有规律的等距离的波浪现象,应采用专用紧线器使基准钢丝具有足够的张力,且不管施工段落是否位于直线段上,建议采用每 5m 打桩的方式。

(6)自卸车与摊铺机的配合是保证路面平整度的重要方面,必须防止自卸车撞击摊铺机,撒落在摊铺机履带下的料应及时清除,自卸车应在摊铺机前 10~20cm 处停住并挂空档,由摊铺机推动自卸车同步前进,卸料完毕后自卸车驶离摊铺机。考虑到拌和机的拌和能力及混合料的运输距离,为保证匀速、不间断的连续摊铺,摊铺速度一般不超过 3~4m/min,甚至可放慢到 1~2m/min,以保证摊铺机匀速、连续工作,既能保证压实度又能提高平整度。

(7)横向接缝处理的好坏对路面平整度影响很大,在每次摊铺前应对先铺层进行处理,将先铺层沿横向切成垂直面并涂上沥青,加盖热沥青混合料 5min 后清除,然后摊铺并用小型机具按要求压实。

3. 摊铺机预压密实度的分析与控制

摊铺机的作业速度、熨平板和振捣器相关参数的合理调整,可以提高沥青混合料的松铺密实度,提高横向压实度的均匀度,从而提高了路面的平整度。

目前生产的许多摊铺机,振动或振捣频率并未与摊铺速度联动控制或建立相关关系,即是说当熨平板的振动频率或振捣器的频率调定后,无论摊铺速度的大小,其频率均保持恒定,除非操作人员重新进行调整。在摊铺过程中,往往由于作业阻力、行驶阻力或供料速度等方面的原因,造成摊铺速度的变化,由于振捣器的厚度很薄,约 2~3cm,且振动频率较低,一般小于 25Hz,因此摊铺速度的大幅变化,造成铺层初压密实度在行走方向上发生变化,摊铺速度愈快,振动器对所经过每点的击实次数减少,摊铺速度减慢,振动器对所经过每点的击实次数增加。摊铺过程中对每一经过点的击实次数,可用式(8-3)表示:

$$n = 0.6 \cdot \frac{f \cdot s}{V} \tag{8-3}$$

式中:n——通过某点的击实项数;

V——摊铺速度,m/min;

s——夯锤宽度,cm;

f——夯锤频率,Hz。

由于夯锤厚度较薄与单位时间的作业距离的变化而言就显得十分的敏感,速度的变化造成击实次数的大幅变化。如摊铺速度由 2m/min 变化为 4m/min 时,对某点的击实次数下降了 50%,由于击实功的变化,势必造成对混合料压实密度的变化,发生了摊铺机纵向的碾压离析。

对于振动熨平板而言,由于其宽度较宽(>350mm),推动频率较高,与单位时间摊铺作业距离的变化而言,对某点的击实次数的变化相对较小,即无论速度快或慢对某点的击实次数已足够,因此对材料的击实密度影响较小。

表 8-5 列出由于摊铺速度的变化产生的铺层密度的变化情况,图 8-18 是预压实度变化曲线。由图可以看出在摊铺机作业速度较低时,速度变化对预压实度的影响很大,速度低预压实度大,速度加快时,预压实度迅速下降。预压实度对速度的敏感性很大。从图 8-18 中还可以看出当摊铺速度大于 4m/min 以后,摊铺作业的纵向预压实度变化趋于平稳,即预压实度不再随速度的变化而大幅降低,其变化很平缓。由于目前国内设备配套方面的原因,往往搅拌设备的产量较低,而摊铺宽度较大,造成摊铺速度往往处于较低速度,一般小于 4m/min,因此在施工过程中速度的大幅变化必然带来摊铺机预压实的离析。

摊铺机速度与压实度关系 表 8-5

速度(m/min)	1	2	3	4	5	6
压实度(%)	92.2	89.2	86.5	85.2	84.8	84.2

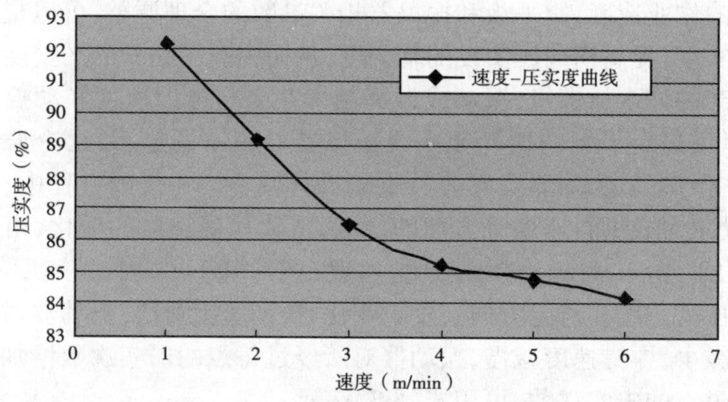

图 8-18　摊铺机速度与压实度关系

4. 摊铺其他缺陷的控制

摊铺过程常见的质量缺陷还有:厚度不准、搓板、小波浪、台阶、隆起、裂缝、拉沟等。产生这些质量缺陷的原因有:摊铺机的参数调整和选择不当、操作不正确以及混合料的质量不好。

为了防止和消除在施工中可能出现的各种质量缺陷,摊铺中应注意以下几点:

(1)波浪形基层的摊铺,不必考虑摊铺厚度的均匀性,实际的混合料用量应比理论计算的要多。在波浪地段,即使摊铺得很平整,在碾压后仍会出现与基层相似的波形。因此对有大波浪的基层应在凹陷处预先铺上一层混合料,并予以压实。

(2)摊铺机的操作及本身的调整对摊铺质量影响很大。摊铺机速度的改变会导致摊铺厚度的变化。为了保持恒定的摊铺厚度,当速度变快时,厚度调节器应稍微向增加厚度方向转动。当速度减慢时,则稍微向减小厚度的方向转动。转动厚度调节器时,每次不应超过 1/4 圈,一般尽量避免转动它(除非发现了严重的凹凸与波浪),因为利用熨平装置的自动调平功能可能比转动厚度调节器调整更好些。

(3)振捣梁工作不正常,会使摊铺厚度发生变化,铺层出现不平。振捣梁的底面比熨平板底面低得太多时,熨平板底面不能全部用来压实混合料,而使铺层易形成裂纹和拉沟。如振捣梁的底面过高时,熨平板底板易磨损。振捣梁的底面应调整到比熨平板底面低 0.4 ~0.5mm 为宜。

(4)熨平板底面磨损或严重变形时,铺层容易产生裂纹和拉沟,故应及时更换。有时熨平板的工作迎角太小,也会使铺层的两边形成裂纹和拉沟。在这种情况下,可调整熨平板的前缘拱度,并在试铺过程中应多次调整,直到铺出具有良好的铺层为止。如多次调整仍不能消除上述缺陷,就应更换熨平板的底板。

(5)沥青混合料的性质也是影响摊铺质量的主要原因之一。混合料的性质不稳定,易使摊铺发生变化。如沥青量过多,矿粉掺量过多都会使铺层变薄。当矿料中的大颗粒粒径过大时,在摊铺过程中该大颗粒将熨平板拖着滚动,使铺层产生裂纹、拉沟等。所以应严格控制矿料粒径,使其最大粒径小于摊铺厚度的一半。

混合料中的沥青与矿粉过量会减小其承载能力,所以熨平板的工作迎角应增大,使铺层增厚一些。这种混合料还容易受温度的影响。一般温度应控制在140 ~160℃的范围内,当高于此范围时,混合料变软从而支承力大大降低。温度过低时混合料又会变硬。此外,在混合料搅拌及运输过程中,如管理不当都会使其性质发生变化,从而影响铺层厚度。所以,此时应根据混合料性质的变化而及时改变熨平板的工作迎角。

(6)混合料的配合比不当,会产生全铺层的裂缝。因为振捣梁在摊铺过程中对混合料进行捣实的同时,还要将它向前推移。如混合料的大颗粒过多,就会出现全铺层的大裂缝。为了消除这种裂缝,需改变混合料的配比。

(7)履带式摊铺机履带松紧超限会导致摊铺速度发生脉冲,进而使铺面形成搓板。履带行驶的下承层因卸料而撒落的粒料未清除,该部分摊铺厚度易突变。被顶推的料车刹车太紧使摊铺机负荷增大,或料车倒退撞击摊铺机,或一侧轮胎接触另侧脱空都会引起速度变化或偏载,使铺面出现凸棱。施工中往往第一、二车料质量较差,注意取舍或调剂使用。自动熨平装置运用中,挂线不紧、中间出现挠度会引起铺层波浪。采用冷接茬摊铺时,纵向接茬由于密实度不够,行车不久往往会产生坑洼和裂缝。因此必须注意接茬的重叠量,并在前一条摊铺带未被污染或变形之前就摊铺后一条。

三、温拌混合料的摊铺技术

1. 温拌沥青混合料简介

温拌沥青混合料(WMA)是一类拌和温度介于热拌沥青混合料(HMA)和冷拌(CMA)沥青混合料之间,性能达到(或接近)热拌沥青混合料的新的节能减排型沥青混合料。实现沥青混合料温拌化的方式主要有:

(1)Shell 公司的温拌沥青混合料 WAM – Foam 技术,它的结合料分两阶段加入,即先将软沥青与集料混合,然后加入发泡的硬质沥青;

(2)德国 Aspha-Min 温拌沥青混合料技术,它利用沸石矿物的吸水性,加入到沥青中发泡,从而降低沥青黏度,可使混合料的施工温度降低 30℃左右;

(3)南非 SasolWax 公司生产的降黏剂实现沥青混合料的温拌化,它通过加入 Sasobit,能显著降低沥青的高温黏度,从而降低混合料拌和温度;

(4) MeadWestvaco 公司研究开发的基于乳化沥青分散技术的 Evotherm 温拌沥青混合料。

详细内容可参考该书姊妹篇《高等级公路半刚性基层沥青路面面实用新技术》。

2. 温拌沥青混合料的摊铺

温拌的沥青混合料与普通的沥青混合料在摊铺中的区别主要是行驶阻力和熨平板加热的区别。温拌沥青混合料对熨平板的温度要求很严格,开始摊铺温拌混合料时,熨平板的温度必须达到规定的温度(一般为 130 ~ 140℃),这是为防止熨平板黏上混合料,产生黏连现象,进而影响摊铺到的平整度或者产生路面的毛面等;而普通沥青混合料对熨平板的温度要求没有温拌沥青混合料的严格。

(1)温拌沥青混合料摊铺前主要有两种熨平板加热方法

①先进行同级配的普通沥青混合料进行摊铺,当温度达到要求后,再进行温拌沥青混合料的摊铺;

②预先对熨平板加热到规定温度后,再进行摊铺。

第一种方法所需的混合料一般由两套沥青拌和设备拌制,一套生产普通沥青混合料,另一套生产温拌沥青混合料,此方法生产率高适用对于工期紧,设备多的单位。另外,所需的混合料也可由一套混合料拌制,但是对操作人员要求较高,不但要停止温拌添加剂的输送,还要把骨料及沥青的温度降低到规定要求。

第二种方法对搅拌站的要求比较简单,只需一套沥青拌和设备就可拌制,不需要很复杂的操作。

(2)行驶速度的控制

温拌沥青混合料摊铺时的温度一般为 130°C,温度低摊铺阻力增加,因此要严格控制摊铺机的稳定速度，选择功率储备大的摊铺机方能完成温拌混合料摊铺作业。

第六节 双层摊铺新技术

双层沥青摊铺技术是一项革命性的全新沥青摊铺工艺，该技术的使用极大地减少了磨耗层的沥青用量，提高了施工效率。其工作原理是通过双层沥青摊铺机的双料斗—双熨平板系统，同一作业行进过程中，同时摊铺上下两层不同混合材料的沥青，即采用“热 + 热”摊铺工艺，完成沥青黏接层和磨耗层的同时摊铺。

一、双层摊铺机的主要结构及工作原理

从总体结构来看，可以将目前的双层摊铺机分为组合式和整体式组合式。

双层摊铺机是在一台经过改进的传统摊铺机基础上，外加可独立行走的拖车式摊铺系统组合而成。其中拖车部分具有上面层摊铺作业所需要的全部工作装置以及本身的能源供给系统独立的副发动机；同时，拖车式摊铺系统的各项技术参数均按照传统摊铺机的要求设计，该装置可以很方便地随时拆卸而无需使用其他起重设备，与基础摊铺机的拼装也非常容易，其代表产品有瑞典 Dyanpac F-300C/S 型（图 8-19）、德国 Hermann Kirchner A20 型。

图 8-19 戴纳派克双层摊铺机

与组合式双层摊铺机相比，整体式双层摊铺机的最大特点是：整机只有一套动力源、一组牵引大臂，其行走方式与传统摊铺机一样，为整体独立行走。代表产品有荷兰 bam TAS 型和德国 Vögeles-2100 型。

目前，我国引进的主要是 Dyanpac 的双层摊铺机。下面就以 Dyanpac 的双层摊铺机为例介绍组合式双层摊铺机的结构。

Dyanpac 的双层摊铺机主要由五个模块组成,如图 8-20 所示,其主要的结构部分包括接料斗、刮板输料器、螺旋分料器、熨平振捣装置以及自动找平装置等,下面就双层摊铺机的各部分结构特点分别给予说明。

图 8-20　戴纳派克 AM300 双层摊铺机

1-F 300C/S 高性能摊铺机;2-AM300 模块含 25t 磨耗层料斗;3-熨平板 1 高压实熨平板;4-熨平板 2 普通熨平板;5-45t 大容量黏结层料斗

1. 接料斗结构

双层摊铺机拥有两个前后布置、高度不同且相互独立的接料斗,分别贮存两种不同配比的沥青混合料。根据相互位置以及摊铺作用,将接受下面层物料的接料斗称为下面层料斗,而另一个位置靠前且较高接受上面层物料的称为上面层料斗。

下面层接料斗位于传统摊铺机的料斗位置,用于接收、贮存下面层混合料。根据摊铺机的生产率,这个料斗的容积较大,其受料能力为 15 ~ 45t。需要特别指出的是下面层料斗与传统摊铺机的料斗结构有所不同,料斗为“漏斗形”结构,四周封闭、上面开口,上平面倾斜一角度用于接受沥青转运车的卸料,这一改进可以有效地消除原摊铺机进料口两翼粗骨料的堆积,避免造成骨料离析和摊铺不均匀。与此同时,在一定程度上减少了骨料的散落,保证了摊铺机行走轨道上的清洁平整,改善了找平系统的工作条件,有利于提高摊铺路面的平整度。

上面层料斗是一个容积较小的料斗,它位于摊铺机中部较高位置,料斗的受料能力为 10 ~ 25t。为了提高组合式摊铺机的整体性,上面层料斗通常为四周封闭的四边漏斗形整体结构,一方面可以有效地传输物料,另一方面受料相对稳定。

2. 刮板输送器

下面层物料的刮板输料器依然采用传统摊铺机的输料方式:将下面沥青混合料由料斗底部通过刮板输料器运送到摊铺槽内(刮料板、熨平板及熨平、平板两端的端面挡板等所包容的空间称为摊铺槽),同样有两组刮板输料器控制左右两边的供料量。同时设置左右闸门控制输料量,以适应左右两边摊铺时对沥青混合料量的不同需求。

对于上面层物来说，由于组合式双层摊铺机上面层料斗的相对位置较高，省去了刮板输料器，而物料输送量的多少则由上面层料斗内部的挡板开口控制，所以组合式双层摊铺机的两套摊铺系统只有一个刮板输料器。

3. 螺旋分料器

双层摊铺机的两套螺旋分料器分别位于摊铺机后部的前、后两个摊铺槽内。位于行走方向较前方的螺旋分料器的功用是将由刮板输料器从下面层料斗输送来的混合料经螺旋分料器左右横向地分送到摊铺槽上。螺旋分料器分为左右两组螺旋轴，其上的螺旋叶片旋向相反，以使混合料由摊铺槽中部向两端输送。位于较后方的上面层摊铺螺旋分料器的功能和作用与前者完全相同。

4. 熨平振捣装置

位于螺旋分料器的后部，其功能是将双层摊铺机各自摊铺槽内不同配比的两种沥青混合料分别在全幅宽度上摊平、捣实和熨平。主要由牵引臂、刮料板、振捣梁、熨平板、厚度调节机构和拱度调节机构等组成，端面挡板可以使摊铺层获得平整的边缘。

在结构上，两套熨平振捣装置相对独立，各自完成摊铺、振捣、振动熨平及预压实等任务。对于熨平板而言，均采用外端液压伸缩熨平装置通常情况下，熨平板的摊铺宽度为2.5 ~4.5m，最大摊铺宽度下面层为16 m，上面层为11.75 m。

5. 自动找平装置

双层摊铺机的自动找平装置同样是通过传感器寻找、跟踪基准，经控制器处理偏差信号，再将输出的 PWM 脉冲信号传递给电磁换向阀并控制找平液压缸的动作，最终实现自动找平的工作过程。

组合式双层摊铺机由两组独立摊铺系组成，包括独立的找平油缸，独立的牵引大臂，以及独立的找平控制器，分别完成双层摊铺机两套熨平板的找平控制。

6. 其他装置结构

(1)由于配合转运车作业，因此双层摊铺机省略了推滚的结构设计。这样就避免了卡车接触沥青摊铺机，消除了运料车对摊铺机的撞击提高了路面摊铺的平整度。同时，不需要摊铺机推动卸料卡车行走，降低了摊铺机的功率消耗及燃料消耗。

(2)对于组合式的双层摊铺机，增加了上面层摊铺装置即拖车式摊铺系统的行走机构，包括两个可升降的液压式行走轮以及行走动力装置等。

二、双层摊铺的施工工艺及施工质量控制

(一)双层摊铺施工工艺

1. 传统的摊铺工艺的缺点

沥青路面以其良好的路用性能广泛应用于各等级公路路面结构中，一般由多

个结构层即上面层、(面层)、下面层组成,由于采用分层摊铺、分层压实,且各层施工中有一定间隔,造成已铺路面表面污染,构造深度发生变化,一般都在下一层铺筑前洒布黏层沥青后,再进行新混合料的摊铺施工。该工艺主要有以下不足:

①由于每个结构层的厚度都较小,从力学上可以知道,其结构层的刚度也不会太高,当受到大的荷载作用或基层承载力不均匀时,很容易引起结构层的破坏。

②传统施工工艺表面上解决了层间结合问题,但由于油石比的变化、结构层间的滑动造成沥青路面的强度、刚度、稳定性下降,从而出现车辙、拥包、松散等病害。

③由于每层的摊铺厚度小,机械工作强度小,机械总体使用效率低。

④由于摊铺厚度远小于压实机械的最佳压实厚度,造成压实机械使用浪费。

⑤洒布黏层沥青增加了设备投资和材料投资。

⑥施工期长,交通管理工作量大。

2. 双层同时摊铺的思路

为了消除由于分层施工带来的不足,同时又保持不同粒径的混合料的力学性能和路用性能,可采用双层同时摊铺的方式,使松铺混合料镶嵌在一起,经压实后形成没有接缝的整体结构层;或者对原有路面加热并打毛,再摊铺新混合料,经碾压后形成联接良好的结构层,从而提高路面的使用寿命和使用质量,降低施工成本。图 8-21 所示的结构层就是较理想的层间联接。

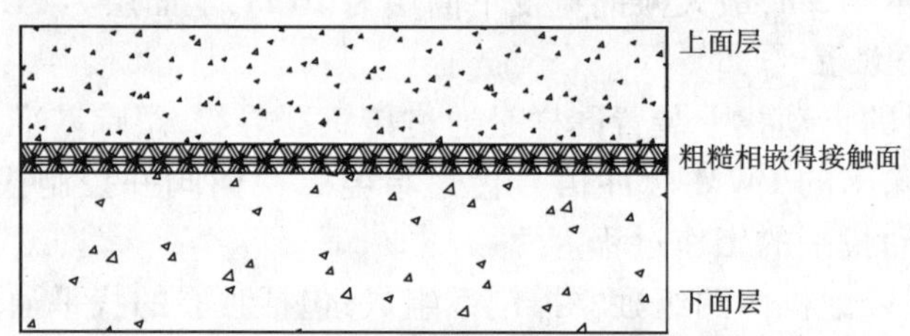

图 8-21　较理想的层间连接

3. 双层同时摊铺的施工工艺

新建沥青路面的施工过程与传统沥青路面大致相同,工艺流程如图 8-22 所示。

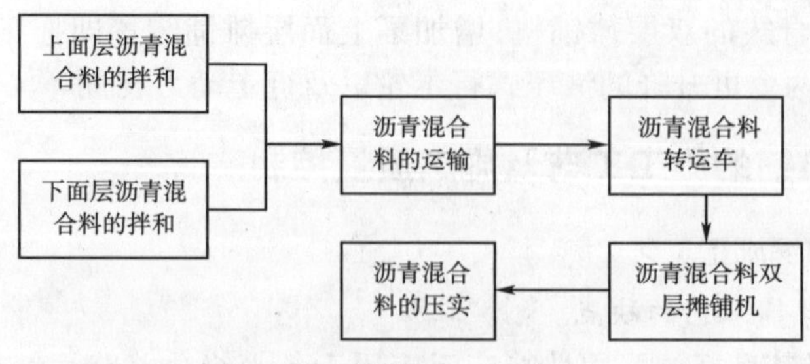

图 8-22　双层摊铺工艺流程图

实现该工艺的关键工序在于双层混合料的摊铺工作。目前我国广泛使用的是单层(单一混合料)摊铺机,如ABG、三一重工、徐州重工等生产的摊铺机均属这一类型。我国已有单位引进了瑞典戴纳派克(DYNAPAC)公司生产的双层摊铺机,该摊铺机具有两套独立的受料、输送、摊铺、振捣及整平系统,实现智能化控制。混合料的供给由其前边的联合给料机提供,它接受卡车送来的混合料,交替把混合料送到摊铺机的两个受料斗中,图8-23为戴纳派克AM300双层摊铺机工作示意图。

图8-23　戴纳派克AM300双层摊铺机工作示意图

4. 双层摊铺的技术特点

(1)增强层间黏结性

沥青混合料双层摊铺技术最大的优点是减少了层间处理环节,使得两层沥青混合料的粒料之间能够相互嵌挤,相互融合,从根本上解决了沥青路面层间不连续性,使路面结构层间黏结能力显著增强。

(2)优化路面结构

在沥青路面各结构层中,中面层的作用是保证整个面层的强度和稳定性,中面层的厚度和模量大小直接影响路面结构抗车辙性能与抗疲劳性能。上面层的作用主要是抗磨耗与密水。因此可以适当增加中面层厚度,减小上面层厚度以增强路面结构的抗车辙性与抗疲劳性。由于上面层沥青混合料造价高于中面层,采取这一措施后还可以降低沥青路面工程造价。

(3)减少沥青混合料温度散失

保证沥青混合料摊铺、碾压温度达到技术要求对于沥青路面施工质量控制具有重要作用。而沥青混合料摊铺厚度是影响混合料降温速度的主要因素之一,摊铺厚度越薄混合料温度下降越快研究表明:沥青混合料摊铺厚度与温度下降速度成反比,其系数是1.8。这就意味着如果层厚增加至原来的2倍,在环境温度没有改变的情况下降温时间延长3.5倍。所以双层摊铺可以延长混合料降温时间,能够有效抵抗低温环境与恶劣天气的影响,保证有足够的时间进行混合料碾压,使面层沥青混合料密实度达到要求。

(4)减少层间黏结材料的使用

传统的沥青路面施工过程中为了克服分层摊铺、分层碾压造成的层间联结性不足问题，通常采用透层油或黏层油对各层之间进行黏接，增强路面结构的整体性，国内主要采用改性乳化沥青作为黏层油，目前改性乳化沥青的价格约为2300元/t，按照0.4～0.45kg/m²的撒布量，每层黏层油的费用可达2万元/km，采用双层摊铺技术可以减少这一开支。

(二)双层摊铺施工质量控制

1. 原材料的控制

双层摊铺技术要求两种不同类型的沥青混合料同时进行摊铺，为了保证摊铺作业的连续性，必须保证混合料供应及时，因此，沥青拌和站生产能力必须满足摊铺的需求。一座拌和站供料很难满足摊铺需求，需采用两座以上拌和站供料，除要求各类原材料能够满足沥青混合料施工规范全部指标要求外，还应对各站生产的沥青混合料取样进行各项性能指标的检测，保证其一致性。

2. 沥青混合料的生产和运输

(1)沥青混合料的生产

由于上面层和中面层两种不同类型、不同厚度的沥青混合料同时进行摊铺，因而采用两台拌和设备同时生产出的两种混合料应成一定比例关系，保证供料的连续性与相关性。两套拌和站按各自的生产配合比拌和混合料时，要确保两台拌和设备同时运转正常，产量稳定。对两台拌和设备所拌混合料分别进行马歇尔试验，有条件时，应利用旋转压实机做最大压实次数验证试验。

(2)沥青混合料的运输

双层摊铺时，沥青混合料运输的质量控制与一般施工质量控制大致相同，唯一需要特别对待的就是对装载两种混合料自卸车的区分。由于生产出来的沥青混合料有两种，因此应使用两种不同的自卸车进行装料或在自卸车上贴出醒目的标识，以区分不同的混合料，以免发生混合料的混摊。

3. 摊铺机的调整控制

摊铺工作开始前，用首先调节熨平板的高度和仰角，并进行试铺以保证摊铺时的松铺厚度。摊铺机的行走速度应充分考虑供料速度和摊铺质量，根据拌和机和运料车的供料速度以及摊铺厚度和宽度，计算出保证连续施工的最大行走速度。但行走速度不易过快，以避免使螺旋布料器的效率降低，材料分布不均，致使出现离析等现象；并且由于单位面积上振动梁的振动次数减少，使初始压实度降低。因而应根据试铺段的实际效果确定双层摊铺机的行走速度，且在摊铺过程中不得随意改变行走速度或中途停车。

4. 摊铺施工

摊铺前，应该检查沥青混合料的拌和质量。一般自卸车—转运车—双层摊铺机的供料顺序是:首先将中(下)面层沥青混合料卸入沥青转运车,转运车将混合料填满摊铺机的中(下)面层料斗,然后转运车改变位置,将上面层混合料运送到摊铺机的上位料斗并填满料斗。这样两层沥青混合料在一个摊铺流程中就可以摊铺完毕。

沥青混合料摊铺前,应确认施工温度及下承层质量符合施工要求。当施工气温低于10℃时,不宜进行摊铺作业,避免沥青混合料降温过快,影响摊铺质量及压实质量。摊铺机必须保证各运行部件均处于正常工作状态,使混合料缓慢、均匀、连续地摊铺,同时应经常检测松铺厚度是否满足要求,必要时作及时调整。

5. 沥青混合料的压实

碾压是沥青路面施工质量控制的重要环节,沥青路面的强度、稳定性、平整度和密实度都与沥青混合料压实有密切关系。双层摊铺技术使得沥青混合料碾压厚度增大,为了提高沥青混合料的压实度,在摊铺后先采用小型压实机械对双层摊铺的沥青混合料进行初步压实,小型压实机械采用静态压实模式,将振动压实之前的较厚沥青层进行稳固。小型压实机械对路面进行预压后采用大型振动压实机械进行复压和终压,提高沥青路面的压实度。同时摊铺两种不同类型的沥青混合料减少了温度散失,沥青混合料可以在较高的温度下完成最终压实,并且延长了有效碾压时间,减少了天气对沥青混合料碾压质量的影响。

三、沥青路面双层摊铺技术应用展望

在欧洲,双层摊铺技术的应用源于20世纪90年代,由于双层摊铺技术在适用性、经济性等方面的优点,得到了许多欧洲国家的认可。目前,该项技术已经被引进到俄罗斯、澳大利亚和美洲等国家或地区,并且进行了实际工程应用,取得了良好的工程效果。

近年来,我国也引进沥青路面双层摊铺技术并在张石高速公路石黄高速公路等进行的推广应用,实践表明,沥青路面双层摊铺技术对于提高我国沥青路面路用性能具有重要意义。随着公路建设的发展,沥青混合料双层摊铺技术在高等级公路建设中必将带来一次摊铺工艺的新的革命。

本章小结

沥青路面摊铺是将拌和好的沥青混合料利用专门摊铺机在热态下摊铺在准备好的路面基层上形成具有一定厚度、初压实度和平整度的沥青路面结构层。

本章在介绍沥青混凝土结构和工作原理基础上,重点介绍了摊铺机各系统的的合理选配、各工作参数的选择、调整和控制;针对目前摊铺机存在的摊铺离析问题进行了研究,并介绍了摊铺机抗离析的多项改进新技术;另外,介绍了多项提高摊铺质量的调整和控制技术。

温拌技术是近年来推出的一项环保节能型沥青路面施工技术,本章简要介绍了温拌沥青混凝土摊铺控制技术。

双层沥青摊铺技术是一项革命性的全新沥青摊铺工艺。本章在介绍双层摊铺机结构组成的基础上重点介绍了双层摊铺的工艺特点:可以降低施工噪声;减少了约50%磨耗层的用料;大幅提高了路面的使用寿命;更好的连接了各摊铺层;提高了路面抗变形能力;降低了路面维护成本。该施工工艺在同一过程中,上下两层不同的沥青混凝土面层均是在高温状态同时摊铺的,这项革命性的创新将带来更高的路面抗变形能力和更低的路面维护费用。作为一种更优异的双层连接摊铺方式,这种全新的技术非常值得关注。

第九章　沥青路面压实质量控制

随着交通量和轴载的日益增大,特别是超载车辆的增多,对沥青路面的质量要求愈来愈高。良好的沥青路面质量要通过碾压来实现,而碾压是沥青路面工程的最后一道工序,如果碾压中出现任何质量缺陷,必将导致前功尽弃。沥青路面的耐用性能主要受两个指标的影响,即沥青混合料配合比设计和压实度。在这两个指标中,缺少任何一个都不能保障沥青路面的耐用性能,如果不充分压实,最优设计的混合料都会降低沥青路面的使用性能,而良好压实能有效地改进一种不标准的混合料的结果,因此,压实被认为是影响沥青路面耐用性能最重要的因素之一。

本章主要介绍沥青路面压实机械的施工质量控制。

第一节　压路机的类型和基本结构

沥青路面施工中所涉及的压实机械的种类很多。下面简单地对压路机进行分类介绍。

一、压路机的分类

1. 按压实原理分类

根据压路机的工作原理、结构特点、传动型式、操作方法和用途有不同的分类方法。习惯上按照压实原理可以分为静作用压路机、振动压路机、振荡压路机、组合式压路机。

静作用压路机可分为:轮胎压路机、光轮压路机;

振动压路机可分为:手扶式振动压路机、轮胎驱动振动压路机、串联式振动压路机、拖式振动压路机;

振荡压路机又可分为:轮胎驱动振荡压路机和串联式振荡压路机;

组合式压路机可分为:振动与轮胎组合式压路机、振荡与轮胎组合式压路机。

2. 按驱动特性分类

按照驱动特性也可以把压路机分为:自行式压路机、拖式压路机和手扶式压路机;

自行式压路机可分为:静作用压路机、振动压路机、振荡压路机、组合式压路机;

拖式压路机可分为:拖式振动压路机、拖式静作用压路机、拖式轮胎压路机;

手扶式压路机可分为:单轮手扶振动压路机、双轮手扶振动压路机。

3. 按用途分类

按照用途也可以分为:基础压实用压路机、沥青路面压实用压路机、沟槽压实机、边坡压实机等。

4. 按传动方式分类

按照传动方式可以分为:机械传动压路机、液压传动压路机、液力机械传动压路机。

5. 按压实轮材料分类

按照压实轮的材料可分为:胶轮压路机和钢轮压路机。

二、压路机的结构

1. 静作用光轮压路机

静作用光轮压路机的主要结构由发动机、传动系统、前后压轮、操纵机构、机身及驾驶室等组成,一般都采用后轮驱动、前轮转向、轮内加水或灌沙用以调节压路机的重量和线载荷。

国产的静力式光面滚压路机有 2Y6/8 与 2Y8/10 型的二轮二轴式压路机和 3Y10/12、3Y12/15A、3Y15/18 和 3Y18/21 型等三轮二轴式压路机。

静力式压路机在构造上应该具有在滚压时速度缓慢,在短途转移时能较快地行驶,在滚压终点时又能迅速掉头等特点,以免造成局部凹陷和使压实层产生波纹等。所以,在所有的静力式压路机的传动系统中,除有一定档位的变速箱外,都具有换向机构等共同特征。

下面简单介绍二轮二轴式压路机。

2Y6/8 与 2Y8/10 型压路机属于同一系列产品,除吨位、驱动轮和前轮叉脚有区别外,其他构造完全相同。

压路机的发动机和传动系统都装在由钢板和型钢焊接成的罩壳(机架)内。罩壳的前端和后部分别支承在前后轮轴上。前轮为从动方向轮,露在机架外面;后轮为驱动轮,包在机架里面。在前、后轮的轮面上都装有刮泥板(每个轮上前、后各装一个),用来刮除黏附在轮面上的土壤或结合料。在机架的上面装有操纵台。2Y8/10 型压路机传动系统(图 9-1)由主离合器、变速箱、换向机构和传动轴等组成。从发动机 1 输出的动力经主离合器 2、螺旋锥齿轮副 3 和 4、换向离合器 5(左或右),长横轴 6、变速齿轮 7 和 8(Ⅰ挡)或齿轮 10 和 9(Ⅱ挡)传到万向节 11,再经两级终传动齿轮 15 和 14、13 和 12,最后传给驱动轮。换向齿轮与变速箱齿轮同装在一个箱体内。两级终传动齿轮为开式传动。

它的液压转向操纵机构由油箱、齿轮泵、操纵阀、双作用工作油缸及连接管道等组成。通过操纵阀使高压油进入油缸的前腔或后腔，推动油缸活塞运动，活塞杆的伸缩带动转向臂向某一方向摆动，使前轮转向。

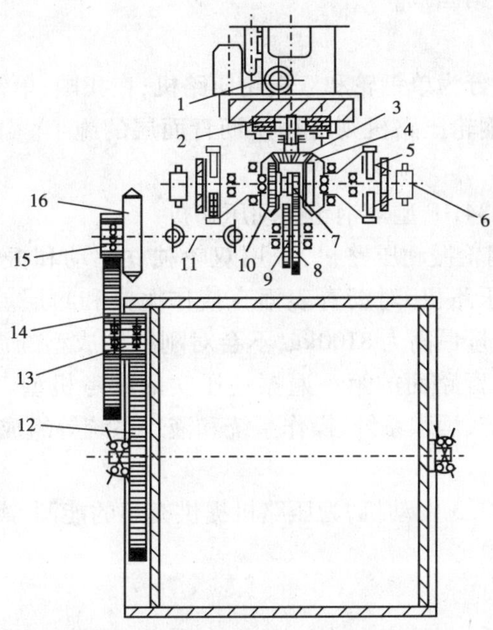

图 9-1　2Y8/10 型压路机传动系统图

1-柴油机；2-主离合器；3-锥形驱动齿轮；4-锥形从动齿轮；5-换向离合器；6-长横轴；7-Ⅰ档主动齿轮；8-Ⅰ档从动齿轮；9-Ⅱ档从动齿轮；10-Ⅱ档主动齿轮；11-万向节轴；12-第二级从动大齿；13-第二级主动小齿轮；14-第一级从动大齿；15-第一级主动小齿轮；16-制动鼓

2. 轮胎压路机

轮胎压路机是通过特制的充气轮胎，利用机械自重的静作用力压实铺层材料的压实机械。

轮胎压路机的轮胎是由耐热、耐油橡胶制成的光面滚或细花纹工作胎面的充气轮胎。由于充气轮胎的弹性变形，轮胎压路机工作时除有静力压实作用外，还产生揉压作用（剪切压实效应），易使液相和气相物（水和空气）从铺层材料中排出。

轮胎压路机可通过增加压重和调节轮胎充气压力来调节轮胎接地比压，从而在较大范围内改善了轮胎压路机对不同工况的适应性，施工方可根据施工具体要求选用压路机。

轮胎压路机可分为拖式、半拖式和自行式三种结构形式。拖式轮胎压路机为双轴式，即所有轮胎分别安装在前后两根轴上；半拖式轮胎压路机为单轴式，所有轮胎都装在一根轴上。自行式轮胎压路机是机械传动、偏转轮转向及机械摆架的结构形式,国外现在是液力传动或液压传动、偏转轮转向、液压悬浮摆架的机构形式。通常由发动机、传动系统、前后轮胎、转向系统、制动系统及洒水装置等组成。具体结构介绍可参照第四章。

3. 振动压路机

振动压路机可以分为单钢轮和双钢轮压路机;在我国,单钢轮压路机广泛应用于基层的压实,而双钢轮压路机则应用于沥青面层的施工。下面简单介绍两种规格的双钢轮压路机。

1)戴纳派克 CC234HF 型双钢轮振动压路机

CC234HF 型双钢轮振动压路机,采用双轮独立驱动和振动,可将后光轮更换为胶轮,成为组合式压路机,对沥青表面直接作抛光和封层。CC234HF 型压路机因其工作时的工作质量最高为 8100kg,不会对刚摊铺成型的沥青混合料产生推移等不良影响而成为沥青路面的第一遍振动压实的参考机型。CC234HF 型压路机由动力系统、振动系统、洒水系统、操作系统和液压系统等组成。

(1)动力系统

采用康明斯 QSB3.3 发动机,为压路机提供充足的能源,满足日常工作需求。

(2)振动系统

①振动论

戴纳派克一直重视压实性能,因此参数的设计上重点考虑静线压力。CC234HF 型压路机滚筒侧边还带有联合切割片机,可对沥青路面边缘进行切割修整。

②频率和振幅

CC234HF 型振动压路机的频率和振幅是可调,且频率都高于 49Hz,因为根据戴纳派克公司的研究,对沥青混合料的压实,最适宜的频率在 50 ~ 70Hz 之间。而频率可调的型号,其高频都超过 60Hz。CC234HF 型压路机的频率为 48 ~ 67Hz,振幅为0.2 ~ 0.5mm。高频的设计主要与薄铺层施工密切相关。因为薄铺层的压实影响深度有限,需要相对较小的振幅来防止骨料被压碎,但要同时兼顾压实效果和压实生产率。若振幅降低,频率必须相应提高,这样才能保证在低振幅的情况下对薄铺层有良好的压实效果。同样。针对厚铺层,则采用高振幅低频率组合,保证密实深度。

(3)洒水系统

使用重型泵,能长时间维持洒水所需压力。同时采用前后 2 套独立的洒水系统和 3 种组合工作模式,即前后轮独立洒水和可以从 2 个水箱中任意抽取水来喷洒前后 2 个滚轮。持续或间歇式喷水,适合不同沥青料和压实工况。由于在有些地方很难找到干净的水源用于喷洒，因此良好的过滤系统至关重要，喷洒系统有3个过滤器，分别安装在水箱入口、泵入口和每个喷嘴上。过滤器性能优良，能快速清洗，整个系统的排水方便。塑料制成的水箱、水管和软管可以防止腐蚀。水箱的容量非常大，能够满足压路机长时间工作的需求。

(4)操作系统

①驾驶室

采用有限元设计，防翻篷和驾驶室为一体，该驾驶室为单侧突出设计，避免了驾驶员不断将头伸出窗外之苦，在边缘压实时的工作视线非常好，同时工作环境更舒适。

②操作软件

沥青压实软件 Pavecomp 能按施工要求推荐最适宜的摊铺机、熨平板和压路机的组合。该软件包括了多种沥青混合料，并充分考虑不同材料和铺层厚度的施工工艺，能提供碾压速度、频率和振幅，以及碾压遍数，并能根据现场数据，计算沥青降温时间。在实际施工中，控制降温时间非常必要。沥青的压实只能在一定温度范围中进行。低于可压实温度后，继续压实是没有效果的。该软件可以帮助施工单位充分利用可压实的时间，设计机器的施工工艺，保证在可压实温度内达到要求的密实度。

(5)液压系统

采用专门设计的闭式回路，利用专门的补油泵和梭阀，每次系统工作的油循环仅为2%，有效降低液压系统负荷和油需求量。同时，系统采用优质密封材料，可直接使用可降解液压油而无须对液压系统做任何改动。使用户在今天已为明日更苛刻的环保要求作准备。

2)英格索兰 DD130 型压路机

该机型工作质量为13442kg，能快速地使沥青混合料达到所要求的密实度，适用于沥青路面的复压环节。DD130 型压路机主要由动力系统、全液压驱动、振动及转向系统、喷水系统及制动系统等。

(1)动力系统

DD134 型双钢轮振动压路机采用康明斯 6BTA5.9 型水冷式柴油发动机，额定功率130kW，即使在海拔3000m以上的高原地带亦能正常工作。该机配有242L和159L的大容量燃油箱和液压油箱，减少了工作期间的加油次数。提高了工作效率。

发动机的转速由控制板上的发动机转速控制开关控制，操作简单方便；发动机可由“点火开关”起动或关闭，并设置了在紧急情况下使用的“急停开关”。

(2)全液压驱动、振动及转向系统

①液压驱动系统

DD 130 型双钢轮振动压路机具有强劲的液压驱动系统。主要液压元件均采用世界著名品牌,性能可靠。

发动机通过三联泵分别驱动前、后钢轮的驱动马达和振动马达。通过控制泵的液压油量及流向,调整马达的转速和转向,从而实现无级调速,且系统反应快、精度高,操作方便可靠。

②振动系统

DD130 型压路机有 8 种振幅可供选择,从而可产生从 71.2kN 到 160kN 共 8 个不等的激振力。

机器处于自动振动模式时,当行驶速度达到设定速度时钢轮就会自动起振。如果低于设定的速度,钢轮则自动停振。从而可有效防止过压;操作者也可选择手动控制钢轮的振动方式。DD130 型压路机前后钢轮的驱动马达旁各有一个振幅调整轮,有 0.41 ~ 0.89mm 共 8 档振幅选择。操作者可通过调节振福来选择合适的激振力,与选择双钢轮振动,前钢轮或后钢轮振动一起来达到最佳的压实效果。同时,钢轮偏心块的转向可自动保持与压路机行驶的方向一致,确保了压路机在前进和倒退时振动压实的连贯性。

DD 130 型压路机仪表盘上还装备了英格素兰专利设计的"振动间隔表",可帮助驾驶员正确控制激振频率和行走速度之间的比率,从而保证压实的密度和平整度。

③转向系统

DD130 型振动压路机的转向系统采用中心点铰接车架。转向时前后钢轮能始终保持同样的轨迹,因而可确保压实效果和密实度始终保持一致。钢轮摆动角为 ±10°、转向角度为 ±35°,转弯半径小。低重心的设计,使得振动压路机具有很好的稳定性。

(3)喷水系统

水流控制装置和后备水系统是其设计的独到之处。DD130 型压路机的每个钢轮上都装有两套独立的喷水系统,当主喷水系统发生故障时,副系统可继续工作。每个系统都包括水泵、三级水过滤器、喷水杆、8 个喷嘴和 7 个辅助喷嘴。带角度的喷嘴喷出雾状水流,比水帘状水流更节水,钢轮降温效果好、再加上 1135L 的大容量水箱,可最大限度地保证工作时连续可靠地供水。喷水系统有自动和手动两种流量控制方式,可根据振幅、温度及压路机行驶的速度调节水流量。

(4)制动系统

DD130 型压路机的行走制动器为液压制动、停车/安全制动器,采用弹簧制动,液压释放。当液压系统出现故障或发动机熄火时,制动装置会自动工作,保证了人机安全,并具有免于维护的优点。

4. 振荡压路机

振荡压路机与振动压路机的结构区别主要体现在振动/振荡轮上。

振荡压路机的振荡轮结构可分为两类:一类为卧轴式,一类为垂直轴式。

(1)卧轴式

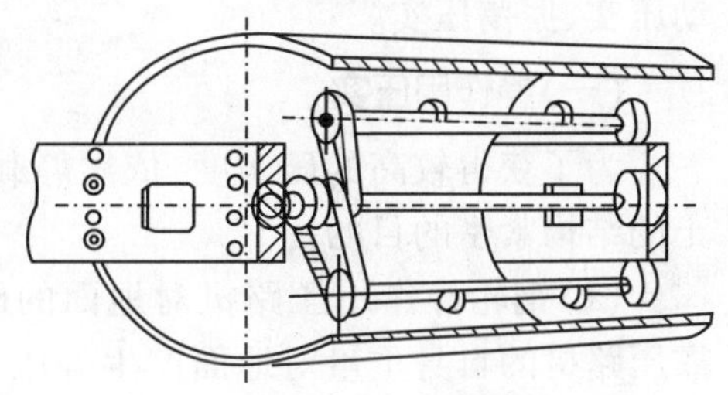

图 9-2 卧轴式振荡压轮结构示意图

卧轴式振荡压轮的基本结构见图 9-2。在卧轴式振荡压轮内装有三根平行轴,其中,以通过振荡轮中心的轴为主动轴,它由液压马达驱动,在主动轴的一端用键连接装有两个齿轮同步皮带轮,用于驱动上、下振动轴。在振荡轮内,上、下各装有一根轴。在偏心轴上除装有偏心块外,其端部还装有一个齿形同步皮带轮,通过齿形皮带与中心主动轴相连。齿形皮带保证其上、下振动轴的偏心块相位差为 180°。这样,振荡压路机工作时,偏心块将以转速相同,方向相反的方式旋转,产生水平振动。

振荡压实时,中心主动轴通过齿形传动带驱动上、下两侧的偏心轴,两偏心轴将产生大小相等方向相反的激振力。由于两激振力始终等值反向,故激振力的合力沿压轮轴向和径向总是为零,这样压轮依靠自重将始终贴紧在压实层上,不跳离地面。因等值反向的激振力不作用在同一作用线上,故两偏心轴所产生的激振力将在旋转平面内形成一个激振力偶矩 $M(t)$。当中心主动轴旋转一周,偏心轮也旋转一周时,激振力偶的旋转即改变一次。中心主动轴不断旋转,激振力偶的旋转不断改变,压轮反复承受交变力偶的作用,形成沿水平方向前后周期性扭转,并对地面产生连续的振荡压力波,该波沿被压层水平方向在压轮前后传播。

(2)垂直轴式

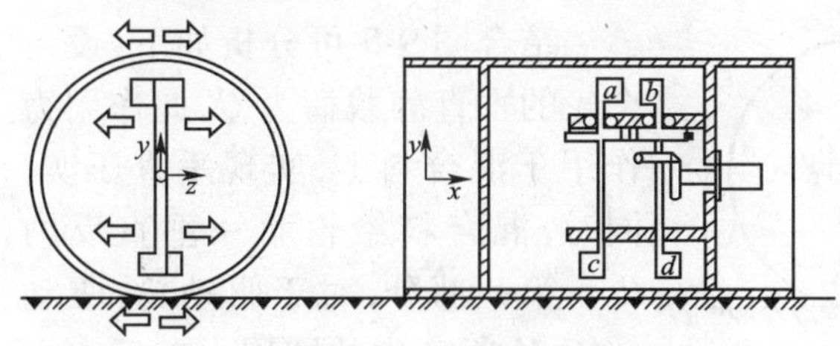

图 9-3 垂直轴振荡式压轮结构图

如图 9-3 所示的振荡轮内装有两根与振荡轮轴线垂直的平行回转轴,回转轴两端分别安装两个偏心块 a、c 和 b、d,回转轴的偏心块在相位上均相差 180°。偏心轴安装在滚轮中的隔架上,轴线与滚轮轴线垂直并随滚轮一起转动。滚轮马达带动主动锥齿轮旋转,主动锥齿轮再带动被动锥齿轮并通过齿轮传动使两偏心轴保持相对转动,并且转速相同。

上偏心块 a 和 b 的离心力合力方向始终与偏心块 c 和 d 的离心力合力方向相反,因此当偏心轴旋转时,离心力的合力为零。

三、压路机的工作原理

根据压实施力方式不同,可以将压实原理归纳为三类:静作用压实、冲击或振动压实、振荡压实。

(一)静作用压实

为了获得较高的压实度,依靠静载荷(自重)促使土壤颗粒位移或运动,达到土的结构紧密的目的。

(1)钢轮静作用压路机对地面的碾压完全靠压路机的自身重量对地面产生静压力。压轮与地面接触是一条窄的矩形面,压力通过矩形的接触面传给被压实材料,使材料压实,如图9-4所示。碾压轮向前滚动,矩形的接触面向前推移,对路面进行碾压,材料在压力的作用下被压缩变形从而被压实。

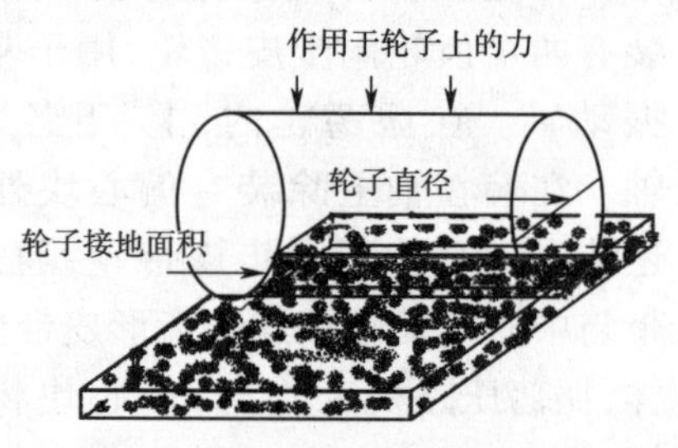

图 9-4　钢轮压路机碾压原理示意图

(2)轮胎式压路机的工作装置是两排并列布置的充气轮胎,该两排充气轮胎也是它的行驶机构。当压路机按照一定行驶路线、规律和速度在被压的混合料上行驶时,整机的重量通过两排轮子(前 4 后 5 或前 5 后 6)作用于被压混合料,此时,轮子对被压混合料有两种作用力:其一是垂直向下的静作用力,具有一定级配的混合料在垂直静载荷的作用下,颗粒重新排列和互相靠近,小颗粒进入大颗粒的空隙中,从而使混合料的密度增加,发生永久变形,随着滚压次数的增多,混合料的密度进一步增加,最后达到实际残留变形等于零,这一作用过程和静力光轮压路机相同;其二是水平方向的作用力,水平作用力由两部分组成。

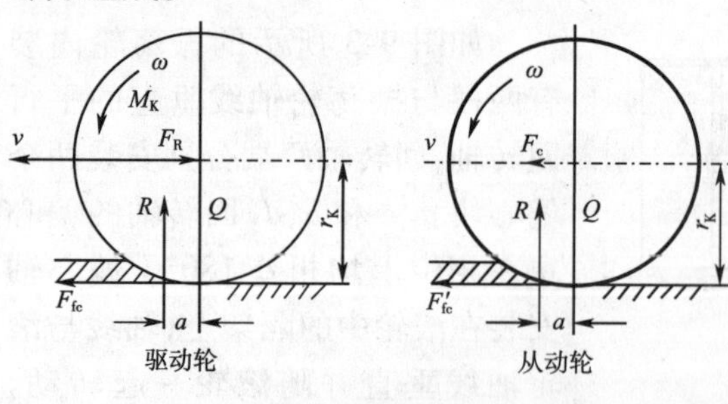

图 9-5　轮胎碾压作用力示意图

结合图 9-5 可分析如下:设每个轮的垂直静载荷为 Q,此作用力作用于混合料上,实现垂直压实,同时,混合料给轮胎一垂直反力 R_0。第一部分,对于驱动轮,驱动转矩 M 所产生的圆周力向后水平作用于混合料,该力在数值上等于切线牵引力 F_R,对于从动轮,机架推力 F_c 推着从动轮前进,产生一向前的水平力 F'_{fc} 作用于混合料,如图。这一水平作用也与静力光轮压路机相同。

第二部分是充气轮胎变形产生的水平作用力,充气轮胎在垂直静荷载 Q 与混合料垂直反力 R 作用下(Q 与 R 大小相等方向相反)变形(其变形量的大小与 Q 和 R 成正比,与充气气压大小成反比),使轮胎与混合料在瞬时的接触面成为图 9-6 所示的形状。离开结合区与入结合区水平作用大。

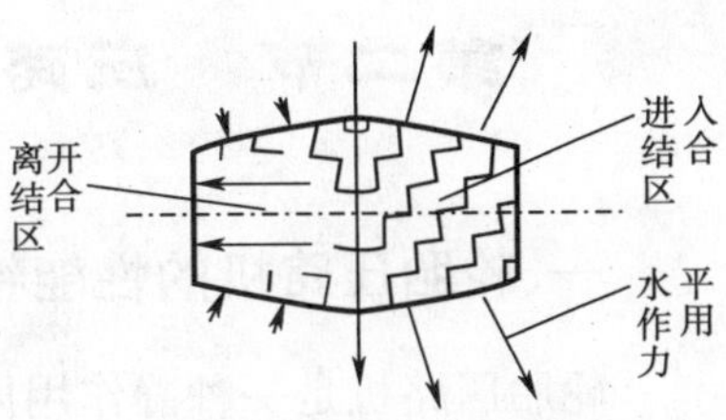

图 9-6　轮胎受压变形示意图

(二)振动压实

振动压路机碾压轮内有振动器,可以使钢轮产生振动。振动力作用在被压实材料上,产生振动压实。

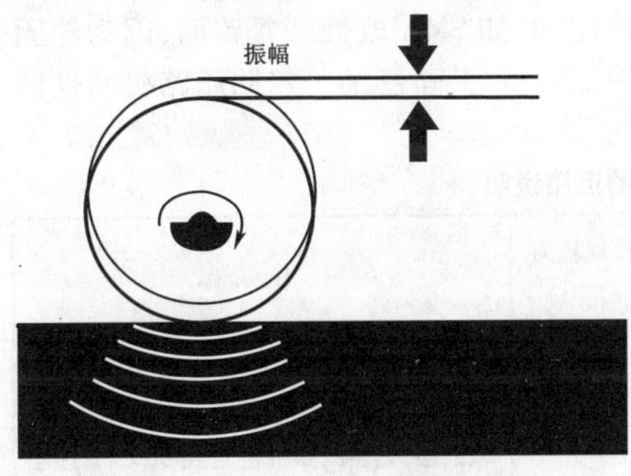

图 9-7　振动压路机碾压原理示意图

振动轮对地面冲击一次,被压实材料就产生一个冲击波,如图 9-7 所示,这个冲击波在被压实材料的内部沿纵深方向扩散和传播,随着振动轮的不断振动,冲击波也将不断产生和持续扩散,被压实材料的颗粒在冲击波的作用下,由静止状态变为振动状态。这种振动状态使颗粒间的摩擦阻力大大降低,为颗粒的运动创造了十分有利的条件,被压实材料由原来松散堆积的不稳定状态,逐渐变为相互填充的状态,大颗粒之间相互嵌合,小颗粒在振动下运动到大颗粒的缝隙中,逐步形成密实稳定状态,振动轮的自重和冲击力加快了填充密实的速度。

当被压实材料初步密实后形成一个整体,材料的刚性增大,材料传播振动能力增强,振动轮的振动频率接近材料的自振频率,材料与碾压轮形成共振,使被压实材料的振动加大,振动力进一步向纵深传播,使深层材料得到密实。由此可见,振动压路机是靠振动轮的高频振动,产生冲击波,使材料产生共振,材料的内摩擦阻力大大降低,再利用压路机的自重和冲击力将材料压实,这样提高了压路机压实的密实度和压实速度,使材料的深层得到压实,压实能力大大优于静作用压路机。

(三)振荡压实

利用压轮产生的交变扭矩施加于土或压实材料上产生交变剪切力激励土体,土产生水平方向的振动,土在交变剪应变及压轮的静载荷作用下促使土壤颗粒位移和运动,达到土的结构紧密的目的。具体的工作原理见第五节。

第二节　压路机的性能特点和适应范围

一、轮胎压路机的性能特点及适应范围

轮胎压路机是一种静作用压路机，在进行压实作业时，与光轮压路机类同。轮胎压路机结构先进，性能好，它的优点有：两个参数（气压和质量）可以改变，用以满足不同的使用要求；采用三点支承式悬挂系统，轮压均匀，压实质量好；轮胎弹性可产生揉压作用，使铺层材料在各方向上位移，表面结构密实均匀；宽基轮胎给物料的垂直力大，切向力很小，可得到无裂纹的密实表面；轮胎与铺层的接触表面呈矩形，被压材料上的任一点处与压实力的作用时间长，影响深度大。轮胎压路机尽管有许多优点，但是在一些路面上是不能使用的，如 SMA 改性沥青路面，因为轮胎压路机的揉搓将使玛蹄脂上浮，造成构造深度降低，甚至泛油。轮胎压路机的性能特点和适应范围如表 9-1 所示。

轮胎压路机的运用说明　　表 9-1

<table>
<tr><th colspan="3">使用情况</th><th>轮胎负荷（kN）</th><th>轮胎气压（MPa）</th><th>接地面积（cm^2）</th><th>接地压力（MPa）</th><th>工作情况</th></tr>
<tr><td rowspan="4">轮胎气压变化</td><td rowspan="4">每个轮胎负荷不变</td><td rowspan="2">最小</td><td rowspan="2">12</td><td>0.15</td><td>620</td><td>0.185</td><td>这是地面受压很小的情况，应用在松软、很潮湿的黏性土，或层厚在 0.2m 的软铺层，热料的最高温度在 90℃ 以上时比较合适</td></tr>
<tr><td>1</td><td>225</td><td>0.507</td><td>地面受压力很大的情况（接近 0.5MPa），易产生车辙，在工程上不常用，最好装上压重使用</td></tr>
<tr><td rowspan="2">最大</td><td rowspan="2">26</td><td>1</td><td>404</td><td>0.635</td><td>用在滚压很硬的填料层时，能很快地压出平整的表面。获得要求的压实度</td></tr>
<tr><td>0.3</td><td>808</td><td>0.317</td><td>轮胎气压很低，每个轮胎负荷很大，在工程上应用都能得到令人满意的效果</td></tr>
<tr><td colspan="3" rowspan="3">气压和负荷都变化</td><td>12</td><td>0.37</td><td>385</td><td rowspan="3">0.3</td><td>工程上不常用</td></tr>
<tr><td>17</td><td>0.35</td><td>570</td><td>轮胎接地宽度大，下层土松软时，可获得好的压实效果</td></tr>
<tr><td>26</td><td>0.26</td><td>860</td><td>这种情况的压实效果要提高 50%，是一种很好的参数匹配，能压实下层土</td></tr>
</table>

续上表

使用情况	轮胎负荷（kN）	轮胎气压（MPa）	接地面积（cm^2）	接地压力（MPa）	工作情况
最大的负荷时用最小的气压	21	0.15	980	0.215	最大质量15t(指CT88标准型,不加压重时全车重,每个轮胎负荷150÷7=21.40kN),轮胎气压为0.15MPa,进行大面积面层滚压,可使表面光整;在同一工地上滚压砂石基础时允许用0.15MPa气压,滚压面层时用0.5MPa气压

注:轮胎充气压力低时,在危险地区不要转弯,工作时用低速,不要用作转场行走。

二、振动压路机的性能特点及适应范围

振动压路机是一种利用静作用力和激振器诱发的振动干扰力所形成的组合压实力来压实土壤的,其振动干扰力具有冲击压力波的传播特性,影响深度大,具有良好的深层碾压特性。

相对于利用机械静作用力压实的压实机械,振动压路机的压实性能和碾压特性具有以下一些特点:

(1)在相同结构质量的前提下,振动压路机的压实效果好,压实后的密实度高,稳定性好。

(2)振动压路机的压实生产率高。当所要求的压实度相同时,压实遍数可相对减少。

(3)应用振动压路机压实沥青混凝土路面时,由于振动作用,可使混合料中的黏结剂沥青与砂石、矿粉等集料充分渗透、糅合,提高路面的耐磨性。

(4)碾压高温沥青路面材料时,其压实温度允许比静力压实偏低,且能获得同样的压实效果。

(5)由于激振装置的振动作用,振动压路机还可用来压实干硬性水泥混凝土(RCC材料)。

(6)应用具有机载压实度计的振动压路机压实作业时,驾驶员可及时发现压实薄弱点,随时采取补救措施,消除质量隐患。

(7)在达到相同压实效果的前提下,振动压路机的结构质量只需为静力压路机的一半,其发动机功率也可降低30%左右。

(8)合理调节振动压路机的振频和振幅,既可获得良好的深层碾压特性,又可改善表层碾压特性,扩大了振动压路机的碾压范围。

但由于激振器的强烈振动作用,振动压路机振动压实作业时,也给机械、人体

和周边环境带来了一些不良影响，不仅产生噪声污染，而且危及周边地面建筑和地下构筑物的安全，容易诱发机械故障，危害人体健康。这样，在人口密集的地方、危房区、装有精密仪器的建筑物和桥梁附近，则应限制振动压路机的使用。

三、振荡压路机的性能特点及适应范围

振荡压路机在碾压过程中，振荡轮始终不跳离地面，而是利用滚轮摆动形成高频振荡压力波。对滚轮前后地面施加交变剪切力，实现对土壤的持续静载作用与水平剪切应变的组合压实。振荡压路机的独特碾压方式，在特定的压实条件下，克服了振动压路机的诸多缺点，提高了压实效果。

振荡压实的作用力主要集中在被压材料的上层，对下层的影响深度和压实效果则不如振动压路机。对土方工程的土壤压实和非黏性材料承载层、防冻层的压实，振动压路机因具有良好的深度压实效果则更为适合。振荡压路机的压实特性可满足砂性土壤、沥青混合料摊铺层和 RCC 路面对压实的要求。振荡压路机可以在市政施工、居民区附近施工、国家特定保护区(建筑物)附近施工时，不会破坏建筑物的结构，尤其在桥面施工中不会破坏桥梁结构。

第三节　压路机的合理选择

现代压路机的结构型式、技术性能、规格参数及其辅助功能等都具有很大的选择余地，这就给正确地选用压路机带来了一定难度。应该说，凡是压路机都可以起压实作用，但要在一定条件下选用哪一种型号的压路机更经济合理，并不是一件简单的事。选用压路机时，应考虑下列因素：

1. 根据工程质量要求选择

若想获得均匀的压实密度，可选用轮胎式压路机。轮胎式压路机在碾压时不破坏被压材料原有的黏度，各层被压材料之间有良好的结合性能，加之前轮可摆动，故压实较为均匀，不会有虚压实情况。若想使路面压实平整，可选用全驱动式压路机。对压路机压实能力要求不高的地区，可使用线压力较低而机动灵活的压路机。若要尽快达到压实效果，可选用大吨位的压路机，以缩短工期。

2. 根据铺层厚度选择

在碾压沥青混凝土路面时，应根据混合料的摊铺厚度选择压路机的重量、振幅及振动频率。通常在铺层厚度小于 60mm 的薄铺层上，宜使用振幅为 0.35 ~ 0.60mm 的 2 ~ 6t 的小型振动式压路机，这样可避免出现堆料、起波和损坏骨料等现象；同时，为了防止沥青混合料过冷，应在摊铺之后紧跟着进行碾压。对于厚度

大于 100mm 的厚铺层,应使用高振幅(可高达 1.0mm)、6~10t 的大中型振动式压路机。

3. 根据公路类型(等级)选择

对于高速公路、一、二级公路和汽车专用路,应使用 6~10t 的具有较高压实能力的振动压路机;对于三级以下的公路,最好配备 2t 左右的机动灵活的振动压路机。

对于水泥混凝土路面,可采用轮胎驱动式串联振动压路机;对于沥青混凝土路面,应选用全驱动式振动压路机;修补路面时可选用静力作用式光轮压路机。

4. 根据施工对其他结构物的影响选择

对于桥面铺装层和地铁上道路的压实,不能使用振动压路机进行压实,宜选用振荡压路机进行碾压;在人口密集的地方、危房区、装有精密仪器的建筑物附近,应尽量限制振动压路机的使用,有条件的应选用振荡压路机进行压实。

5. 振动式压路机的选用

(1)根据作业种类选择吨位型号(表 9-2)

振动式压路机的吨位、型号及适用作业种类 表 9-2

类型	机重(t)	工作宽度(cm)	适用作业种类
小型	1.0~1.5	40~100	沟槽回填、人行道路、公园道路、道路维修
中型	4.5~6.0	160~180	城市道路、场地、基础回填、公路施工与修理
大型	7.0~18.0	190~220	公路、水坝、机场、林区公路、大面积基础回填

(2)根据工程类型选择压路机振幅和振动频率的大小(表 9-3)

沥青路面压实所适用的振幅、频率 表 9-3

工程类型	振幅(mm)	频率(Hz)
沥青路面压实	0.40~0.80	30~50

6. 根据工程进度要求选择

压路机的生产效率决定了工程进度。压路机的生产率有面积与体积两种计算方法,决定压路机生产率的主要因素是压实宽度、压实速度、压实遍数和工作效率。具体情况可参照第四章的相关内容。

第四节 沥青混凝土压实质量控制

沥青碎石路面和沥青混凝土路面属柔性路面,要提高沥青路面的承载能力、稳定性和使用寿命,必须对沥青路面进行充分压实。沥青路面压实不充分,就达不到交通承载能力所需要提供的足够的抗剪强度,容易失去密水性、过早氧化并出现裂缝和松散等早期破坏。降低沥青混合料的孔隙,可有效防止水对路面下卧层的侵蚀。

沥青混合料的压实可分为初压、复压和终压。每一道工序的碾压都有其严格的技术要求和质量控制措施,另外,接缝压实、弯道压实和坡道压实具有特殊的要求和质量控制方法。

一、沥青混合料碾压温度的控制

控制碾压时的温度,对整个碾压质量有着至关重要的作用,如图9-8所示为沥青混合料对碾压的影响。

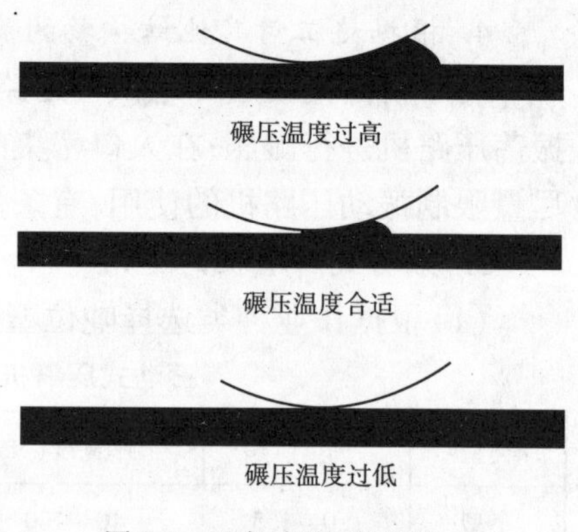

图9-8 温度对碾压的影响

沥青混合料温度较高,混合料过软,铺层承载能力不够,易于造成碾压轮对混合料的推移,影响碾压的平整度,碾压过晚,混合料温度过低,在后续碾压时混合料已冷却,使最终碾压密实度达不到要求。因此要严格控制沥青混合料碾压温度,才能保证沥青混凝土路面的质量。表9-4为热拌沥青混合料施工温度,表9-5为改性沥青混合料施工温度。

热拌沥青混合料施工温度(℃)　　表9-4

施工工序		石油沥青标号			
		50号	70号	90号	110号
沥青加热温度		160~170	155~165	150~160	145~155
矿料加热温度	间歇式拌和机	集料加热温度比沥青温度高10~30			
	连续式拌和机	矿料加热温度比沥青高2~10			
沥青混合料出料温度		150~170	145~165	140~160	135~155
混合料贮料仓贮存温度		贮料过程中温度降低不超过10			
混合料废弃温度		200	195	190	185
运输到现场温度		150	145	140	135
混合料摊铺温度,不低于	正常施工	140	135	130	125
	低温施工	160	150	140	135

续上表

施工工序		石油沥青标号			
		50号	70号	90号	110号
开始碾压的混合料内部温度,不低于	正常施工	135	130	125	120
	低温施工	150	145	135	130
碾压终了的表面温度,不低于	钢轮压路机	80	70	65	60
	轮胎压路机	85	80	75	70
	振动压路机	75	70	60	55
开放交通的路表温度		50	50	50	45

注:①沥青混合料的施工温度采用具有金属探测针的插入式数显温度计测量。表面温度可采用表面接触式温度计测定。当采用红外线温度计测量表面温度时,应进行标定。

②表中未列入的130号、160号及30号沥青的施工温度由试验确定。

改性沥青混合料施工温度(℃) 表9-5

工序	聚合物改性沥青品种		
	SBS类	SBR胶乳类	EVA、PE类
沥青加热温度	160~165		
改性沥青现场制作温度	165~170	—	165~170
成品改性沥青加热温度,不大于	175	—	175
集料加热温度	190~220	200~210	185~195
改性沥青SMA混合料出厂温度	170~185	160~180	165~180
混合料最高温度(废弃温度)	195		
混合料贮存温度	拌和出料后温度降低不超过10		
摊铺温度,不低于	160		
初压温度,不低于	150		
碾压终了的表面温度,不低于	90		
开放交通是的路表温度,不高于	50		

注:当采用表列以外的聚合物或天然沥青改性沥青时,施工温度由试验确定。

二、沥青混合料初压技术与控制

初压的目的是使混合料初步形成一定的密实度,使路面混合料能够承载压路机,减缓摊铺层的冷却速度等。

(一)要求

1. 技术水平高的压路机操作人员

初压是保证碾压平整度的关键环节,如果操作不当,碾压时易产生推移和拥包,缺陷一旦产生,很难通过复压整平。因此,初压对碾压质量要求较高,应配备技术水平高的操作人员。

2. 碾压时应轻压

混合料温度较高,质地松软,支承能力差,为了避免产生混合料推移现象,应使用双钢轮静力碾压。使用双钢轮振动压路机时,第一遍碾压应关闭振动装置,待第二遍碾压时再开启振动。

3. 开启洒水装置

为了防止混合料黏着在碾压轮上,应开启压路机碾压轮上的洒水装置,也可以涂刷隔离剂或防黏结剂,严禁刷柴油。

4. 驱动轮在前

由于驱动轮比从动轮碾压效果好,当使用后轮驱动的压路机碾压时,驱动轮应朝向摊铺机方向,这样可减小碾压轮对混合料推移现象。

5. 碾压速度应缓慢

初压时铺层承载能力不够,为了防止推移,压路机行进速度应缓慢,速度的控制见表9-6。

压路机碾压速度(km/h) 表9-6

压路机类型	初压		复压		终压	
	适宜	最大	适宜	最大	适宜	最大
钢轮式压路机	2~3	4	3~5	6	3~6	6
轮胎式压路机	2~3	4	3~5	6	4~6	8
振动压路机	2~3 (静压或振动)	3 (静压或振动)	3~5 (振动)	5 (振动)	3~6 (静压)	6 (静压)

6. 从边到中的碾压顺序

为避免混合料发生向两侧推移,应从边缘开始碾压,将边缘混合料稳住。

7. 边缘碾压

如果压路机有错轴功能,应将后轮向内错开一定距离,这样可使压路机司机专心观察前轮碾压,防止后轮碰坏路缘石。如有条件,最好使用小型压路机在路缘石边缘来回各压一遍,这样就可以使边缘既有较好的密实度,又不会挤坏路缘石。

8. 碾压作业基本行进路线

(1)相邻碾压带重叠应大于10～20cm,每一幅碾压的重叠量应均匀。

(2)每次停车换向不能在同一横截面上,既每次倒退时应向前推进,呈阶梯型,纵向推进距离为2～3m。

(3)碾压时要往返碾压各一次,错轴换向的位置应选择在初压完成的地段。

9. 压路机进退

前进转为倒退操作应平稳,停机换向时,应提前减速,再慢慢停车,操作要柔和,不能紧急制动。

10. 转弯

转向时应缓慢,不能急转弯。生硬的操作会在路面上产生拥包,甚至造成开裂。

11. 碾压段长度

初压时碾压作业面长度取决于环境温度和沥青混合料的类型。环境温度高,可延长碾压长度,以减少停车换向次数,有利于提高平整度。环境温度低,摊铺后沥青混合料很快降温,应缩短碾压长度。改性沥青要求碾压温度高,应适当缩短碾压长度,具体可参考表9-7。为了保证碾压的密实度,应尽可能缩短初压作业面长度。

压路机碾压段长度 表9-7

环境温度(℃)	普通沥青(m)	改性沥青(m)
<10	20～40	10～20
10～20	40～50	20～30
20～30	50～70	30～50
>30	70	50

(二)两侧有路缘石的道路碾压顺序

道路两侧有路缘石,中间有一定的路拱时,应先靠近一侧路缘石开始碾压,使边上的混合料有一定支撑能力,然后依次向中央碾压,这样可以防止混合料横向往边侧推移,保持路面的路拱形状,压路机碾压行走路线接近道路的中央处后,从另一侧道路边缘开始碾压,依次向中央碾压,直至将中央处碾压完成。整个路面完全碾压一遍后,再从边缘开始碾压第二遍的碾压,或进行下一幅的碾压。

(三)一侧有路缘石另一侧没有路缘石的碾压顺序

摊铺机采取分幅摊铺,开始摊铺时,熨平板一侧贴近路缘石摊铺,另一侧,即朝向路中心的一侧没有侧面限制,如果处理不好,容易造成边缘处的混合料松散,或造成边缘处出现抹坡,影响接缝的平整度。碾压前,应对无侧限的边缘进行处理。

(1)碾压前先用耙子将边缘的沥青混合料向内推,使混合料的边缘整齐饱满。

(2)压路机先从无侧限处碾压开始,但边缘先空出 20~30cm 宽暂不碾压,往返碾压一次。

(3)然后将压路机调至路缘石一侧,依次向道路中间碾压,碾压至无侧限处,将压路机大部分重量位于已压实处,碾压轮外侧伸出边缘 10cm 碾压,如此对边缘混合料来回碾压一遍,将无侧限边缘的混合料压实,同时保证边缘处的平整度。

三、沥青混合料初压技术与控制

路面施工进入碾压阶段是整个施工过程的关键,保证路面的平整度和密实度,质量检验员要密切注意碾压质量,重点作好以下工作:

(1)测量初压时沥青混合料的温度,确定初压时机,沥青混合料路面的施工温度对道路的质量影响非常大,应符合表 9-4 和表 9-5 的要求,对实际测量的结果要认真进行记录,填写相应的沥青混合料路面施工温度记录表,施工过程中各个环节的温度都应记录在表格中。

(2)观察碾压轮的碾压状况,检查碾压轮对沥青混合料的推移量,当推移量过大时,指挥压路机暂缓碾压,可待温度降低后再进行碾压。

(3)检查初压停车换向的位置,可在初压位置上的路边插彩旗,标出初压开始的位置,指示给压路机司机,彩旗要随着摊铺推进而逐渐向前移动。

(4)质量检验员还要检查路面各个部位都得到碾压,碾压遍数达到要求,防止发生漏压。

(5)质量检验员要注意检查初压后路面质量,经过一遍碾压后,碾压层表面应密实、平整,表面均匀一致。如果发现某个部位表面有粗糙麻面,说明该位置可能有凹坑,沥青混合料不足,应填补一些混合料。如果表面过于光滑,说明该位置可能有凸起,应重点将其压平。对凹坑和凸起较为明显的部位,应指派路工采用人工方法整平。

四、沥青混合料复压技术与控制

复压是压实过程中的关键,采用什么样的压路机十分重要。复压的目的是使混合料达到设计或规范要求的压实度。

(一)采用双钢轮振动压路机的压实方式

复压应开启振动器,采用振动压实,以提高压实效率。

振动频率和振动幅度的选择应注意以下几点:

(1)根据铺筑层的厚度选择振频、振幅薄层混合料易于将集料振碎,应采用低的振幅。薄层混合料冷却速度快,应采用高的振频,使材料迅速压实。因此薄层混合料采用低振幅、高振频能获得良好的压实效果。大振幅具有较强的压实能力，厚层混合料要达到充分的压实应使用大的振幅。厚度小于 30cm 的薄层沥青混合料不宜采用振动压实。

(2)根据环境温度选择振频、振幅环境温度低时应使用大振幅，使混合料在短时间内迅速压实。

(3)根据沥青混合料类型选择振频、振幅粗粒式厚层混合料难以压实，应使用大振幅进行碾压才能达到规定的密实度。细粒式混合料承载能力差，用大振幅会产生混合料的推移，应使用小的振幅或使用静作用碾压。

(4)改性沥青混合料碾压。

改性沥青混合料黏度大，温度较高就有凝固的趋势，开始时应使用较大的振幅碾压，使其迅速达到规定的密实度。

(5)选择振幅和振频应尽可能使用强的压实力，使混合料能够尽快压实。

碾压时应随时观察实际压实效果：

(1)振动力应适当，过大的振动力会使碾压轮跳离地面，这样压实能力反而降低，出现这种情况的表现是压路机感觉横向移动，难以控制。

(2)观察沥青混合料不能有压碎现象，出现这种情况驾驶员同时能够感觉到压路机钢轮振动剧烈。

复压碾压轨迹，由于碾压遍数多，应采用错轴碾压方法，如图 9-9 所示。

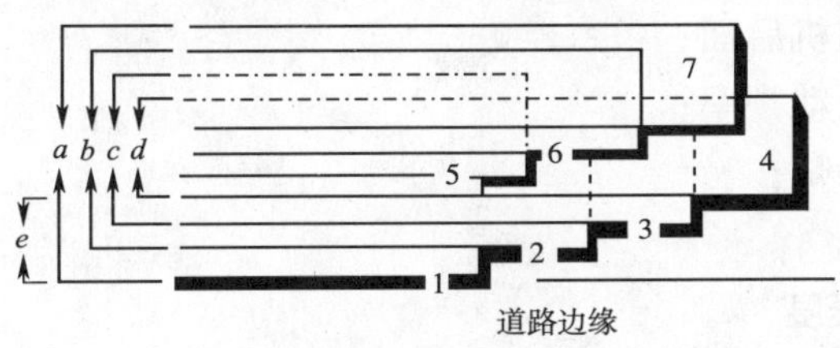

图 9-9　复压的碾压方法

a-碾压一遍的区域；*b*-碾压二遍的区域；*c*-碾压三遍的区域；*d*-碾压四遍的区域；*e*-边缘部位碾压遍数不足，应增加碾压遍数

复压碾压重叠量，通过控制碾压重叠量调整碾压遍数，碾压带重叠宽度取决于碾压轮的宽度和碾压遍数，重叠量可用式(9-1)计算：

$$L_Y = \frac{B_Y - 1}{B_Y} \cdot W_Y \tag{9-1}$$

式中：L_Y——碾压轮重叠量，m；

W_Y——碾压轮宽度，m；

B_Y——压实遍数。

（二）钢制光轮静作用压路机压实方法

（1）使用静作用三轮压路机相邻碾压带应重叠后轮 1/2 宽度，重叠量不能少于 20cm。

（2）三轮压路机完全靠自重碾压，线压力一般较大，当混合料较软时，易于造成混合料推移，开始碾压时应慢速碾压，随着碾压遍数的增加，逐渐加快碾压速度。

（三）轮胎压路机压实方法

（1）密级配沥青混凝土复压宜优先采用重型的轮胎压路机，作业前应检查轮胎状况以满足相关的技术要求。

（2）通常用钢轮压路机复压完成后，再用轮胎压路机碾压，可消除表面的裂纹。

（3）用轮胎压路机碾压沥青混合料，当轮胎的温度升高后，轮胎上不会黏附沥青混合料。开始作业时，将轮胎压路机开至高温区对轮胎进行预热，此时为了防止黏连，可少量洒水，待温度升高后停止洒水。为了使轮胎保温，可在轮胎周围安装皮质围裙。

（4）碾压作业时，相邻碾压带应重叠后轮 1/3 ~ 1/2 轮宽。

（四）SMA 路面碾压要求

SMA 沥青玛蹄脂碎石混合料，不宜采用轮胎压路机碾压。

SMA 路面应采用振动压路机和钢制光轮静作用压路机碾压，振动压路机应遵循“紧跟、慢压、高频、低幅”的原则：

（1）紧跟在摊铺机后面；

（2）采用高的振动频率；

（3）采用低的振幅；

（4）慢速碾压。

（五）复压碾压速度

复压时混合料已达到一定的密实度，面层已具有一定的承载能力，碾压速度应逐渐加快，碾压速度见表 9-6。

（六）复压碾压遍数

复压压实遍数，压实遍数通过试验段试压确定，以达到规定的密实度为准，碾压不少于 4 ~ 6 遍。

（七）边缘部位保证碾压遍数

按以上重叠方法碾压路面的边缘部位，碾压遍数达不到规定的遍数，因而必须对两侧增加碾压遍数。

（八）其他注意事项

可参看前面初压的要求。

(九)复压质量控制

(1)复压时应由质量检验员插彩旗或设置标志牌,指示开始复压和结束复压的位置,明确复压地带的范围,复压完成,范围逐步向前推进。

(2)检验压实度。

复压完成后,质量检验员要用核子密度仪或无核密度仪及时检查碾压的压实度,对达不到压实度要求的部位,可增加压实遍数进行补压,或用振动压路机大振幅强行压实。

(3)用无核或核子密度仪检查密实度。

该数值作为检验结果时,要取13个测点为一组,取平均值,作为一个检测数据。

(4)压实度不足的处理方法。

当检查出压实度整体不足时,应及时调整压实工序的安排,可采用以下几种方法:

①缩短初压、复压碾压段长度,缩短压实时间,使混合料在短的时间内得到压实。

②将碾压工序向前推移,即初压的压路机跟随摊铺机间隔尽量缩小,使压实作业在混合料较高的温度开始进行碾压。

③还可以提高振动压路机的振幅和振频,增加压路机的压实能力。加快碾压速度,使沥青混合料没有冷却前及时得到碾压。

(5)强化复压过程的管理,复压后沥青混合料面层应达到规定压实度,表面应没有明显的碾压轮迹。

五、沥青混合料终压技术与控制

终压的目的是消除碾压轮迹,最终形成平整美观的压实路面。

(一)碾压方式

1. 使用的压路机

(1)终压时可采用6~10t双钢轮静作用压路机;

(2)采用振动压路机应关闭振动装置。

2. 碾压速度

碾压速度参考表9-6。

3. 碾压遍数

终压不宜少于2遍,直至消除压路机碾压轮迹。

(二)终压质量控制

1. 检查终压温度

碾压终了时,应测量混合料的温度,温度不应低于表9-4和表9-5的数值。

2. 平整度检查

用3m直尺检查,碾压质量检验员用3m直尺检查表面平整度,如果检查时发现有纵向的轮迹,应继续碾压,直至轮迹消失,如果个别部位较高,采用振动压路机强行压实,可在一定程度上消除凸起。复压时检查出密实度不足的部位,也可安排在终压时追加密实度。

3. 外观检查

复压完成后路面应达到较好的平整度、光洁均匀的表面质量,具备验收的质量。

4. 摊铺厚度检查

碾压完成后应使用水平仪测量铺筑路面的高程,与基层的高程数值比较,可计算出摊铺厚度。

终压完成后要对路面质量进行全面的检验。

六、沥青混合料弯道碾压技术与控制

(一)弯道碾压基本要求

(1)弯道碾压应以直代曲。压路机在转弯时,碾压轮内侧和外侧走过的距离不同,碾压轮内侧走过的距离较短,外侧走过的距离较长,而碾压轮内外侧转动的圈数却相同,这样碾压轮必然会在地面上产生滑移。压路机转弯半径越小,产生的滑移量就会越大,滑移会使摊铺层表面产生开裂的趋势,为了避免压路机弯道急转弯,碾压时应采用"以直代曲"的方法。

(2)弯道碾压应由内向外,高速公路的弯道设计时,为了平衡车辆转弯时的离心力,通常在转弯处设计成内侧低、外侧高。在碾压时应先从低处碾压,使低处的混合料具有一定的承载能力,再逐步向高处碾压,防止混合料向下滑移,保证道路达到预期的横向坡度。

(3)尽可能采用振动压实,既可以提高密实度,振动时碾压轮瞬间跳离地面,也可以减少转弯时碾压轮与的滑移量。

(4)尽可能使用较慢的速度碾压,减少滑移量。

(二)弯道碾压轨迹

(1)转弯的曲率半径较大,压路机转弯时滑移量很小,可采用常规的碾压方法,如图9-10所示的方法。先从弯道内侧低的部位开始碾压,逐步错轮向外侧高的部位碾压,直至碾压完成。

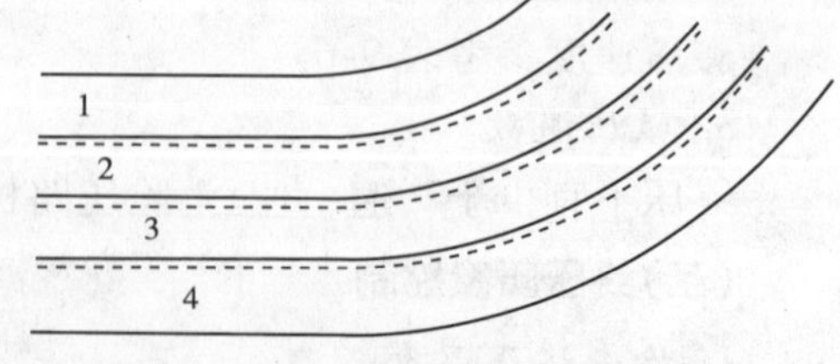

图9-10　曲率半径较大弯道碾压方法

(2)转弯的曲率半径适中,可采用“以直代曲”的作业方法,如图 9-11 所示,进入弯道时先转 45°角进行直线碾压,弯道碾压完成后,再转 45°角直线碾压。压路机转弯时应在已压实的部位转弯,先从弯道内侧低的部位开始碾压,逐步错轮向外侧高的部位碾压。

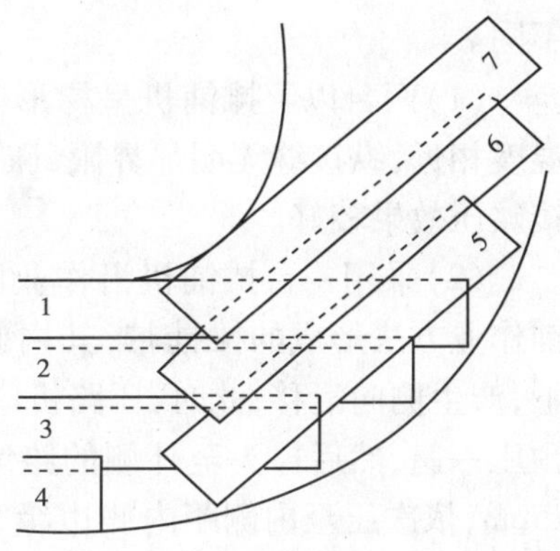

图 9-11　曲率半径适中弯道碾压方法

(3)转弯的曲率半径很小,近似垂直相交的弯道,可采用如图 9-12 的作业方法,直线碾压时,碾压带延伸到弯道内,从低处向高处逐渐错轴碾压,碾压完成后,将压路机掉转 90°进行碾压,碾压带延伸到弯道内,依然从低处向高处逐渐错轴碾压,直至碾压完成。

(4)弯道外沿碾压,路面主体碾压完成后,最后顺着弯道外侧碾压。如果压路机有错轮功能,弯道外侧碾压应将后轮向内错开,防止挤坏道沿。

(5)弯道内沿碾压,弯道内侧边缘的圆弧很小,碾压时不能采用转小弯的方法,这样会使沥青混合料面层产生滑移,使面层产生开裂,应“以直代曲”或用大的圆弧代替小的圆弧,操作方法如图 9-13 所示,分步将圆弧部位压实。

图 9-10 ~9-13 中的数字表示碾压顺序。

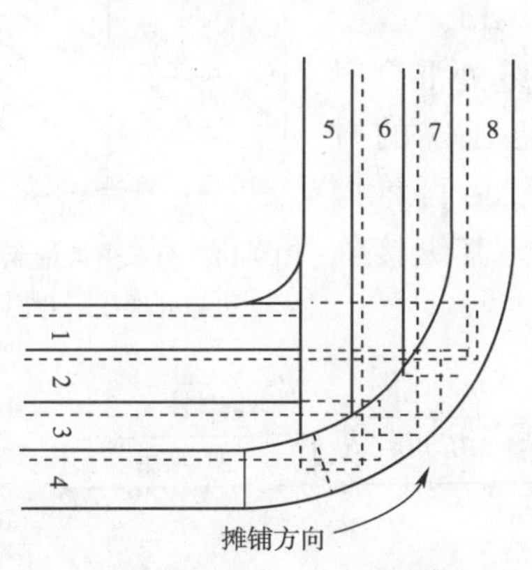

图 9-12　曲率半径较小弯道碾压方法

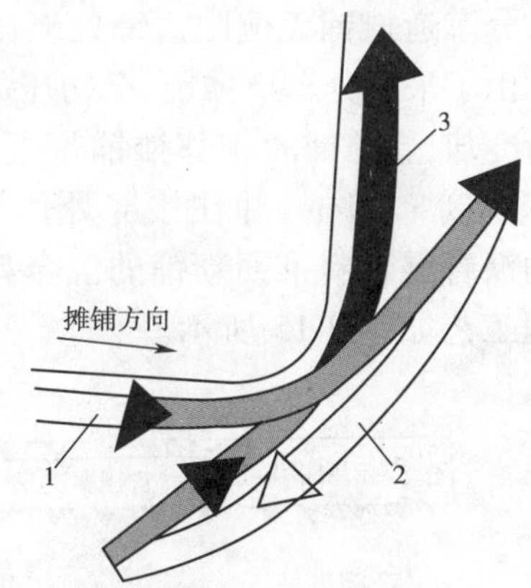

图 9-13　弯道内侧圆弧碾压方法

七、沥青混凝土路面接缝碾压技术与控制

沥青混合料摊铺和压实的接缝有纵接缝和横接缝两种。

(一)纵接缝的碾压

纵接缝的形成与摊铺工艺有关,纵接缝的形成情况不同,采用的碾压方法也不同。

(1)两台以上摊铺机呈梯形队进行全幅摊铺时,因相邻摊铺带的沥青混合料温度相近,纵接缝无明显界限,碾压时,压路机沿纵缝往返各压一遍即可。此种纵接碾压效果较好。

(2)采用一台摊铺机沿作业段进行摊铺,然后再返回摊铺相邻车道。此种摊铺作业方法形成的摊铺带,其内侧无侧向限位,沥青混合料容易在碾压轮的挤压下,产生侧向滑移,此时,压路机应先从距内侧边缘 30 ~ 50cm 处沿纵接缝线往返各预压一遍,然后掉头至外侧的路缘石或路肩处开始初压,每压实一遍只侧移 10 ~ 15cm,依次压至内侧距内侧边缘 5 ~ 10cm 处为止。待相邻摊铺带铺好后,再从已碾压好的原内侧位置开始,依次错轮碾压到越过纵接缝线 50 ~ 80cm 处为止。

这种纵接缝碾压方法,考虑相邻摊铺带温差不宜过大,要求前后摊铺时间不能过长,其时间间隔一般不得超过一个规定作业路段的摊铺时间。

(3)与一台摊铺机进行摊铺配套纵接缝压实。由于受机械或其他条件限制,相邻摊铺带摊铺与压实的时间间隔过长时,可先将压路机沿无侧限一侧距离边缘 30 ~ 50cm 处往返各碾压一遍,然后再从有侧限一侧开始进行初压,直至最初碾压的接缝侧轮迹,再依次错轮越过无侧限边缘 5 ~ 8cm 处为止。

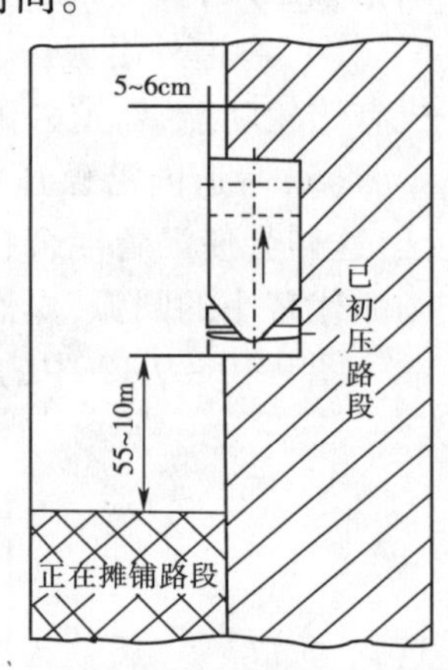

图 9-14　分车道摊铺无侧限边缘处碾压示意图

分车道摊铺无侧限边缘处碾压方法见图 9-14。

由于采用分车道摊铺,已初压的摊铺带接缝处混合料逐渐冷却,新摊铺的相邻摊铺带混合料应与已压实的摊铺带搭接 3 ~ 5cm,并在接缝处作加温处理,然后再将搭接的沥青混合料推回新铺的混合料上并整形。其纵接缝处理工艺如图 9-15 所示。

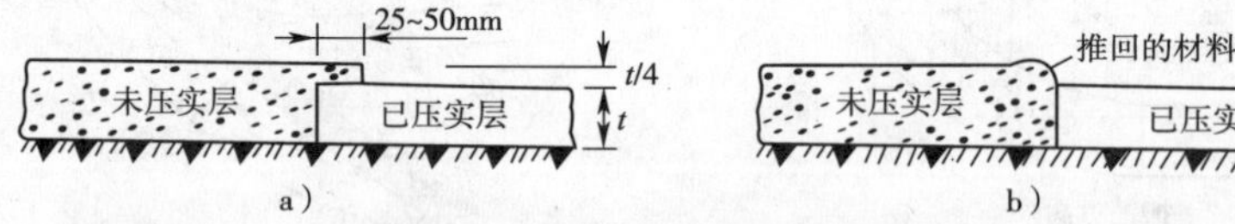

图 9-15　分车道摊铺纵接缝处理工艺

a)搭接;b)整形

分车道摊铺纵接缝整形后,应随即用压路机将纵接缝压平。若采用振动压路机进行振动碾压,功效会更高,往返各碾压 1 ~ 2 遍即可将纵接缝压平到位。

(二)横接缝的碾压

作业段摊铺的前后连接处为横接缝。前作业段摊铺结束后,在后作业段摊铺之前，应对横接缝进行技术处理。

碾压横接缝应选用刚性光轮压路机沿横接缝方向进行横向碾压。开始碾压时，碾压轮的大部分应压在已压实的路段上，仅留 15cm 左右轮宽压在新摊铺的混合料上。然后压路机依次向新摊铺路段侧移碾压（每次侧移量为 15 ~ 20cm），直至完全越过横接缝为止。

如果相邻车道尚未摊铺，碾压横接缝时应在未摊铺的横接缝一侧垫上供压路机驶出的材料（如木板等），以免压坏摊铺带边缘，在处理纵接缝和横接缝的压实工艺时，通常应先碾压横接缝，后碾压纵接缝，这样可以避免横接缝的接合面分离。

接缝处出现不平现象，可在不平处作疏松处理后，进行补压。

八、沥青混凝土陡坡碾压技术与控制

在陡坡碾压时，压路机的很大部分作用力将向下坡方向，因而增加了混合料顺坡下移的趋势。为抵消这种趋势，除了下承层表面必须清洁、干燥、喷洒黏层沥青外，压实时应注意，先采用轻型压路机预压（轮胎压路机不宜用作预压）。无论是上坡还是下坡，压路机的从动轮始终朝着摊铺方向，即从动轮在前，驱动轮在后（与一般路段碾压时相反）。这样做，从动轮起到了预压作用，从而使沥青混合料能够承受驱动轮所产生的剪切力。如果采用振动压路机，则应先静碾，待混合料达到稳定后，方可采用低振幅的振动碾压。

陡坡碾压中，压路机的起动、停止、变速要平稳，避免速度过高或过低，混合料温度不宜过高。

第五节　振荡压实的工艺特点和质量控制

振荡压实过程是利用振荡压轮内的偏心机构诱发的振荡压力波，使沥青混合料在水平面内承受交变剪切力。在这种连续交变剪切力的作用下，沥青混合料将沿剪切力的方向产生急剧变形，剪切面滑移错位，从而沥青混合料互相填充、重新排列、嵌合楔紧，达到稳定的密实状态。振荡轮不产生垂直冲击，避免表面产生波纹，故被压实材料表面稳定、平整。振荡轮始终接触地面，作水平振荡，能更快地达到要求的压实度，并能够保护脆性骨料。碾压过程符合车轮对地面作用的要求，从而增强路面的抗剪切能力，延长道路使用寿命。在反复的水平剪切应变和振荡压路机静载荷的共同作用下，在水平和垂直平面内同时对被压材料进行压实。不仅密实度和平整度高，还有向上“鼓油”作用，表面封闭性能好。

一、振荡压实的工艺特点

(一)振荡压实的优点

振荡压实实际上是一种振动与揉搓相结合的压实方法振动能量是沿着水平方向在某一层面内传播的,因而它在深度方面的压实效果显然不如垂直方向的振动压实。但是在表面层某一深度范围内的压实效果将明显优于振动压实。振荡压实有如下几方面的优点:

1. 改善了对周围工作环境的影响

振荡压路机无横向振动,且自振小,可在高架桥上或市区等对振动敏感的区域工作。

2. 不产生上下方向的垂直振动

振荡压路机压实过程进展平缓而无冲击,因而不易压碎骨料,能防止面层材料振松,不会因振动冲击而破坏原有材料的级配。

3. 振荡压实是依靠剪切揉搓与静载的组合作用进行压实

交变的剪切力使滚轮对地面产生一种类似轮胎压路机的揉搓作用,这种作用能防止表面产生裂缝,使压实的表面光滑平整,并且表面密封性良好,这对于那些难以压实的 SMA 及开级配沥青混合料有着特殊的压实效果。

4. 压实效率高,能量损失小

振荡压路机能减少机架和邻近地面的振动,从而改善驾驶员工作条件和环境件,节省压实能量,延长机器使用寿命和降低使用成本。

(二)振荡压实的工艺

振荡压实分路面压实和桥面压实,其工艺特点根据材料及路面结构的不同也有所不同,下面以石环公路振荡压实施工为例介绍振荡压实的工艺。

1. 压实度分析研究

2006 年 10 月 2 日在石家庄市三环实验段中面层(AC-20,6cm)上做振荡压实与振动压实对比实验,无核密度仪为 PQI301. 悍马(HD90, 9t)双钢轮振荡压路机。

方案一:摊铺机——钢轮(DD130)静压(1~2 遍,2~3km/h)——钢轮(DD130)振动(2~4 遍,3~4.5km/h)——胶轮(XP310)碾压(2~6 遍,3~5km/h)——钢轮(DD130)静压收面(1~2 遍,2~3km/h)。

试验结果:

钢轮静压 2 遍或钢轮振动 1 遍:密度:2411.877kg/m^3,压实度:96.15067%;

钢轮振动 2 遍:密度:2435.877kg/m^3,压实度:97.11733%,图 9-16 所示为压实曲线图;图 9-17 为压实度增长率曲线图。

方案二：摊铺机——钢轮（DD130）静压（1～2遍，2～3km/h）——钢轮（HD090V）振荡（2～4遍，3～4.5km/h）——胶轮（XP310）碾压（2～6遍，3～5km/h）——钢轮（DD130）静压收面（1～2遍，2～3km/h）。

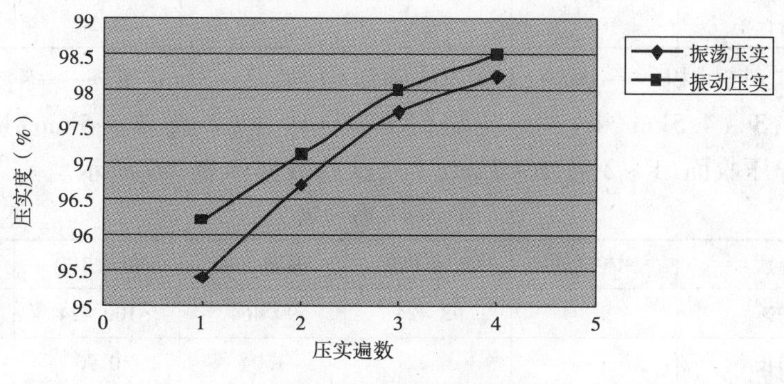

图 9-16　压实曲线图

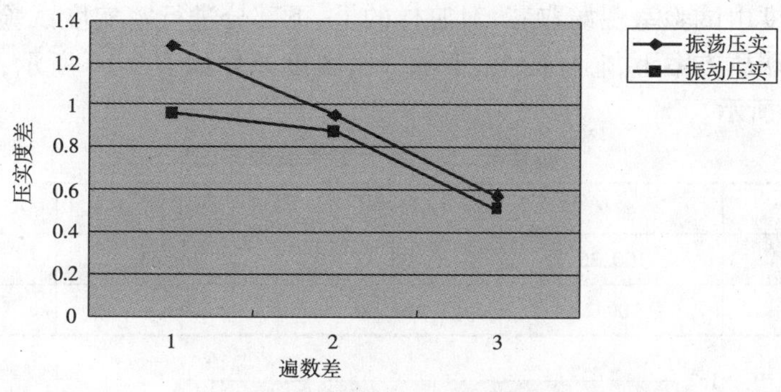

图 9-17　压实度增长率曲线图

试验结果：

钢轮静压2遍：密度：2372.988kg/m^3，压实度：94.57289%；

振荡1遍：密度：2417.988kg/m^3，压实度：95.41733%；

振荡2遍：密度：2430.543kg/m^3 压实度：96.69511%。

从方案一和方案二可看出振荡和振动压实效果的趋势，并且可看出在第二遍振荡要比振动的压实效果明显，压实度增长比较大。振动压实两遍增长0.96666%。振荡压实两遍增长1.27778%。

在石环公路上第二次试验数据及分析如下（以下数据采用PQI301型无核密度仪测量）：

方案一：摊铺机——钢轮（DD130）静压（1遍，2～3km/h）——钢轮（BM184）振荡（4遍，3～4.5km/h）——胶轮（XP310）碾压（2遍，3～5km/h）——钢轮（DD130）静压收面（1～2遍，2～3km/h），试验数据如表9-8所示。

试 验 数 据 表 9-8

压实遍数	钢轮 2 遍	振荡 1 遍	振荡 2 遍	振荡 3 遍	振荡 4 遍
压实度(%)	91.964	99.344	100.024	101.264	101.284
压实度增长率		7.38	0.68	1.24	0.02

方案二:摊铺机——钢轮(DD130)静压(1 遍,2 ~ 3km/ h)——钢轮(DD130)振动(4 遍,3 ~ 4.5km/ h)——胶轮(XP310)碾压(2 遍,3 ~ 5km/ h)——钢轮(DD130)静压收面(1 ~ 2 遍,2 ~ 3km/ h),试验数据如表 9-9 所示。

试 验 数 据 表 9-9

压实遍数	钢轮 2 遍	振动 1 遍	振动 2 遍	振动 3 遍	振动 4 遍
压实度(%)	92.204	98.424	99.464	100.424	100.303
压实度增长率		6.22	1.04	0.96	-0.12

2. 压实影响深度分析研究

压实深度由试验室现场取芯,对芯样的上、下部分进行密实度试验。结合振荡和振动不同碾压方案下,芯样的上、下部分密实度差异如表 9-10 所示;其压实度曲线如图 9-18 所示。

芯样的上、下部分密实度差异 表 9-10

	整体	上部	下部	上部—下部
方案一	100.25	100.33	99.63	0.7
方案二	100.2	100.04	98.8	1.24

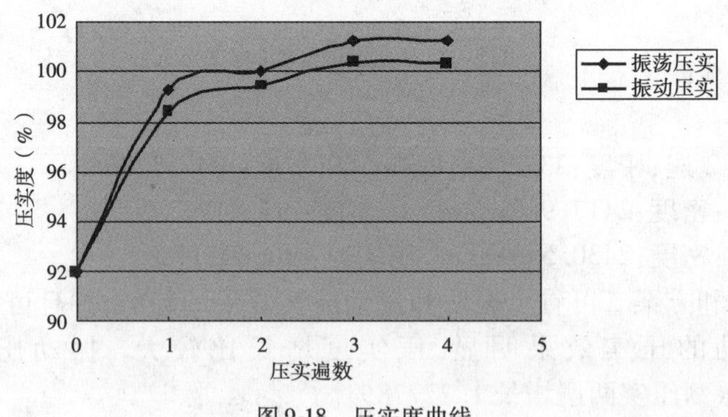

图 9-18 压实度曲线

从上面数据结果可以看出:

(1)见表 9-8 和表 9-9,振荡压实比振动压实整体的压实度增长率快。

(2)见表 9-10,在 6cm 的沥青路面结构层上振荡压实和振动压实影响深度没有明显差异,从数据上看振荡压实的上、下部分的均匀度更好一些。

3. 压实度的横向均匀度分析研究

压实方案为静压时在桥面上压实度的横向均匀度如表9-11。横向压实度均匀度见图9-19。

压实方案为静压时在桥面上压实度的横向均匀度 表9-11

横向 纵向	点1	点2	点3	点4	点5
点1	96.8	99.8	88.3	97.7	98.6
点2	95.5	93.7	96.1	98.5	92.9
点3	94.6	91.8	93.5	96.1	93.1
点4	97.7	92.9	90.5	97.5	96.7
点5	96.7	98.7	88.5	97.8	92.4

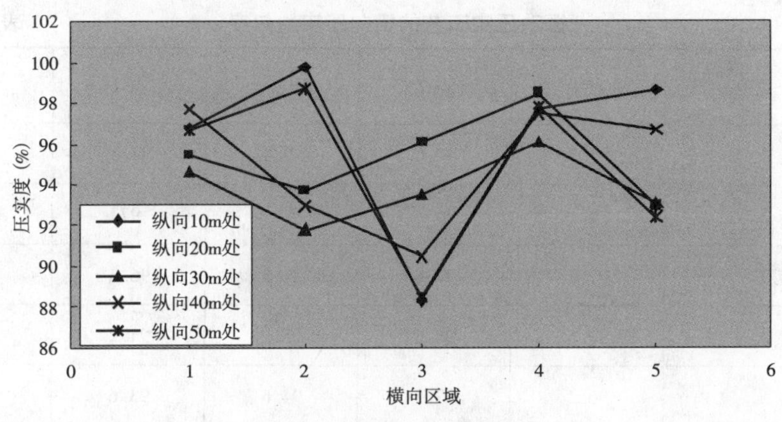

图9-19 横向压实度均匀度

压实方案为振荡压实工艺的路面横向压实均匀度见表9-12，横向压实度均匀度见图9-20。

振荡压实工艺的路面横向压实均匀度 表9-12

横向 纵向	点1	点2	点3	点4	点5
点1	99.1	96.1	97.6	97.7	96.7
点2	98.6	96	96.7	97.5	97.5
点3	97.8	96.6	97.5	99.2	96.7
点4	97.9	97.8	98.5	98.5	97.8
点5	99.1	97.5	98.7	97.9	98

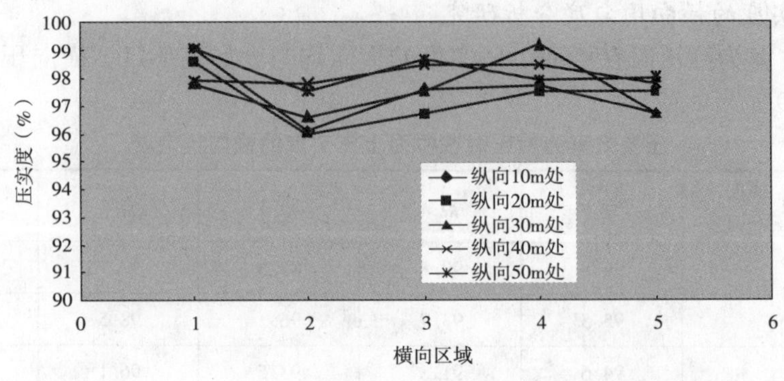

图 9-20　振荡压实横向压实度均匀度

压实方案为振动压实工艺的横向压实均匀度见表 9-13，横向压实度均匀度见图 9-21。

振动压实工艺的横向压实均匀度　　表 9-13

纵向＼横向	点 1	点 2	点 3	点 4	点 5
点 1	97. 7	94. 6	95. 4	94. 5	94. 6
点 2	99. 1	96. 3	95	97	94. 8
点 3	97. 7	97. 8	95. 5	96. 3	94. 6
点 4	97. 5	98. 8	95. 3	94. 2	93. 3
点 5	96. 2	97. 5	94. 6	93. 6	93. 8

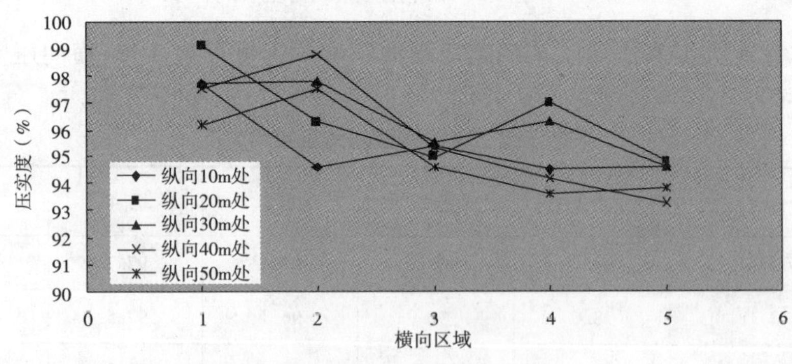

图 9-21　横向压实度均匀度

4. 平整度分析研究

平整度的数据处理及分析如图 9-22 所示。

总之,振荡压实技术用于桥面压实。可以满足密实度和平整度的要求,不会对桥梁结构产生损坏。提高沥青桥面的承载能力、稳定性和使用寿命,避免了沥青混凝土桥面的抗剪强度不足,容易失去密水性、过早氧化并出现裂缝和松散等早期破坏。降低沥青混合料的孔隙,可防止水对桥面的侵蚀。避免了沥青混合料的氧化,混合料变脆,导致松散、开裂等病害。提高了桥面的平整度及耐久性。

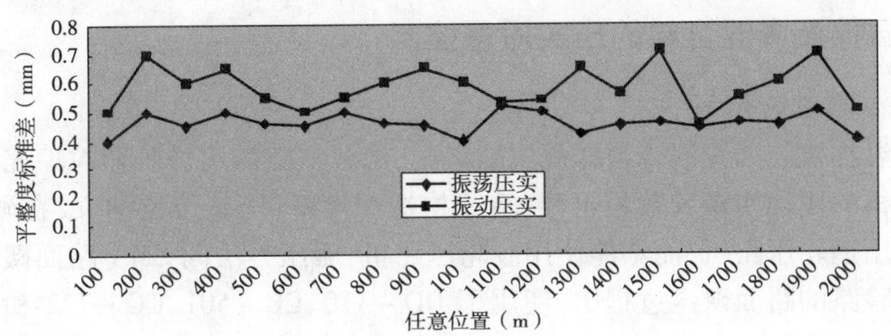

图 9-22　平整度的数据处理及分析

5. 振荡压实碾压工艺

(1)沥青路压实工艺

摊铺机——钢轮静压(1 ~2 遍)——钢轮振荡(3 ~5 遍)——胶轮碾压(2 ~4 遍)——钢轮静压收面(1 ~2 遍)。

(2)沥青桥面铺装压实工艺

桥面施工时,为了能高效率的利用碾压设备在沥青混合料高温时达到压实的目的,采用整体连续的碾压工艺:

摊铺机——钢轮静压/胶轮碾压(1 ~2 遍)——钢轮振荡(1 遍)——胶轮碾压(1 遍)——钢轮振荡(1 遍)——胶轮碾压(1 遍)——钢轮振荡(1 遍)——胶轮碾压(1 遍)…(根据实际情况可改变振荡遍数,但在 3 ~5 遍范围内)…钢轮静压收面(1 ~2 遍)。

说明:

①根据桥面铺装层沥青混合料的配合比及防水层的性质不同,可适当调换摊铺机松铺后上钢轮静碾或胶轮碾压。如果沥青混合料松铺后易推移则先上胶轮碾压,一般情况则先钢轮静压。

②摊铺机的松铺密实度一般都达不到 85%。先钢轮静压收温并增加沥青混合料的压实度,以形成基本支持结构,以便在后面的振荡(振动)不会使沥青混合料推挤、滑移。钢轮振荡可通过动力挤压作用使沥青混合料将沿剪切力的方向产生急剧变形,剪切面滑移错位,从而沥青混合料互相填充、重新排列、嵌合楔紧,在相对高温的情况下达到预期稳定的密实状态。胶轮压路机通过揉搓作用使集料镶嵌更加紧密,可以消除表面连通空隙和碾压不当引起的推移裂缝,最后钢轮静压收

面消除轮迹,提高平整度和压实度。

二、振荡压实方法和质量控制

沥青混合料的振荡压实方法和质量控制与振动压路机的压实质量相同基本相同(详见第五节),这里不再赘述。

三、温拌沥青混合料的压实质量控制

1. 碾压参数的控制

由于温拌橡胶沥青混合料级配属断级配,部分空隙需用橡胶颗粒填充,为避免胶轮压路机的搓揉使橡胶颗粒上浮,造成构造深度降低,甚至泛油,故在碾压过程中只能使用钢轮压路机,而不能使用胶轮压路机,碾压方法同SMA路面碾压方法,在本次试验路的路面碾压过程中,使用了DD－110、CC－501、CC－722和BOMAG－184分两组联合作业的碾压方案,完成初压和复压,并使用DD－130完成终压,对于压路机的碾压组合、碾压温度范围及碾压遍数如表9-14所示,碾压速度控制如表9-15所示,混合料温度控制范围如表9-16所示。

压路机碾压组合、遍数及碾压温度 表9-14

压路机类型	初压		复压		终压	
	适宜	最大	适宜	最大	适宜	最大
钢轮压路机	2～3	3	2～3	4	2～3	3
碾压温度范围	如表9-16所示					

压路机碾压速度(m/min) 表9-15

压路机类型	初压		复压		终压	
	适宜	最大	适宜	最大	适宜	最大
钢轮压路机	4～5	6	4～5	6	3～5(静压)	6(静压)

温拌沥青混合料温度控制范围 表9-16

施工工序	橡胶沥青
开始碾压温度(℃),不低于	120
复压温度(℃),不低于	100
碾压终了温度(℃),不低于	60

2. 碾压注意事项

(1)因为橡胶沥青混合料不易发生推移,为保证压实度和平整度,应做到初压和复压的压路机紧跟碾压,采用振动压实,并保证在高温条件下完成碾压工作,才能取得良好的压实效果。

(2)由于碾压时压路机喷水,造成橡胶沥青混合料表面温度降低,对压实极为不利,应采用间歇式喷头,而且保证呈雾状喷洒。

(3)碾压宜采用“高频、低幅”,如此对提高压实度,防止石料损伤,保持石料有良好的棱角性和嵌挤作用很重要。大振幅碾压很容易造成压实过度,使石料压碎,或橡胶颗粒上浮。

(4)由于橡胶沥青混合料级配的特殊性,碾压橡胶沥青混合料时须密切注意压实度的变化,对此种结构来说,过碾是个大忌。

本章小节

压路机的种类多种多样,它们在施工中的作用也不同,只有对各种压路机的结构、性能特点等进行了解才能针对被压材料合理选择压路机。

在沥青路面施工中,沥青路面的压实度(孔隙率)是关键指标,而影响压实度的因素主要有碾压工艺、碾压温度、环境条件等因素。本章主要介绍了对沥青混合料压实的压路机结构和工作原理、压路机的合理选型、碾压工艺和方法以及施工控制等内容。

总之,沥青混合料只有经过正确的压实才能成为具有所需结构力学综合性质的沥青混凝土,正确的压实可以增加路面材料的强度和稳定性和抗疲劳特性等。压实技术的好坏直接影响到沥青混凝土路面的平整度、密实度和强度等,同时压实技术还对路面的耐久性有着十分重要的作用。

第十章　透层、黏层、防水层施工质量控制

沥青路面就其力学性质而言，应属于非线性的弹-黏-性体，而在进行分析计算时采用弹性连续层状体系理论，其中最为重要的假设边界条件之一为“各层的连续的、完全弹性的、均匀的、各项同性的、以及位移和形迹为形变是微小的”。根据目前沥青路面早期病害研究结果来看，由于种种原因导致的层间不连续是导致沥青路面出现病害的主要原因之一，尤其是无机结合料基层与沥青路面之间表现出的黏结问题更为严重，而在施工过程中，对透层、黏层和防水层的要求往往是比较薄弱的。本章主要根据路面透层、黏层和防水层施工中出现的问题，从材料、设备及关键工序等方面对如何保证实现层间黏结进行了阐述。

第一节　沥青喷洒设备的类型、结构和运用技术

一、沥青洒布机的分类、特点及应用范围

沥青洒布机可按其用途、运行方式、喷洒方式、沥青泵的驱动方式以及整机智能化程度等进行分类。

(1)按用途分沥青洒布机可分为筑路用和养路用两种。养路用的沥青洒布机的沥青箱容量一般不超过400L；而筑路用的沥青洒布机，其沥青箱容量一般为1000L以上。

(2)按行走方式分沥青洒布机可分为自行式和拖式两种。自行式沥青洒布机的工作装置与操纵机构等安装在工程运输车或专用汽车的底盘上。其沥青洒布动力可直接利用汽车发动机，通过离合器与变速器，从变速器窗口取力齿轮取力。拖式沥青洒布机采用特制的机架，用牵引车(多数为轮式拖拉机)牵引，其沥青箱容量为400～600L，洒布能力一般为30L/min拖式沥青洒布机多用于公路养护作业。

(3)按喷洒方式分沥青洒布机可分为气压洒布式和泵压洒布式两种。气压洒布式是将空气压缩机制备的压缩空气输入耐压性和气密性良好的沥青箱内，迫使沥青经洒布管喷洒出去；泵压洒布式是利用齿轮式沥青泵将沥青从沥青箱内吸出，并以一定压力将其从洒布管喷洒出去。

(4)按沥青泵的驱动方式分沥青洒布机可分为发动机驱动和人工手压驱动两种，后者又称为手动式沥青洒布机。手动式沥青洒布机是将贮料箱和洒布设备都装在一辆人力挂车上，利用人工手摇沥青泵或手压活塞泵泵送高温液态沥青，通过

洒布软管和喷油嘴来进行沥青洒布作业。洒布管是手提的,贮料箱较小(容积为200～400L)。这种洒布机的结构较简单,但劳动强度较大,工作效率低,一般只宜用于养路修补工作。机动式沥青洒布机是利用发动机的动力来驱动沥青泵,即以发动机动力取代人力,从而提高了洒布能力,它们的洒布方法与手动相同。目前沥青泵的驱动大多数采用机动,手动在国外已基本淘汰。

(5)按整机智能化程度方式可分为智能沥青洒布机和非智能型沥青洒布机。智能型沥青洒布机,要求具有如下功能性:①沥青洒布量的恒定控制。控制系统要能够根据车速变化。对沥青泵的转速进行实时调节,维持喷洒量的恒定。②沥青温度和导热油温度的自动控制,控制系统要求对喷燃器的启闭进行手动和自动控制,控制沥青和导热油温度在预设的温度范围内。③喷洒、循环等功能一键控制。④人性化操作界面。人机界面要求简单直观。显示器要能够显示主要的工作参数。显示参数一般包含:洒布宽度、洒布量、沥青密度、沥青泵温度、沥青罐内温度、推荐车速、实测车速、推荐档位、推荐泵速、实测泵速、实测洒布距离、报警信息等。⑤故障监测、诊断及保护功能。系统能够进行故障监测、显示和报警。对误操作,控制系统能够实现自我保护。⑥GPS、GSM 远程通讯等。非智能型沥青洒布机只能通过手动简单的控制沥青洒布量,其他控制(沥青温度、洒布速度等)也只能靠经验进行控制;非智能沥青洒布机在国内已基本上被淘汰,国内目前使用的沥青洒布车都是智能的,可以应用于所有沥青路面的施工。

此外,还可根据沥青洒布介质分为橡胶沥青洒布机和普通沥青洒布机车。橡胶沥青洒布机除了可以洒布橡胶沥青,还可以洒布乳化沥青、稀释沥青、热沥青、重交沥青及高黏度改性沥青。而普通沥青洒布机则只能是洒布乳化沥青、稀释沥青、热沥青、重交沥青及高黏度改性沥青。橡胶沥青洒布机多用于沥青路面黏结层的施工。

二、沥青洒布机的基本结构

目前我国使用最多的洒布机为智能沥青洒布车。下面简单介绍智能沥青洒布车的基本结构(图10-1)。

1. 底盘系统

底盘的主要作用是承载、行走和为其他附件提供动力,如气动、液压系统等。现行洒布车的底盘大多是装配的,整车的所有动力都来自底盘发动机。进口车型一般选用的 VOVLO 底盘、奔驰底盘,而国产的一般都选用北方奔驰、斯太尔等,并对底盘的变速箱和档位作一些改动,加上适合要求的动力输出装置:取力器。在底盘选取时其主要的标准是能够给整机提供足够的动力,并要有相当储备,以提高洒布车对路面的适应性,采用装配底盘的洒布车从某种意义上来说,就是通过降低底盘的行驶速度，以这部分节省下来的功率来驱动沥青循环供给系统，但这会存在功率干扰问题，对洒布量精度有一定影响。

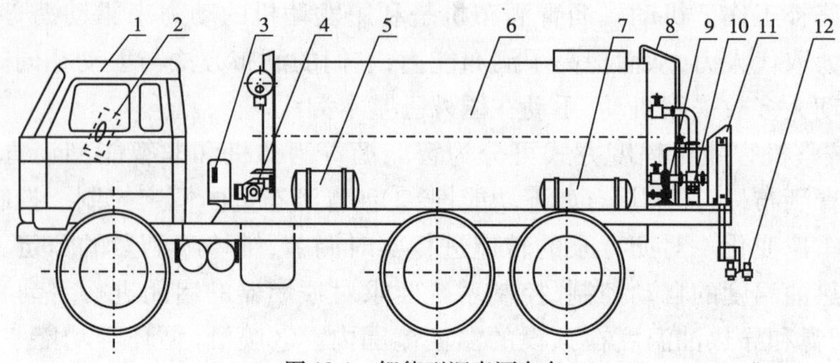

图 10-1　智能型沥青洒布车

1-底盘车；2-前控制器；3-液压系统；4-柴油燃烧器；5-柴油罐；6-沥青罐；7-气动系统；8-梯子；9-导热油加热系统；10-沥青循环系统；11-后控制柜；12-沥青喷洒系统

2. 电气系统

为叙述方便，这里把控制系统放在电气系统里介绍。系统性能很大程度上将决定整机的智能化程度，现代的智能型沥青洒布车一般都采用电液联控、微处理器进行控制，更先进的可以考虑电脑闭环控制，但性能与控制芯片的选取将有很大关系。目前国内厂商已经有采用单片机或者 PLC 作为主控制器，采用全自动控制，无论洒布何种沥青（改性沥青、沥青或乳化沥青等），均可获得高精度的洒布计量，不受车速和洒布宽度变化的影响，因为采用了测速雷达检测车速信号，从而实现了沥青泵转速随车速的自动调整。为了能实现自动和手动洒布，一般配有前后两个控制台：一个安装在驾驶室里，一个安装在车后面，带有压力、温度和洒布车行驶速度的数字显示。在驾驶室里喷杆的液压伸缩可实现计算机控制，后操作台的控制面板也可实现喷把的液压伸缩，有的机型也采用备用控制系统。

3. 液压系统

智能型沥青洒布车的液压系统是发动机和沥青循环系统的动力传输装置，主要驱动对象为沥青泵和导热油泵。沥青泵工作负荷较小，因此在液压系统设计上，应优先保证扭矩和功率，压力不作为主要因素，另外考虑洒布精度（控制的精确性）和系统简单程度，沥青泵的液压驱动回路采用闭式。导热油系统的主要功能是保证充分加热沥青，控制精度要求不高，采用单独的开式驱动回路即可。液压原理见图 10-2。

系统由闭式部分集成变量泵 1、沥青泵驱动马达 2、导热油泵驱动马达 3、二位四通电磁换向阀 4、5、开式系统定量泵 6、直通式单向阀 7、散热器 8、细滤器 9、粗滤器 10、安全阀油箱 11 等组成。由于开式部分较简单，只对闭式作以说明。闭式部分的变量泵上集成了安全阀、只对闭式部分补油单向阀、补油溢流阀、补油泵等，图中未予标出，闭式部分的最大工作压力由安全阀所限定，因为是闭式系统，在工作过程中油路的高低压要互换，相应设置了两个安全阀。补油单向阀选择补油方向，向主油路低压侧补油。补油溢流阀调定补油压力。

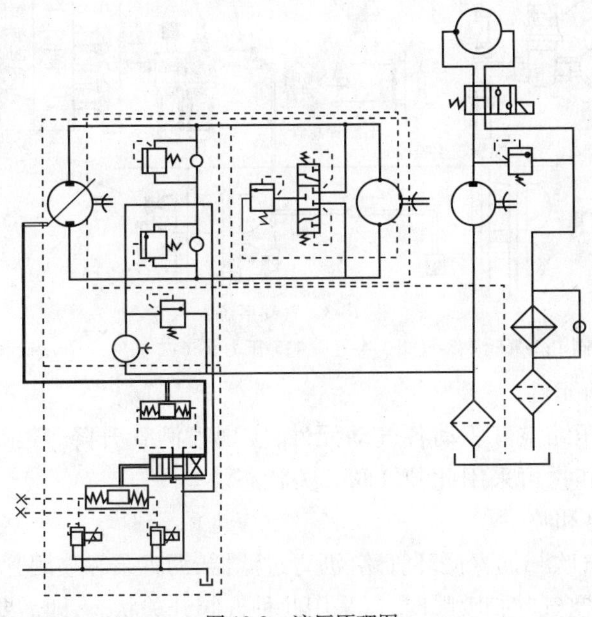

图 10-2　液压原理图

闭式系统补油泵有三个主要作用：①补偿由于泄露而损失的油液，使闭式系统液压泵正常工作；②提供补油压力，帮助斜盘式柱塞泵柱塞回程，保证滑靴贴紧斜盘，或者为马达提供背压，防止因高速运转或因负载波动使运动副产生敲击而影响工作。③向主泵或马达的伺服控制系统提供控制油压，也可向其他辅助工作系统提供动力。由于变量泵排量可调为零，闭式部分没有设置换向阀，直接采用集成的变量泵驱动 SAI 马达构成闭式液压系统驱动沥青泵。

4. 气动系统

图 10-3 所示的气动系统主要作为喷头启闭、喷管升降和侧移、沥青自动阀开启的动力，也可作为管路吹扫的动力。气动系统主要实现以下三个功能；其各功能实现时各种气阀的开关状态，皆列于表 10-1。

气动系统实现功能及其各种阀开关状态表　　表 10-1

阀号 / 功能	气阀 1（手动）	气阀 2（手动）	气阀 3（手动）	气阀 4（手动）
驱动气动元件	开	开	关	关
吹扫管路和喷嘴	开	开	开	开
吹扫手喷枪	开	开	关	关

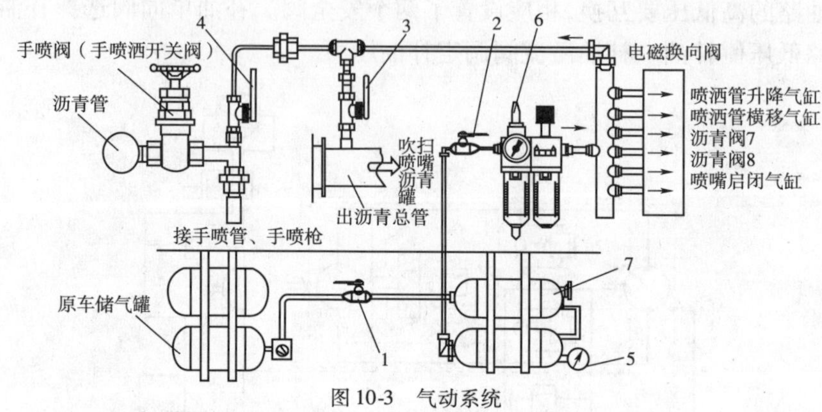

图 10-3　气动系统

1-气阀 1;2-气阀 2;3-气阀 3,4-气阀 4;5-压力表;6-二联件;7-新增储气罐

(1)驱动气动元件

当需要提供压缩空气驱动各气动元件,实现喷洒管升降、喷洒管横移、喷嘴启闭、气动蝶阀启闭时,可采用此种气阀开关状态。

(2)吹扫管路和喷嘴

当用压缩空气吹扫沥青循环管路、沥青过滤器、沥青泵和喷洒管中残余沥青回沥青罐时,或用压缩空气吹扫喷嘴时,可采用此种气阀开关状态,即需要打开气阀 3。

(3)吹扫手喷枪

压缩空气吹扫手喷管、手喷枪残余沥青时,可采用此种气阀开关状态,即需要打开气阀 4。

5. *沥青循环系统*

沥青循环系统是沥青洒布车的主要工作部分,主要作用是提供沥青、设置沥青各种循环模式和对沥青供应量进行计量。图 10-4 为沥青循环系统简图。

智能型沥青洒布车沥青循环系统可实现的功能,可总结为如下六种:

(1)小循环

当利用火管和导热油(柴油燃烧器)对沥青罐内沥青进行加热升温时,为使罐内沥青加热更均匀、迅速,沥青罐内沥青经泵直接回沥青罐。

(2)大循环

当对沥青循环系统中的管路、沥青泵、喷洒管进行加热时,或自动喷洒作业前,进行喷洒管路是否畅通的检验时,沥青罐内沥青经泵到喷洒管,再回沥青罐。

(3)自动喷洒

当进行自动喷洒作业时,先手动大循环一次,检验喷洒管路畅通后,再采用此循环方式。沥青罐内沥青经泵到喷洒管,当气动打开喷嘴时,沥青从喷嘴喷出。

(4)人工手喷洒

当进行人工手喷洒作业时，先按小循环方式循环沥青，再将泵速调低、适当关小沥青阀2。然后，打开手喷阀，沥青罐内沥青经泵到手喷枪，当手动打开手喷枪手柄开关时，沥青从手喷枪喷出。其喷洒压力可通过沥青阀2来调节。当停止喷洒时，关闭手喷枪手柄开关后，先开大沥青阀2，再关闭手喷阀。

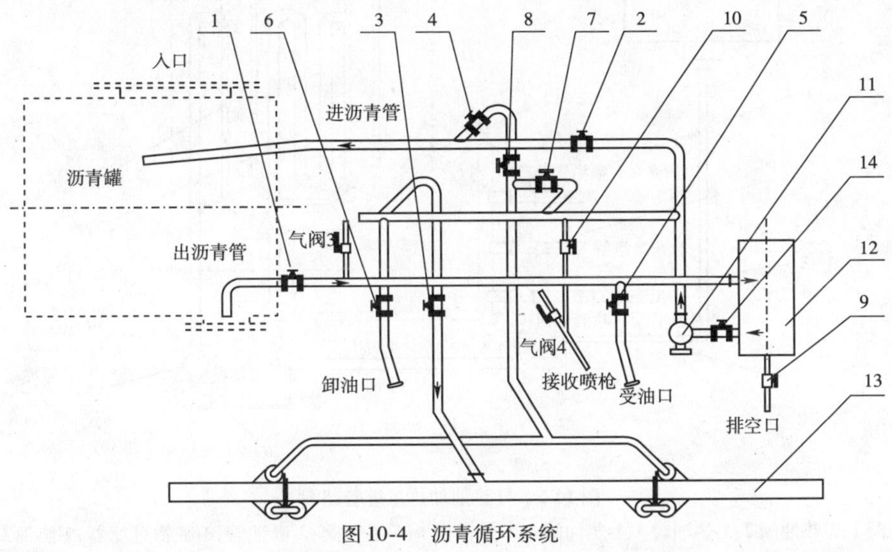

图10-4 沥青循环系统

1-沥青阀1；2-沥青阀2；3-沥青阀3；4-沥青阀4；5-沥青阀5；6-沥青阀6；7-沥青阀7；8-沥青阀8；9-排空阀；10-手喷阀；11-沥青泵；12-沥青过滤器；13-沥青喷洒管；14-沥青温度计

(5)自吸沥青

当从外部自吸灌装沥青时，先将吸油软管连接在沥青循环系统的吸油口，外部沥青经吸油软管、沥青阀5、泵和沥青阀2，进入沥青罐。灌装结束时，先关沥青阀5，再停泵。此外，灌装沥青还可以利用外部设备的沥青泵，将外部沥青经沥青罐顶部的人孔，灌注入沥青罐中。

(6)外卸沥青

当外卸或排空沥青时，先将卸油软管连接在沥青循环系统的卸油口，沥青罐、循环管路、沥青过滤器中沥青，经泵、沥青阀6和卸油软管，卸入外部设备中。外卸沥青结束时，先停泵，再关沥青阀6。此外，排空沥青还可通过打开沥青过滤器下的重力排空阀，利用自流方式，将沥青循环系统中残余沥青排出。

6. 导热油加热系统

为了保证沥青适宜喷洒，在洒布车喷洒前后应对沥青自动加热和保温，使之保持在最佳的流动状态且不变性。一般现代的智能型沥青洒布车都采用导热油加热系统。图10-5为导热油加热系统管路简图。

一般情况下导热油系统有下面六种加热和工作模式加热导热油加热沥青罐全循环、加热沥青泵、加热喷洒管、自吸导热油。

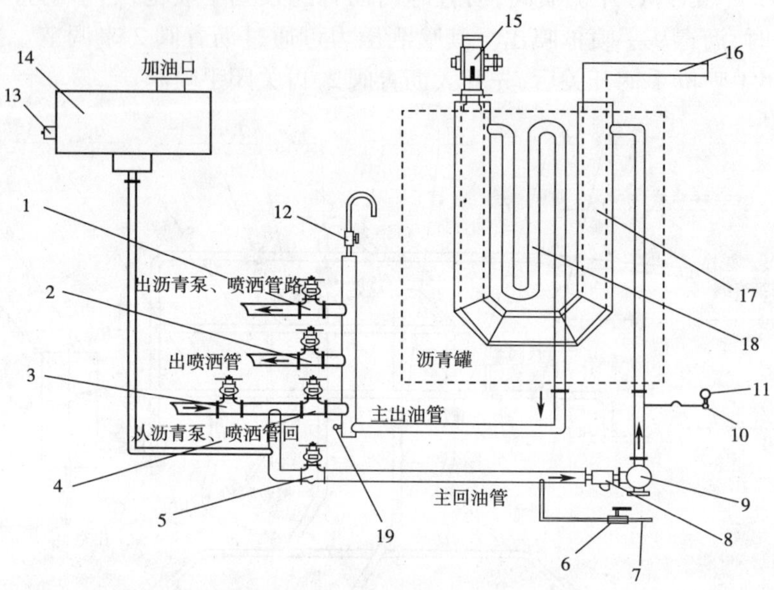

图 10-5　导热油加热系统管路图

1-热油阀 1;2-热油阀 2;3-热油阀 3;4-热油阀 4;5-热油阀 5;6-吸油阀;7-吸油管;8-脏物过滤器;9-热油泵;10-压力表开关;11-压力表;12-放气阀;13-浮球液位控制器;14-膨胀箱;15-柴油燃烧器;16-排烟管;17-U 型火管;18-导热油管组;19-热油温度计

(1)加热导热油

当导热油加热系统内导热油温度较低,并利用柴油燃烧器加热导热油时,可采用此循环方式,所有的热油阀 1 ~ 5 都打开。

(2)加热沥青罐

当对沥青罐中沥青进行加热升温时,可采用此循环方式,即需要打开热油阀 4。

(3)全循环

当同时对沥青泵、沥青过滤器、沥青循环管路、沥青喷洒管进行加热升温时,可采用全循环方式,即需要打开热油阀 1、热油阀 2 和热油阀 3,关闭热油阀 4。

(4)加热沥青泵

当对沥青泵、沥青过滤器和沥青循环管路进行加热升温时,可采用此循环方式,即需要打开热油阀 1 和热油阀 3,关闭热油阀 4。

(5)加热喷洒管

当对沥青喷洒管进行加热升温时,可采用此循环方式,即需要打开热油阀 2 和热油阀3,关闭热油阀4。

(6)自吸导热油

当从外部自吸导热油时,先将吸油软管套在导热油加热系统的吸油管上,打开吸油阀,外部导热油经吸油软管、吸油管、吸油阀和热油泵,进入导热油加热系统。当导热油加注到位后,应立即关闭吸油阀、打开热油阀5。

7. 沥青喷洒系统

智能型沥青洒布车沥青喷洒系统主要包括洒布管、喷嘴、升降和横移气缸及其他连接装置等,其中洒布管是沥青洒布车的工作装置,它的制造精度和控制功能是否完善在很大程度上决定了最终洒布质量。

智能型沥青洒布车喷洒系统可实现:喷洒管同步升降、喷洒管倾斜、喷洒管左右横移和喷洒管手动折叠等动作。

三、沥青洒布车运用技术

1. 沥青洒布车行驶速度和沥青泵转速的确定

沥青的洒布定额 q(L/m^2)随工程对象的不同而异,一般都在工程的技术规范中有规定。沥青泵的流量(L/min)根据其转速的不同而有所变化。泵的流量 Q 与车速 v、洒布宽度 b、洒布定额 q 三者关系如下:

$$Q = bvq \tag{10-1}$$

一般洒布宽度 b 和洒布定额 q 都是事前调好不变的,而车速 v 与泵的流量 Q 则是两个变数,二者成比例地增加或减小。对于由专用发动机驱动沥青泵的沥青洒布机,沥青泵的转速与车速可由各自的发动机分别来调整,所以二者相应的增减关系能配合得较好。对于使用汽车本身的发动机来驱动沥青泵的沥青洒布机,由于汽车变速器和沥青泵分动器的档位有限,它们的转速又都随着同一个发动机转速而变化,所以车速和泵速二者相应的增减关系调整配合就比较困难。一般情况,都是先定出沥青泵在某转速下的流量值,然后再调整相应的车速,并力求其稳定行驶。现代沥青洒布机都配有第五轮测速仪和沥青泵转速表,驾驶员在驾驶室内可通过仪表随时了解车速和泵速变化,并及时分别调整使车速与泵速尽量协调工作。

2. 作业前的准备工作

沥青洒布机在完成不同的作业时,它的各个操纵阀与洒布管等都有不同的安装位置,这些都要在作业开始前进行调整,调整时可参照铭牌的说明。

检查沥青泵和管路(包括阀与喷嘴等处有无因沥青冷凝而不能运转或堵塞的现象)。检查沥青泵时可将泵的传动箱放在低档,待发动机运转正常后,逐渐接合离合器,如果发动机显示出负荷大(明显区别于空载运转),甚至熄灭,或者离合器出现拖滞现象则表明沥青泵已被沥青所凝固。可用手提式喷燃器烤热沥青泵,直到运转灵活为止。对喷嘴和阀等处可同时烘烤。

3. 作业行驶要求

沥青必须均匀地喷洒在路面上,尤其是对于表面处治工作,沥青量过多或过少,都会严重影响路面的使用寿命。所以在洒布过程中应注意下列事项:

(1)沥青洒布机喷洒作业前,首先检查罐内沥青的温度是否符合要求,一般规定石油沥青为140~160℃。沥青温度的降低,将使黏度增加,流量减少,应先将其加热到规定要求。油温过高会导致沥青老化变质,甚至发生起火。

(2)调整好喷嘴的喷射角(长缝喷嘴为扇形角,锥形喷嘴为锥角),使各个相邻喷嘴的喷雾扇或喷雾锥,在其下角能有少量重叠。喷雾扇角和锥角的大小同喷射压力有关。喷洒层的重叠量则同喷嘴离地面高度有关。喷嘴离地较高,其喷洒宽度就变大,相邻喷嘴的喷雾下部重叠量就较多。反之,则洒布宽度较小,重叠量就较少。对于长缝喷嘴,相邻喷雾的重叠程度还同喷嘴与管轴线的交角有关,一般应事先调整好交角(25°~30°)。锥孔喷嘴安装位置的高低也影响其洒布宽度和与毗邻喷嘴的重叠量。一般在使用时应将洒布管调整到离地面25cm左右。

(3)在洒布作业的整个过程中应保持喷射压力稳定。喷雾角是靠一定压力来维持的,此压力在管径与喷孔都一定的情况下,将随沥青在管内的流速而变化。此流速又同沥青泵的转速与沥青的温度有关,现代沥青洒布机的洒布系统做成全循环式,并配有卸压阀,工作时使洒布管始终处于恒压状态。

(4)相邻洒布带之间应有一定量的重叠,横缝重叠量一般为10~15cm。在纵向,重叠量一般为20~30cm。为了确保横向重叠控制在一定范围之内,沥青洒布机应在起洒点以前约5~10m处起步,到了起洒点,应立刻打开喷洒开关。达到洒布指定终点时立即关闭喷洒开关,以免发生滴漏现象,造成横向接头处有过多的沥青。

(5)洒布过程中应随时注意罐内沥青存有量。当洒布管喷嘴喷出的沥青含气泡时,表示罐内沥青已洒完,应立即关闭三通阀停止洒布,然后升起洒布管并使喷嘴朝上,随即将分动箱挂上倒档,使沥青泵倒转,将管内的沥青抽回箱内。在抽空管道的过程中,还可以利用手喷灯加热喷嘴及管道,熔化其残余沥青,将全部沥青收入罐内。

(6)吸油作业时,要选择好停车位置,车身停放平稳,使各出口阀门处于关闭位置,进油口。对正油锅缓缓加速吸油,当浮标指针达到最大容积时,要及时停吸,防止沥青外溢。

洒布前,应使罐内的热态沥青通过沥青泵,在管道内循环3~5min,并在沥青温度不低于100℃时，方可正式洒布。

(7)喷洒时应调整好相应的车速，平稳前进，不得任意摆动、猛转方向盘和变速。

(8)对液压沥青洒布车，应注意驾驶室内沥青泵速度表和第五轮速度表的读数，借以了解沥青喷洒的质量情况。工作中测试仪的第五车轮若黏有沥青或磨损超限，应及时清除或更换，以免引起测试的误差。

(9)洒布作业停止后，沥青洒布车应继续前进4~8m方可停车。

(10)按施工要求应进行试喷，以便确定单位面积洒布量和车速、油泵档位和排管高度，洒完第一车后，应根据总的耗油量和洒布面积复核一下实际单位用量，以便修正。

(11)相邻洒布带之间接头处油迹应整齐而无重叠，油量准确、喷洒均匀、无漏白条状或油迹，路面反油成型后，表面平整坚实无油包，不松散掉渣。

(12)沥青洒布机喷洒不均匀的原因：

①喷洒压力不足；

②泵压式溢流阀弹簧力不当；

③气压式安全阀压力调整不当；

④个别喷嘴堵塞。

泵压式洒布机喷洒雾化不良，主要是由于喷头堵塞；溢流阀弹簧压力调整不当；溢流阀弹簧断裂或疲劳；沥青温度低等原因造成。喷头堵塞，可拧下喷头进行清洗；溢流阀弹簧压力不当，应对溢流阀弹簧压力进行调整，边调整边试到正常为止；沥青温度低，应采取措施对沥青进行加热排除故障。

第二节　透层、黏层、防水层施工质量控制

目前在我国高速公路建设中，普遍采用的是沥青混凝土路面。为谋求更高的质量标准，在路基、路面及其结构组成方面进行了许多优化和改进。为了提高路面的承载力、耐久性和提高抗水毁能力，对于沥青混凝土路面各层间的处理也越来越重视，透层、黏层、防水层的作用也显得越来越重要。

一、透层

1. 透层的作用及要求

透层是适用于无机结合料基层表面的有机结合料渗透层，用于一般路段的下面层与基层之间的层间处理。主要作用为：(1)透入基层表面孔隙，增强基层和面层间的黏结；(2)有助于结合基层表面集料中的细料；(3)在完成基层的铺装后，适

时洒布透层油还可以减少基层的养生费用,提高养生质量;(4)经过透层油渗透成型以后的基层,表面的开口孔隙被填充,从而得到一个渗透深度上的防水层;(5)在由于某种原因推迟铺筑面层的情况下,透层可为基层提供临时性防护措施,防止降雨和临时行车的破坏。

根据基层类型选择渗透性好的液体沥青、乳化沥青、煤沥青作透层油,喷洒后通过钻孔或挖掘确认透层油渗透入基层的深度应该在5~10mm以内,要经过充分渗透固结后,才能在其上做黏层或封层,否则只会在基层表面形成一层油膜,一经车辆行驶或搓动,就很容易被车轮黏走、卷皮或磨掉,不仅起不到固结、联结、封闭、防水的作用,还会导致上面沥青混凝土层的推移、脱落等损坏。

透层油的用量应根据基层类型,通过试洒确定,不得超出表10-2要求范围。

沥青路面透层及黏层材料的规格与用量 表10-2

<table>
<tr><th rowspan="2">用 途</th><th colspan="2">乳化沥青</th><th colspan="2">液体沥青</th><th colspan="2">煤沥青</th></tr>
<tr><th>规格</th><th>用量(L/m²)</th><th>规格</th><th>用量(L/m²)</th><th>规格</th><th>用量(L/m²)</th></tr>
<tr><td rowspan="2">无结合料颗粒基层</td><td>PC-2</td><td rowspan="2">1.0~2.0</td><td>AL(M)-1/2 或 3</td><td rowspan="2">1.0~2.3</td><td>T-1</td><td rowspan="2">1.0~1.5</td></tr>
<tr><td>PA-2</td><td>AL(S)-1/2 或 3</td><td>T-2</td></tr>
<tr><td rowspan="2">半刚性基层</td><td>PC-2</td><td rowspan="2">0.7~1.5</td><td>AL(M)-1/2 或 3</td><td rowspan="2">0.6~1.5</td><td>T-1</td><td rowspan="2">0.7~1.0</td></tr>
<tr><td>PA-2</td><td>AL(S)-1/2 或 3</td><td>T-2</td></tr>
</table>

注:表中用量指包括稀释剂和水分在内的液体沥青、乳化沥青的总量。乳化沥青中残留物含量以50%为标准。

2. 施工要求

(1)准备工作

喷洒透层前应清扫路面,要求洁净无浮土,遮挡防护路缘石及人工构造物避免污染。监理工程师应对已准备好的工作面进行专项检查,在未批准前不得喷洒。

(2)透层沥青用量

透层油的用量,根据实践经验确定,只要能透下去,需要量肯定是越多越好,洒布量(乳液用量)一般用量为0.7~1.5kg/m²,具体用量根据基层状况通过试洒后确定。

(3)喷洒

①承包人应在喷洒工作开始前24h前报经监理工程师批准。

②透层改性乳化沥青应采用沥青洒布车均匀地洒布,并按《公路路基路面现场测试规程》(JTJ 059—95)中有关要求和方法检测洒布用量,每次检测不少于3处。

③沥青洒布设备的有关仪表应在使用前进行校验,应配备有适用于不同稠度

沥青喷洒用的喷嘴，在沥青洒布机喷不到的地方可采用手工洒布机。喷洒超量或漏洒或少洒的地方应予纠正。

④喷洒区附近的结构物和树木表面应加以保护，以免溅上沥青受到污染。当其受到污染时，承包人应自费清除。

⑤透层油宜紧接在基层碾压成型后表面稍变干燥，但未硬化的情况下喷洒；无结合料粒料基层上洒布透层油时，宜在铺筑沥青层前1～2天洒布。

⑥正式施工前，应进行试验段施工。

(4)养护

①承包人应对洒好透层沥青的基层和面层保持良好状态。当出现泛油或监理工程师有指示时，应按指定用量补撒吸附沥青材料。

②如果沥青被尘土或泥土完全吸收，以致使覆盖的面层无法与透层黏结，监理工程师可要求在摊铺沥青路面之前在透层上补洒一次黏层油。

③养护期间，一般不应在已洒好透层沥青的路面上开放交通。如果在沥青材料充分渗入和破乳之前需要开放交通，为了防止车轮黏沥青，应撒布用量为$2m^3/1000m^2$的石屑或粗砂。

3. 质量检验

(1)基本要求

①材料应符合设计和施工规范要求，洒布的沥青材料必须在规定的温度范围内贮存、运输和洒布，不得受杂质污染。

②贮存、输送和加热方法、洒面机械等应符合规范要求，并保持清洁和良好工作养状态。

③洒布设备的有关仪表应在使用前进行校验。

④洒布前，必须将基层上的松散材料和其他杂物清扫干净。经检验，必须符合检验评定标准各项指标的要求。

(2)检查项目

透层油洒布检测项目和检测标准见表10-3。

透层油洒布实测项目 表10-3

项次	检查项目	规定值或允许偏差	检查方法和频率
1	沥青用量(kg/m^2)	±10%	按(T0982)或规定的其他方法:每100m测2处
2	喷洒温度(℃)	在规定范围内	温度计:每(车)作业段2次
3	宽度(m)	不小于设计值	米尺:每100m测4处

(3)外观鉴定

①洒布均匀，无漏洒或滴漏油集中现象。

②洒布沥青不得污染构筑物和树木。

③洒布表面应按规定进行养护和限制交通,无黏起、脱落或被尘土、泥砂污染。

二、黏层

1. 黏层的作用及要求

黏层的作用在于使各层面之间、面层与构造物之间黏结成一个整体。黏层主要起胶结作用,对材料的要求也主要在黏结强度和抗剪强度方面。

国外规范一般规定层与层之间必须洒黏层沥青。沥青路面的结构设计以弹性层状体系理论为基础,结构层之间完全连续是一个整体,只有这样才能符合完全连续的界面条件。如果几层沥青层没有黏结好,在使用过程中进入水分,则沥青层与沥青层之间的界面条件将变成不完全连续,甚至完全不连续,在使用过程中逐渐形成脱空一样,导致沥青路面的受力状态发生质的变化。沥青层施工不衔接,不洒黏层油时,虽然钻孔试件看起来是连在一起的,但并不是一个整体,因为两层之间是大量的点点接触。因此符合下列情况之一时,必须喷洒黏层油:

(1)双层式或三层式热拌热铺沥青混合料路面的沥青层之间。

(2)水泥混凝土路面、沥青稳定碎石基层或旧沥青路面层上加铺沥青层。

(3)路缘石、雨水口、检查井等构造物与新铺沥青混合料接触的侧面。

黏层材料通常采用乳化沥青或改性乳化沥青,改性乳化沥青较之乳化沥青在强度方面有较大改善,慢裂乳化沥青洒布后流淌严重,一般采用快裂型的改性乳化沥青较为适宜。其规格和质量应符合规范的要求,所使用的基质沥青标号应与主层沥青混合料相同。黏层油品种和用量,应根据下卧层的类型通过试洒确定,并符合表10-4的要求。当黏层油上铺筑薄层大空隙排水路面时,黏层油的用量可增加到0.6~1.0L/m^2。在沥青层之间兼作封层而喷洒的黏层油可采用改性沥青或改性乳化沥青,其用量一般不少于1.0L/m^2。

沥青路面黏层材料的规格与用量　　表10-4

用　途	乳化沥青		液体沥青		煤沥青	
	规格	用量(L/m^2)	规格	用量(L/m^2)	规格	用量(L/m^2)
新沥青层或旧沥青层	PC-3	0.3~0.6	AL(R)-3~AL(R)-6	0.3~0.5	T-3、T-4、T-5	0.3~0.6
	PA-3		AL(M)-3~AL(M)-6			
水泥混凝土	PC-3	0.3~0.5	AL(M)-3~AL(M)-6	0.2~0.4	T-3、T-4、T-5	0.3~0.5
	PA-3		AL(S)-3~AL(S)-6			

注:表中用量是指包括稀释剂和水分在内的液体沥青、乳化沥青的总量。乳化沥青中的残留物含量以50%为基准。

2. 施工要求

(1)准备工作

喷洒黏层前应清扫路面,要求洁净无浮土,遮挡防护路缘石及人工构造物避免污染。监理工程师应对已准备好的工作面进行专项检查,在未批准前不得喷洒。

(2)气候条件

洒布沥青材料的气温应不低于10℃,风速适度。浓雾或下雨天不应施工。寒冷季节施工不得不喷洒时可分两次喷洒。

(3)喷洒温度

应在正常温度下洒布,如气温较低,稠度较大的可适当加热。

(4)黏层沥青用量

洒布量(乳液用量)应为0.3~0.6kg/m^2,根据下面层表面状况通过试洒后确定。

(5)喷洒

①承包人应在喷洒工作开始前24h前报经监理工程师批准。

②黏层油应采用沥青洒布车喷洒,并选择适宜的喷嘴,洒布速度和喷洒量保持稳定。

③沥青洒布设备的有关仪表应在使用前进行校验,应配备有适用于不同稠度沥青喷洒用的喷嘴,在沥青洒布机喷不到的地方可采用手工洒布机。喷洒不足的要补洒,喷洒过量处就予刮除。

④喷洒区附近的结构物和树木表面应加以保护,以免溅上沥青受到污染。当其受到污染时,承包人应自费清除。

⑤黏层沥青应在铺筑覆盖层之前24h内洒布。

⑥正式施工前,应进行试验段施工。

(6)养护

①应保持洒好黏层油的面层处于良好状态,严禁运料车外的其他车辆和行人通行。

②如果沥青被尘土或泥土完全吸收,以致使覆盖的面层无法与透层黏结,监理工程师可要求在摊铺沥青路面之前在补洒一次黏层油。

3. 质量检验

(1)基本要求

①材料应符合设计和规范要求,洒布的沥青材料必须在规定的温度范围内贮存、运输和洒布,不得受杂质污染。

②贮存、输送和加热方法、洒布机械等应符合规范要求,并保持清洁和良好工作养状态。

③洒布设备的有关仪表应在使用前进行校验。

(2)检查项目

黏层油洒布检测项目和检测标准见表10-5。

黏层油洒布实测项目　　表10-5

项次	检查项目	规定值或允许偏差	检查方法和频率
1	沥青用量(kg/m^2)	±10%	按T0982或规定的其他方法：每100m测2处
2	喷洒温度(℃)	在规定范围内	温度计：每(车)作业段2次
3	宽度(m)	不小于设计值	米尺：每100m测4处

(3)外观鉴定

①洒布均匀，无漏洒或滴漏油集中现象。

②洒布黏层油时不得污染构筑物和树木。

③洒布表面应按规定进行养护和限制交通，无黏起、脱落或被尘土、泥砂污染。

三、防水层

1. 防水层的作用及要求

防水层的目的在于封闭表面，一般位于基层与面层之间或中上面层之间，目前防水层与应力吸收层及下防水层在功能上并没有明确的界定，施工方法主要有橡胶沥青、SMA－5和热喷SBS改性沥青等，目前以热喷SBS改性沥青为主。

防水层采用SBS改性沥青热喷，SBS改性沥青和基质沥青应符合表10-6要求。

SBS改性沥青技术要求　　表10-6

技术标准	单位	指标	试验方法
针入度(25℃,100g,5s)	0.1mm	30～60	T0604
延度5℃,5cm/min,不小于	cm	20	T0605
软化点$T_{R\&B}$,不小于	℃	70	T0606
运动黏度,135℃,不大于	Pa·s	3	T0625 T0619
闪点,不小于	℃	230	T0611
溶解度,不小于	%	99	T0607
弹性恢复,25℃,不小于	%	75	T0662
储存稳定性离析,48h软化点差,不大于	℃	2.5	T0661
老化试验TFOT(或RTFOT)后残留物			
质量变化,不大于	%	±1.0	T0610或T0609
针入度比,25℃,不小于	%	65	T0604
延度(5℃),不小于	cm	15	T0605

施工前，对成品 SBS 改性沥青按表 10-6 进行全项检测，合格后方可使用，施工过程中，对针入度、延度、软化点、离析，48h 软化点差、弹性恢复等指标进行检测，频率为 80t/次或按车次检测。

防水层集料应采用 5～10mm 单粒径优质石灰岩碎石，应清洁无尘土，可采取用沥青拌和机预先加热（180℃左右）方式除去粉尘。材料要求见表 10-7。

防水层集料质量技术要求 表 10-7

项　目		指　标
压碎值（%）	≤	15
洛杉矶磨耗损失（%）	≤	25
视密度（t/m^3）	≥	2.6
吸水率（%）	≤	2.0
对沥青的黏附性	≥	4 级，采取抗剥落措施后不小于 5 级
坚固性（%）	≤	8
长扁平颗粒（%）	≤	10
<0.075mm 颗粒含量（%，水洗法）	≤	1
软石含量（%）	≤	3
石料冲击值（%）	≤	28

2. 施工要求

（1）准备工作

喷洒防水层 SBS 改性沥青前，应清扫路面，要求洁净无浮土，且下承层处于干燥状态，遮挡防护路缘石及人工构造物避免污染。

监理工程师应对已准备好的工作面进行专项检查，在未批准前不得喷洒。

（2）气候条件

洒布时气温不应低于 10℃，风速适度。浓雾或下雨天不得施工。

（3）喷洒温度

喷洒温度应控制在 180～190℃，还应通过具体试喷试洒确定。

（4）沥青与集料用量

沥青洒布量应控制在 1.0～1.5kg/m^2 之间，集料用量一般为 5～7kg/m^2（或覆盖率按 60%～70% 控制），施工时还应通过具体试验段试喷试洒确定。

（5）沥青喷洒与集料撒布

①承包人应在喷洒工作开始前 24h 报经监理工程师批准。

②宜采用专用的防水层洒布车均匀地洒布，沥青洒布与石料撒布应一次完成，

或采用沥青洒布车洒布，石料撒布车跟进撒布的方式，并用轻型压路机滚压一遍。按《公路路基路面现场测试规程》（JTJ 059—95）中有关要求和方法检测洒布用量，每次检测不少于3处。

③沥青洒布设备应配备专用喷嘴，在沥青洒布机喷不到的地方可采用手工洒布。漏洒的要补洒，喷洒过量处就予刮除，尤其要对喷洒过程中形成的油钉进行专门清理。

④撒布石料宜采用拌和楼进行预拌，油石比控制在0.3～0.5。

⑤喷洒区附近的结构物和树木表面应加以保护，以免溅上沥青受到污染。

⑥正式施工前，应进行试验段施工。

（6）养护

应保持洒好黏层油的面层处于良好状态，严禁运料车外的其他车辆和行人通行。

3. 质量检验

（1）基本要求

①材料应符合设计和施工规范要求，洒布的沥青材料必须在规定的温度范围内贮存、运输和洒布，不得受杂质污染。

②贮存、输送和加热方法、洒布机械等应符合规范要求，并保持清洁和良好工作养状态。

③洒布设备的有关仪表应在使用前进行校验。

④洒布前，必须将上一结构层上的松散材料和其他杂物清扫干净。

⑤应在规定气候条件下洒布。

（2）检查项目

SBS改性沥青热喷防水层检测项目和检测标准见表10-8。

SBS改性沥青热喷防水层实测项目 表10-8

项次	检查项目	规定值或允许偏差	检查方法和频率
1	沥青用量（kg/m^2）	±10%	按（JTJ 071—98）或规定的其他方法：每100m测2处
2	石料用量	±10%	根据石料消耗量，每100m计算2处
3	喷洒温度（℃）	在规定范围内	温度计：每（车）作业段2次
4	宽度（m）	不小于设计值	米尺：每100m测4处
5	厚度（mm）	±1	每100m测2处

（3）外观鉴定

①洒布均匀，无漏洒或滴漏油集中现象。

②洒布沥青不得污染构筑物和树木。

③洒布表面应按规定进行养护和限制交通，无黏起、脱落或被尘土、泥砂污染。

第三节　同步碎石封层技术

所谓同步碎石封层，就是用专用设备即同步碎石封层车及黏结材料（改性沥青或改性乳化沥青）同步铺洒在路面上，通过自然行车碾压或轮胎压路机碾压形成单层沥青碎石磨耗层，它主要作为路面表处层使用，也可用于低等级公路的面层施工。同步碎石封层将黏结剂的喷洒与集料撒布2道工序集中在1台车上同时完成，可以使碎石颗粒立即与刚喷洒的黏结剂相接触。此时，由于热沥青或乳化沥青流动性较好，能随时更深地埋入黏结剂内。同步碎石封层技术缩短了黏结剂喷洒与集料撒布之间的间隔，增加了集料颗粒与黏结剂的裹覆面积，更易保证它们之间稳定的比例关系，提高了作业效率，减少了设备配置，降低了施工成本。沥青路面经过同步碎石封层处理后，使路面具有良好的抗滑性能和防渗水性能，能有效治愈路面贫油、掉粒、轻微网裂、车辙、沉陷等病害，主要用于道路的预防性养护和修复性养护，无论是高速公路还是普通公路都可以使用此项养护新技术。

一、同步碎石封层设备

同步碎石封层设备是一个大型复杂系统，集机、电、液于一体。它包括汽车底盘、沥青储存系统、沥青温度监控系统、沥青洒布系统、集料撒布系统、液压驱动系统、电控系统、车速检测系统等。每个部分各司其职，又相互关联。沥青温度监控系统不但要对沥青的温度进行采集，同时又通过控制系统对沥青进行加热；沥青泵与布料辊的转动由液压驱动系统中的阀控马达来驱动，而马达转速的控制是通过改变液压油的流量来调节的。阀控马达的阀芯位置是通过控制系统中的控制器输出的PWM波形来控制的。在这个控制过程中，涉及到这三个量的机械结构、电控部分和液压部分。下面就沥青温度监控、沥青洒布量控制和碎石撒布量控制从机械结构、液压部分和电控部分分别做简要的介绍。

1. 沥青温度监控系统

(1)沥青温度监控系统的机械结构

沥青加热系统主要组成是导热油加热炉、燃烧器、导热油循环管、保温装置等。

导热油炉采用盘管式换热器，它的特点是整个换热器管路系统由一根圆管绕制而成，杜绝了产生死角的可能性，使管路中导热油受热比较均匀，满足了导热油物理特性的要求。燃烧器是把燃油输送及雾化装置与调风装置通过电路组合在一起的设备，称为整体燃烧器。它除了能保证较好供给锅炉燃料并使之完全燃烧外，还设有自动控制、报警及保护装置。

导热油循环管大部分布置在沥青罐的底部，采用平铺盘管式。在沥青罐中管内是导热油,管外是需加热的沥青。为了增强热量交换,可以设置搅拌器不停搅拌。保温装置主要是防止热量散失。

(2)沥青温度监控系统的电控部分

沥青温度的采集主要包括以下几个部件:热电偶温度传感器、控制器(S7-200PLC)、热电偶模块(EM231)、温度显示模块。

热电偶是一种测量温度的感温传感器元件,采用的是接触式测温法。它把温度信号转换成热电动势信号,与显示仪表或PLC等连接使用,可以直接测量生产过程0~1200℃范围的温度。热电偶模块(EM231)是S7-200PLC的智能扩展模块,主要是对热电偶采集到的实时温度数据进行处理,同时送到PLC控制器中。PLC控制器对采集到的温度进行处理,然后将温度传输到温度显示模块显示出来。

沥青加热系统包括以下几个部件:控制器(S7-200PLC)、过零触发电路、双向晶闸管KS、温度显示模块。

控制器(S7-200PLC)将采集到的实时温度与给定值进行比较后,从PLC的输出口输出控制信号。过零触发电路对从PLC输出的控制信号作反应,去控制双向晶闸管KS的通断,以达到控制燃烧器的启停。

(3)沥青温度监控系统的液压部分

沥青温度监控系统的液压部分,即导热油循环系统,其主要作用在于让导热油不断地循环流动,以便与沥青罐中的沥青完成热量交换。它主要由以下几个部件组成:导热油泵、导热油、盘管、油气分离器、膨胀油箱、导热油过滤器等组成。

导热油泵是导热油闭路强制循环的动力,它是由导热油泵驱动马达控制回路来控制的。导热油泵驱动马达控制回路由两位四通换向阀、节流阀和导热油泵驱动马达组成,通过节流阀可手动调节导热油泵驱动马达的转速,选用换向阀不同档位可以打开或关闭导热油系统。

导热油是热量的载体。由于导热油一般要在高温下长期循环使用,温度范围一般在200~400℃,因此对导热油最基本的要求是热稳定性好,即长期高温使用不变质,始终保持良好的传热导热效果。

2. 沥青洒布量的控制结构

(1)沥青洒布量控制的机械结构

沥青洒布系统一般由沥青泵、循环洒布管道和大小三通阀三大部分组成,是同步碎石封层设备的最基本组成部分之一。其主要功能是:从沥青储料罐内吸进高温液态沥青;工作完成后,抽空储料箱和洒布管道内的残留沥青;输送液态沥青;完成液态沥青的洒布工作。

洒布管道用不同长度和规格的无缝钢管制成,液态沥青通过管道不断循环,使储料箱内的沥青保持均匀的温度。它一般由吸油管、输油总管道、横管、进油管、循环管道、洒布管等组成。管道应力求短些，以减少热量损失。

(2)沥青洒布量控制的电控部分

沥青洒布系统的电控部分其主要作用在于对洒布系统的各个动作进行控制。其中沥青洒布量控制主要包括如下几个部件：电涡流接近开关、控制器(S7-200PLC)、速度显示模块、电液比例方向流量阀 L90LS01、电磁阀等，主要是用来对沥青泵转速的控制。

沥青泵的转速控制也可以分为两个部分：沥青泵转速采集部分和沥青泵转速控制部分。电涡流接近开关负责对沥青泵的转速进行采集。控制器(S7-200PLC)负责对采集来的速度进行比较、处理，如果采集来的速度信号和给定值进行比较，输出适当的 PWM 波形来控制电液比例方向流量阀 L90LS01 阀芯位置。显示模块则是对采集来的速度进行数字显示。

(3)沥青洒布量控制的液压部分

沥青洒布装置的液压部分包括沥青喷洒杆延伸回路、沥青喷洒杆高度调节回路、沥青喷洒杆水平移位回路和沥青泵马达回路。其中沥青喷洒杆延伸回路完成沥青喷洒杆的延伸，以根据实际施工需要调整洒布宽度；沥青喷洒杆高度调节回路通过调节喷洒杆高度改变相邻的两个喷嘴中喷洒出来的沥青结合料的重叠量，进而改变铺在路面上的沥青结合料厚度，保证沥青洒布的均匀性；沥青喷洒杆水平移位回路通过液压缸活塞杆的左右移动来控制沥青喷洒杆的水平移位，使得作业过程中沥青喷洒杆可以根据洒布需要进行左右移动。沥青泵马达回路控制沥青泵驱动马达以一定的转速驱动沥青泵运转，使沥青泵从沥青罐中吸入沥青结合料供给沥青喷洒杆工作。

3. 碎石撒布量的控制结构

(1)碎石撒布量控制的机械结构

就现在市场现有的同步碎石封层设备而言，其石料撒布系统的结构可以分为两类：举升料斗式(图 10-6)和固定料斗式(图 10-7)。举升料斗式的集料斗被液压油缸举起，获得合适的集料撒布角度。

图 10-6 举升料斗式同步碎石封层设备

图 10-7 固定料斗式同步碎石封层设备

与举升料斗式的集料斗相比，固定料斗式的在作业的过程会中无需顶举料斗，集料沿着集料仓斜面依靠自身的重力自由滑落。固定料斗式的撒布原理如图 10-8 所示。

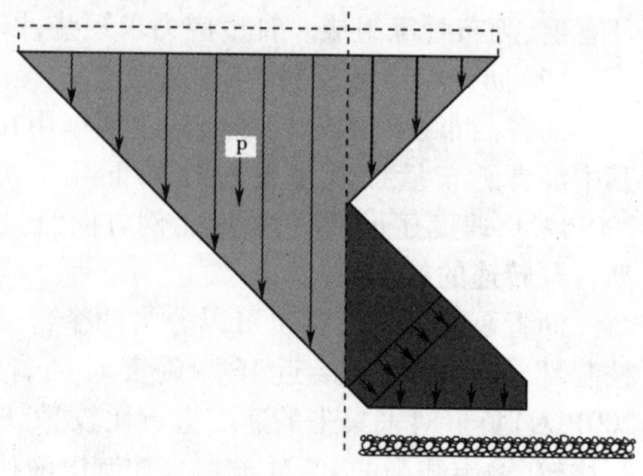

图 10-8　固定料斗式石料撒布原理

一般同步碎石封层设备的集料撒布系统包括挡料系统、料门开启系统、料门控制系统、送料系统、抛料系统、操作员工作台和综合控制柜等。当系统需要撒布集料时，由料门开启系统开启料门，然后由送料系统送至溜料板，由抛料系统经溜料槽均匀撒布。

(2)碎石撒布量控制的电控部分

碎石撒布量控制主要是对碎石布料辊的转速控制。通过控制布料辊转速的大小，来改变碎石撒布量的大小。对布料辊转速的控制类同于对沥青泵的控制。布料辊的控制也可以分为两个部分：布料辊转速采集部分和沥青泵转速控制部分。接近开关负责对布料辊的转速进行采集。控制器(S7 - 200PLC)负责对采集来的速度进行比较、处理，如果采集来的速度信号和给定值进行比较，输出适当的 PWM 波形来控制电液比例方向流量阀 L90LS01 阀芯位置。显示模块则是对采集来的速度进行数字显示。

(3)碎石撒布量控制的液压部分

石屑撒布装置的液压部分包括料斗举升回路、骨料量控制回路、料斗水平调节回路和布料辊转速控制回路。其中料斗举升回路使卸料斗每次作业时按工作要求举升至合适的角度(即倾翻角)，并且保持不变，一般为 40°，以便骨料能很轻易但又不至于过快地流向料斗箱门；骨料量控制回路的作用是通过调节流量调节刮板的开度使作业过程中，对骨料量的多少进行严格的控制；料斗水平调节回路用来调节料斗水平方向使其与轮轴保持平行；布料辊转速控制回路控制布料辊驱动马达以一定的转速驱动布料辊运转，进而控制骨料撒布的均匀性。

二、同步碎石封层设备作业质量影响因素

1. *同步碎石封层技术要求*

除了沥青和碎石的黏附性能之外，沥青和碎石洒(撒)布量是影响碎石封层质量的主要因素：沥青过多，路面容易出现泛油；沥青过少，路面碎石容易脱落，会产生搭接，覆盖率要求，亦容易脱落，脱落的碎石会严重影响道路行驶安全；碎石过

少，碎石过多，不能达到也会影响道路使用性能。

在过去的 70 多年中，沥青和碎石洒（撒）布量计算方法一直是碎石封层技术研究的重点，其中比较著名的是 20 世纪 60 年代，N. McLeod 在 Hanson 工作基础上提出的 McLEOD METHOD，其核心是碎石封层中，碎石埋入沥青的深度为其平均最小尺寸的 70%，如图 10-9 所示。

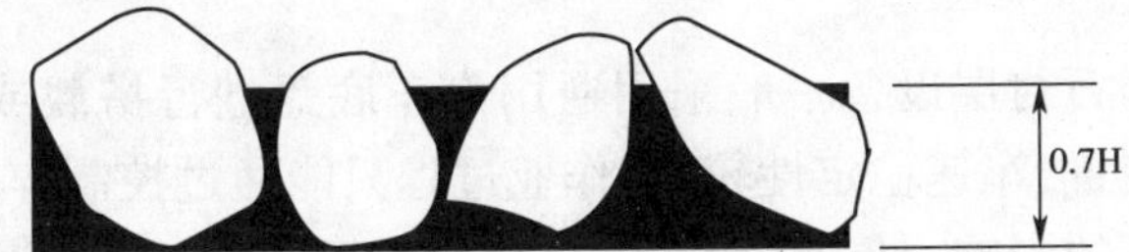

图 10-9　碎石封层“一石到顶”结构与埋入沥青深度示意图

满足这一要求的碎石和沥青撒（洒）布量计算公式如式（10-2）、（10-3）所示：

$$\lambda_a = (1 - 0.4V) \cdot H \cdot G \cdot E \qquad (10\text{-}2)$$

式中：λ_a——碎石撒布量，kg/m^2；

V——松散碎石的空隙率；

H——碎石平均最小尺寸，m；

G——碎石密度，kg/m^3；

E——碎石损失系数。

$$\lambda_A = \frac{0.40H \cdot T \cdot V + S + A}{R} \qquad (10\text{-}3)$$

式中：λ_A——沥青撒布量，L/m^2；

T——交通量修正因子；

S——路面状况修正因子，L/m^2；

A——碎石吸收率，L/m^2；

R——乳化沥青或稀释沥青中沥青含量（采用热沥青时，该值取 1）。

由式（10-2）、（10-3）可以看出：碎石性质和道路状况决定了碎石封层中沥青和碎石洒（撒）布量，McLEOD METHOD 提供了一个精确的沥青和碎石洒（撒）布量计算方法。但是，受施工机械性能影响，实际洒（撒）布到路面的沥青和碎石量往往偏离设计值，使同步碎石封层达不到预期的效果。

2. 同步碎石封层作业质量影响因素

（1）碎石撒布量影响因素

同步碎石封层碎石撒布量 λ_a 控制方程如式（10-4）所示：

$$\lambda_a = \frac{Q_a}{v_c B} \qquad (10\text{-}4)$$

式中：Q_a——碎石流量，kg/s；

v_c——车速，m/s；

B——撒布宽度，m。

由式(10-4)可以看出：碎石撒布精度受碎石流量稳定性、控制精度和车速稳定性、测试精度共同影响。

如果车速 v_c 一定，对于某一确定的碎石撒布量，碎石流量 Q_a 就一定，碎石撒布系统组件均在固定工作点工作，通过简单的调节，碎石撒布精度就能够满足工程需要。

现有的同步碎石封层设备一般采用通用汽车底盘进行搭载或牵引，由于没有精确的速度控制装置，车速稳定性较差，作业过程只能通过控制碎石流量消除车速变化对碎石撒布量的影响。但是，碎石流量控制滞后及碎石下落高差，使得碎石落地流量变化落后于车速的变化，车速较快且频繁变化时，甚至会发生经过控制的落地碎石流的波峰与实时车速的波谷（或经过控制的落地碎石流的波谷与实时车速的波峰）相遇的情况，导致对碎石流量的控制起到相反效果。

因此，同步碎石封层作业过程中，只能针对车速中缓慢变化的趋势项进行碎石撒布量控制，无法消除车速实时快速变化成分对碎石撒布量的影响。

对碎石流量控制仅能保证碎石的纵向撒布精度，碎石的横向撒布精度主要依靠碎石布料器的结构保证，车速和碎石流量的变化亦会影响碎石撒布的横向精度。

(2)沥青洒布量影响因素

同步碎石封层沥青洒布量 λ_A 控制方程如式(10-5)所示：

$$\lambda_A = \frac{Q_A}{v_c B} \times 10^3 \tag{10-5}$$

式中：Q_A——沥青流量，m^3/s。

由式(10-5)可以看出：沥青洒布量受沥青泵出口流量稳定性、控制精度和车速稳定性、测试精度共同影响。

如果车速 v_c 一定，对于确定的沥青洒布量 λ_A，沥青泵出口流量 Q_A 一定，沥青喷洒系统的组件均在固定工作点工作，通过简单的调节，沥青洒布精度就能够满足工程需要。

同样因为同步碎石封层设备的车速不稳定，作业过程中只能通过调节沥青泵的出口流量消除车速变化对沥青洒布量的影响。沥青喷嘴离地面较低，且沥青出射速度较高，沥青流量控制的滞后要小于碎石流量控制，但由于沥青喷洒管道较长，沥青流量控制相对于车速变化仍有较大的滞后。

因此，同步碎石封层作业过程中，也只能针对车速中变化较慢的趋势项进行控制，无法消除车速实时变化中的快速成分对沥青洒布量的影响。

沥青泵出口流量控制也仅是对沥青纵向洒布精度的控制，沥青横向洒布精度的控制主要依靠沥青喷雾形状和流量分布特性来保证。

(3)沥青碎石比例影响因素

在 McLEOD METHOD 中描述,碎石嵌入沥青中 70% 时,同步碎石封层的质量最佳。碎石撒布量与碎石性质和道路状况相关,沥青洒布量也与碎石的性质和道路状况相关,且主要由碎石的性质决定。碎石撒布量越大,碎石之间的空隙率越小,需要的沥青洒布量越小;反之,碎石撒布量越小,碎石之间的空隙率越大,需要的沥青洒布量越大。碎石和沥青撒(洒)布量只有同时满足设计精度要求时,方能达到预期的设计目标。传统碎石封层技术中,沥青洒布和碎石撒布是通过两台机器来完成的,沥青和碎石的比例只能通过不断提高沥青洒布车的沥青洒布精度和碎石撒布机的碎石撒布精度来保证。

同步碎石封层技术的出现,使沥青洒布量和碎石撒布量的同步控制成为可能。由式(10-4)和式(10-5)可以看出:如果车速稳定,碎石与沥青流量无需调节,沥青碎石比例是一个常数。但是,同步碎石封层设备作业过程中速度不稳定,为了保证同步碎石封层质量,必须对碎石流量和沥青泵出口流量进行实时控制,由于沥青流量和碎石流量滞后程度不等,碎石流与沥青流之间存在落地时差,最后导致沥青碎石比例偏离设计值,影响同步碎石封层的质量,车速变化的趋势项增加速度(随着同步碎石封层的进行,同步碎石封层设备重量降低,车速升高)较快时,尤为明显。因此,必须根据车速变化的边势,针对沥青和碎石流量滞后程度差异分别进行超前调节,以达到落地时的碎石流量和沥青流量与实时车速相适应,且落在同一横线上。

三、同步碎石封层技术特点

同步碎石封层技术主要有以下几个特点:

1. 良好的防水性

对一条公路的持久性而言,公路的防水性能是必不可少的因素。同步碎石封层技术是唯一允许摊铺到公路表面,使低能量沥青结合料顺利渗入表面微裂缝的技术,可以满足公路表面防水性能的要求。喷洒一部分适当温度的沥青结合料可顺利渗入表面微裂缝,弥补了因裂缝造成的路面防水性能差等缺陷;另外,喷洒在路面形成的沥青结合料薄层部分,则形成一层严密的沥青结合料防水层。

2. 高度的防滑性

被沥青结合料黏结到公路上的骨料直接接触轮胎。这种骨料镶嵌的粗糙度将提供最好的黏附养护性能,能确保以最低的能耗,满足路面防滑性的要求。

3. 高度耐磨耗及耐久性

当沥青结合料仍很潮湿时,可以保证沥青结合料和骨料之间最大的表面接触,在潮湿而后塑化黏结阶段，立即进行压实。可以在最好的条件下，现场拌和沥青结合料和骨料。沥青结合料的毛吸引力可以产生一个凹面，该凹面与骨料紧密结合，不会有骨料流失（图10-10）。

图 10-10　沥青裹附石料示意图

除以上特性外，同步碎石封层的优点还明显地表现在以下几方面：可使用各种沥青结合料；可以在其他养护技术不宜实施的恶劣气候下进行公路作业；可在低温或高温的地区摊铺。

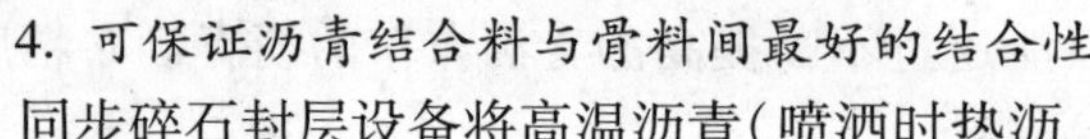

4. 可保证沥青结合料与骨料间最好的结合性

同步碎石封层设备将高温沥青（喷洒时热沥青的温度应达 160℃以上）与洁净干燥的均匀石料几乎同时喷洒在路面上，保证沥青与石料在最短的时间内完成结合，并在外荷载作用下不断形成强度。此时沥青的结合温度在 120℃以上，并具有足够的黏结性，同时，由于流体沥青的表面张力，使热沥青沿石料表面向上爬升，爬升高度约为石料高度的 2/3，并在石料的表面形成一个半月面，使石料被沥青裹覆的面积达约 70%，保证了沥青与石料有足够的结合强度。

5. 良好的经济效益

同步碎石封层只需要较低的能耗，据测算，每平方米路面使用 1.5kg 沥青结合料和 8～12L 骨料即可，其成本只是 3cm 热铺的 50% 左右，而且质量更好。在图 10-11 中做了一个比较。

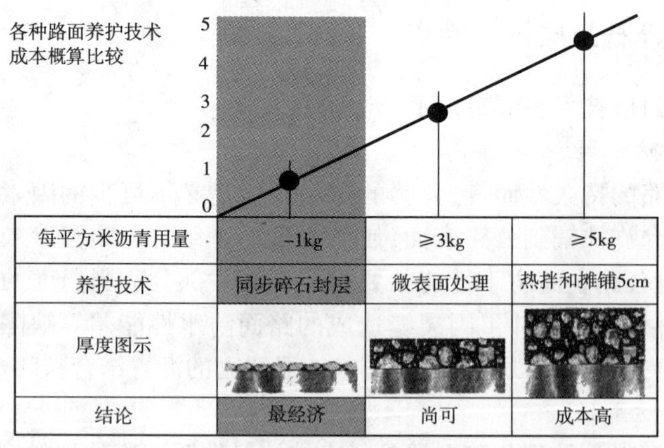

图 10-11　各种施工技术的成本比较

6. 其他特点

（1）可使用各种沥青结合料；

(2)可以在其他养护技术不宜施行的恶劣气候下进行公路作业；

(3)可摊铺于低湿度或高蒸发的地区；

(4)快速施工,恢复交通快；

(5)表面无沥青,减少了夜间行车反光；

(6)路面颜色略浅,夏季减少吸收阳光,降低路面温度；

(7)雨天防止水花飞溅；

(8)自然粗糙纹理,美观。

四、同步碎石封层施工技术及质量评价

同步碎石封层技术不仅应用于公路的养护中,还可以应用于新修筑公路的施工中,他们的施工工艺及施工要求都大同小异。下面简单介绍同步碎石下封层施工技术。

1. 同步碎石下封层施工前准备工作

(1)清扫基层

透层油洒布前,应采用旋转式清扫车对基层进行彻底的清扫,将基层上的杂物、泥土、浮尘等有害物质清扫干净。用旋转式清扫车清扫将会产生大量的灰尘,如果灰尘过大将会影响交通安全,必须采用洒水车洒水,将灰尘控制在安全的水平。清扫的目的是要扫走所有的泥土、灰尘和碎片,适当的清扫可以提供干净的基层,能够与沥青黏附良好。如果道路清扫量过多,在洒布透层油进行的当天,还需再次清扫。

(2)洒布透层油

根据半刚性基层状况,确定透层油撒布量,防止洒布量过多出现流淌或洒布量不足出现花白现象;调整沥青洒布车洒布宽度、喷头、行进速度等参数,对半刚性基层进行透层油的洒布,洒布要均匀、完全,不能出现漏洒现象。同时进行交通管制,洒布透层 24h 后方可进行同步碎石下封层的施工。

(3)同步碎石下封层材料配合比设计

对用于同步碎石下封层的沥青及集料进行原材料检验,通过试验确定最佳沥青洒布量及碎石撒布量。

(4)对同步碎石封层机参数的确定

在进行正式工作前要对沥青洒布系统及碎石撒布系统进行调整,确定合适的洒(撒)布参数,并对洒(撒)布系统进行标定。

(5)铺筑同步碎石下封层试验段

铺筑同步碎石下封层试验段,确定合适的沥青洒布量及集料撒布量、合理的洒(撒)布系统参数、合理的洒布温度及洒(撒)布速度、合理的碾压组合及次数、合理

的作业段长度及交通组织等。通过试验段的铺筑，优化装载机械、运输机械、洒(撒)布机械及碾压机械的组合和工序衔接；明确人员的岗位职责；最后提出标准的施工方法。

(6)进行交通组织设计

通过设置导向牌或指示牌进行交通组织管理，避免非施工车辆进入施工区域。

(7)对桥梁及附属物等特殊部位进行处理，避免不必要的污染及缺陷等。

2. 同步碎石下封层的施工工艺

同步碎石下封层的施工工艺决定了其在使用期内的质量及性能，因此，合理施工工艺对控制同步碎石下封层的质量起到非常重要的作用。

(1)采用同步碎石封层机同时洒布沥青及碎石

同步碎石下封层进行洒(撒)布时，应严格控制洒(撒)布宽度和洒(撒)布速度，洒布达到均匀性，洒布速度宜控制在3~6km/h，洒布宽度不宜大于3.5m。

在压路机准备就绪后，开始进行同步碎石封层施工。在喷洒起始点铺设油毛毡，除了解决同步碎石封层车起始洒布的不均匀，还可以保证接缝呈一直线。随时监视沥青喷洒情况，确保所有的喷嘴正确喷洒，发现喷嘴堵塞、不平行或沥青温度不在正常范围内，及时停车校正。

对于接缝的处理，在施工缝及构造物两端的连接处操作应仔细，接缝应平顺、紧密。从美学和使用寿命角度出发，在同步碎石封层的起始点和终了点设置横向接缝，可以在接缝的地方铺设油毛毡，实现无缝连接，但要确保在整个洒布范围内洒布量恒定，且不能出现洒布重叠。横缝的处理。在施工初始前的前后两车喷洒时产生的接缝应变、搭接良好。横缝可采用对接法处理方式，在每段接缝处，用铁板或油毡纸横铺在本段起洒点前及终点后，其长度宜为1~1.5m。纵向接缝不能设置在车道中央，这会使外观变差，显得紊乱。纵向接缝数量要降到最低，最好设置在车道分界线的位置。操作人员技术要熟练，特别注意纵向接缝处的沥青喷洒，纵向接缝的宽度一般在50~100mm。施工下一幅时，封层左侧石料的洒布应与上一幅右侧的石料对齐，保证纵缝对接良好。

碎石撒布要均匀，碎石撒布过多，容易造成镶嵌效果差，不经济，还会增加额外的清扫量；碎石撒布过少，路面能明显看到沥青，而且碎石不能嵌入沥青到一定的深度，碎石容易脱落。碎石以不黏附压路机的轮胎为最佳。按照设计撒布量撒布碎石，但轮胎还会黏附碎石，说明沥青洒布量过大，碎石会在压路机作用下翻转，或是碎石过湿。碎石撒布过少或漏撒的区域可以人工用耙补撒，拖耙非常适合于初压后，碎石撒布不均匀的情况。松散的碎石，或过多的碎石，会影响同步碎石封层的质量。同步碎石封层过程中，通常会多撒布碎石，然后扫除。多撒布10%的碎石,会增加清扫量,未被扫除的碎石会增加破坏挡风玻璃的概率也增加。过多的碎石也会使镶嵌质量变差,影响同步碎石封层的质量。导致碎石撒布过多的主要原因是碎石撒布装置没有调整好。过多的碎石难以扫除,过多的碎石量也可以衡量碎石设计撒布量是否合适。美国蒙大纳州规定碎石撒布量不能超出设计值的10%,停车和转弯的地方可以适当增加碎石撒布量,可以像嵌入式封层理论那样减少碎石掉粒。

(2)碾压

要想使集料与沥青之间得到很好的嵌挤,压路机的碾压至关重要。碾压时间应该在沥青变冷或者太黏之前进行,在常温下施工,石料撒布完成后,立即进行碾压,碾压时间一般为洒布结束后 5 ~ 30min 内进行,具体时间需要根据现场实际情况进行适当调整。宜用轻型压路机稳压,将集料压入沥青层中,封层沥青向上挤出,要求挤出的封层沥青大体上达到集料的 1/3 ~ 1/2 的高度,且集料嵌挤良好,同时要避免出现集料被压坏的现象。

(3)封层后清扫

清扫是要扫除路面多余的碎石。及时清扫,可以减少碎石破坏车辆挡风玻璃的概率。清扫必须小心进行,因为它本身也会让碎石脱落。压实完成后就进行清扫,也是不可取的,因为沥青没有完全凝固,和碎石及基层之间的黏结强度还不高。

清扫的最佳时机取决于沥青黏结碎石的程度。晚上温度降低时进行清扫,沥青、碎石的黏结强度已经足够。一般每条车道清扫三次,视地面情况而定。理论上,将碎石清扫到路边即可,在碎石不允许清扫到路边的情况下,采用拾取式清扫车。

清扫应该由车道中间向两侧进行,过后清扫可以在碎石封层完成后几天内进行。澳大利亚在清扫后用压路机进行碾压,将所有活动的碎石压入沥青层。如果清扫完后发现碎石嵌入深度不够,可以进行雾封层处理。如果嵌入深度超过80%,即使合同有规定,也不能进行雾封层处理。

3. 同步碎石下封层施工应注意的问题

同步碎石下封层施工除应严格遵循《公路沥青路面施工技术规范》中规定的施工要求外,还要根据同步碎石下封层的特点安排组织施工,考虑解决好可能影响到质量的因素,确保公路的质量。

(1)气候

同步碎石下封层施工过程受天气影响比较大,在冬天没有夏天的施工质量好,当气温低于 10℃时不太利于铺设同步碎石下封层,因为在沥青与碎石同步撒布的时候,沥青从洒布车里喷洒到路面,其温度下降很快,如果外界风速较大或者气温较低,都会加速洒布沥青温度的降低。据研究指出,在沥青洒布到路面的几秒内,如果温度下降很多，此时，当沥青与碎石结合时，它们之间的接触面为负角，黏结效果不佳，会造成脱粒等现象。反过来，如果沥青温度下降很少，洒布到基层面后还可以保持一种流动性，这样与碎石的接触面就为正角，接触面积大，沥青可以爬升更大高度，同时可以进入骨料表面的微观纹理中，从而增强了沥青和集料的黏结效果。因此，施工时要认识到气候条件的重要性，要合理安排，精心组织，选择合适的气候条件下进行同步碎石下封层的施工。

(2)控制沥青喷洒量及集料撒布量

施工前和施工过程中要注意检查撒布机具的工作状态，定时抽检撒布效果，要严格控制沥青喷洒量及集料洒布量，使得整个施工过程按设计最佳撒布量来进行施工。

(3)交通管制

同步碎石下封层施工过程中，对车辆的运行要实习规划和管制，刚铺设的同步碎石下封层经胶轮压路机碾压后，其他车辆不得从其上面通过，防止碎石被车轮带起脱落，也防止载重车辆将碎石压坏，同时也避免车轮带来的泥土将封层污染。

(4)特殊路段的处理

对于一些弯道等线形变化的地方，由于沥青洒布车处于倾斜状态，其喷油管处于高位的那一侧油压力不够，可能会导致喷洒不足；同步碎石封层车也会遇到类似的情况，特别是在长大纵坡路段，石料的挤压力可能会造成撒布量过多。因此，对于这些特殊路段，如果机械施工作业不到位，要采用手工补洒或者将多余的碎石或沥青清除。

4. 同步碎石封层质量控制与检测

(1)沥青洒布量和均匀性控制

在实际施工过程中，沥青的洒布量可能会受到施工机械、操作技能的影响，沥青的洒布量和设计值相差较大，同时也可能洒布不均匀，为保证施工质量，在施工进行过程中，要定量检测沥青洒布质量，具体方法可事先在需测定沥青洒布量的段落人工紧贴施工面层放置确定面积的牛皮纸或编织袋，在同一断面洒布车通过的两侧和中央共设置三处，并用小钉进行固定，不能让车轮碾压牛皮纸，待沥青洒布车通过之后，称量计算牛皮纸和沥青的质量，算出沥青洒布量，与设计值比较，作出相应的调整，同时对比同一断面的三个不同位置的沥青洒布量，看其是否洒布均匀，如果不均匀，应进行调试。

(2)碎石撒布量和均匀性控制

碎石撒布量和均匀性检测与对沥青洒布量和均匀性的检测方法相类似，都是能定量的去检测，不过碎石的均匀性还受碎石形状、粒径组合的影响，如果碎石粒径为单一粒径,扁平细长颗粒含量较少,则撒布能更均匀;否则,如果粒粗细差别太大,石料撒布时容易发生离析,导致撒布不均匀。

(3)同步碎石下封层黏结性能检测

同步碎石下封层能增强基层和面层之间的黏结效果。碎石与沥青黏结效果对加铺同步碎石下封层的路面结构整体性能有着很大影响,可以通过检测碎石与沥青的黏结力来评定黏结性能。具体可以通过在同步碎石下封层上铺筑沥青下面层后钻芯,取芯样时钻透面层,采用拉拔仪做现场拉拔试验。

第四节　抛丸处理混凝土桥面新技术

道桥路基处理所使用的移动式抛丸机,发明于20世纪70年代的欧美国家,至今已有三四十年的历史。近年来,我国在大中型桥梁、隧道及机场工程处理水泥混凝土桥面时应用较多的采用了抛丸工艺,抛丸工艺在浙江、吉林、云南、四川、京津、河北等省市得到了广泛的应用,并且成为部分地方施工指导规范中指定的设备。

抛丸工艺是一种全新的表面清理打毛的方法,具有清理表面干净均匀、粗糙且不破坏原有路面构造的独特的工艺特点,在此,笔者结合本技术在石家庄市环城公路处治水泥混凝土桥面中的应用,对此技术进行介绍,希望对同仁在处治桥面时有所启发。

一、《规范》中对混凝土桥面的要求

经研究表明,沥青铺装层病害的出现绝大部分是由黏结层的损坏而引起的,可以说,黏结层是混凝土桥面与沥青混凝土铺装层之间的连接纽带,也就是说,水泥混凝土桥面与沥青铺装层之间的黏结是减少桥面铺装层病害技术措施的关键,但如何保证层间黏结一直是公路界难以解决的课题。

在ICRI 、ASCC 、SSPC 、ASTM 这些标准中,将混凝土表面的处理结果按粗糙度不同分成了9个等级,例如:SP1 、SP2、SP3 、SP4、SP5 等如图10-12所示。

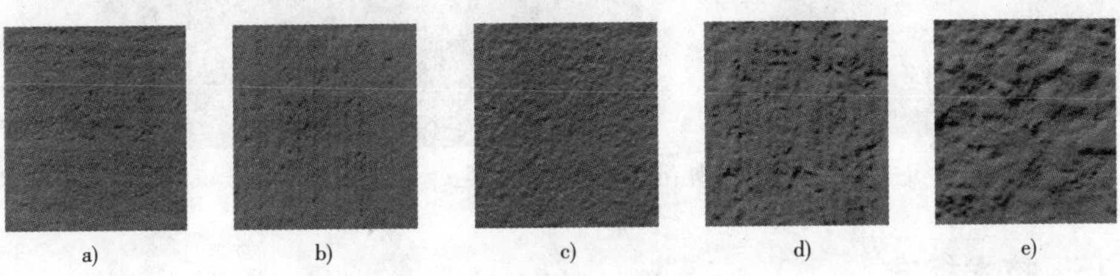

a)　b)　c)　d)　e)

图10-12　混凝土表面的处理结果

a)SP1;b)SP2;c)SP3　;d)SP4;e)SP5

对于混凝土表面涂装、铺装材料，SP3～SP5为最佳的粗糙度等级。

在我国《公路沥青路面施工技术规范》(JTF 40—2004)对水泥混凝土桥面作出如下要求："铺装沥青层的下卧层必须符合平整、粗糙、整洁的要求，桥面纵横坡符合要求；水泥混凝土桥面板表面应作铣刨拉毛处理，清除表面浮浆，除去过高的突出部位"，并没有具体的指标要求，各省市对此要求也各不相同，因此，在处理混凝土桥面时方法很多，有抛丸工艺、铣刨机处理工艺、凿毛工艺、高压水喷射工艺、湿拉毛处理工艺。

在《公路沥青路面设计规范》(JTG D50—2006)中对混凝土桥面处理方法作出了较为明确的规定："混凝土桥面板应平整粗糙，干燥整洁，不得有浮浆、尘土、水迹、杂物或油污等。对于高速公路、一级公路的桥面宜进行打毛处理。特大桥、重要大桥桥面宜进行表面抛丸喷砂处理"。

二、工作原理

抛丸设备的工作原理是指通过机械的方法把丸料(钢丸或砂粒)以很高的速度和一定的角度抛射到工作表面上，让丸料冲击工作表面，然后在机器内部通过配套的吸尘器的气流清洗作用，将丸料和清理下来的杂质分别回收，并且使丸料可以再次利用的技术。

机器配有除尘器，做到无尘、无污染施工，既提高效率，又保护环境。机器操作时通过控制和选择丸料的颗粒大小、形状，以及调整和控制设备的行走速度，控制丸料的抛射流量，得到不同的抛射强度，获得不同的表面处理效果。一般抛丸在混凝土表面可以处理的深度在0.1～4mm。该技术抛丸过程如图10-13所示。

图10-13　抛丸过程示意图

三、技术标准

使用凿毛设备或铣刨设备：在机械冲击下会使桥面混凝土产生微裂纹，将原来并不松动的骨料振松，刨面百分比较低，处理后的表面不均匀，平整度较低，施工环境粉尘较大。

使用抛丸设备：处理的表面表面粗糙均匀，100%"刨面"露骨，但不会去除黏结紧密的骨料，一次性施工，不需要清理，几乎没有环境污染，而且可提前暴露混凝土存在的质量缺陷，并可打开混凝土毛细孔。

参考国外和国内部分省份的施工经验和检验标准，建议水泥混凝土桥面经抛丸工艺处理后，需达到如下标准：

1. 工作效率：≤200m²/h。

2. 表面处理深度：≥3mm。

3. 处理后的表面：平整、均匀、表面无浮浆、无杂物。

4. 达到100%刨面清理：骨料露出，无松动骨料。

5. 构造深度：0.4～0.8mm（铺砂法）。

四、抛丸工艺在石环公路中的应用

石环公路是河北省政府批准建设的一条重要省级干线公路，也是石家庄市规划的第三条环城公路。它将公路绕城功能和城市快速路功能合二为一，远期（"十一五"末）为全封闭、全立交的城市快速道路。石环公路总长79.9km，分东、南、西、北四部分，全线设互通立交桥13座，分离式立交桥13座，大桥3座（桥梁总长约占总环路的15%）。

石环公路在对水泥混凝土桥面进行处理时使用的抛丸设备为移动式抛丸设备，该设备由抛丸机和配套吸尘器两个部分组成，这两个部分根据设备的形式不同可以是分开的，也可以是一体的，系统组成如图10-14、图10-15所示。

图10-14　混凝土桥面抛丸施工

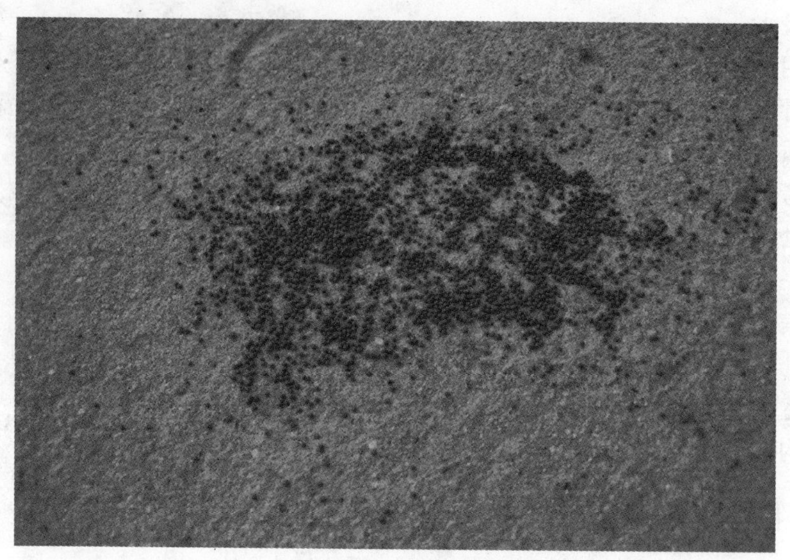

图 10-15　经抛丸处理的混凝土桥面和钢丸

1. 相关检测

经抛丸工艺处理的水泥混凝土桥面与未处理的桥面对照来看,可以发现明显的不同,如图 10-16 所示。

图 10-16　抛丸工艺处理效果对比

经抛丸工艺处理的水泥混凝土桥面,采用铺砂对其构造深度进行了检测检测,并利用摆式仪进行了抗滑性能的检测,检测结果如表 10-9 所示。

抛丸工艺处理混凝土桥面检测结果　　表 10-9

检测项目	处理前	处理后	检测结果
处理厚度	–	≥3	合格
构造深度	≤0.15	≥0.42	合格

在对桥面粗糙度等指标进行检测后，分别使用两种不同品牌的 SBS 改性沥青进行了剪切试验和拉拔试验，试验结果如表 10-10 和表 10-11 所示。

SBS 改性沥青检测结果　　表 10-10

检测项目	单位	实测结果		检测方法标准条款
		A	B	
软化点（环球法）	℃	87.0	84	T 0606—2000
动力粘度（60℃）	Pa·s	604500	132000	T 0620—2000

应用性能检测结果　　表 10-11

检测项目	单位	实测结果		检测方法标准条款
		A	B	
60℃剪切强度	MPa	0.335	0.226	JC/T 974—2005
25℃黏结强度	MPa	0.415	0.310	JC/T 974—2005

按 A 沥青的 60℃剪切强度进行经验换算，其 25℃剪切强度可达 1 MPa 以上，完全满足公路沥青设计规范中大于 0.4MPa 的要求。

在施工中也发现，对于钢纤维混凝土桥面，抛丸施工过程中，易堵塞，且施工效率很低，而在普通混凝土和合成纤维混凝土桥面施工，效果良好。

2. 费用分析

抛丸工艺在石环公路桥面处理得到了大面积的推广应用，并对其经济性进行分析，处理每平方米桥面需要 10 元左右，若按一般的桥面处理方法——凿毛处理，需要 5 元/m^2，洗刨机处理需要 13 元/m^2。

本章小结

路面多层组合体系具有良好的结构承载力和耐久性，提高了抗水害侵蚀能力。路面多层组合体系的关键技术就是进行透层、黏层、封层的施工质量控制。这包括沥青洒布设备的运用技术、各层的功能和施工要点等。

本章在沥青喷洒设备的类型、结构和运用技术的基础上，对透层、黏层、防水层施工质量进行控制,并对同步碎石封层技术内容及施工工艺进行介绍。同步碎石封层施工工艺对于确保封层的质量非常重要,关键就是要做好设备配置和选择符合质量标准的原材料,同时要控制好施工温度、洒油量、碎石用量、碾压和初期养护等;抛丸处理是为了保证水泥混凝土桥面与沥青铺装层之间的黏结性所进行的一项水泥混凝土桥面表面粗糙处理工艺措施,本章在介绍《规范》对水泥混凝土桥面的要求的基础上,介绍了抛丸处理的技术标准和抛丸处理的工作原理,以具体工程为例说明了水泥混凝土桥面抛丸处理工艺和检测结果以及经济分析。

总之,为了提高路面和桥面铺装层的承载力、耐久性、抗水毁能力,就必须重视沥青混凝土路面以及水泥混凝土桥面与沥青铺装层等各层间的施工技术,严格遵守相关的施工技术规范。

第十一章　沥青混合料拌和实时在线动态监控新技术

第一节　热拌沥青混合料质量实时监控系统的内容和功用

从沥青路面施工角度来说，高速公路沥青路面的质量，跟沥青混合料均匀性和施工质量控制有很大的关系。造成沥青路面不均匀性的主要原因是沥青混合料拌制和施工过程中的骨料离析和温度离析现象，而导致离析出现的最主要原因是沥青混合料拌和机械及施工工艺。因此，对沥青混合料拌制过程实施动态控制，是解决离析的可行性措施。

我国生产沥青混合料的拌和楼大都采用间歇式拌和设备，并可以实时打印相关数据，这对沥青混合料质量控制起到了重要作用。但到目前为止，除打印机外，国产及进口拌和设备几乎都没有数据采集系统，更没有实时在线数据处理分析及监测系统。实际情况是，拌和楼打印的数据基本上未进行任何处理，而且是最原始的数据，即使是专业的技术人员，也需要将这些数据进行加工处理，在没有相关软件及实时处理系统的情况下，短时间内是不能实时处理数据并判断混合料质量是否满足要求的。由于沥青混合料拌和质量难以实现在线实时监控，事后检测导致大量不合格产品应用于路面，造成路面质量不稳定。更进一步，即使工程完成后，也只能用极其有限的检测数据及分析结果来描述大量的混合料质量，造成沥青混合料质量评价系统失控，难以评价已建工程质量。

实现热拌沥青混合料质量实时监控系统涉及的知识领域较广，该技术要求熟悉包括计算机软件、计算机硬件、拌和设备软件、硬件、沥青混合料质量控制、沥青混合料配合比设计等方面的知识，属于交叉多学科，是一项难度较大的技术，目前国内外此领域的开发成果基本上仅限于实时打印每一盘沥青混合料相关拌和数据，而没有实时监测及评价分析系统，更没有解决问题的专家系统。

随着计算机技术的飞速发展，尤其是现代软件工程技术和网络通信技术，为沥青路面质量控制提供了可靠和高效的平台。这项技术将借助电子计算机的强大功能和超高的工作效率，通过编制软件，实现沥青混合料拌和楼实时数据采集，分析、计划、控制和决策以及数据库的人—机系统，实现沥青混合料拌和楼的动态控制，提高沥青混合料机械化施工与质量控制水平，解决沥青混合料在生产过程中的质量控制问题，减少混合料不均匀性导致的路面早期损坏，确保路面质量。

通过研究沥青混合料的拌和过程和沥青混合料的不均匀性产生的机理和规律，分析其产生的原因，针对常见的问题，寻求控制与预防的措施；通过研发沥青拌和楼混合料质量实时监控软件系统实现对沥青混合料生产拌制过程的动态控制，及时纠偏；建立热拌沥青混合料专家系统，给出一套在搅拌过程中控制沥青混合料不均匀性的有效方法，实现拌和数据采集、发现异常，实施纠偏操作的计算机自动控制，从拌和工序上实现控制沥青混合料不均匀性现象的发生，提高混合料质量，进一步提高工程质量。

实时监控软件系统主要包括：拌和楼数据采集系统、热料仓热料自动筛分系统、数据处理系统及网络系统。

1. 系统的内容

(1)拌和楼数据采集系统

用一台计算机模拟工控机，通过打印机并口做两计算机之间的通信，进行模拟实验，然后再用于工控机现场，把搅拌设备采集的数据传到计算机中。

打印口实际上是1个并行输出口，它与打印机是通过1个25芯连接器来连接的。微机为打印口分配了3个端口地址。最初的打印口只是设计用来连接打印机，数据只能输出，不能输入，这种打印口称为标准并行口(SPP)。但随着计算机技术的发展，外设大量增加，有时还会要求并行口连接其他外设，进行双向数据传输和高速数据传输。引进了PS/2设计后，打印口开始支持双向操作。这种双向操作不改变信号的定义，也不改变引脚功能或其他方面，并与标准并行口兼容。

并行通信是计算机通信技术中的一个重要分支，它具有通信速率高、软硬件实现比较容易等特点。本项目拟采用两台计算机用并口电缆直接连接，并行通信软件采用C语言进行编程，并行通信软件主要包括通信端口的自动检测、握手联络信号检测、并行数据发送接收和操作界面等几个基本程序模块，并把软件装到另一台存储专用的计算机上，从而提取打印数据。

(2)热料仓热料自动筛分系统

通过图像分析系统，根据热料仓热料图像自动生成热料级配曲线，计算热料级配，或利用研发自动机械筛分系统，大大缩短热料筛分时间，提高筛分频率，及时调整热料比例，在拌和过程中及时调整热料比例，保证沥青混合料级配的稳定性。

(3)数据处理系统

数据处理系统包括以下方面的内容：

①基于GTM的沥青混合料目标配合比设计计算系统

根据天津市市政工程研究院的研究成果，开发基于GTM方法的沥青混合料配合比设计计算软件系统，输入集料有效相对密度、集料松装密度、插捣密度等，计算机软件自动计算配合比设计结果,供施工参考。

②基于目标配合比的生产配合比设计计算系统

目前沥青混合料生产配合比设计的最大问题在于与目标配合比设计的脱节。实际上,生产配合比热料仓比例必须根据热料仓实际集料数量及比例论证地进行设计。而实际情况是生产配合比设计与目标配合比设计严重脱节,导致拌和楼经常出现严重的溢料等料现象,本软件系统将统筹考虑目标配合比集料比例、热料仓实际热料比例等,最终论证地确定生产配合比集料比例,确保最大程度上减少溢料等料现象的发生,提高生产效率,减少浪费现象。

③每盘沥青混合料级配的实时监控

计算机实时处理从拌和楼采集的热料仓比例及热料仓筛分结果,并用级配图(而不是枯燥的数据)显示每盘沥青混合料级配情况并作出评价。

用图示的方式直观、简单,专业或非专业人员均可以根据级配图直观地分析级配是否符合要求,软件也将对每盘料级配做出评价。

④每盘沥青混合料油石比的实时监控

根据集料用量及沥青用量,系统实时计算每盘沥青混合料实际油石比,并与规定油石比范围进行比较,对每盘油石比是否符合要求做出评价。

⑤沥青混合料级配实时统计分析

每拌一盘沥青混合料,软件将以图表的形式直观显示包括此盘的所有沥青混合料级配分析统计结果,并对统计分析结果进行评价。

⑥沥青混合料油石比实时统计分析

每拌一盘沥青混合料,软件将以图表的形式直观显示包括此盘所有的沥青混合料油石比分析统计结果,并对统计分析结果进行评价。

⑦专家系统

首先,专家系统对生产的所有沥青混合料质量作出客观评价。

其次,当沥青混合料级配或油石比达不到设计要求,专家系统会提示拌和设备操作人员或试验检测人员处理解决方案。

(4)网络系统

通过网络实时将以上数据处理结果传送给项目管理人员,供及时准确决策。

2. 系统的功用

(1)控制材料离析,减少材料损耗,提高设备效率

按照常规的方法进行材料管理,不可避免地存在集料离析,较粗集料经常在底部,较细集料在上部。由于沥青混合料拌和过程中不可能随意调整冷料配比,更不可能改变生产配合比,因此往往导致沥青拌和机出现待料和溢料现象,降低了拌和机产量。因此,进行合理进行原材料质量控制和堆料管理,可以有效改善集料均匀

性，减少材料离析，提高沥青混合料质量。

(2)合理控制沥青混合料的生产过程，有的放矢地减少不均匀性

根据热拌沥青混合料的工艺流程，强制间歇式沥青混合料搅拌设备生产的混合料要经过原材料的存放、冷配料、皮带输送、干燥、提升、筛分、热料储存、称量、搅拌、成品料储存等多个环节，任何一个环节的不规范管理都将最终影响沥青混合料的均匀性，从而最终影响沥青路面的综合性能。因此通过对搅拌过程的分析，合理使用搅拌设备，可减少和避免不均匀性的产生。

(3)实现沥青混合料不均匀性的过程控制

软件监控系统的根本目的是解决沥青路面早期损坏的质量通病，提高沥青路面质量，延长使用寿命，具有较强的实用性。

(4)提高工程质量，节约养护费用

系统的建立，技术的逐步成熟，可以提高沥青混合料质量检测效率，级配、油石比控制严格，为提高路面工程质量提供了一种新的有效的控制技术，由此可降低沥青路面早期损坏的概率和程度，路面更均匀，行车更舒服、安全；路面使用寿命延长，养护费用降低。系统的应用，将大大减少混合料的等料、溢料问题，降低材料浪费，提高拌和站沥青混合料的生产效率，可大大地节约建设投资，具有很好的经济效益和社会效益。

第二节　热拌沥青混合料质量实时监控系统的构成与功能

1. 实时监控系统组成

热拌沥青混合料实时监控系统主要包括：数据的采集与管理、热拌沥青混合料质量的检测、混合料配比发生偏差后的修改决策等几项内容。

(1)数据采集系统

热拌沥青混合料质量实时监控系统决策的依据是大量的、精确的数据信息。数据信息的取得依赖于高效、快速的检测及通讯设备。数据传输设备通过接口获得拌和站中打印机所打印的数据，如：盘数，骨料重量，石粉重量，沥青油重量，总重量，时间参数等。

(2)数据库管理系统

在获得大量数据后应充分利用、管理数据，并根据需要依据现行的标准对数据进行加工、处理，例如根据打印的数据层协议将打印机中的字体、字号等无用信息去掉得到系统所需要的核心数据，数据接收端接收数据后按照不同的字段将数据存入相应的数据表中，整个数据库则有许多不同的数据表和数据关系构成，数据建

设完成后将实现以下基本功能:

• 数据的输入、输出;
• 数据的检索;
• 数据的统计分析;
• 为专家评测系统提供决策数据;
• 为监控系统提供基础数据;

2. 监控系统主要功能

热拌沥青混合料质量实时监控系统的研究成果将以互联网软件的形式提交,需要实现以下主要功能:

(1)监控功能

将数据库中的数据做分析处理,并以图表等形式显示数据的数值。

自动筛分:从拌和楼提取数据,根据数据和处理流程自动生成热料级配曲线,计算热料级配。

计算目标配合比:根据天津市市政工程研究院的研究成果,基于 GTM 方法和录入的参数进行计算,录入的参数包括:集料有效相对密度、集料松装密度,插捣密度等,计算机软件自动计算配合比设计结果,供施工参考。根据 GTM 方法开发相应的处理流程,由用户在需要时输入相应的数据。并将计算结果直接返回给用户,同时计算结果和相关参数保存至数据库。

计算生产配合比:根据目标配合比集料比例,采集到的热料仓实际热料比例,根据设计院提供的计算方法,编写相应的处理过程,确定生产配合比集料比例。

绘制级配图进行监控:由数据采集系统从拌和楼采集数据,计算出热料仓比例,以及热料仓筛分结果,在用户窗口中绘制设计级配上限曲线,设计级配下级曲线,规范上限曲线,规范下限曲线,以及实际级配曲线,采用图形方式表示,使非专业用户也能一目了然。

同时对超限情况进行报警:报警方式有语音报警,声光报警,画面闪烁报警,存储报警记录,消除记录,以便事后分析。

(2)查询功能

热拌沥青混合料质量实时监控系统将提供历史数据查询功能,通过查询功能,不同的授权用户可以查询相应的分类信息。

3. 热拌沥青混合料质量实时监控系统数据库

(1)数据库概念

热拌沥青质量实时监控系统是借助于计算机技术进行沥青质量监控及出现不合理数据时提出纠正方案的计算机辅助决策系统。数据库作为这一系统的基础和核心,其规划和设计在整个系统中占有非常重要的地位,它不但起着存储各种信息，供统计、查询、分析等使用，而且还关系到不同管理机构之间的数据传递。因此，在对沥青质量监控业务需求详细分析的前提下，对热拌沥青的各项指标进行采集与检测，建立一个动态的、开放的数据库是必不可少的。

系统所需的各种拌和站数据以不同的方式采集后输入计算机，通过软件系统处理，为网级和项目级系统的评价、预测和决策提供所需要的数据。图 11-1 以数据库为中心，描述了数据库与输入输出之间的关系。

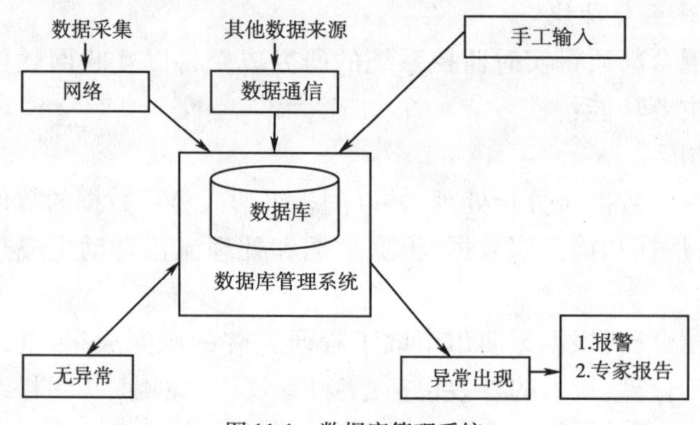

图 11-1　数据库管理系统

(2)数据库的日常使用及维护

①用户权限

多层的安全控制机制确保只有经过授权的用户才能访问系统资源。为确保用户数据安全，系统提供了增强的安全特性，内置了密钥认证。软件在操作权限上细分为多个级别，由系统管理员进行设置，使用户只允许访问被授权的数据和功能项。执行权限具体可细化到每个用户、每个功能，对数据操作的权限具体可细化到访问、增加、修改、删除等各个级别。此外用户还可以根据自己办公的实际情况，通过设置不同的角色来实现自定义模式，从而进一步提高系统的可靠性和安全性，同时也简化了权限的设置和维护过程。

②数据规范化

数据库结构对系统的整体设计有重要影响热拌沥青混合料质量实时监控系统通过一系列的手段保证其灵活和高效，灵活性表现为可以在以后将新的数据加入系统而不会影响已完成的工作，高效性表现为数据库中没有明显的数据重复。这样，SQL Server 在数据表中既不存储多余的数据，也不花额外的精力搜索大量空区域。具体实现包括：使用索引加快查询，尽可能地避免了全表扫描，节省了 CPU 时间和磁盘 I/O 开销，由于某些养护数据表数据量可能会很大，本系统采用临时表来加快查询速度。

③数据存储安全

数据存储在热拌沥青混合料质量监控系统中扮演着重要的角色。数据存储包含所有类型的数据，包括用户应用程序首选项，甚至还包括用户访问应用程序时所需的凭据。显而易见，在存储这类数据以及对其执行读/写操作时都需要保证它们的安全，以确保只有具备相应授权权限的用户才能对其进行访问。

在本系统中采用的具体数据安全解决方案如下：对数据库调用方进行授权，权限与各个数据库对象相关联；使用 Windows 系统认证模式，对数据库调用方进行身份验证；防火墙过滤非法数据，确保通过网络传输的数据安全可靠。

4. 热拌沥青混合料质量实时监控系统的体系结构

热拌沥青混合料质量实时监控系统的网络结构采取有线与无线相结合的方式，最大化地利用广域网的网络带宽资源。首先 C/S 部分由工控机中提取所需要的数据通过无线网络传回数据处理中心的服务器中。经过计算的结果再通过对外发布的服务器为有相应权限的用户提供可访问的资源。具体结构如图 11-2、11-3 所示。

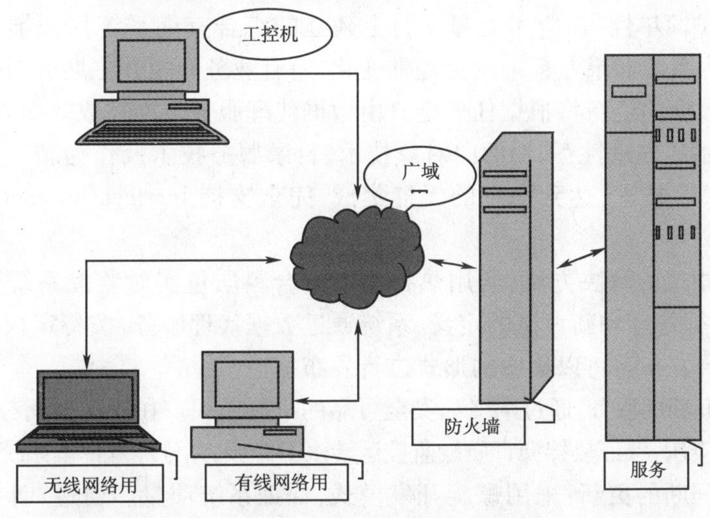

图 11-2　系统结构组成简图

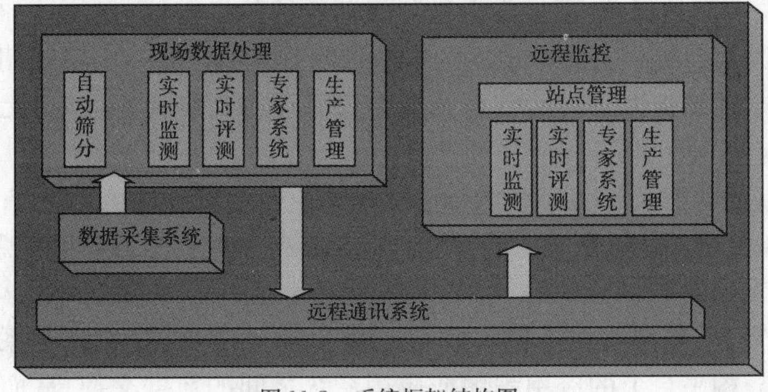

图 11-3　系统框架结构图

第三节 热拌沥青混合料质量实时监控系统的应用及测试结果

1. 系统概述

热拌沥青混合料质量监控系统分为两个部分:B/S 部分及 C/S 部分。

热拌沥青混合料质量实时监控系统的 B/S 得到了拌和站人员的大力支持。经过和用户大量交流、反复论证,同时又为未来各种改革的可能发展方向保留了广泛的扩展空间。

(1)实时性:能够准确、及时地反映沥青拌和站的业务信息。

(2)方便性:采用 Web 浏览方式实现对有效信息的综合查询,并以报表、图形的方式直接地反映数据变化。

(3)维护简单性:在应用支撑平台上建立的综合查询系统保证维护的工作量非常小,因为系统如果业务未发生经常变化,所有业务应用和主题分析查询只需要定义一次,数据的更新将根据任务定义由数据代理服务定期完成数据更新。

(4)技术的先进性:采用面向对象技术、目录服务技术及作为新一代的数据信息交换的 XML 技术,达到信息的无缝集成,完全支持 Internet/Intranet/Extranet 网络模式。

(5)一站式的解决方案:利用热拌沥青混合料质量实时监控系统可以在相关部门进行数据管理和新考试的定义,系统通过数据代理服务,按特定权限自动完成数据的更新,发布时将以集中的形式进行发布。

(6)不间断的服务:通过网络和安全可靠的机制使用户在任何时间都可以访问需要的信息和应用,保证热拌沥青质量监控运转永不停顿,充分地发挥本系统的优势。

(7)不间断的更新:采用螺旋开发模式,保证系统质量。通过"计划、执行、检查、改进"实现持续的改进,保证系统适应热拌沥青质量监控发展的要求。

(8)安全可靠的保障:通过安全机制保证数据的机密性,保障拌和站的正常运作。安全保障平台提供了数个层次的安全控制,包括登陆安全、系统用户安全和浏览器安全。热拌沥青混合料的信息资源在这里可得到最大的保障,无需再像以前上网一样担心安全问题。

(9)统一的访问渠道:通过将内部和外部各种相对分散的独立信息组成一个统一的整体,使用户能够从统一的渠道访问其所需要的信息,从而实现优化各部门运作和提高工作效率。

(10)兼容性:系统运用了目前最先进的 XML 语言技术,实现本系统的数据与运行在其他异构平台上的应用程序或应用系统之间的数据交换,从而为用户的过渡与升级提供有力的技术保障。

2. 系统数据的实时录入及处理

(1)数据采集端

从拌和站实时采集每个拌料仓的数据,并集成到数据库中。

当前情况下:数据采集有以下几个方案,

方案一:从打印机处截取打印机获得的数据,可得到盘数,骨料重量,石粉重量,沥青油重量,总重量,时间参数,可根据打印机通信电气层协议开发程序响应并口中断,握手成功后,通过并口获得数据。并根据打印的数据层协议将打印机数据中的字体,字号等无用数据去掉,得到系统需要处理的数据,温度变送器的数据未发送到打印机中,可从以下方法中选择性价比最高的方法:采用安全栅,将温度变送器进入控制台的信号线作为输入进入安全栅,安全栅将一路输入变为两路输出,一路依然给控制柜作为温度变送器的输入,一路传给 PCI 扩展 AI 输入卡,此卡可安装在计算机的 PCI 扩展槽中,计算机可通过程序轮询直接获得温度变送器信号值,通过量程上下限获得实际数据,计算机将从打印机处截取的数据与温度变送器的数据,也可通过此采集模块完成;还可通过合适的仪表,仪表需有输入、输出与通讯,如可设量程上下限更佳,将温度变送器的输出作为输入进入仪表,仪表将信号原样输出进入原控制柜,计算机通过通信口与仪表通信获得数据。此方案可节省安全栅。

数据采集完整后,软件进行处理,并以 PC 机通过通讯端口,将数据发送到网络。

此方案硬件成本不高,但是采集频率受打印机打印频率限制,现在为每盘一个数据包,温度变送器也需进行改造。

方案二:如果拌和楼现在的控制柜是采用 PLC 或 RTU 作为远程控制模块的核心,可通过型号查找相应 PLC 的通讯协议,或者其自主机具有可用的通讯口,可通过再配备一个 RTU,加一个串口扩展模块,RTU 通过串口与计控制柜中的 PLC 通讯。获得所有需要的参数。此方案的好处是具有极强的可适应性,硬件成本低,数据采集频率可提高,并且采集系统可与运算处理系统独立,采集系统可部署在拌和楼控制室,处理系统与网络模块可由用户随身携带,到相应的拌和楼与通讯 RTU 一连接即可运行。松耦合的架构符合系统的独立性与可扩展性的原则。

方案三:如果现场控制柜没有采用 PLC 与 RTU,而是厂家自主开发的控制单元,实现通信较困难的话,可采用方案一中对温度变送器信号的处理,采用安全栅等器件,将进入控制柜的标准工业信号分成两路。分出来的两路输出信号分别进入原控制系统和 RTU,通过 RTU 与 AI 模块独立采集,此方案在性能上具有方案二的优点,但硬件成本较高,且需进行线路改造。

我们可根据实际情况,采用最佳方案,并且,在将来也可能遇到新的情况时,都可根据实际情况因地制宜,采用性价比最高的方案,但是数据的上传采用统一的标准，而相关的数据解析可以根据接受端配置进行处理，保证系统的可适应性，可扩展性和可升级性。

(2)数据发送端

将采集到的数据库中的数据通过 GPRS 发送到远端服务器。

现场处理系统与远程监控系统的通讯可采用多种方式，当前较经济的方式是 GPRS，包月费用较低，且具有永远在线、根据流量计费等特点，数据量不大的情况下每月 20 元即可满足一个站点的应用，并且可根据流量调整计费方式，达到最高的性价比，而且基本不受地点限制，可采用支持多中心的透明转发通讯模块，满足多中心的应用，同时，采用 GPRS 工业模块进行数据传输，可有效避免现场工作人员上公网带来的网络攻击(如病毒等)产生的风险。

当用户进行数据发送时，必须进入 C/S 部分的数据发送界面(表 11-1 为 C/S 数据发送界面操作功能列表)，如图 11-4 所示。发送界面中包含有通信端口配置、通信数据配置、数据库定义、运行、停止等功能。上部按钮为操作部分，下部显示发送的信息。在首次发送数据时，首先要配置 config. ini 文件。将串口线或 USB 接口线连接到需要采集的工控机或者 PC 上(串口线需要装入驱动程序)。在设备管理器中查询该设备的端口号。修改 config. ini 文件中的 Port 参数。修改 config. ini 文件中 Des 参数，其为发送程序的存放绝对路径。

C/S 数据发送界面操作功能列表 表 11-1

操　作	
通信端口配置	配置发送的通信端口
通信数据配置	配置 config 文件
数据库定义	配置数据库路径
运行	启动程序
停止	停止程序

图 11-4　C/S 数据发送界面图

(3)数据接收端

将远端采集回来的数据接收并录入数据库。

中心计算机上公网，即可接受远程数据，如有现有的固定 IP 也可直接使用。如果是 ADSL 上网，则根据情况采用浮动域名，即可接收远程数据。

采用远程数据通信软件从网络上接收数据,此软件只负责数据接收,不做运算处理,接收到的数据存入数据库,由处理系统根据配置去进行处理,接收通讯处理软件独立编写,可根据不同的通讯对象调用,保证通讯与业务系统的分离,可有效提高系统的可扩展性。系统如图 11-5 所示,采集系统界面操作功能如表 11-2 所示。

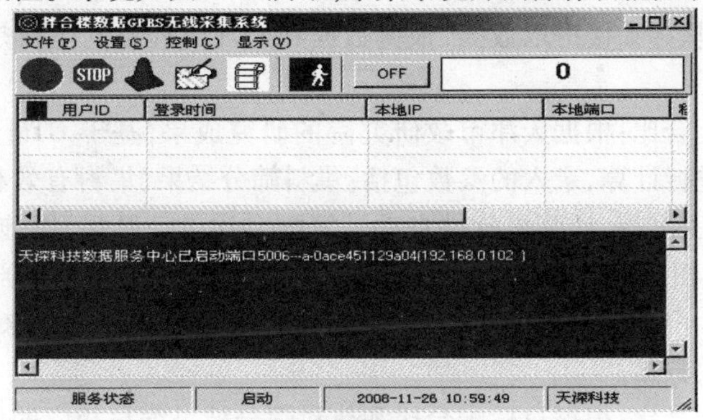

图 11-5 沥青拌和楼数据 GPRS 无线采集系统

采集系统界面操作功能列表 表 11-2

操　作	
开始	开始运行程序
停止	停止运行程序
分离终端	断开终端连接
发送数据	向终端发送数据
清空	清空浏览界面的数据
退出	退出程序

数据接收界面包含有数据接收的调用和操作,工具栏(操作调用的快捷方式)和状态栏(当前的状态)。数据接收的主工作区是浏览界面,上部显示外部数据的接收情况,下部显示的是服务器的连接状况。在第一次接收文件前要配置 config. ini 文件。修改 config. ini 文件中的 Station_No 参数,其值为应有的拌和站数。添加或删除 config. ini 文件中的 Station(1-8)_Name 参数,其值为拌和站的名称。添加、删除或修改 config. ini 文件中拌和站的配置,其格式为:

[拌和站名称]

Station_ID = SIM 卡号码

RTU_ID = 79

Database =

Table = 主参数表

SetDB =

SetTable = outputdata

Addr_1 = 40001

Len_1 = 15

(4)数据处理端

将数据库中的数据做分析处理,并以图表等形式显示数据的数值。

自动筛分:从拌和楼提取数据,根据数据和处理流程自动生成热料级配曲线,计算热料级配。

计算目标配合比:根据天津市政研究院的研究成果,基于 GTM 设计方法和录入的相关参数进行计算,录入的参数包括:集料筛分结果、集料有效相对密度、集料松装密度,插捣密度等,计算机软件自动计算配合比设计结果,供施工参考。根据 GTM 方法,开发相应的处理流程,由用户在需要时输入相应的数据。并将计算结果直接返回给用户,同时计算结果和相关参数保存至数据库。未来也可扩展为用户远程输入相关数据。

计算生产配合比:根据目标配合比和热料筛分结果编写相应的处理程序,确定生产配合比集料比例。

绘制级配图进行监控:由数据采集系统从拌和楼采集数据,计算出热料仓实际比例,根据热料仓筛分结果,自动计算出生产中的实际级配,并在用户窗口中绘制设计级配的施工容许上、下限曲线,设计级配下线曲线,规范上、下限曲线,以及实际的级配曲线,采用图形方式表示,使非专业用户也能一目了然。

同时对超限情况进行报警:报警方式有语音报警、声光报警和画面闪烁报警等方式,设置存储报警记录和消除记录选项,以便事后分析。

油石比监控:数据采集系统采集到了热料仓中各种用料的质量,根据实时采集的数据,计算热料仓中的实际油石比,在系统中预先设定油石比合理范围,限度可根据需要分为施工容许上、下限和规范容许上、下限。如果超出范围,则表示出现不合格产品,这时将对出现超限问题的不合格产品进行报警,报警方式与级配曲线异常数据报警形式相同。

实时统计分析:根据全面质量管理工具,绘制级配与油石比的质量监控曲线,可以人工进行系统分析,记录监测点走势、稳定性与偏离度,并依此提供趋势分析,进行自动判断,如果系统判断出有失控趋势,也同样报警。

报警管理:对报警语音进行配置,报警语音可由用户录制,重点说明是级配参数报警、油石比报警还是趋势报警,录制完成之后指定对应的报警参数,当此参数出现报警后。另外一个功能是查看报警历史,用户可输入报警站点,报警日期,报警字段等参数进行查询,支持多条件查询。

生产管理系统:对每日的生产数据进行统计,统计内容包括当日生产总量、不合格品总量和不合格率,打印生产统计报表。

专家系统:根据天津市政研究院的评价体系,开发相应的评估处理流程,利用采集到的参数,对生产结果进行评估,其评估结果不仅可用于质量控制,也可在将来应用于招投标中对生产企业的评估。

配合比调整方法:混合料配合比的设计及调整有数解法和图解法两种常用方法,数解法有试算法和规划求解两种方法。由于试算法和图解法比较复杂,工程中建议使用规划求解法,该法速度快且准确。

3. 历史数据的管理

历史数据:“监控”功能可查看实时的数据情况,对于历史数据用户可选择不同的时间段进行查询。历史数据包括两部分:

(1)级配

如图 11-6 所示,默认显示此拌和机拌和的所有盘料形成的级配数据,还可以通过选择“开始日期”和“截止日期”对数据进行筛选。

查看级配数据

开始日期:　　截止日期:　　检 索

时间	盘号	类型	0.075	0.15	0.3	0.6	1.18	2.36	4.75	9.5	13.2	16	19	26.5	31.5	37.5	53
2009-04-25 14:53:03	60242	AC13	6.042699	7.837948	12.057761	18.301476	26.230991	33.48642	49.87841	78.857208	97.527756	100.0					
2009-04-25 14:52:58	60241	AC13	6.378598	8.128247	12.032416	17.807817	25.142578	31.901217	48.97263	78.135506	97.388817	100.0					
2009-04-25 14:52:53	60240	AC13	6.705739	8.50894	12.474454	18.340227	25.789759	32.663784	50.390026	80.374771	97.782372	100.0					
2009-04-25 14:52:48	60239	AC13	7.143389	8.870658	12.361182	17.522331	24.076992	30.166445	47.421024	77.394241	97.291489	100.0					
2009-04-25 14:52:43	60238	AC13	7.683483	9.539456	13.279617	18.809809	25.833151	32.312351	48.961674	77.909615	97.350098	100.0					
2009-04-25 14:52:38	60237	AC13	7.451076	9.282199	13.030416	18.572937	25.611938	32.117546	49.285625	79.334938	97.625763	100.0					

共 6 条 首页 上一页 下一页 尾页 1 页

图 11-6　查看级配数据界面图

(2)重量

如图 11-7 所示,默认显示此拌和机拌和的所有盘料的重量数据,还可以通过选择“开始日期”和“截止日期”对数据进行筛选。

查看重量

开始日期: 2009-04-23　　截止日期: 2009-04-24　　检 索

日期	时	分	盘号	鼓粉4	鼓粉3	鼓粉2	鼓粉1	石料1	沥青油
2009-04-24	14	54	60256.0000	1247.0000	882.0000	1037.0000	520.0000	219.0000	194.4564
2009-04-24	14	54	60255.0000	1181.0000	898.0000	1042.0000	523.0000	216.0000	193.9984
2009-04-24	14	54	60254.0000	1135.0000	934.0000	1098.0000	552.0000	269.0000	196.8225
2009-04-24	14	53	60253.0000	1235.0000	882.0000	1065.0000	607.0000	181.0000	196.8590
2009-04-24	14	53	60252.0000	1037.0000	888.0000	1064.0000	604.0000	278.0000	191.3922
2009-04-24	14	53	60251.0000	1126.0000	912.0000	1055.0000	556.0000	291.0000	189.6857
2009-04-24	14	53	60250.0000	1195.0000	965.0000	1045.0000	541.0000	219.0000	185.8396
2009-04-24	14	53	60249.0000	1151.0000	902.0000	1139.0000	589.0000	217.0000	209.9059
2009-04-24	14	53	60248.0000	1167.0000	865.0000	1067.0000	646.0000	251.0000	191.5461
2009-04-24	14	53	60247.0000	1335.0000	911.0000	1006.0000	556.0000	163.0000	190.7846

共 257 条 首页 上一页 下一页 尾页 第 1 页

图 11-7　拌和楼料盘查看重量界面图

• 查看报警数据

在主界面的左上部有部分区域显示实时报警状态，在没有错误数据的时候会显示数据正常，如果有超出标准上下限的数据出现的时候就会显示数据异常，这时候，用鼠标点击此区域，即会弹出对话框“是否进行规划求解”，这时候如果选择“是”，就会打开相应级配类型的excel文件，用户可应用excel自带的规划求解功能进行规划求解，此功能的实现要求客户端必须安装微软的excel；如果选择否，即会出现如图11-8所示的界面（同样，点击左边系统菜单区中的“项目监控”下的“查看报警数据也会出现此界面”）。

查看报警数据

时间	项目	盘号	类型	0.075	0.15	0.3	0.6	1.18	2.36	4.75	9.5	13.2	16	19	26.5	31.5	37.5	53
2009-04-24 10:56:14.0	项目1	60050	AC13	4.998922	6.640445	10.733451	16.790977	24.484037	31.554312	48.713905	77.531921	97.272858	100.0					
2009-04-24 10:56:04.0	项目1	60048	AC13	5.313534	6.999655	11.124932	17.229763	24.982897	32.102276	49.14991	78.81646	97.532829	100.0					
2009-04-24 10:54:09.0	项目1	60025	AC13	8.046027	9.978409	13.850542	19.57571	26.846674	33.561527	51.088455	80.348534	97.745743	100.0					
2009-04-24 10:53:49.0	项目1	60021	AC13	5.229196	6.933321	11.163218	17.423229	25.373444	32.679222	50.378796	79.70179	97.644295	100.0					
2009-04-24 10:52:19.0	项目1	60003	AC13	5.194018	6.896059	11.133627	17.405066	25.369789	32.683353	50.19186	80.444336	97.820358	100.0					

共5条 首页 上一页 下一页 尾页 1 页

图11-8　查看报警数据界面图

这个错误数据列表是以发生时间的倒排序显示的，因此最上一条数据，即是最新一条错误数据，根据不同的级配类型，列出相应筛孔的数据，未涉及的筛孔以空白显示。

• 骨架密实型结构判定

点击系统菜单区中的“骨架密实型结构”会在右边系统工作区中显示如图11-9所示的界面。

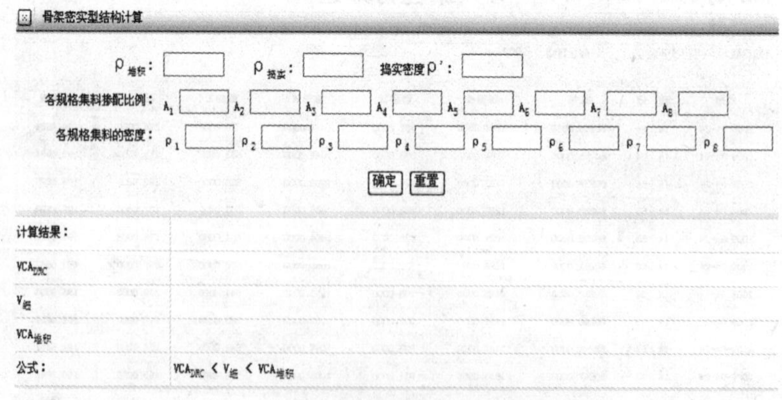

图11-9　骨架密实型结构计算界面图

如图 11-9 所示，分别输入各项参数，其中“各规格集料掺配比例”和“各规格集料的密度”分别列出 8 个录入框，如果参数不满 8 个，那么按从前到后的顺序有几个参数即录入几个。待所有参数都录入完毕后，点“确定”按钮，系统会将计算结果显示在“确定”按钮下面的“计算结果”区域内。

4. 专业、准确地图形化表示手段

当点击待监控拌和机所在行后面的“监控”链接按钮时，会出现实时监控的曲线图，包括以下几种曲线图。

(1)全局图(图 11-10)

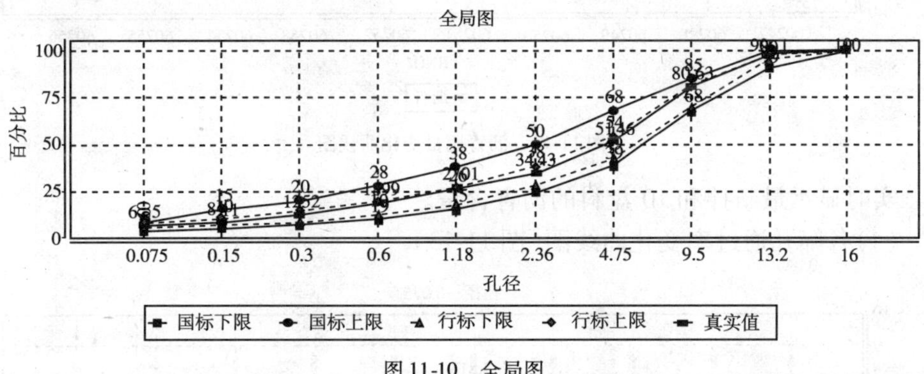

图 11-10 全局图

实时显示当前拌和机各筛孔的通过率，一对红线表示现行施工技术规范规定的上下限，一对绿线代表设计上下限，黑线代表当前拌和的混合料的级配曲线。

(2)平均值(图 11-11)

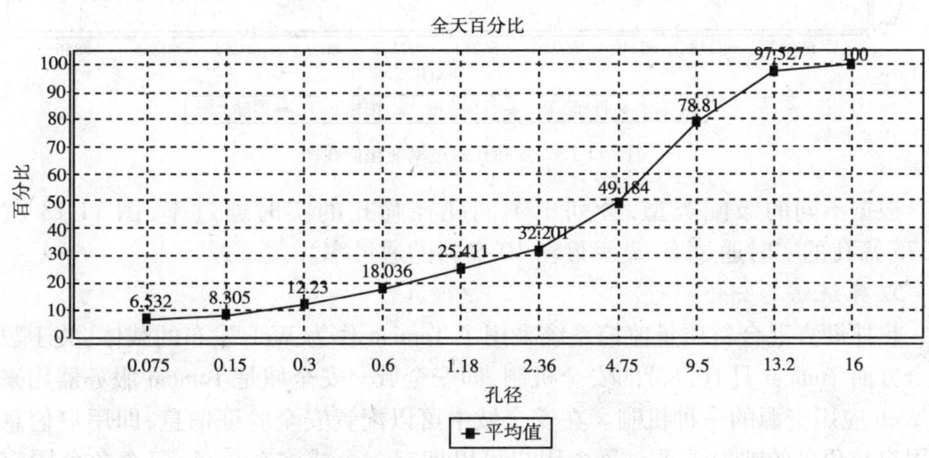

图 11-11 各筛孔通过率的平均值

实时统计当天拌和的所有混合料形成的级配中各筛孔通过率的平均值。

(3)沥青用量变化曲线图(图 11-12)

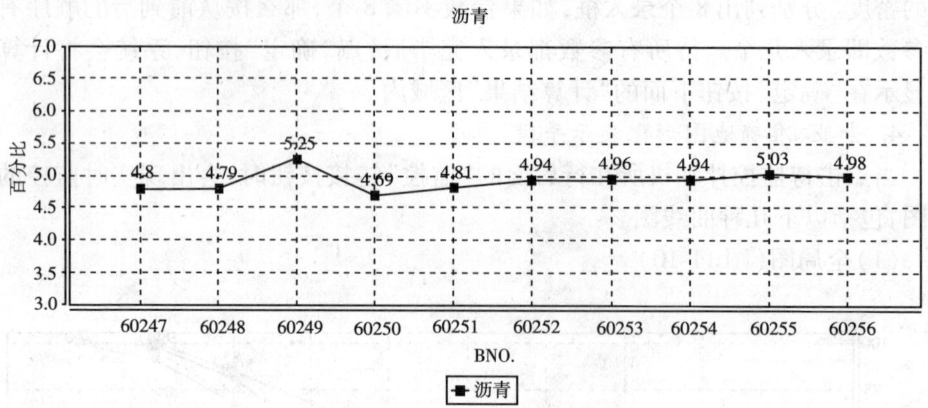

图 11-12　沥青用量变化曲线图

实时显示最新拌和 10 盘料的沥青含量。

(4)各筛孔通过率变化曲线图(图 11-13)

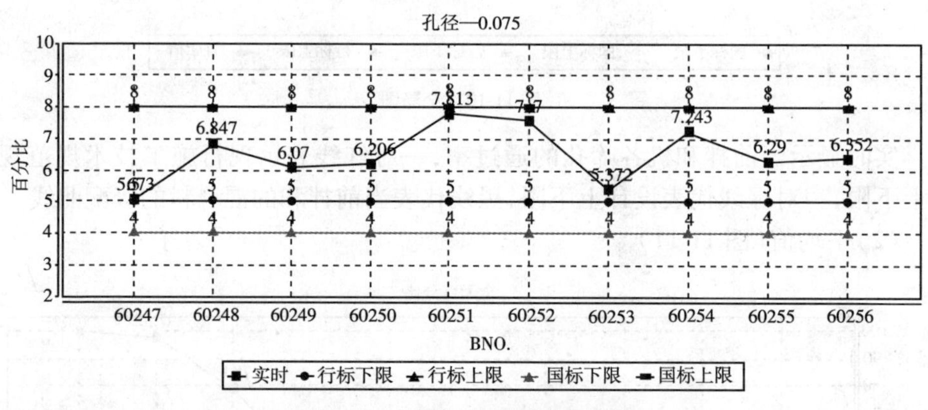

图 11-13　各筛孔通过率变化曲线图

根据不同的级配类型,会列出不同孔径筛孔的实时通过率,图 11-13 就是 0. 075 筛孔的实时通过率,显示最新 10 盘料的通过率。

5. 系统信息安全

热拌沥青混合料质量监控系统采用了 Tomcat 作为 Web 发布的载体,关于数据安全方面 Tomcat 具有自带的安全机制,即安全域。安全域是 Tomcat 服务器用来保护 Web 应用资源的一种机制。在安全域中可以配置安全验证信息,即用户信息以及用户与角色的映射关系。每个用户可以拥有一个或多个角色,每个角色限定了可以访问的 Web 资源。安全域是 Tomcat 内置的功能,在 org. apache. catalina. Realm 接口中声明了把一组用户名、口令及所关联的角色集成到 Tomcat 中的方法。

从 Tomcat 5 版本就开始提供实现这一接口的 4 个类，它们分别代表了 4 种安全域类型：MemoryRealm、JDBCRealm、DataSourceRealm 和 JNDIRealm，这些安全域的差别在于存放安全验证信息的地点不一样。本系统主要采用了 JDBC 域。JDBC-Realm 通过 JDBC 驱动程序访问存在的关系型数据库中的安全验证信息。JDBC 域使得安全配置非常灵活。当修改了数据库中的安全验证信息后，不必重启 Tomcat 服务器，因为数据库服务器和 Tomcat 服务器是互相独立的。

当用户第一次访问受保护的资源时，Tomcat 将调用 Realm 的 authenticate( )方法，该方法从数据库中读取最新的安全验证信息。

该用户通过验证后，在用户访问 Web 资源期间，用户的各种验证信息被保存在缓存中。因此，如果此时对数据库中安全验证信息做了修改，这种修改对正在访问 Web 资源的用户无效，只有当用户再次登陆时，才会生效。

6. 系统业务流程

如图 11-14 为数据采集和发送数据流图。

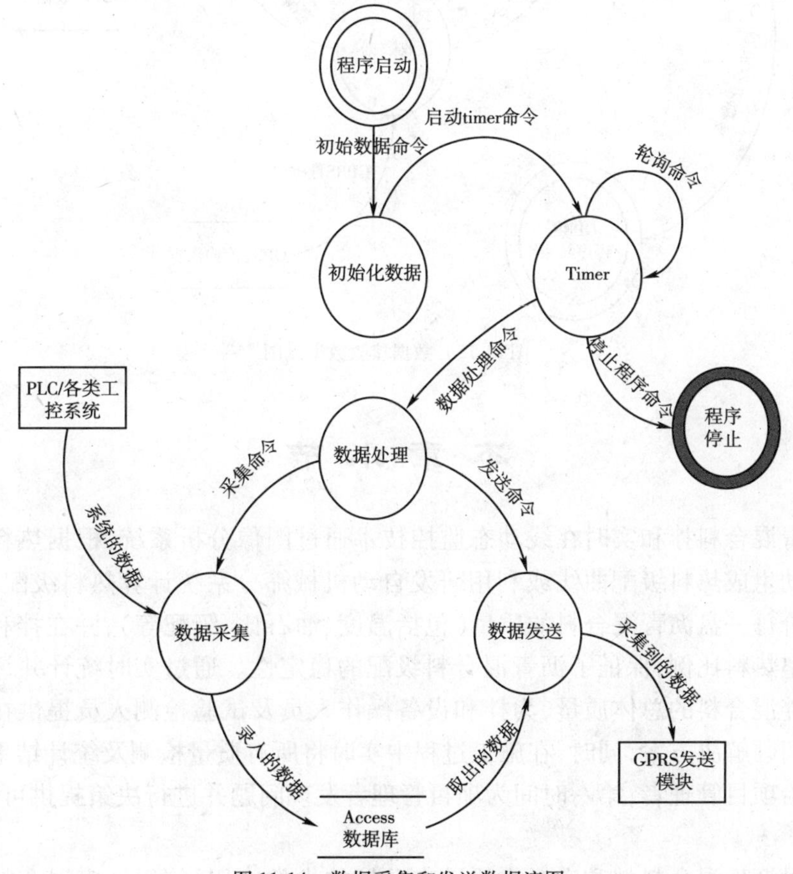

图 11-14　数据采集和发送数据流图

如图 11-15 所示为数据接收数据流图。

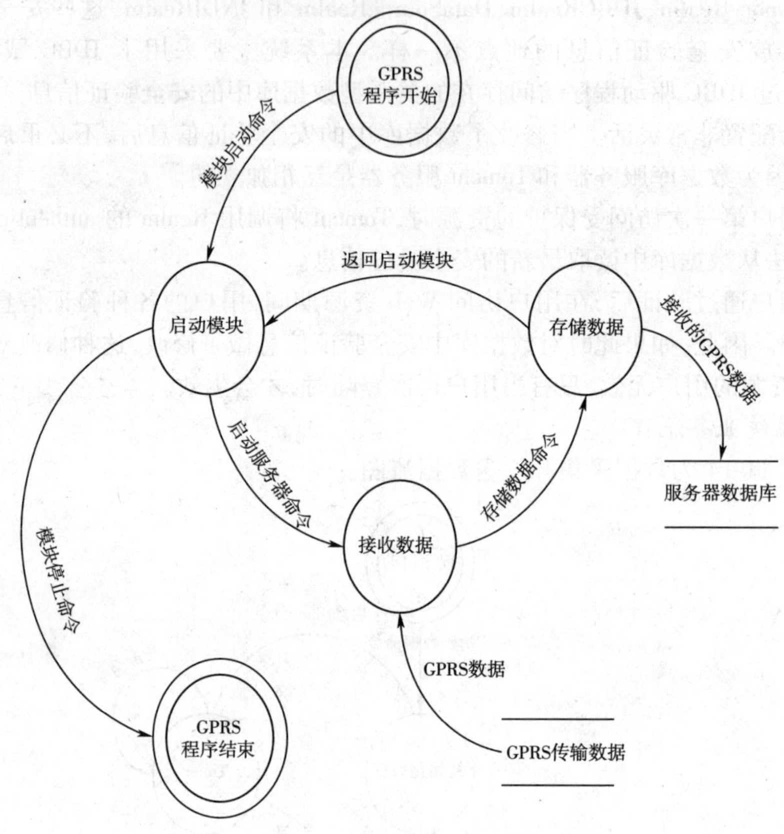

图 11-15　数据接收数据流图

本章小节

沥青混合料拌和实时在线动态监控技术通过图像分析系统,根据热料仓热料图像自动生成热料级配曲线或利用研发自动机械筛分系统计算热料级配,实时监测并评价每一盘沥青混合料的质量(包括温度、油石比、级配等),并在拌和过程中及时调整热料比例,保证了沥青混合料级配的稳定性。通过实时统计并评价整个工程已拌混合料的总体质量,为拌和设备操作人员及试验检测人员提供在各种情况下的问题解决方案,同时,在施工过程中实时将所有质量检测及统计结果通过网络传送给项目管理者,第一时间为项目管理者发现问题并进行决策提供可靠、有效的数据。

通过沥青混合料拌和实时在线动态监控技术的应用,使得沥青混合料在拌和阶段即可实现:(1)控制材料离析,减少材料损耗,提高设备效率;(2)合理控制沥青混合料的生产过程,有的放矢地减少不均匀性;(3)实现沥青混合料不均匀性的过程控制等功能。

随着热拌沥青混合料质量实时监控系统的建立,拌和实时在线动态监控技术的逐步成熟,可以提高沥青混合料质量检测效率、级配、油石比严格控制,为提高沥青路面工程质量提供了一种新的有效的控制技术,由此可降低沥青路面早期损坏的概率和程度,从而使得路面更为均匀,行车更加舒服、安全,进而延长了路面的使用寿命,降低了养护成本。

附件：

石家庄市环城公路路面工程主要机械配置

结构层位	机械名称	规格型号	额定功率(kW)或吨位(t)	厂牌	数量(台)
沥青面层	沥青混凝土搅拌站	MARINI4000 型	320t/h	意大利玛连尼	1
	沥青混凝土履带式摊铺机	S2500	14m	德国福格勒	2
		或 DT1600	16.5m	陕西中大	1
	胶轮压路机	XP301	30t	徐工	2
		LRSS2030	26t	洛工	1
	双钢轮振动压路机	HD130	13t	德国悍马	1
		CC722	20t		1
	双钢轮振动震荡压路机	HD090V	9t	瑞典戴纳派克	1
				德国悍马	
基层	沥青混凝土转运车	SB2500C	550t/h	美国路德克	2
	稳定土拌和站	WS600	600t/h	天津鼎盛	2
	稳定土履带式摊铺机	ABG423	12m	德国	2
	胶轮压路机	XP301	30t	徐工	2
	单钢轮振动压路机	BM25	25t	德国宝马	1
		XSM220	20t	徐工	2
	三轮压路机	YZ21/25	21～25t	徐工	2

参 考 文 献

[1] 中华人民共和国行业标准．公路沥青路面施工技术规范(JTG F40—2004)[S]．北京:人民交通出版社,2004.

[2] 中华人民共和国行业标准．强制间歇式沥青混合料搅拌设备(JT/T 270—2002)[S]．北京:人民交通出版社．2003.

[3] 中华人民共和国行业标准．公路路面基层施工技术规范(JTJ 034—2000)[S]．北京:人民交通出版社,2000.

[4] 徐培华,郑南翔,徐玮．高等级公路路基路面施工质量控制技术[M]．北京:人民交通出版社,2005.

[5] 孙德栋,彭波．沥青路面设计与施工技术[M]．郑州:黄河水利出版社,2003.

[6] 田流．现代高等级路面机械[M]．北京:人民交通出版社,2003.

[7] 荆农．沥青路面机械化施工[M]．北京:人民交通出版社,2005.

[8] DOUGLAS GRANSBERG and DAVID M. B. JAMES. NCHRP SYN－THESIS 342: Chip Seal Best Practices A Synthesis of Highway Practice Transportation Research Board. WASHINGTON, D. C. 2005, www. TRB. org

[9] 天津市市政工程局．道路桥梁工程施工手册[M]．北京:中国建筑工业出版社,2003.

[10] 王贵春,曾建民．路基路面施工[M]．北京:中国建筑工业出版社,2008.

[11] 胡长顺,黄辉华．高等级公路路基路面施工技术[M]．北京:人民交通出版社,1994.

[12] 张肖宁．沥青路面施工质量控制与保证[M]．北京:人民交通出版社,2009.

[13] 郑训,张世英,刘杰．路基与路面机械[M]．北京:机械工业出版社,2001.

[14] 何挺继,朱文天,邓世新．筑路机械手册[M]．北京:人民交通出版社,1998.

[15] 沈金安．沥青及沥青混合料路用性能[M]．北京:人民交通出版社,2001.

[16] 刘志敏．智能型沥青洒布车系统方案研究[D]．长安大学硕士论文．2005. 04.

[17] 李自光,展朝勇．公路施工机械[M]．北京:人民交通出版社,2008.

[18] 郭小宏,朝源文,阎佐廷．公路工程机械化施工与管理[M]．北京:人民交通出版社．2005.

[19] 战高峰,宋高嵩,公路路基路面工程[M]．武汉:武汉理工大学出版社．2007.

[20] 中华人民共和国行业标准．公路工程沥青及沥青混合料试验规程(JTJ 052—2000)[S]．北京:人民交通出版社．2000.

[21] 中华人民共和国行业标准．公路沥青路面设计规范(JTJ 014—1997)[S]．北

京:人民交通出版社,1997.

[22] 史洪栋,赵翔,赵文广,魏志峰. 简述沥青路面机械化施工关键环节的质量控制[J]. 建筑与工程. 2008 年第 25 期.

[23] 罗爽,张勇. 浅谈现行稳定土厂拌设备缺点和改正方法[J]. 建筑与工程. 2009 年第 7 期.

[24] 周萼秋,易小刚,汤汉辉. 现代压实机械[M]. 北京:人民交通出版社. 2003.

[25] 黄晓明,赵永利,高英. 高速公路沥青路面设计理论与方法 [M]. 北京:人民交通出版社,2006.

[26] 黄强. 沥青摊铺机的选择与应用探讨[J]. 筑路机械与施工机械化,2004,(5):14 - 15.

[27] 陈景星. 进口沥青混凝土摊铺机选型[J]. 筑路机械与施工机械化,2002,(3):27 - 30.

[28] 李继业,刘经强,张玉稳. 现代道路材料与施工工艺 [M]. 北京:化学工业出版社,2006.

[29] 胡力群. 半刚性基层材料结构类型与组成设计研究[D]. 西安:长安大学博士学位论文. 2004.

[30] 张春燕. Superpave 混合料施工工艺与质量过程控制技术研究[D]. 西安:长安大学硕士学位论文. 2006.

[31] 朱林波,刘龙. 沥青摊铺机的技术性能评价[J]. 工程机械文摘. 2009. 3.

[32] 朱建国. 沥青拌和设备粉尘处理系统的改进[J]. 工程机械与维修. 2007. 04.

[33] 朱振东. AT1000A 沥青混凝土转运车总体设计[D]. 吉林:吉林大学硕士学位论文. 2006.

[34] 张登良. 沥青路面工程手册[M]. 北京:人民交通出版社, 2002.

[35] 邓习树,李自光,李冰. 基于转运车的沥青混凝土路面机械化施工工艺应用研究[J]. 中国公路学报. 2005,No. 2.

[36] 沙爱民,胡力群. 半刚性基层材料的结构特征[J]. 中国公路学报. 2008,No. 4.

[37] 黄兴勤. 浅谈稳定土厂拌设备技术性能对稳定土质量的影响[N]. 辽宁省交通高等专科学校学报. 2002. Vol. 4,No. 1.

[38] 王文国. 间歇式沥青拌和站沥青混凝土质量的控制[J]. 铁道建筑. 2004 年第 5 期.

[39] 孙亚东,李慧贤. 沥青拌和站燃烧系统的使用维护与改造[J]. 中国水运. 2009. Vol. 9 No. 6 .

[40] 邓数勋,杨胜辉．沥青搅拌设备监控系统的改进[J]．交通世界．2008 年第 17 期．

[41] 曾利文,徐永钢．沥青混合料拌和楼生产过程质量控制的研究[J]．建设机械技术与管理．2005. 11．

[42] 郑义坤．谈沥青混合料的生产控制[J]．华东公路．2007. No. 4．

[43] 杨人凤,党延兵,李爱国,李善群．沥青混合料生产质量控制技术及应用[J]．公路．2009 年第 6 期．

[44] 朱沛辉,田永强．摊铺机基层施工工艺[J]．散装水泥．2006. No. 1．

[45] 杨胜辉．沥青搅拌设备集料称量系统的改进[J]．建设机械技术与管理．2008. 04

[46] 王学军．公路工程中压路机的合理选型和使用[J]．山西交通科技．2004 No. 3．

[47] 陈战峰．宽幅大厚度摊铺机抗离析技术应用研究[D]．长沙:长沙理工大学硕士学位论文．2007.

[48] 廖正环．公路工程新材料及其应用指南[M]．北京:人民交通出版社．2004.

[49] 宋力和,潘宝峰．沥青混合料压实机械的选择及压实工艺[J]．辽宁交通科技,1999. 12．

[50] 邓飞明,浅述沥青路面压实度的质量控制及评定方法[J]．广东建材．2008 年第 8 期．

[51] 铁焕勇．沥青混凝土摊铺机施工工艺探讨[J]．青海交通科技．2007. 01．

[52] 付国坤．沥青路面压实质量的控制措施[J]．黑龙江科技信息．2008. 23．

[53] 陶涛．关于沥青混凝土摊铺机的选型技术探讨[J]．工程施工与建设．2006 年第 20 卷第 1 期．

[54] 单连东,谭军．WB500 型稳定土厂拌设备的技术改造[J]．工程机械．2003. No. 3．

[55] 陈升．稳定土厂拌设备的结构特征及选型要点浅析[J]．建设机械技术与管理．1999 年第 2 期．

[56] 雷进,储诚富．石灰稳定粉土的压实特性研究[J]．工程与建设．2008 年第 5 期.

[57] 王沛峰．克服沥青混合料离析的摊铺新工艺[J]．西南公路．2006 年第1 期.

[58] 李斌,孟祥禄．压路机作业注意事项[J]．工程机械与维修．2009. 1．

[59] 杨东来,振荡轮与热拌沥青混合料相互作用动力学过程的研究[D],西安:长安大学博士论文． 2005.

[60] 赖少武,李文华．公路施工组织与管理．北京:人民交通出版社．2007.

[61] 唐迎春,张继营. 浅谈高速公路半刚性基层单幅、大厚度一次性摊铺施工技术[J]. 安徽建筑. 2008 年第 3 期.
[62] 宋永刚,王海鸣,郝飞. 双层摊铺机的性能结构特点及施工方法[J]. 建筑机械. 2007.04(上半月刊).
[63] 吴超凡,申爱琴,王秉纲. 半刚性基层材料的碾压机械优化组合[N]. 长安大学学报(自然科学版). 2007.01.
[64] 李少华. 半刚性基层大厚度宽幅摊铺施工技术研究[D]. 长安大学硕士论文. 2009.05.
[65] 胡永兵. 同步碎石封层车沥青温度、沥青洒布量和碎石撒布量控制研究[D]. 长安大学硕士论文. 2008.05.
[66] 顾海荣. 同步碎石封层设备关键技术研究[D]. 长安大学博士论文. 2008.10.
[67] 王永安. 大孔隙水泥稳定碎石材料组成设计及性能评价[D]. 西安:长安大学硕士学位论文. 2005.
[68] 周泽洪. 同步碎石下封层应用技术研究[D]. 长安大学硕士论文. 2009.05.
[69] 孙艳霞. 透层、黏层、封层的作用及施工工艺要求[J]. 公路. 2006 年 12 期.
[70] 王树明,慕瑞华,陈勇. 公路工程机械、柴油机及底盘[M]. 东营:石油大学出版社,2004.